徐州统计年鉴

XUZHOU STATISTICAL YEARBOOK

2022

（总第35期）

徐 州 市 统 计 局
国家统计局徐州调查队 编

中国统计出版社
China Statistics Press

图书在版编目(CIP)数据

徐州统计年鉴 . 2022 = Xuzhou Statistical Yearbook 2022 / 徐州市统计局，国家统计局徐州调查队编 . -- 北京 : 中国统计出版社，2022.8
ISBN 978-7-5037-9864-1

Ⅰ. ①徐… Ⅱ. ①徐… ②国… Ⅲ. ①统计资料－徐州－2022－年鉴 Ⅳ. ① C832.533-54

中国版本图书馆 CIP 数据核字 (2022) 第 127949 号

徐州统计年鉴 2022

作　　者 / 徐州市统计局　国家统计局徐州调查队
责任编辑 / 钟　钰
装帧设计 / 孟艳乐　张力文
出版发行 / 中国统计出版社有限公司
地　　址 / 北京市丰台区西三环南路甲 6 号
邮政编码 / 100073
电　　话 / 邮购（010）63376909　书店（010）68783171
网　　址 / http://www.zgtjcbs.com
印　　刷 / 徐州绪权印刷有限公司
经　　销 / 新华书店
开　　本 / 890mm × 1240mm　1/16
字　　数 / 1146 千字
印　　张 / 29
版　　别 / 2022 年 8 月第 1 版
版　　次 / 2022 年 8 月第 1 次印刷
定　　价 / 300.00 元

本书附同版本 CD-ROM 一张，光盘内容以书面文字为准。
如有印装差错，由本社发行部调换。

编 者 说 明

《徐州统计年鉴—2022》是一部全面、系统反映徐州市国民经济和社会发展情况的资料性年刊。书中汇集了徐州市及各县(市)2021年经济和社会各方面的统计数据，以及历史重要年份和改革开放以来主要统计数据。

全书内容分为26篇目，即：1.综合；2.国民经济核算；3.人口；4.就业人员和职工工资；5.固定资产投资；6.对外经济贸易和国际旅游；7.能源消费与库存；8.财政、金融和保险；9.物价指数；10.人民生活；11.自然资源、城市概况和环境保护；12.农林牧渔业；13.工业；14.建筑业；15.交通运输和邮电；16.批发零售和住宿餐饮业；17.科技和教育；18.卫生和社会服务；19.文化和体育；20.公共管理及其他；21.县(市)社会经济；22.乡镇基本情况；附录1.江苏省市、县主要经济指标；附录2.江苏省市辖区主要经济指标；附录3淮海经济区主要经济指标；附录4.企业选介。为方便读者使用，大部分篇末附有《主要统计指标解释》。

与2021版《徐州统计年鉴》相比较，本年鉴在统计内容和编辑上主要做了如下修订：

根据方法制度变化、实际编辑情况和用户需求，对第二十二篇乡镇基本情况、附录2.江苏省市辖区主要经济指标等部分内容进行了调整修订。

本年鉴部分数据合计数或相对数由于单位取舍不同产生的计算误差均未作机械调整；年鉴文稿中所用数字，如有与表中数据不一致的，读者在引用时均以表中数据为准，凡与本年鉴有出入的历史资料数据，均以本年鉴为准。

本年鉴表中的符号使用说明："..."表示数据不足本表最小单位数；"空格"表示该项统计指标数据不详或无该项数据；"#"表示其中的主要项。

本年鉴编辑过程中，得到中国统计出版社和江苏省统计局综合处的悉心指导，得到市委宣传部、市公安局、市财政局、市交通运输局、市农业农村局、市自然资源和规划局、市气象局、市水务局、市住房和城乡建设局、市生态环境局、市卫健委、市民政局、市人力资源和社会保障局、市司法局、市教育局、市文化广电和旅游局、市商务局、市科技局、市应急管理局、市退役军人事务局、市市场监督管理局、市体育局、市政协、市妇联、市邮政管理局、人民银行徐州中心支行、市消防支队、徐州银保监分局、市通管办、市供电公司、中国铁路上海局集团有限公司徐州站、徐州观音机场、国家管网集团东部原油储运有限公司等有关部门、单位以及广大统计工作人员的大力支持，在此我们表示诚挚的感谢。恳请各界人士和读者对年鉴的不足之处批评指正，以期进一步提高编辑水平，更好地为广大读者服务。

目 录

徐州市国民经济和社会发展成果图

一、综 合

二、国民经济核算

三、人 口

四、就业人员和职工工资

五、固定资产投资

六、对外经济贸易和国际旅游

七、能源消费与库存

八、财政、金融和保险

九、物价指数

十、人民生活

十一、自然资源、城市概况和环境保护

十二、农林牧渔业

十三、工 业

十四、建筑业

十五、交通运输和邮电

十六、批发零售和住宿餐饮业

十七、科技和教育

十八、卫生和社会服务

十九、文化和体育

二十、公共管理及其他

二十一、县（市）社会经济（1978-2021）

二十二、乡镇基本情况

CONTENTS

CHART OF THE ACHIEVEMENTS OF XUZHOU'S NATIONAL ECONOMY AND SOCIAL DEVELOPMENT

Chapter 1 GENERAL SURVEY

Chapter 2 NATIONAL ACCOUNTS

Chapter 3 POPULATION

Chapter 4 EMPLOYMENT AND WAGES

Chapter 5 INVESTMENT IN FIXED ASSETS

Chapter 6 FOREIGN ECONOMY & TRADE AND INTERNATIONAL TOURISM

Chapter 7 ENERGY CONSUMPTION AND STOCK

Chapter 8 FINANCE, BANKING AND INSURANCE

Chapter 9 PRICE INDEX

Chapter 10 PEOPLE'S LIVELIHOOD

Chapter 11 NATURAL RESOURCES, GENERAL SURVEY OF CITIES AND ENVIRONMENTAL PROTECTION

Chapter 12 AGRICULTURE, FORESTRY, ANIMAL, HUSBANDRY AND FISHERY

Chapter 13 INDUSTRY

Chapter 14 CONSTRUCTION

Chapter 15 TRANSPORTATION, POSTAL AND TELECOMMUNICATIONS SERVICES

Chapter 16 WHOLESALE, RETAIL AND ACCOMMDATIONS CATERING INDUSTRY

Chapter 17 SCIENCE AND TECHNOLOGY, EDUCATION

Chapter 18 PUBLIC HEALTH AND SOCIAL SERVICES

Chapter 19 CULTURE AND SPORTS

Chapter 20 PUBLIC MANAGEMENT AND OTHERS

Chapter 21 SOCIAL ECONOMIC OF COUNTIES（CITIES）（1978-2021）

Chapter 22 BASIC CONDITIONS OF COUNTRY AND TOWN

2021年的徐州

2021

国民经济总量

（Total National Economy）

8117.44
地区生产总值（亿元）

743.34
第一产业增加值（亿元）

3376.02
第二产业增加值（亿元）

3998.08
第三产业增加值（亿元）

4038.02
社会消费品零售总额（亿元）

内外贸易

（Internal And External Trade ）

1050.29
出口总额（亿元）

1254.23
进出口总额（亿元）

24.23
实际使用外资（亿美元）

基层组织

(Qrimary-Level Organization)

97 镇（个）

70 街道（个）

2013 村（个）

750 居委会（个）

人口(Population)

1035.29
年末户籍人口（万人）

317.12
年末常住人口总户数（万户）

902.85
年末常住人口（万人）

钱袋子(Fund Sources)

民生(People's livelihood)

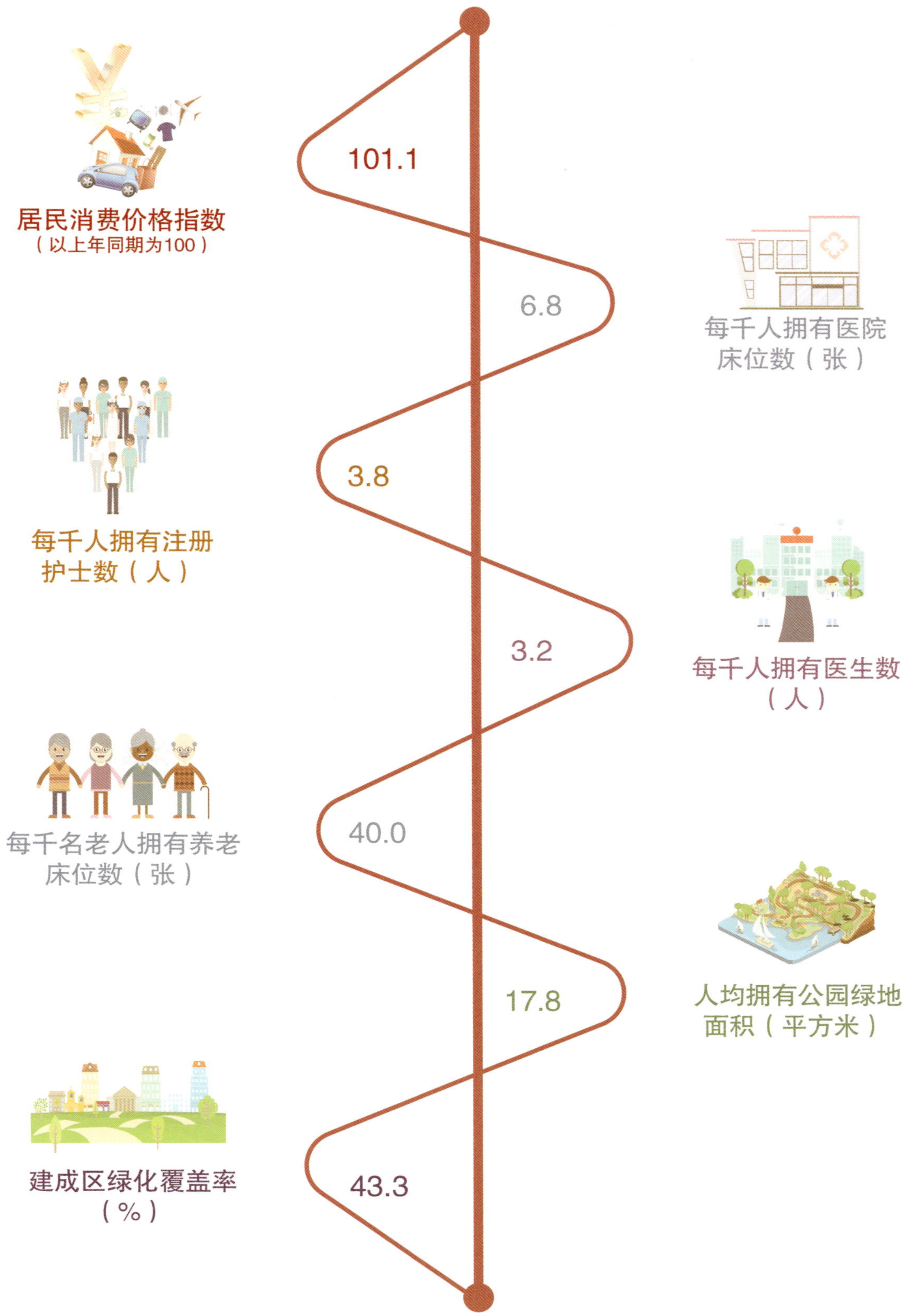

经济发展

地区生产总值（亿元）Gross Domestic Product（100 million yuan）

人均地区生产总值（元）Per Capita Gross Domestic Product（yuan）

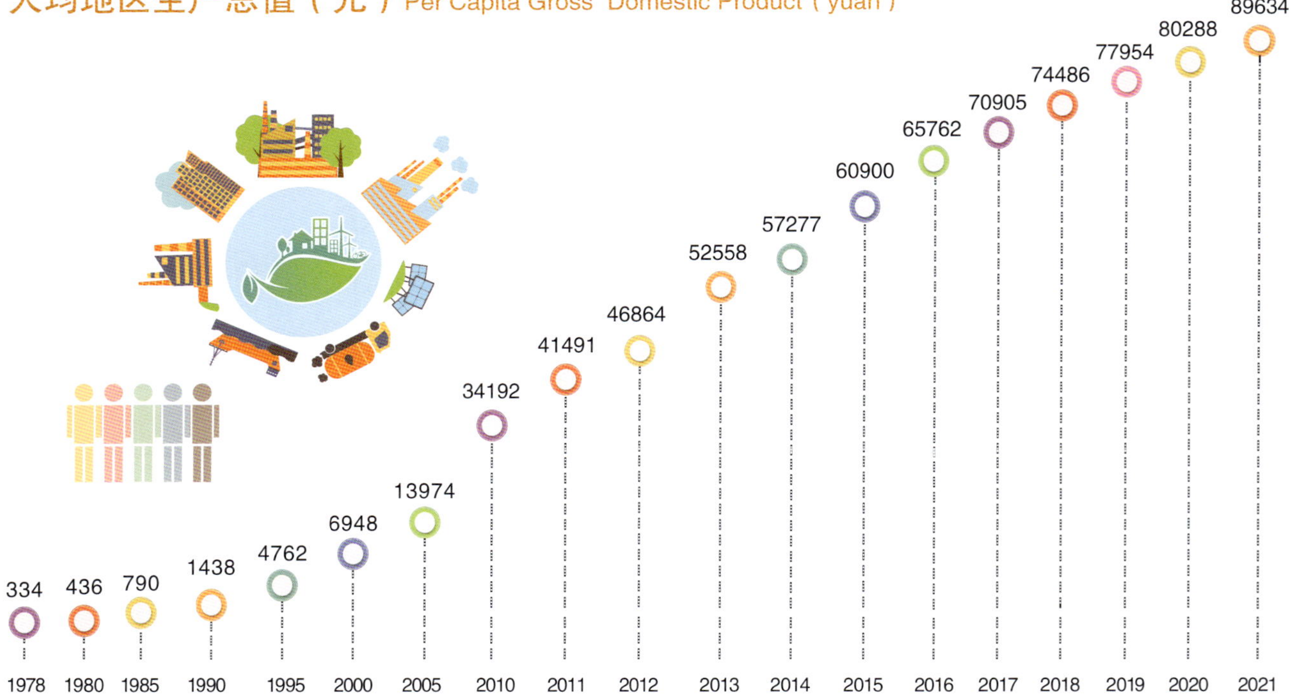

财政总收入（亿元）Total Fiscal Revenue（100 million yuan）

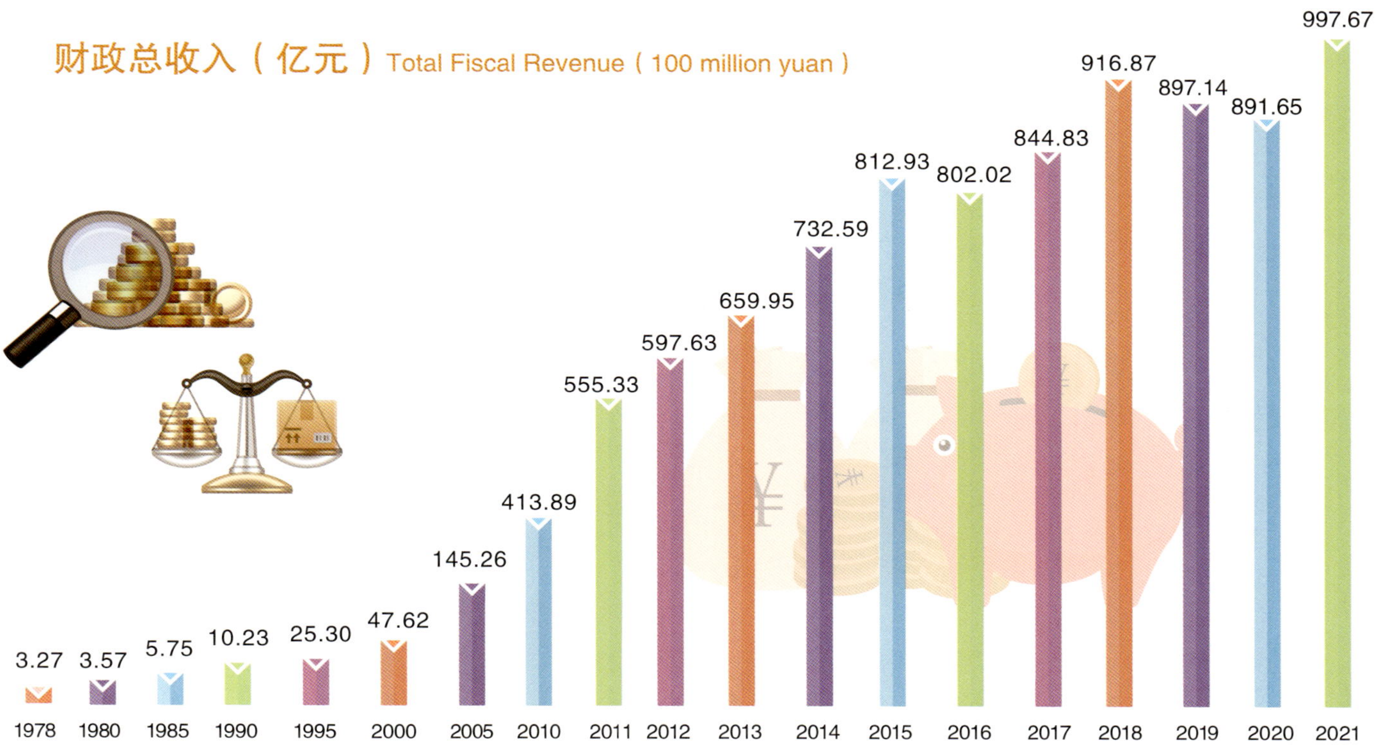

金融机构人民币存贷款余额（亿元）

Financial Institutions Renminbi Deposit And Lending Balances （100 million yuan）

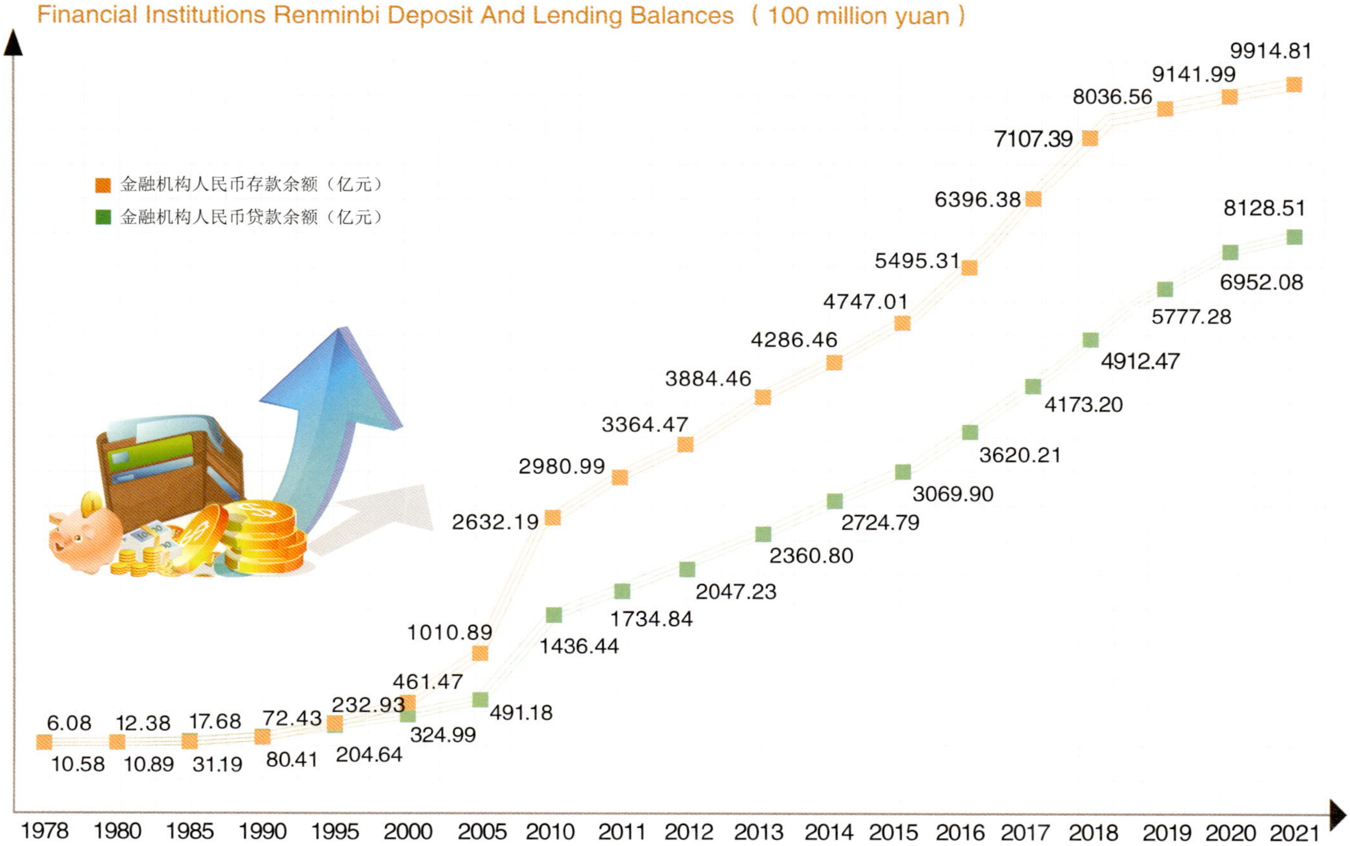

工业增加值（亿元）Value Added of Industry（100 million yuan）

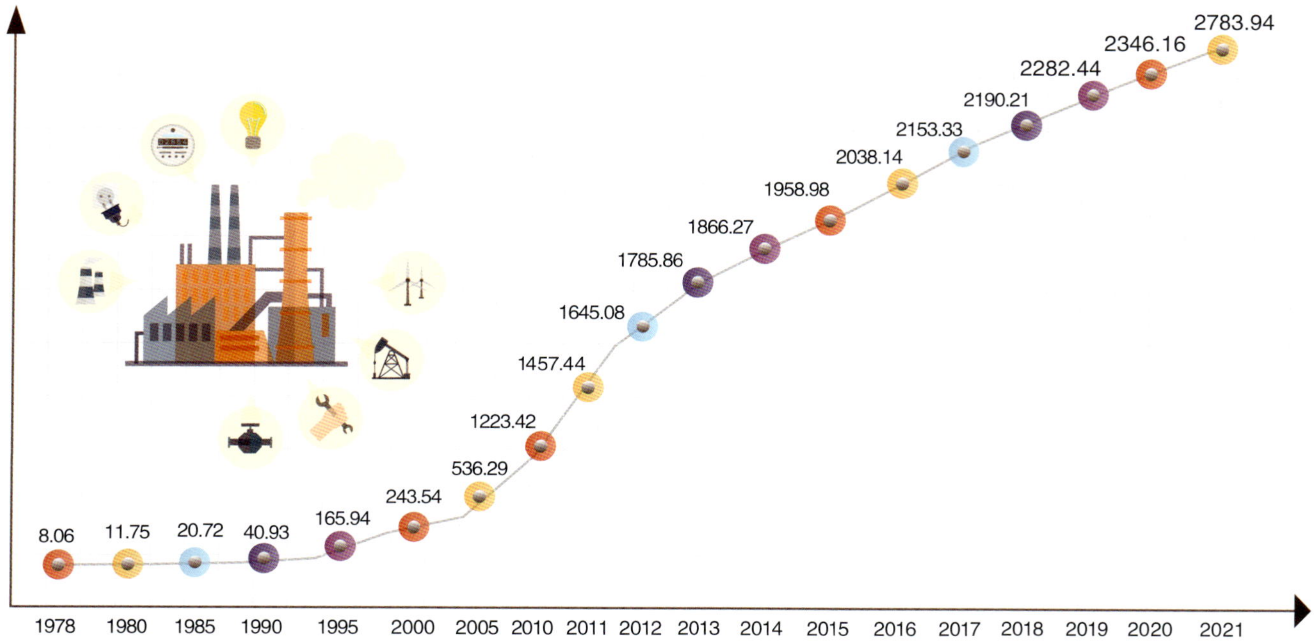

服务业增加值（亿元）Value Added of Service Industry（100 million yuan）

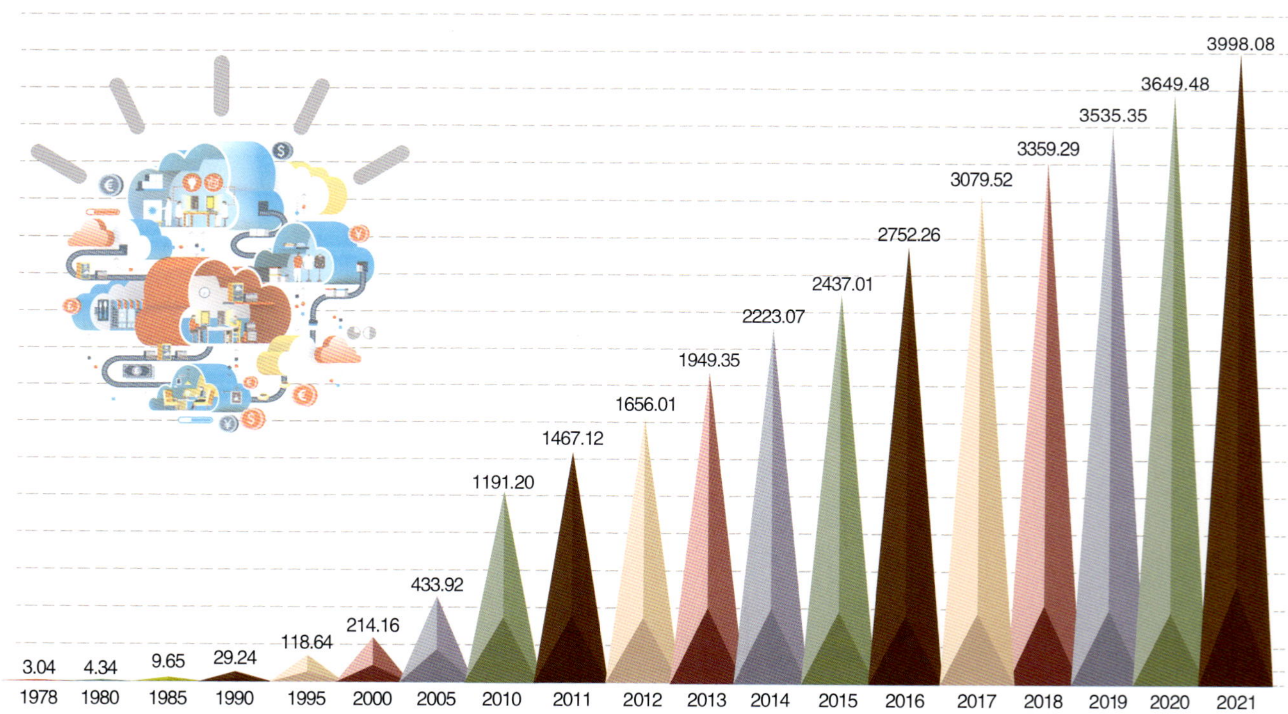

社会消费品零售总额（亿元）
Total Retail Sales of Social Consumer Goods （100 million yuan）

1978	7.71
1980	10.95
1985	23.36
1990	42.23
1995	117.60
2000	192.36
2005	414.29
2010	1016.38
2011	1220.03
2012	1408.05
2013	1598.91
2014	2200.64
2015	2477.33
2016	2790.67
2017	3132.71
2018	3373.52
2019	3533.19
2020	3286.09
2021	4038.02

进出口总额（亿美元）
Total Imports and Exports(USD 100 million)

1990	0.10
1995	2.47
2000	3.29
2005	11.26
2010	41.61
2011	63.10
2012	83.27
2013	62.89
2014	59.88
2015	54.13
2016	62.48
2017	78.01
2018	117.44
2019	135.19
2020	154.33
2021	194.17

出口总额（亿美元）
Total Exports(USD 100 million)

1990	0.06
1995	1.47
2000	1.87
2005	7.52
2010	26.31
2011	41.59
2012	62.88
2013	48.97
2014	46.77
2015	43.89
2016	52.54
2017	63.34
2018	97.08
2019	112.88
2020	124.85
2021	162.59

实际使用外资（亿美元）
Foreign Capital Actually Used（USD 100 million）

1985	0.01
1990	0.13
1995	1.04
2000	2.08
2005	2.61
2010	10.13
2011	14.66
2012	17.00
2013	15.00
2014	16.58
2015	14.28
2016	15.06
2017	16.60
2018	18.98
2019	20.90
2020	22.01
2021	24.23

农林牧渔业总产值（亿元）

Gross Output Value of Farming, Forestry, Animal Husbandry and Fishery（100 million yuan）

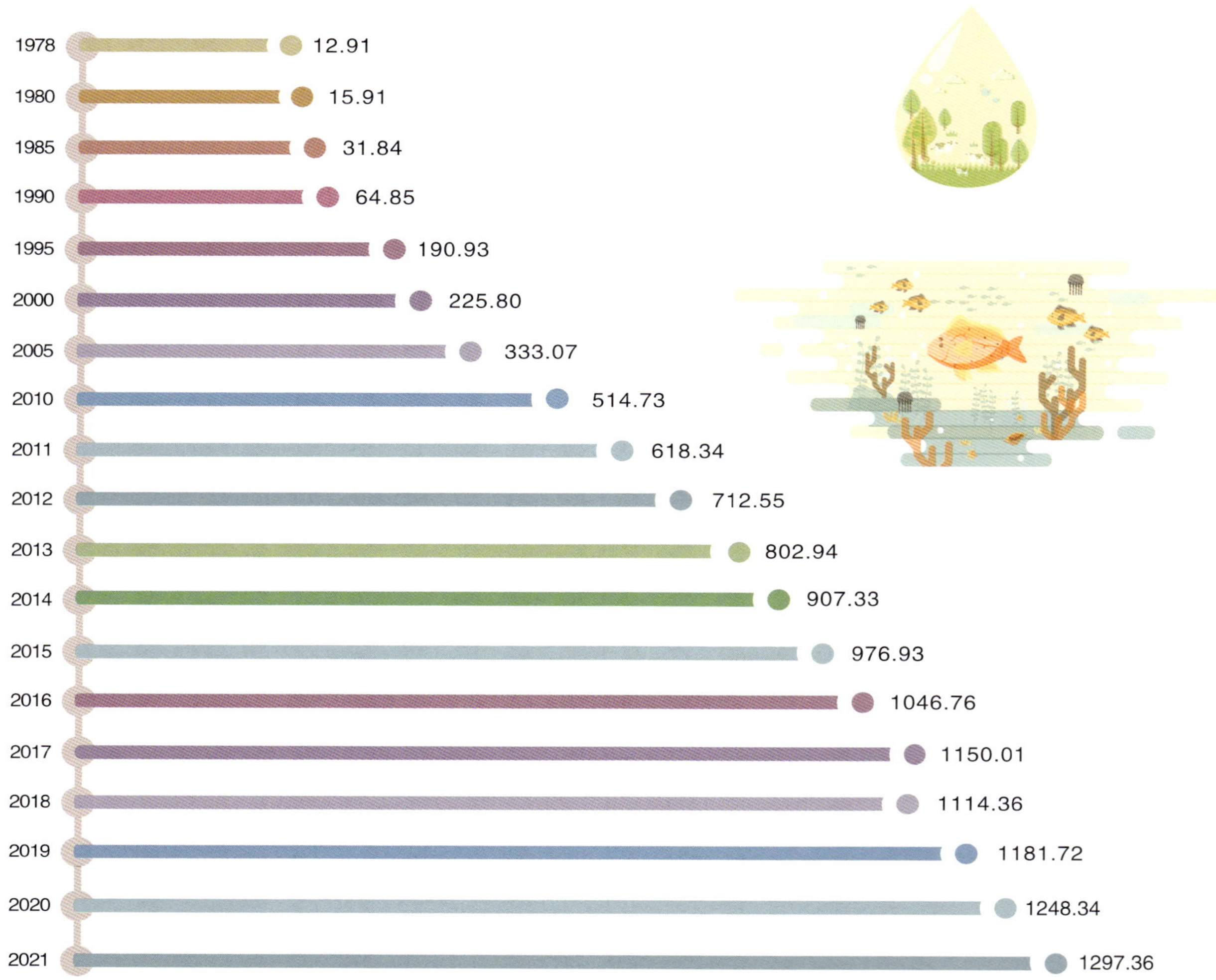

粮食产量（万吨） Grain Crops Production(10 thousand tons)

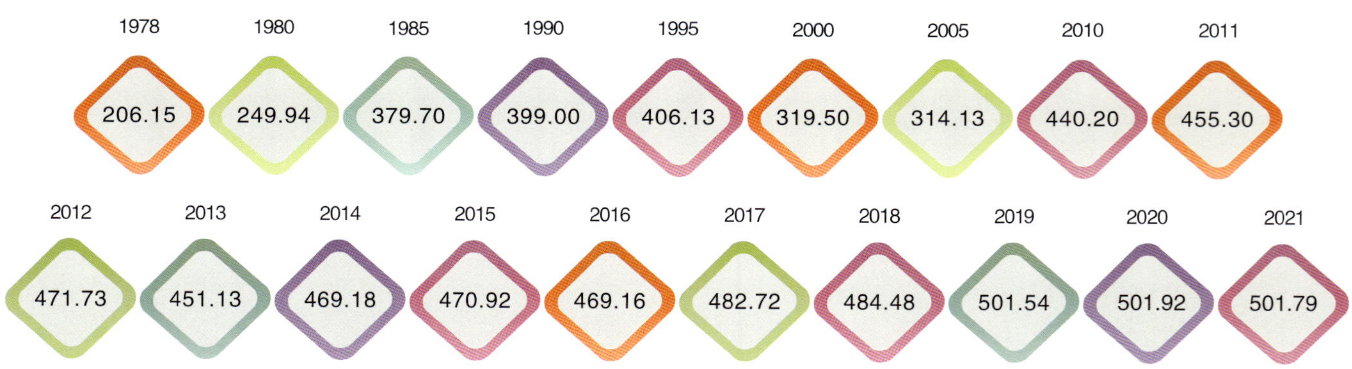

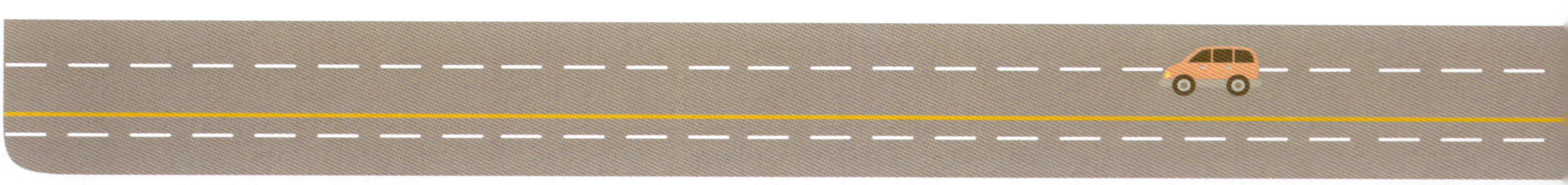

结构优化

地区生产总值构成（%）Proportion of Gross Domestic Product（%）

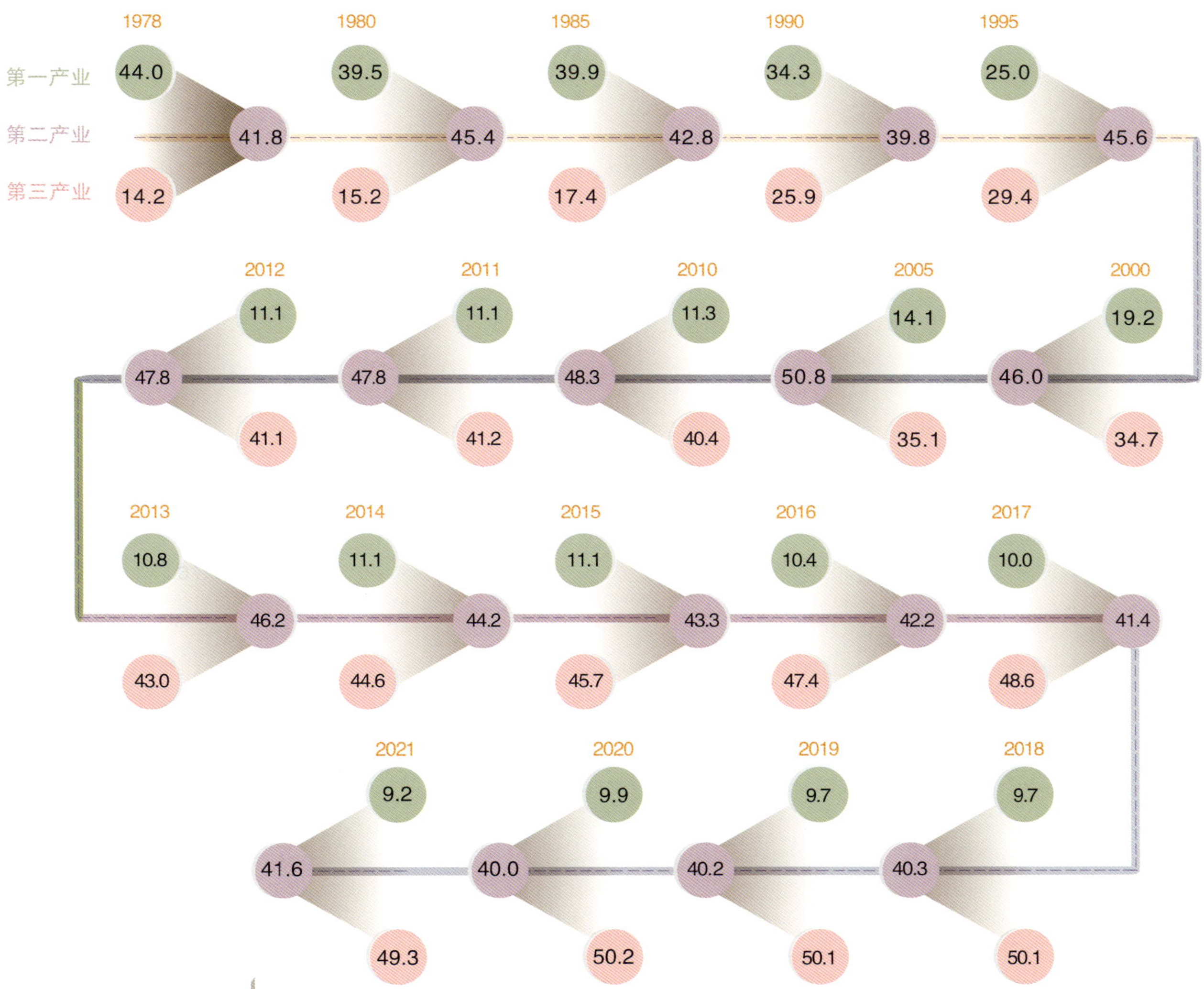

从业人员构成（%）
Proportion in Number of Employed Persons（%）

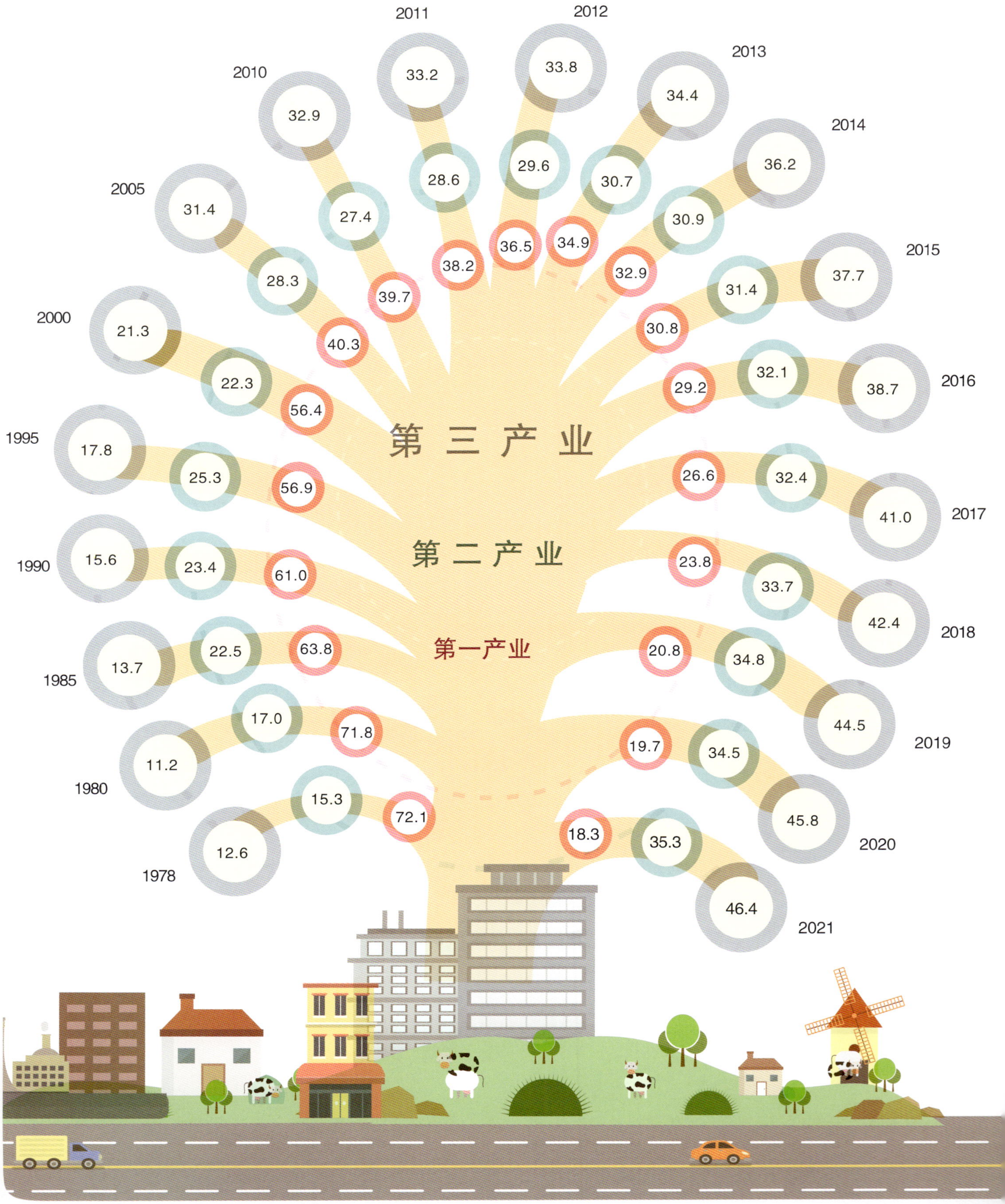

高端装备制造业产值占战略新兴产业产值比重（%）

The Proportion of High-end Equipment Manufacturing in Strategic Emerging Industries Output Value（%）

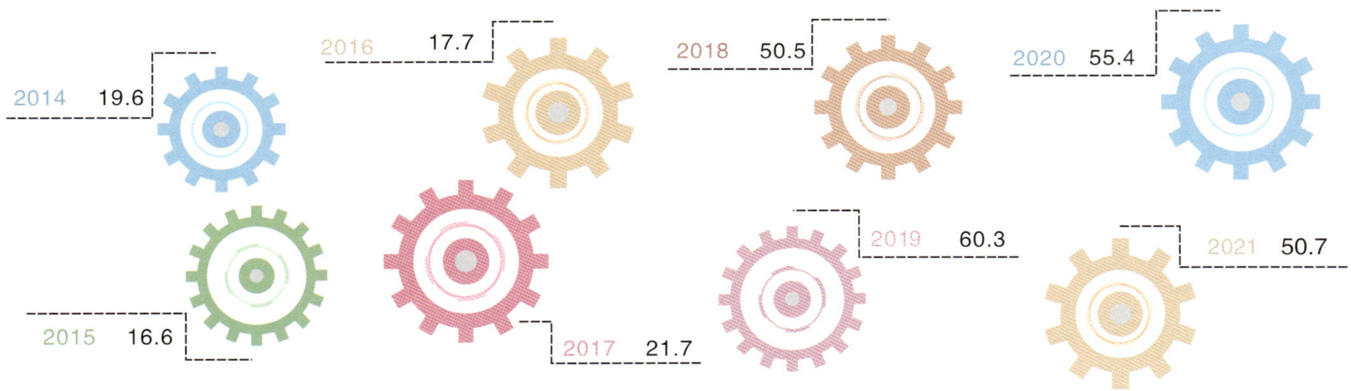

高新技术产业产值占规模以上工业总产值比重（%）

The Proportion of High-Tech Manufacturing Industries in Gross Industrial Output Value Above the Designated Size（%）

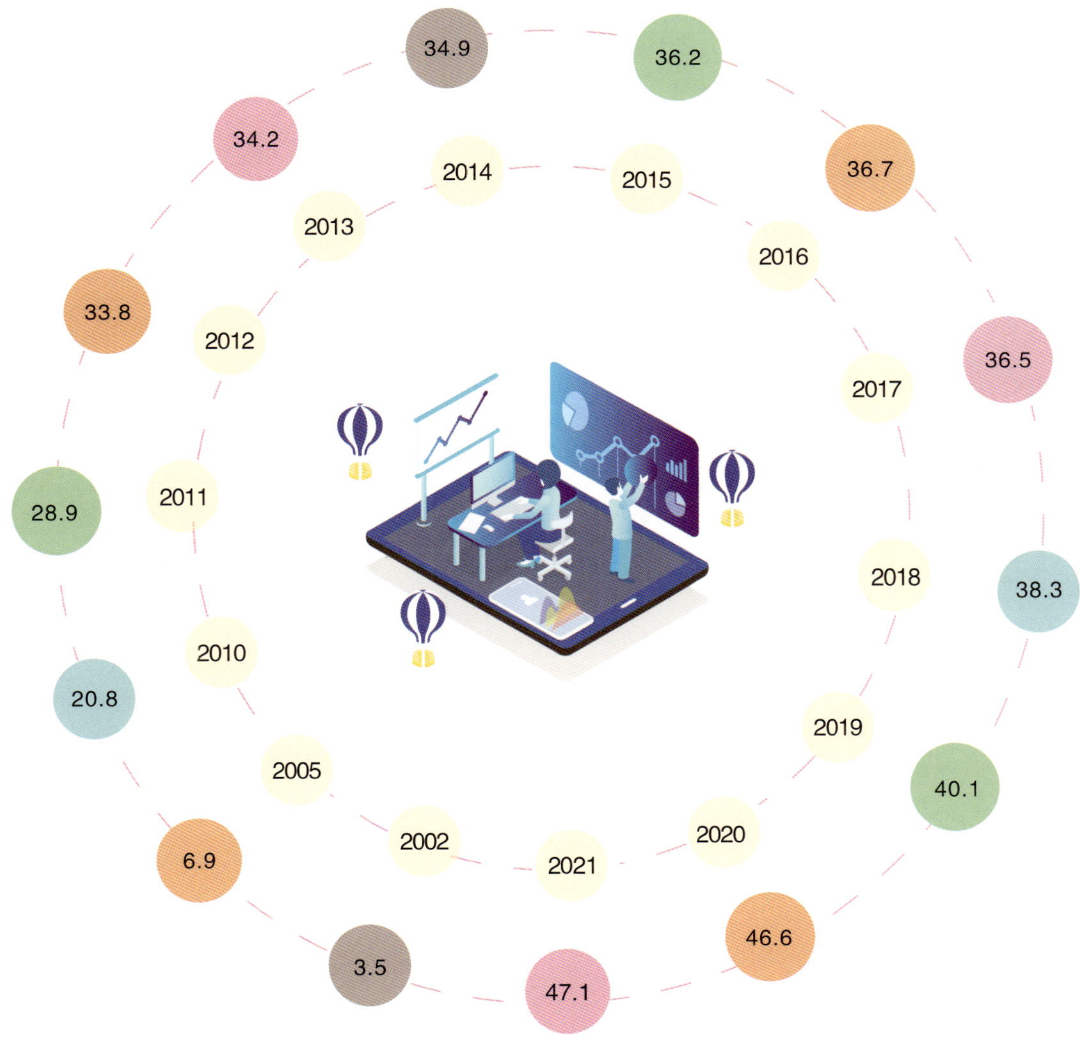

设施农业面积（万亩）The Area of Facility Agricultural (10 thousand Mu)

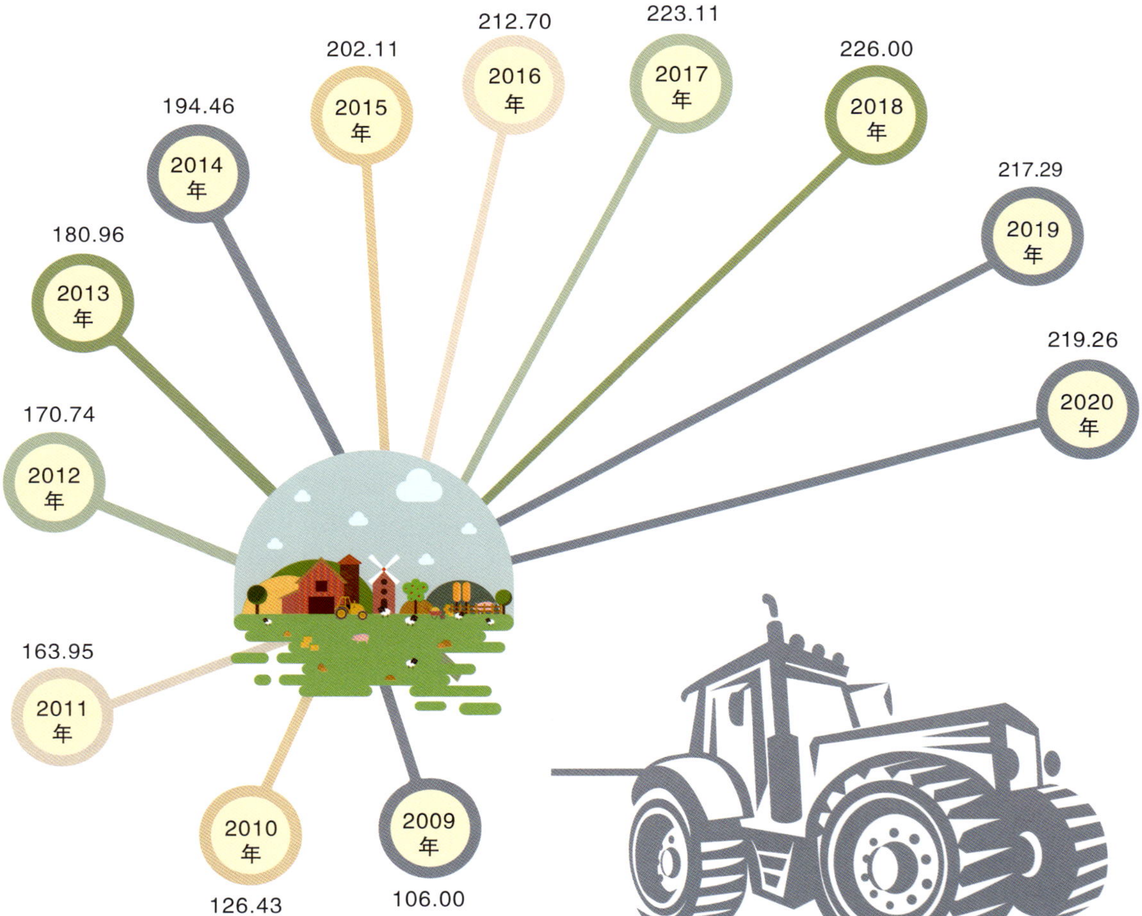

农业机械总动力（万千瓦）Total Power Of Agricultural Machinery (10,000 kW)

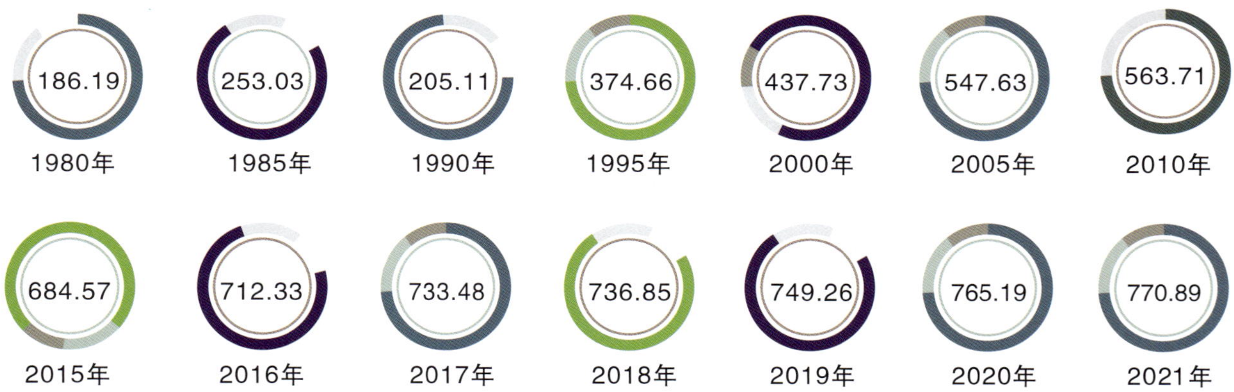

第三产业投资占全部投资比重（%）

The Proportion of Tertiary Industry in Total Fixed Assets Investment（%）

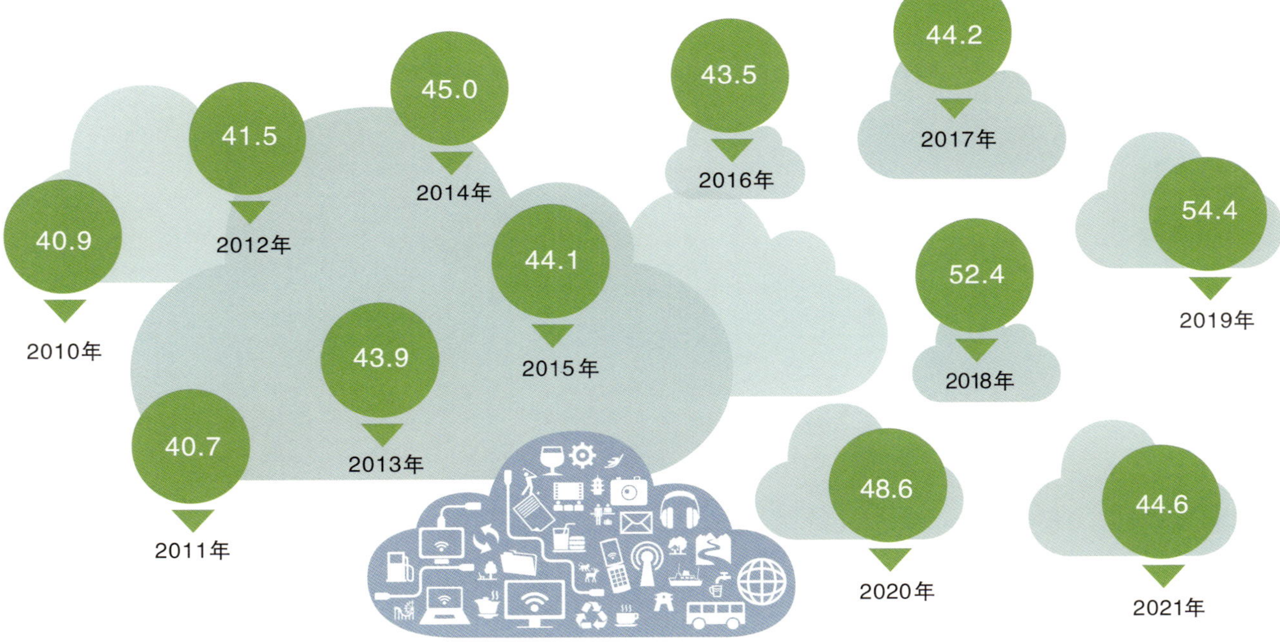

高新技术产业投资占全部投资比重（%）

The Proportion of High-Tech Manufacturing Industries in Total Fixed Assets Investment（%）

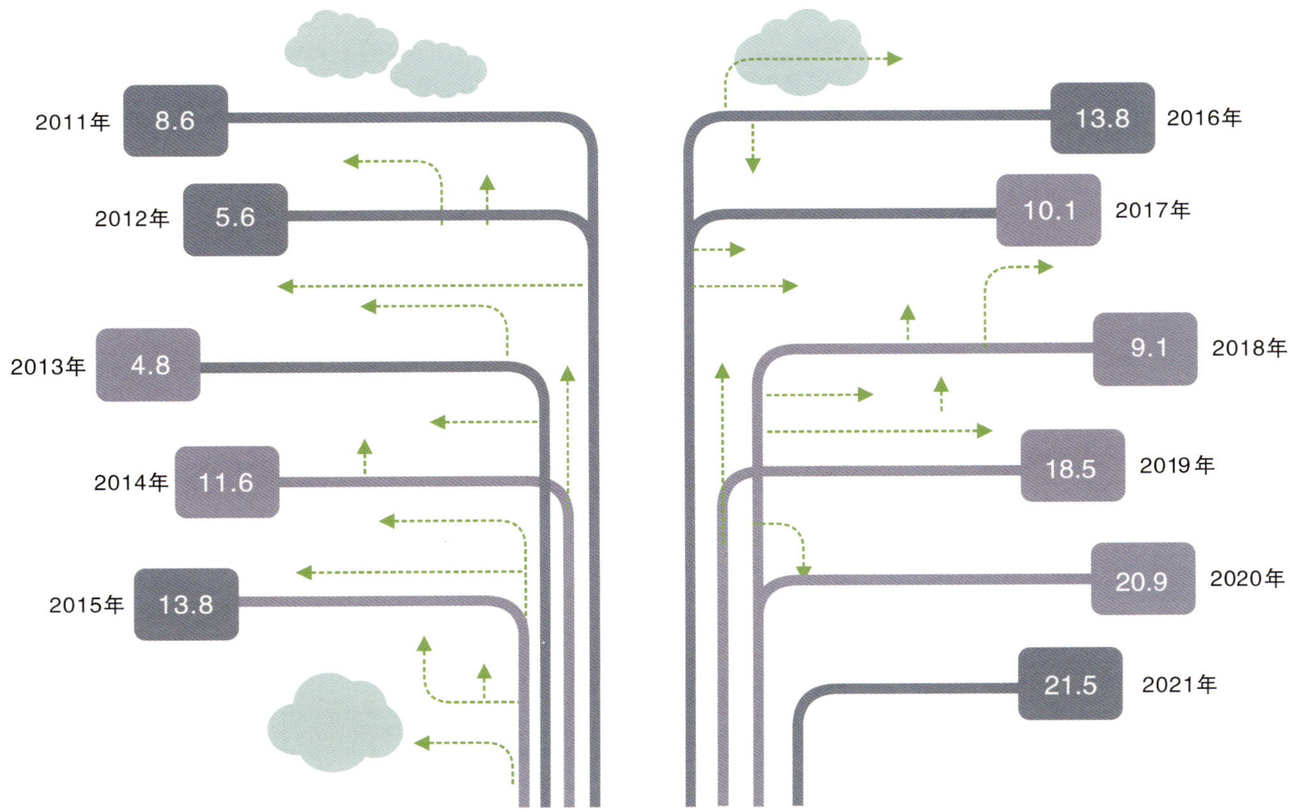

工业技改投资占工业投资比重（%）

The Proportion of Industrial Technical Reformation in Industrial Investment（%）

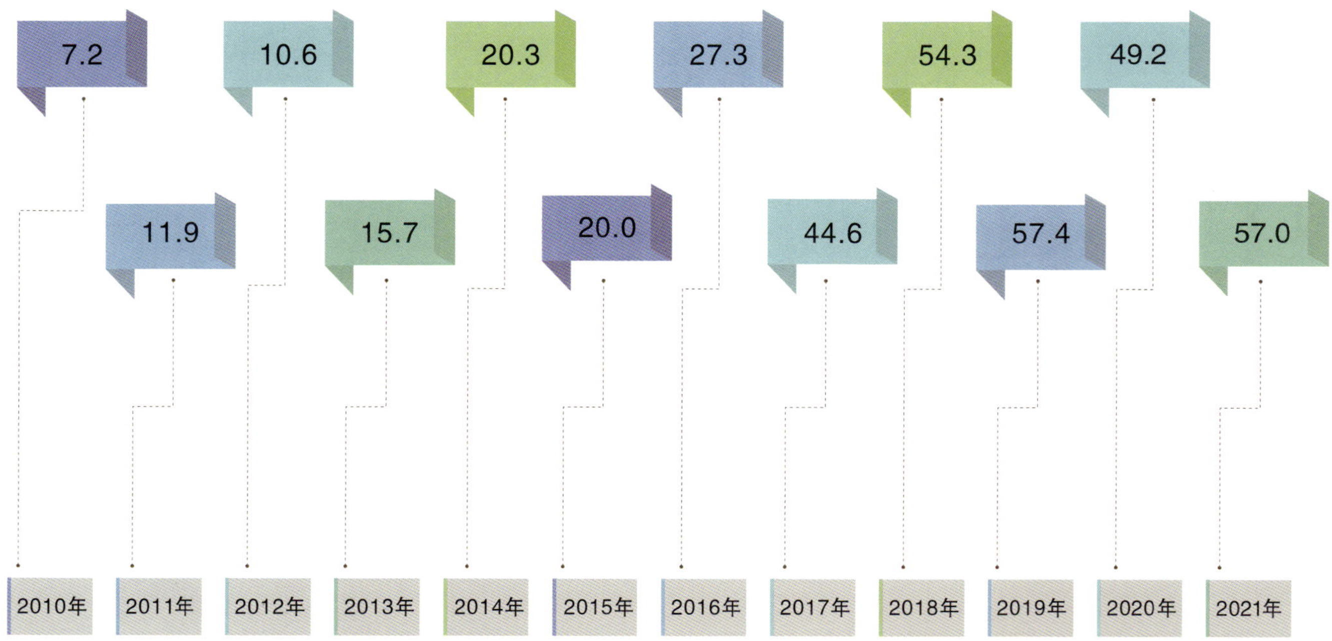

高耗能产业投资占全部投资比重（%）

The Proportion of High Energy-Consuming Industries in Total Fixed Assets Investment（%）

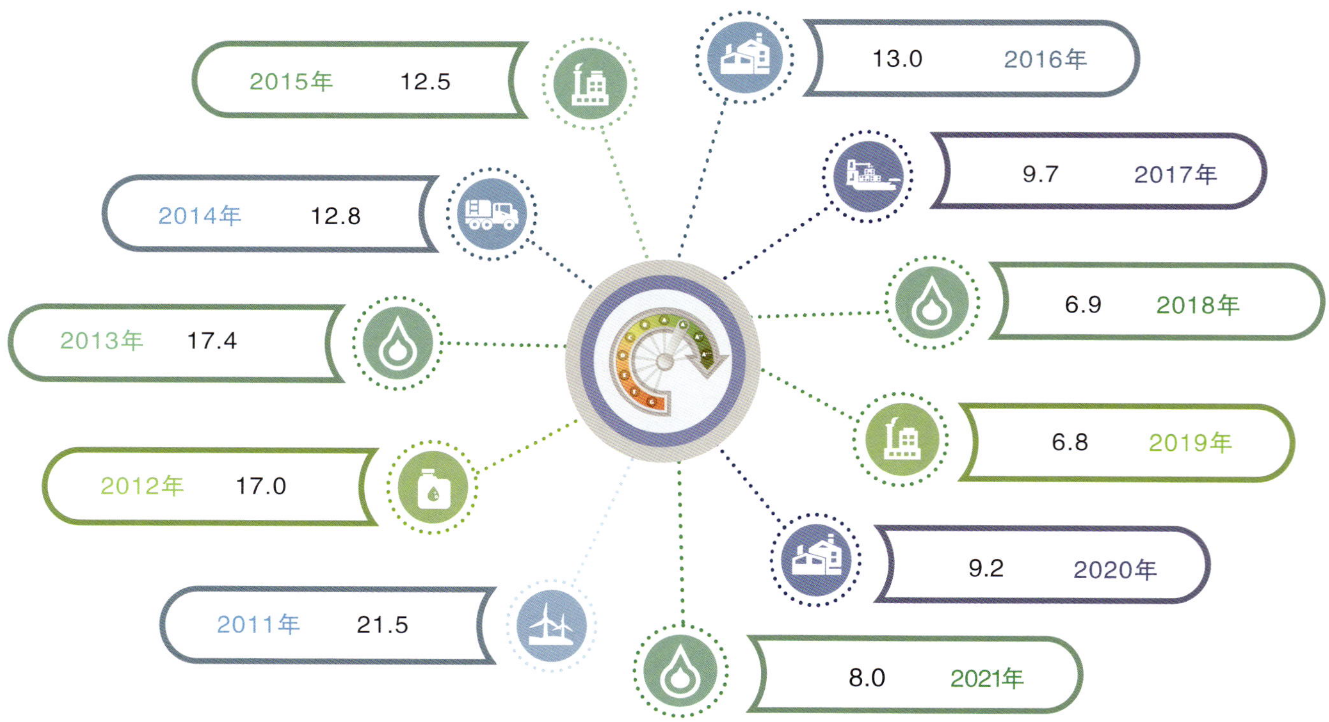

创新驱动

高新技术企业数（个）
Number of High-Tech Enterprises (unit)

年份	数量
2013年	190
2014年	226
2015年	247
2016年	317
2017年	398
2018年	572
2019年	738
2020年	1022
2021年	1172

专利申请量（件） Number of Patent Applications（unit）	年份	专利授权量（件） Number of Patent Warrants（unit）
284	1996年	150
333	2000年	201
2205	2005年	779
9927	2010年	4928
14729	2011年	6821
18014	2012年	10000
23472	2013年	10647
14014	2014年	8468
12481	2015年	8599
21511	2016年	11458
18548	2017年	10523
25951	2018年	11247
33655	2019年	12603
35133	2020年	27368
	2021年	41895

年末万人发明专利拥有量（件）

Number of Invention Patents Ownership Per 10,000 People（unit）

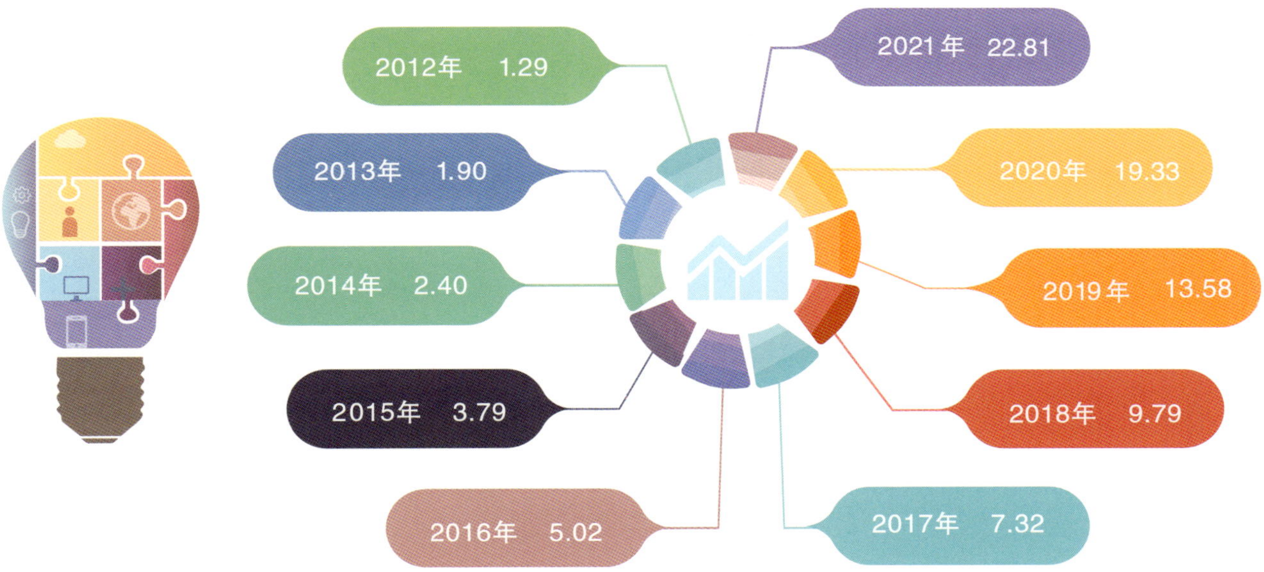

各类专业技术人员数（万人）

Number of Scientific and Technical Personnel （10 thousand people）

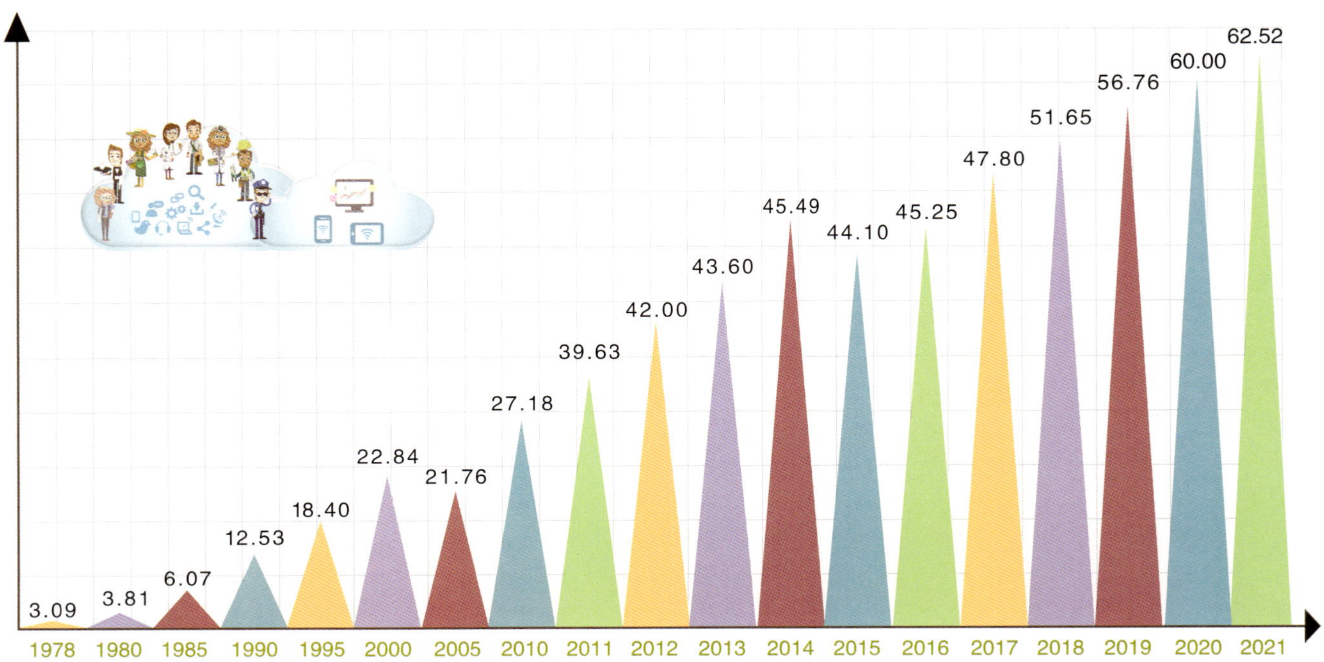

高层次人才数（万人）Number of High-Level Personnel（10 thousand people）

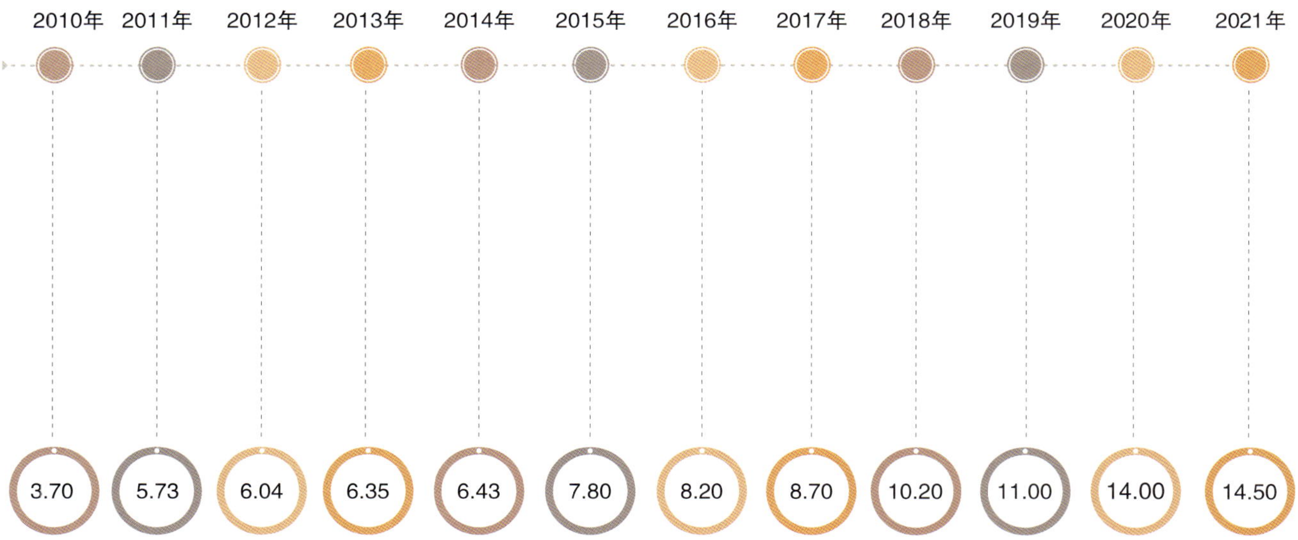

省“双创人才”人数（人）

Number of Personnel in Jiangsu Province High-level Innovation and Entrepreneurship Talent Introduction Plan（person）

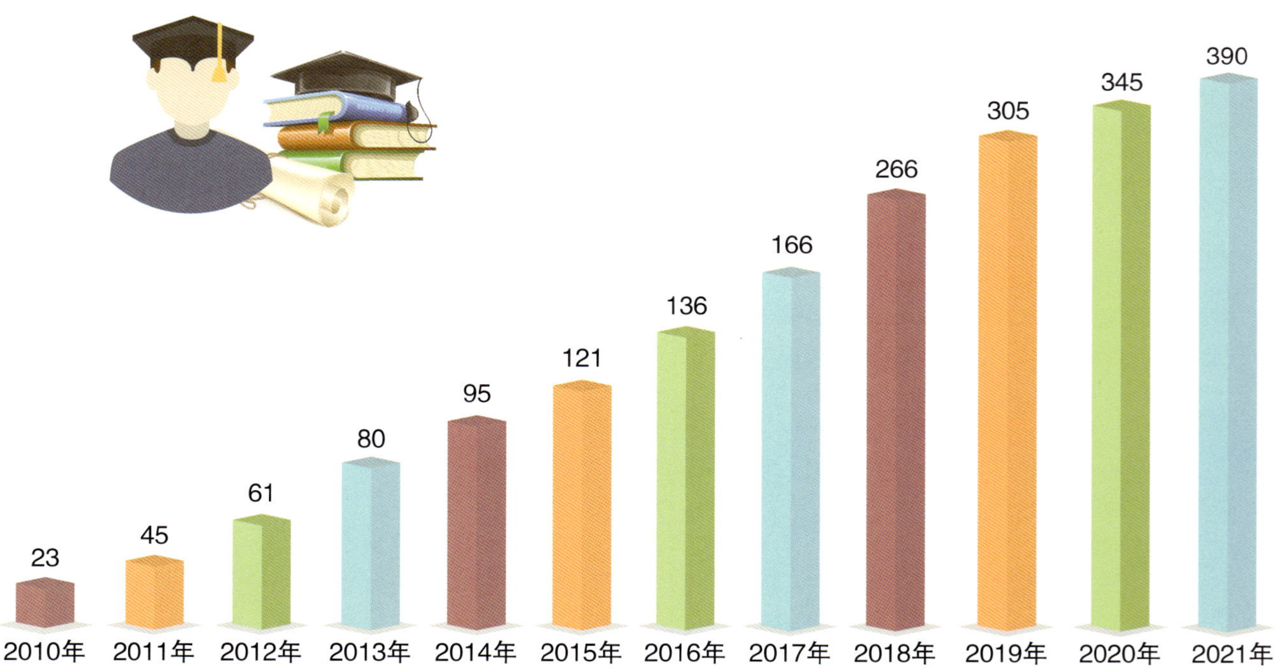

社会事业

普通高等学校在校学生数（万人）

Number of Student Enrollment in Institutions of Higher Education（10 thousand people）

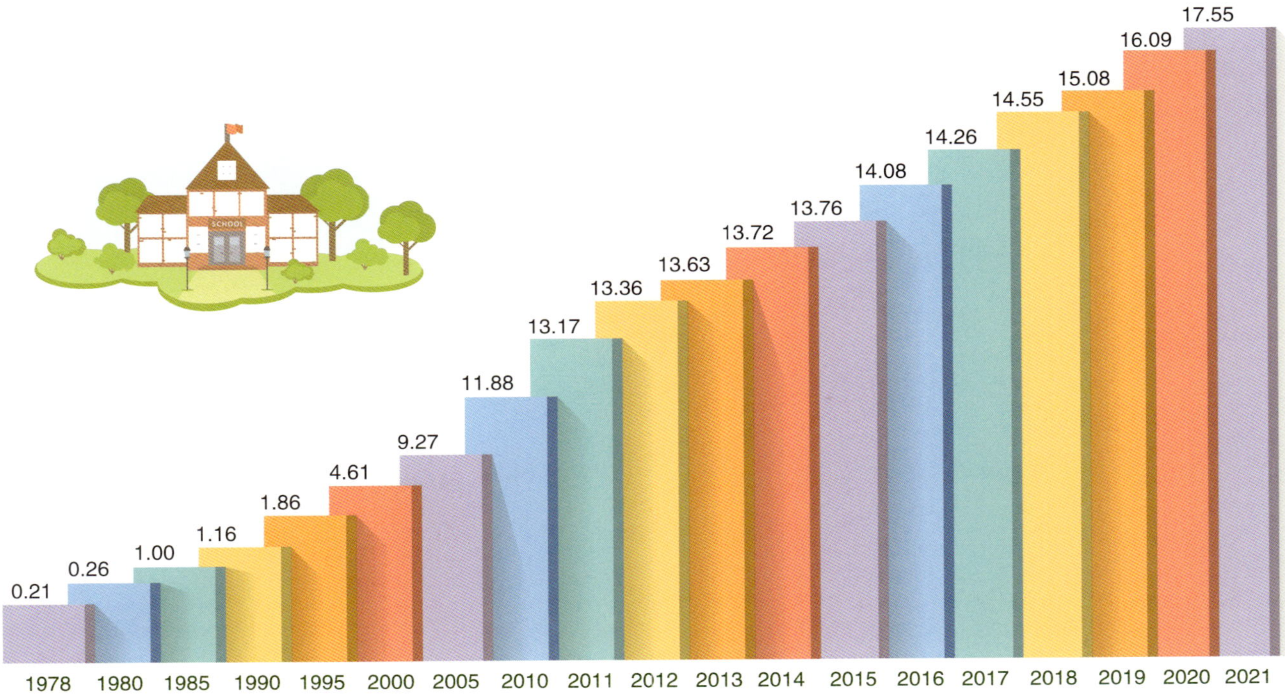

普通中学在校生数（万人）

Number of Student Enrollment in Regular Secondary Schools（10 thousand people）

卫生机构数（个）Number of Health Institutions (unit)

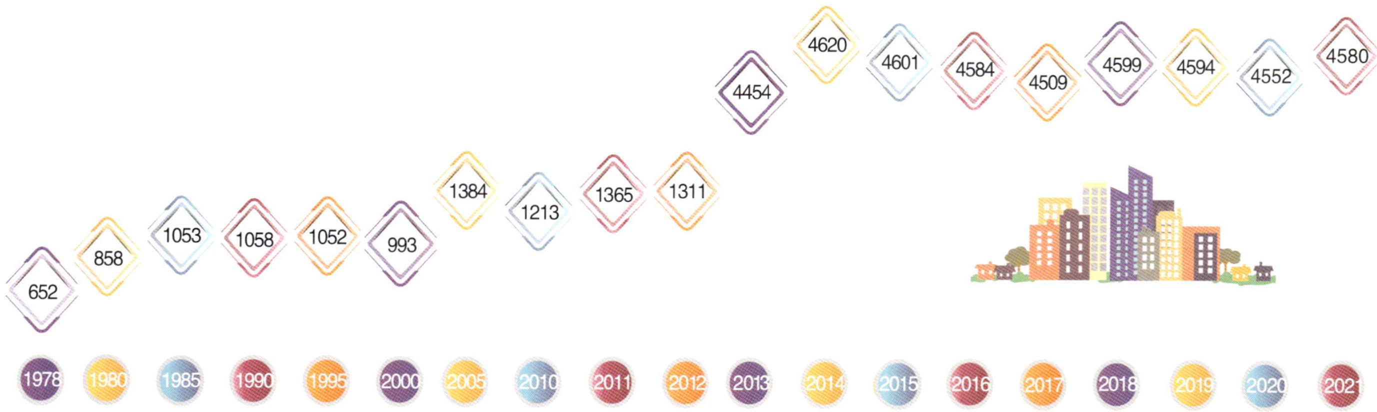

卫生技术人员数（万人）

Number of Medical Technical Personnel（10 thousand people）

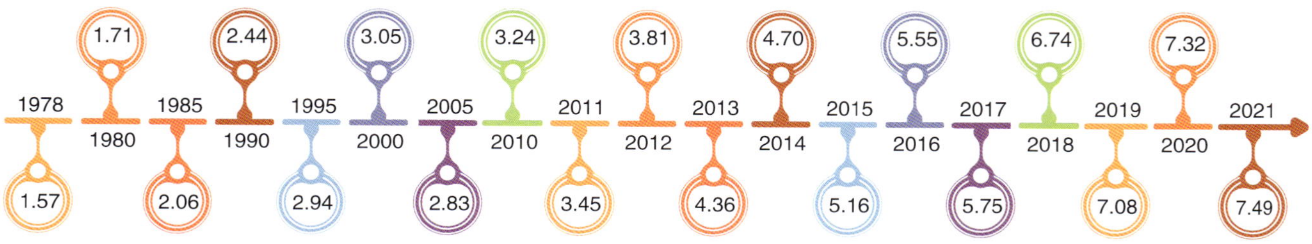

卫生机构床位数（万张）

Number of Beds in Health Institutions (10 thousand unit)

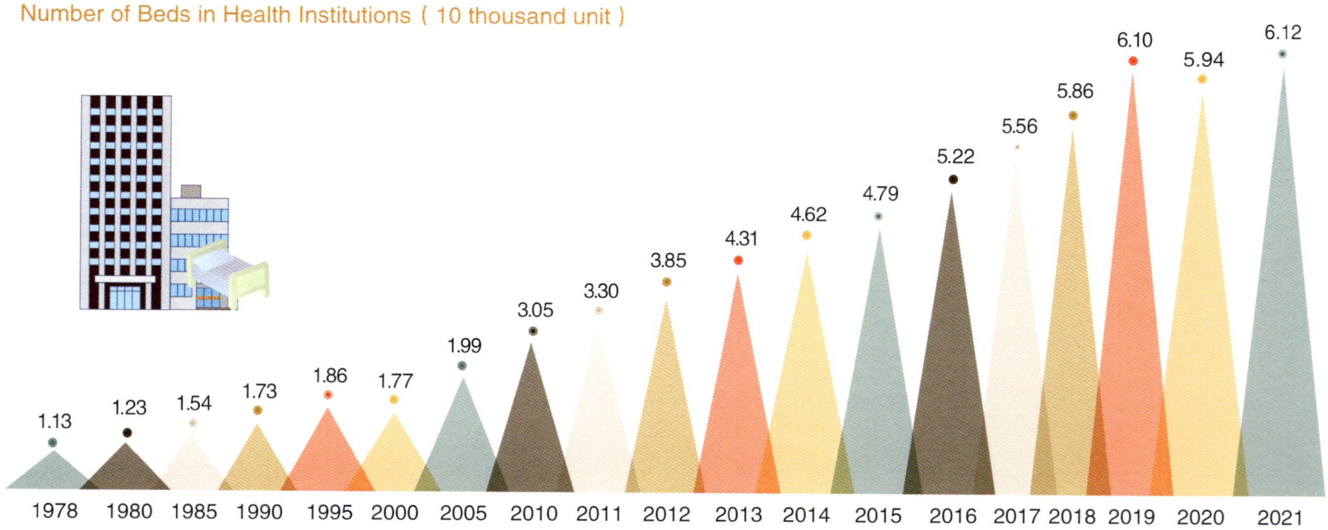

移动电话年末用户数（万户）
Number of Mobile Phone Users at the End of the Year（10 thousand unit）

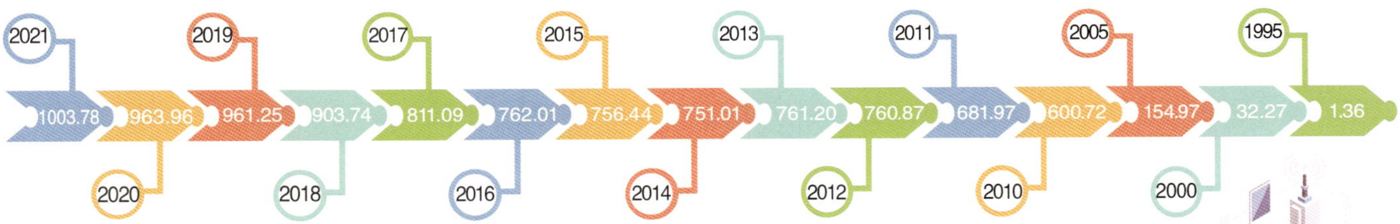

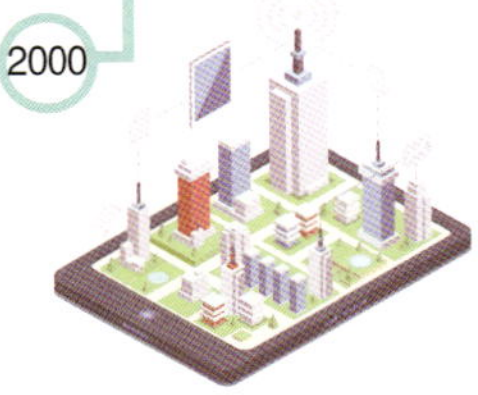

互联网宽带接入用户数（万户）
Number of Broadband Internet Access Users（10 thousand unit）

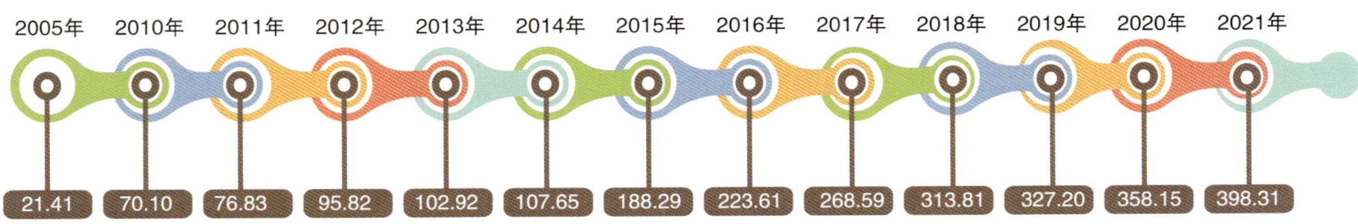

民用航空通航城市数（个）Number of Civil Aviation Cities（unit）

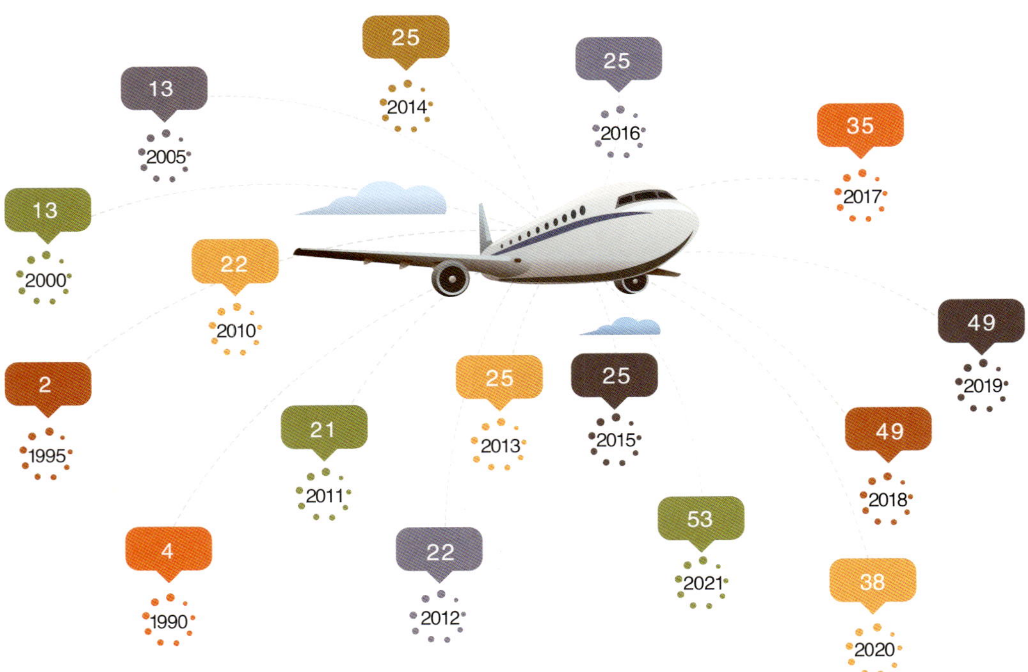

等级公路里程（公里）Length of Classified Highway（km）

全社会货运量（万吨）Total Volume of Freight Traffic（10 thousand tons ）

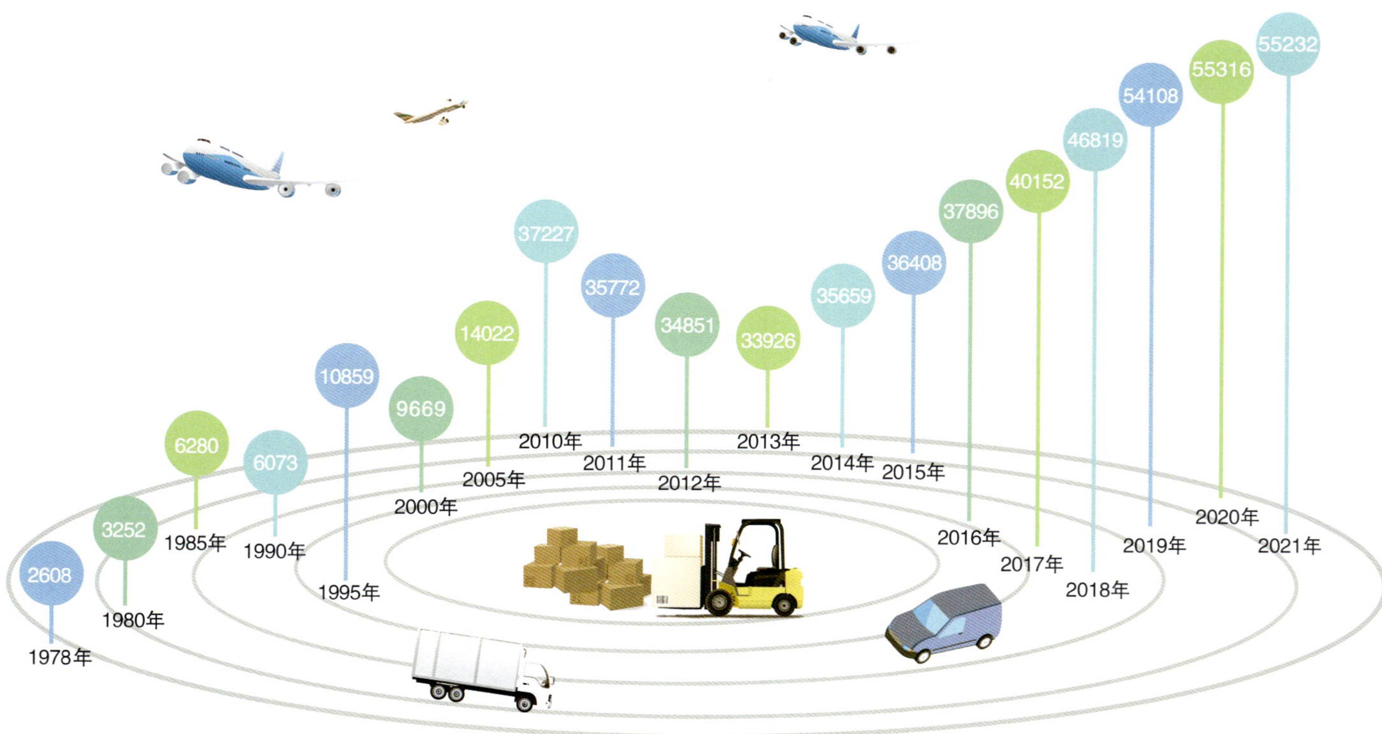

城市发展

常住人口城镇化率（%） Proportion of Urban Population（%）

2005年	2006年	2007年	2008年	2009年
43.30	44.80	45.80	47.90	49.60

2010年	2011年	2012年	2013年	2014年	2015年
53.90	54.67	55.34	56.94	58.12	59.71

2016年	2017年	2018年	2019年	2020年	2021年
61.10	62.12	63.16	64.28	65.63	66.19

城市建成区面积（平方公里）

Build up Area of Urban District（sq.km）

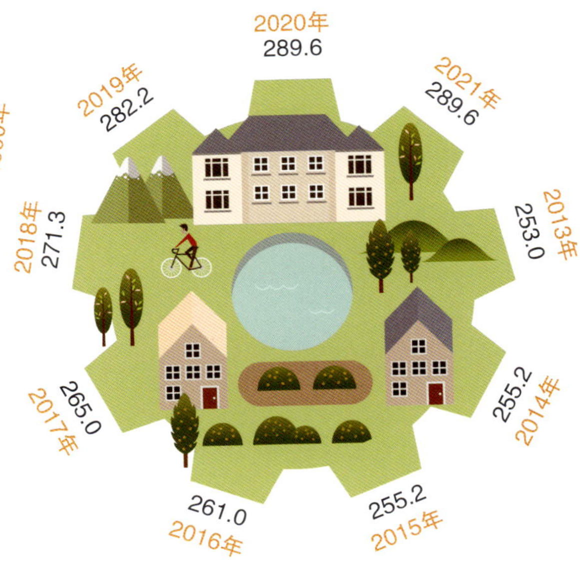

人均拥有铺装道路面积（平方米）

Per Capita Roads Area（sq.m）

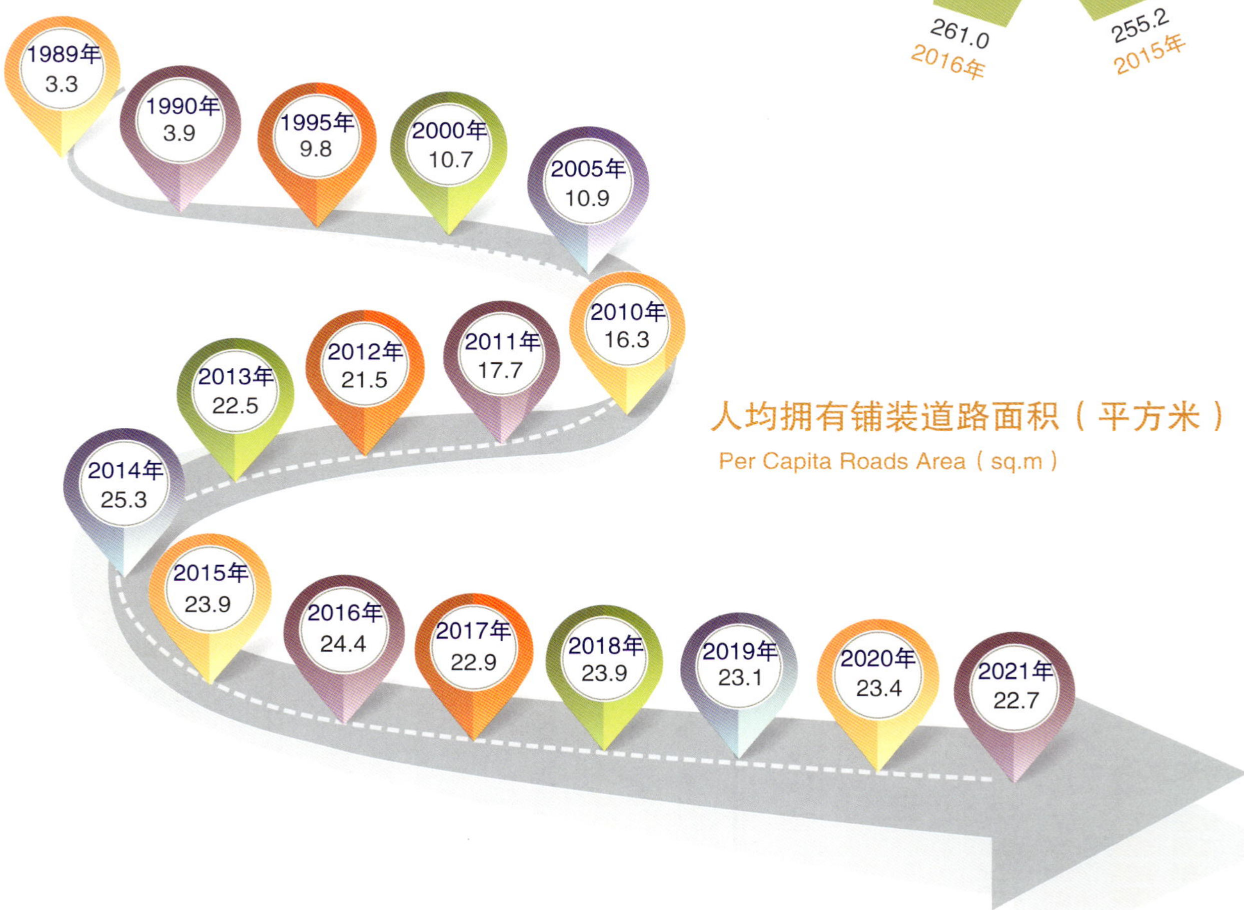

人均公园绿地面积（平方米） Per Capita Park Green Space (sq.m)

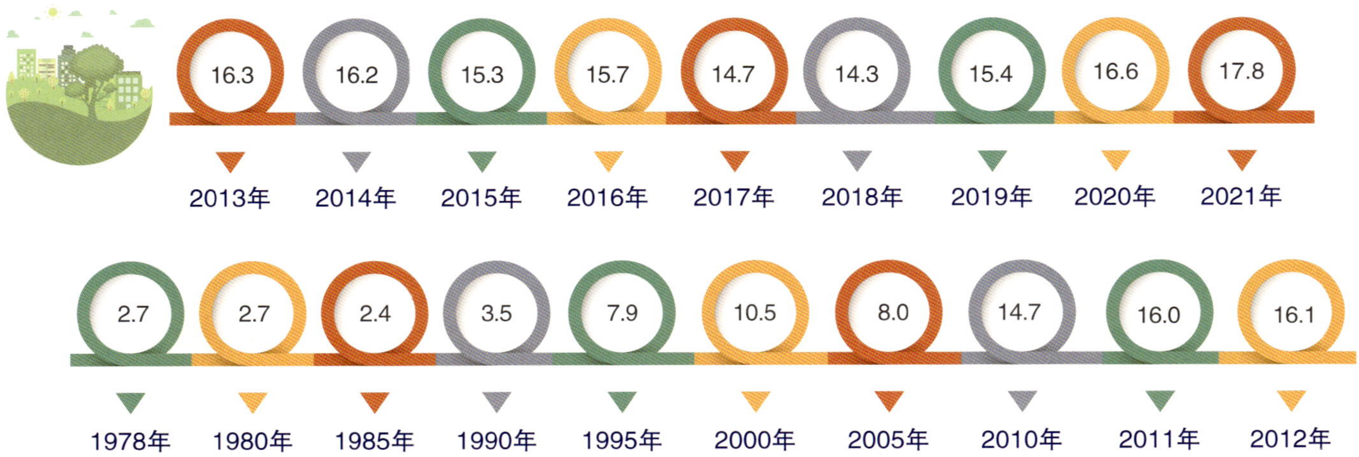

万人公交车拥有量（标台） Number of Urban Buses Per 10,000 people (standard transit bus)

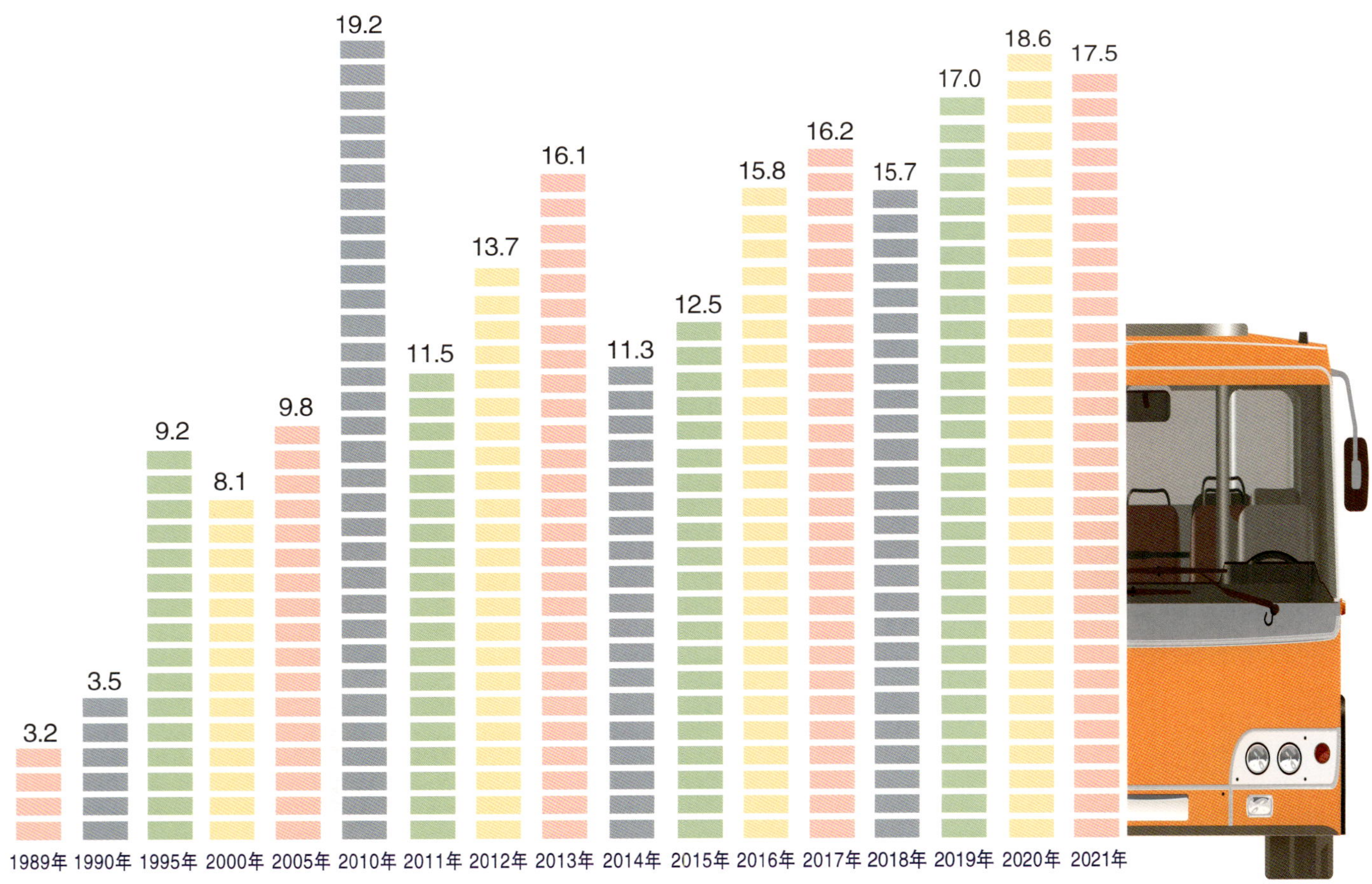

自来水供应总量（亿立方米）Total Water Supply（100 million cu.m）

1978年	1980年	1985年	1990年	1995年
0.31	0.40	0.60	1.07	1.49

2000年	2005年	2010年	2011年	2012年	2013年	2014年	2015年	2016年	2017年	2018年	2019年	2020年	2021年
1.25	1.55	2.00	2.15	2.20	2.34	2.40	2.44	2.62	2.67	3.18	3.11	3.86	4.31

煤气液化气普及率（%）Penetration Rate of Gas and Liquefied Petroleum Gas（%）

年份	普及率
1984年	2.4
1985年	6.7
1990年	31.7
1995年	84.0
2000年	90.8
2005年	96.5
2010年	99.0
2011年	94.2
2012年	99.3
2013年	99.5
2014年	98.2
2015年	98.5
2016年	98.0
2017年	100
2018年	100
2019年	99.8
2020年	100
2021年	100

人民生活

城乡居民储蓄存款余额（亿元）
Urban and Rural Residents Savings Deposit Balance (100 million yuan)

1978	1980	1985	1990	1995	2000	2005	2010	2011	2012
0.89	2.06	9.79	44.64	140.06	305.80	650.61	1324.39	1495.42	1794.72

2013	2014	2015	2016	2017	2018	2019	2020	2021
2089.77	2377.44	2780.60	3090.21	3349.45	3604.84	4023.66	4513.38	4988.57

在岗职工平均工资（元）Average Wages of Staff and Workers (yuan)

1978	1980	1985	1990	1995	2000	2005	2010	2011	2012
554	715	1231	2179	5537	9339	18849	34243	39493	44070

2013	2014	2015	2016	2017	2018	2019	2020	2021
47013	50268	54310	57228	63917	71457	78568	86138	96581

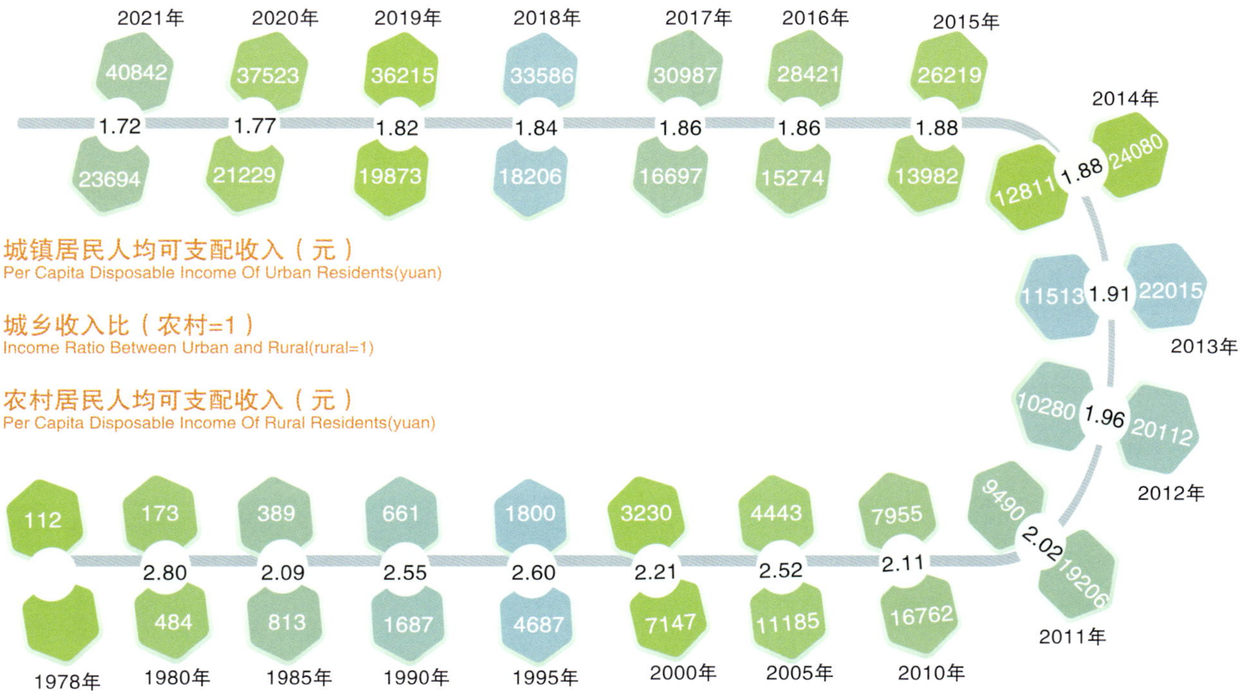

2021年 40842 1.72 23694
2020年 37523 1.77 21229
2019年 36215 1.82 19873
2018年 33586 1.84 18206
2017年 30987 1.86 16697
2016年 28421 1.86 15274
2015年 26219 1.88 13982
2014年 24080 1.88 12811
2013年 22015 1.91 11513
2012年 20112 1.96 10280
2011年 19206 2.02 9490
2010年 16762 2.11 7955
2005年 11185 2.52 4443
2000年 7147 2.21 3230
1995年 4687 2.60 1800
1990年 1687 2.55 661
1985年 813 2.09 389
1980年 484 2.80 173
1978年 112
城镇居民人均可支配收入（元）
Per Capita Disposable Income Of Urban Residents(yuan)
城乡收入比（农村=1）
Income Ratio Between Urban and Rural(rural=1)
农村居民人均可支配收入（元）
Per Capita Disposable Income Of Rural Residents(yuan)

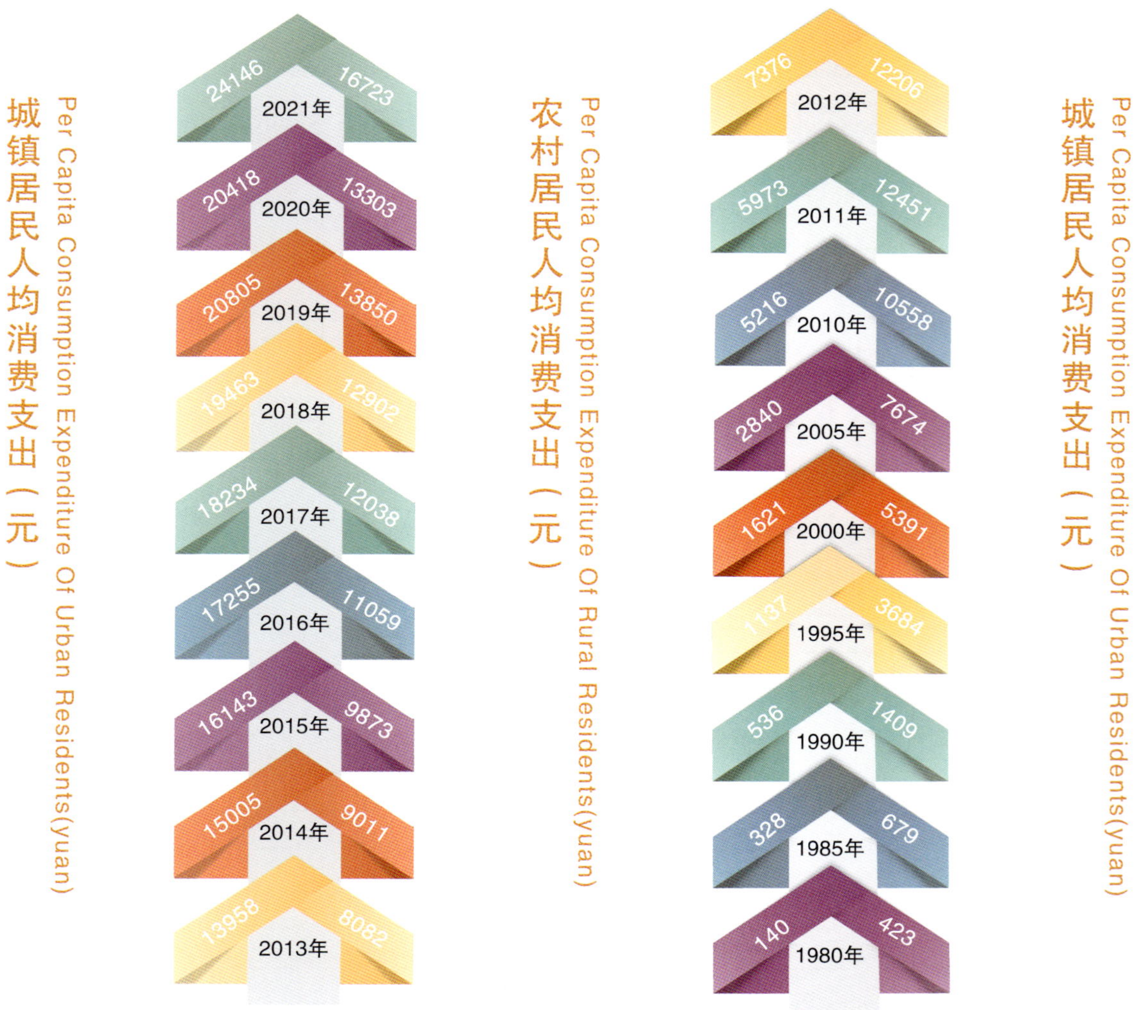

城镇居民人均消费支出（元）
Per Capita Consumption Expenditure Of Urban Residents(yuan)
2021年 24146 16723
2020年 20418 13303
2019年 20805 13850
2018年 19463 12902
2017年 18234 12038
2016年 17255 11059
2015年 16143 9873
2014年 15005 9011
2013年 13958 8082
农村居民人均消费支出（元）
Per Capita Consumption Expenditure Of Rural Residents(yuan)
2012年 7376 12206
2011年 5973 12451
2010年 5216 10558
2005年 2840 7674
2000年 1621 5391
1995年 1137 3684
1990年 536 1409
1985年 328 679
1980年 140 423
城镇居民人均消费支出（元）
Per Capita Consumption Expenditure Of Urban Residents(yuan)

居民消费价格总指数（以上年价格为100）

General Consumer Price Index (preceding year is taken as 100)

商品零售价格总指数（以上年价格为100）

General Retail Price Index (preceding year is taken as 100)

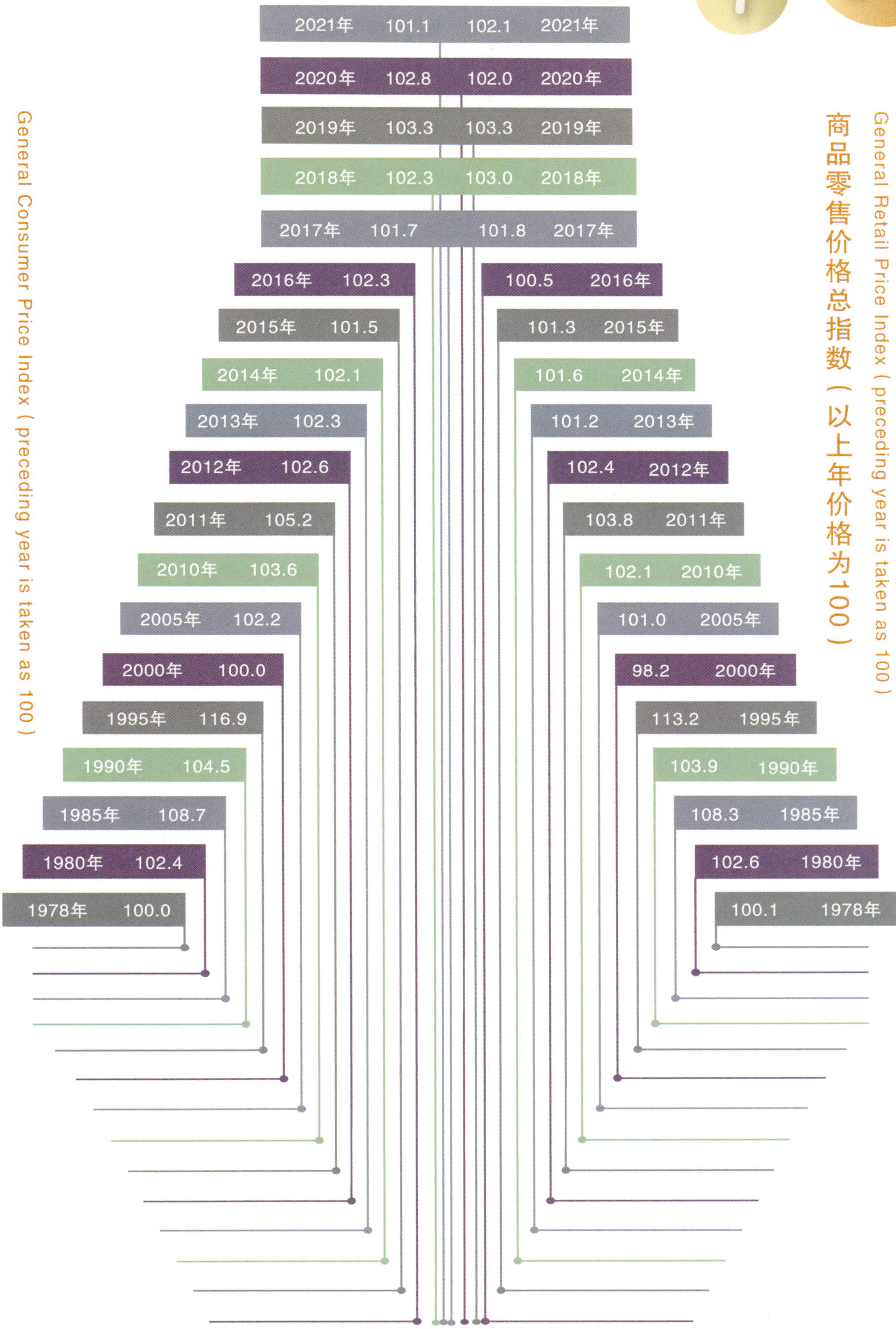

环境保护

地表水达到或
优于III类比例（%）
Proportion of Surface Water Reaching
or Exceeding Categories III (%)
2012年
77.4
2013年
71.1
2014年
76.3
2015年
76.3
2016年
79.2
2017年
79.2
2018年
83.3
2019年
83.3
2020年
83.3
2021年
86.4

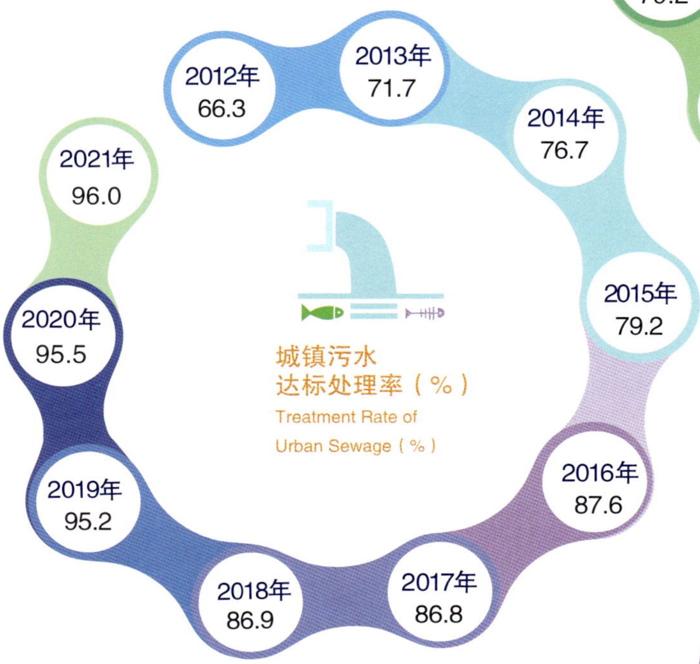

城镇污水
达标处理率（%）
Treatment Rate of
Urban Sewage（%）
2012年
66.3
2013年
71.7
2014年
76.7
2015年
79.2
2016年
87.6
2017年
86.8
2018年
86.9
2019年
95.2
2020年
95.5
2021年
96.0

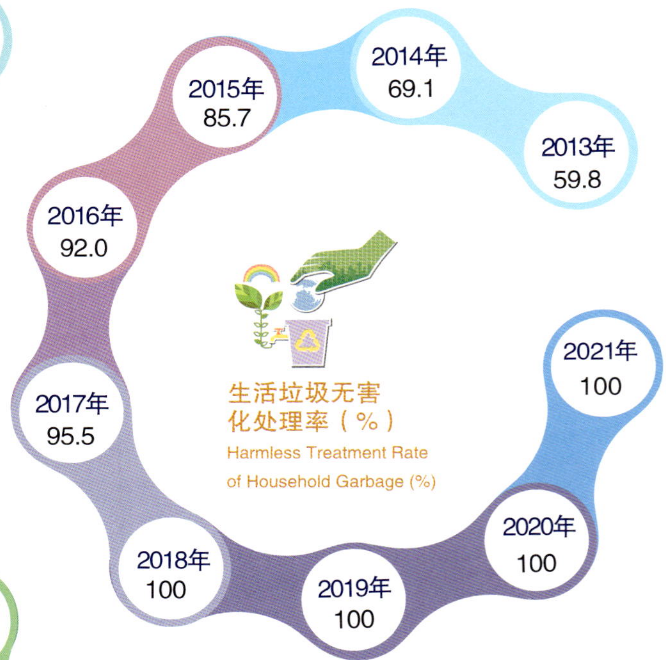

生活垃圾无害
化处理率（%）
Harmless Treatment Rate
of Household Garbage (%)
2013年
59.8
2014年
69.1
2015年
85.7
2016年
92.0
2017年
95.5
2018年
100
2019年
100
2020年
100
2021年
100

一般工业固体
废物综合利用率（%）
Comprehensive Utilization Rate
of General Industrial Solid Waste (%)
2012年
93.2
2013年
99.2
2014年
100
2015年
99.4
2016年
95.6
2017年
99.5
2018年
99.5
2019年
99.6
2020年
97.7
2021年
99.3

1-2　各行政区划街道办事处（镇）名称

（2021年底）

地　　区	街道办事处或镇数（个）	街道办事处或镇名称
鼓楼区	8	丰财街道，环城街道，黄楼街道，牌楼街道，琵琶街道，铜沛街道，九里街道，拾屯街道
云龙区	9	彭城街道、子房街道、黄山街道、骆驼山街道、大郭庄街道、翠屏山街道、潘塘街道、大龙湖街道、汉风街道
贾汪区	10	大泉街道、老矿街道、大吴街道、潘安湖街道、茱萸山街道、青山泉镇、紫庄镇、塔山镇、汴塘镇、江庄镇
泉山区	12	王陵街道、永安街道、湖滨街道、段庄街道、翟山街道、奎山街道、和平街道、泰山街道、金山街道、七里沟街道、火花街道、桃园街道
铜山区	25	利国街道、张集街道、电厂街道、张双楼街道、三河尖街道、铜山街道、三堡街道、新区街道、沿湖街道、何桥镇、黄集镇、马坡镇、郑集镇、刘集镇、大彭镇、汉王镇、棠张镇、张集镇、房村镇、伊庄镇、单集镇、大许镇、茅村镇、柳泉镇、利国镇
开发区	6	东环街道、金山桥街道、大庙街道、大黄山街道、金龙湖街道、徐庄镇
港务区	4	苏山街道、庞庄街道、垞城街道、柳新镇，
丰　县	15	中阳里街道、凤城街道、孙楼街道、首羡镇、顺河镇、常店镇、欢口镇、师寨镇、华山镇、梁寨镇、范楼镇、宋楼镇、大沙河镇、王沟镇、赵庄镇
沛　县	17	沛城街道、大屯街道、汉兴街道、汉源街道、龙固镇、杨屯镇、胡寨镇、魏庙镇、五段镇、张庄镇、张寨镇、敬安镇、河口镇、栖山镇、鹿楼镇、朱寨镇、安国镇
睢宁县	18	睢城街道、睢河街道、金城街道、王集镇、双沟镇、岚山镇、李集镇、桃园镇、官山镇、高作镇、沙集镇、凌城镇、邱集镇、古邳镇、姚集镇、魏集镇、梁集镇、庆安镇
新沂市	18	新安街道、钟吾街道、北沟街道、唐店街道、墨河街道、草桥镇、港头镇、合沟镇、窑湾镇、棋盘镇、马陵山镇、邵店镇、高流镇、阿湖镇、时集镇、瓦窑镇、双塘镇、新店镇
邳州市	25	运河街道、炮车街道、戴圩街道、东湖街道、邳城镇、官湖镇、四户镇、宿羊山镇、八义集镇、陈楼镇、土山镇、碾庄镇、港上镇、邹庄镇、占城镇、新河镇、八路镇、铁富镇、岔河镇、邢楼镇、戴庄镇、车辐山镇、燕子埠镇、赵墩镇、议堂镇

1-3 主要年份国民经济和社会发展主要指标

指　　标	1978	1990	1995	2000	2005	2010	2015	2020	2021
年末人口（常住）　（万人）					**881.33**	**858.21**	**878.86**	**908.39**	**902.85**
城镇人口					381.60	462.58	524.77	596.18	597.60
乡村人口					499.73	395.63	354.09	312.21	305.25
常住人口城镇化率　（%）					**43.30**	**53.90**	**59.71**	**65.63**	**66.19**
年末人口（户籍）　（万人）	**645.41**	**807.14**	**851.15**	**896.44**	**925.31**	**972.89**	**1028.70**	**1038.05**	**1035.29**
# 非农业人口	74.51	138.26	168.62	231.11	315.85	445.38	595.34	646.54	648.50
从业人数　（万人）	**283.64**	**408.50**	**425.43**	**417.66**	**452.20**	**478.72**	**475.59**	**482.11**	**475.20**
# 职工人数	60.12	87.35	92.39	71.02	56.07	58.38	97.17	71.08	74.20
# 国有经济单位	41.16	63.69	72.52	57.74	40.13	38.59	32.05	51.20	53.82
城镇集体经济	18.96	23.53	19.13	8.30	3.60	2.89	3.16	5.19	3.54
地区生产总值（当年价格）　（亿元）	**21.39**	**112.84**	**403.46**	**616.30**	**1236.66**	**2951.47**	**5336.75**	**7284.77**	**8117.44**
第一产业	9.40	38.69	100.67	118.57	174.24	333.37	590.56	718.68	743.34
第二产业	8.95	44.91	184.14	283.56	628.50	1426.90	2309.17	2916.61	3376.02
# 工业	8.06	40.93	165.94	243.54	536.29	1223.42	1958.98	2346.16	2783.94
第三产业	3.04	29.24	118.64	214.16	433.92	1191.20	2437.01	3649.48	3998.08
固定资产投资　（亿元）									
固定资产投资					546.08	1938.72	4266.12		
# 房地产开发投资		1.22	6.07	28.05	62.57	205.32	470.22	867.07	853.88
# 住宅投资				19.18	46.79	169.70	338.80	706.09	714.02
固定资产投资竣工的住宅建筑面积（万平方米）	36.40	58.40	91.90	143.62	255.92	395.22	709.80		
财政　（亿元）									
财政总收入	3.27	10.23	25.30	47.62	145.26	413.89	812.93	891.65	997.67
# 一般公共预算收入				22.45	55.22	222.16	530.68	481.82	537.31
地方财政支出	1.77	8.56	18.02	34.52	105.08	325.72	752.46	958.19	1004.40
物价　（%）									
城市居民消费价格总指数	100.0	104.5	116.9	100.0	102.2	103.6	101.5	102.8	101.1
城市商品零售价格总指数	100.1	103.9	113.2	98.2	101.0	102.1	101.3	102.0	102.1
人民生活									
职工工资总额　（亿元）	3.14	18.59	50.68	65.31	107.26	198.51	524.81	598.85	697.47
职工平均工资　（元）	554	2179	5537	9339	18849	34243	54310	86138	96581
农村居民人均可支配收入　（元）	112	661	1800	3230	4443	7955	13982	21229	23694

注：2005 年及以后从业人员及乡村劳动者中未剔除外出打工人数；2007 年及以后财政总收入及财政支出中不包括基金收入（支出）；2010 年以前固定资产投资竣工的住宅建筑面积为城镇口径；2013 年及以前"农村居民人均可支配收入"为农民人均纯收入；2014 年及以后地区生产总值数据为含 R&D 研发支出增加值口径，与往年不可比（下同）。

1–3　续表 1

指　　标	1978	1990	1995	2000	2005	2010	2015	2020	2021
城镇居民人均可支配收入（元）		1687	4687	7147	11185	16762	26219	37523	40842
城乡居民储蓄存款余额（亿元）	0.89	44.64	140.06	305.80	650.61	1324.39	2780.60	4513.38	4988.57
城镇居民人均现住房建筑面积（平方米）		11.07	12.71	14.51	17.12	21.16	33.80	51.65	51.34
农村居民人均现住房建筑面积（平方米）		18.73	19.51	22.52	29.36	41.83	51.30	56.25	64.00
运输、邮电									
全社会客运量（万人次）	2030	3156	6071	7255	8099	27761	15660	8948	6046
全社会货运量（万吨）	2608	6073	10859	9669	14022	37227	36408	55316	55232
内河港口货物吞吐量（万吨）		837	1399	1452	4189	6308	9030	4391	4674
邮电业务总量（亿元）	0.05	0.62	3.88	17.73	36.26	73.39	193.39	883.24	162.54
邮电业务收入（亿元）				13.06	27.05	48.14	74.11	122.57	141.18
计费函件（不含广告）（万件）		2463	2579	2289	2041	4728	1488	125	107
订销报刊累计份数（万份）		10291	17075	16451	9116	10845	11015	10136	9539
国内外贸易、旅游									
社会消费品零售总额（亿元）	7.71	42.23	117.60	192.36	414.29	1016.38	2477.33	3286.09	4038.02
进出口总额（海关数）（万美元）		1015	24696	32896	112621	416053	541263	1543267	1941747
# 出口总额		599	14724	18715	75196	263060	438935	1248495	1625945
实际使用外资（万美元）		1324	10432	20790	26057	101330	142788	220059	242250
接待国外旅游人数（含港澳台）（人次）		4325	4988	17825	73010	158277	33776	12130	15324
科技、教育（万人）									
专业技术人员	3.09	12.53	18.40	22.84	21.76	27.18	44.10	60.00	62.52
高等学校在校学生	0.21	1.16	1.86	4.61	9.27	11.88	13.76	16.09	17.55
中等专业学校在校学生	0.29	1.11	2.45	3.41	5.12	5.75	4.36	5.63	4.54
普通中学在校学生	45.98	31.38	42.47	58.43	81.51	52.07	34.74	59.38	65.29
小学在校学生	95.62	84.77	110.34	126.06	72.24	53.02	84.13	91.69	87.81

注：2014 年城乡一体化住户调查后，“城镇居民均可支配收入”与往年口径不可比；“实际使用外资”2005 年及以后为“实际到账注册外资”，口径与往年不可比；2013 年起接待国外旅游人数和专业技术人员统计口径有调整，与往年不可比；2011–2016 年邮电业务总量按 2010 年价格计算，2017–2020 年邮电业务总量按 2015 年价格计算，2021 起邮电业务总量按 2020 年价格计算（下同）；“进出口总额”“出口总额”1997 年及以前年度数字为“自营进出口总额”“自营出口总额”口径；“城乡居民储蓄存款余额”自 2015 年更改为“住户存款余额”口径，与往年不可比。本表中高等学校在校学生数不含成人本专科学生数，以便与历史数据可比。

1-3 续表 2

指 标		1978	1990	1995	2000	2005	2010	2015	2020	2021
卫生										
卫生机构数	（个）	652	1058	1052	993	1384	1213	4601	4552	4580
床位数	（张）	11325	17303	18596	17736	19888	30500	47949	59392	61191
卫生技术人员数	（万人）	1.57	2.44	2.94	3.05	2.83	3.24	5.16	7.32	7.49
# 医生		0.49	0.99	1.12	1.16	1.05	1.22	2.02	2.98	2.91
主要工农业产品产量	**（万吨）**									
粮食		206.15	399.00	406.13	319.50	314.13	440.20	470.92	501.92	501.79
棉花		2.47	5.57	5.91	5.08	4.17	3.23	2.60	0.70	0.59
油料		1.59	4.77	8.35	20.28	16.26	12.11	11.20	11.55	11.68
水果		2.62	14.13	35.78	81.91	87.52	106.31	108.47	116.37	110.42
生猪存栏	（万头）	149.25	170.36	215.78	201.07	214.26	293.19	299.61	263.28	273.06
猪、牛、羊肉	（万吨）	5.18	18.73	28.71	27.51	35.05	46.58	50.09	29.12	36.01
蚕茧	（吨）	525	6022	22105	15176	13212	6805	6512	4122	4080
水产品	（万吨）	0.72	3.70	8.49	13.52	16.43	17.04	18.79	15.80	16.17
生铁		15.19	29.22	52.00	37.10	152.53	304.92	475.96	462.42	550.43
铝锭		0.31	0.76	1.94	0.50	1.08	10.87			
原煤		1445	2032	2344	2271	2597	2072	1885		
发电量	（亿千瓦时）	27.08	104.40	119.38	146.87	309.97	399.57	497.22		
合成氨	（万吨）	7.07	13.40	14.86	19.16	36.96	66.40	93.21	48.74	37.29
农用化肥（折 100%）		4.91	12.52	19.76	15.42	29.58	48.05	45.76	16.34	6.65
水泥		66.68	297.67	1031.48	983.36	1295.66	3205.35	2681.63	1026.38	953.55
纱		1.68	3.63	4.64	7.16	23.01	81.58	141.21	44.22	48.36
布	（万米）	5474	12112	13883	8196	10551	16056	31490	17218	18380
机制纸及纸板	（万吨）	2.47	16.44	71.60	32.65	48.91	105.54	27.58	44.07	43.76
卷烟	（万箱）	14.74	33.50	34.00	34.40	57.57	60.94	66.50	72.07	74.15
饮料酒	（万千升）	1.35	4.99	11.42	8.50	20.28	45.73	58.85	18.39	14.10
多晶硅	（吨）						17799	74358	42189	47610
汽车起重机	（吨）		419	683	1087	5368	18623	194941	945806	1139457
装载机	（辆）			1298	1777	9442	15212	7142	22364	28078
压路机	（台）		802	1897	2466	2434	6874	2721	8796	11145

注：自 2012 年起，汽车起重机的单位由台改为吨。

1–4　国民经济主要指标发展速度

指　　标	指数（2021年为以下各年的%）								1979–2021年平均增长（%）	2001–2021年平均增长（%）
	1978	1990	1995	2000	2005	2010	2015	2020		
从业人数	**167.5**	**116.3**	**111.7**	**113.8**	**105.1**	**99.3**	**99.9**	**98.6**	**1.2**	**0.6**
#职工人数	123.4	85.0	80.3	104.5	132.3	127.1	76.4	104.4	0.5	0.2
#国有经济单位	130.8	84.5	74.2	93.2	134.1	139.5	167.9	105.1	0.6	-0.3
城镇集体经济	18.7	15.0	18.5	42.6	98.3	122.5	112.0	68.2	-3.8	-4.0
地区生产总值（可比价格）	**9780.4**	**3357.5**	**1564.4**	**888.5**	**490.1**	**250.6**	**144.3**	**108.7**	**11.2**	**10.3**
第一产业	791.5	531.2	345.6	231.8	182.3	144.4	118.8	103.8	4.6	1.3
第二产业	17920.4	4658.3	1799.2	980.9	497.0	238.1	134.2	108.7	12.8	10.9
#工业	18471.7	4742.4	1832.1	1022.7	519.2	243.4	135.2	111.4	12.9	11.2
第三产业	20486.9	4485.9	2023.0	1120.2	593.3	289.9	159.8	109.6	13.2	11.7
财政										
财政总收入	30509.9	9752.4	3943.4	2095.1	686.8	241.0	122.7	111.9	14.2	15.6
#一般公共预算收入				2393.4	973.0	241.9	101.2	111.5		16.3
地方财政支出	56745.5	11733.6	5573.8	2909.6	955.8	308.4	133.5	104.8	15.9	17.4
人民生活										
职工年平均工资	17433.4	4432.3	1744.3	1034.2	512.4	282.0	177.8	112.1	12.8	11.8
农村居民人均可支配收入	21155.2	3584.5	1316.3	733.6	533.3	297.8	169.5	111.6	13.3	10.0
城镇居民人均可支配收入		2421.0	871.4	571.5	365.2	243.7	155.8	108.8		8.7
城乡居民年末储蓄存款余额	560513.5	11175.1	3561.7	1631.3	766.8	376.7	179.4	110.5	22.2	14.2
运输、邮电										
全社会旅客运输量	297.8	191.6	99.6	83.3	74.7	21.8	38.6	67.6	2.6	-0.9
全社会货物运输量	2117.8	909.5	508.6	571.2	393.9	148.4	151.7	99.8	7.4	8.7
邮电业务总量	325076.4	26215.8	4189.1	916.7	448.3	221.5	84.0	18.4	20.7	11.1
国内外贸易、旅游										
社会消费品零售总额	52373.8	9562.0	3433.7	2099.2	974.7	397.3	163.0	122.9	15.7	15.6
进出口总额		191305.1	7862.6	5902.7	1724.1	466.7	358.7	125.8		21.4
#出口总额		271443.2	11042.8	8687.9	2162.3	618.1	370.4	130.2		23.7
实际使用外资		18296.8	2322.2	1165.2	929.7	239.1	169.7	110.1		12.4
国际旅游人数		354.3	307.2	86.0	21.0	9.7	45.4	126.3		-0.7

1-4 续表

指　　标	指数（2021 年为以下各年的 %）								1979–2021 年平均增长（%）	2001–2021 年平均增长（%）
	1978	1990	1995	2000	2005	2010	2015	2020		
科技、教育										
专业技术人员	2023.3	499.0	339.8	273.7	287.3	230.0	141.8	104.2	7.2	4.9
高等学校在校学生	8355.2	1512.6	943.3	380.6	189.3	147.7	127.5	109.0	10.8	6.6
中等专业学校在校学生	1564.4	408.7	185.2	133.0	88.6	78.9	104.1	80.6	6.6	1.4
普通中学在校学生	142.0	208.1	153.7	111.7	80.1	125.4	187.9	109.9	0.8	0.5
小学在校学生	91.8	103.6	79.6	69.7	121.6	165.6	104.4	95.8	-0.2	-1.7
卫生										
卫生机构数	702.5	432.9	435.4	461.2	330.9	377.6	99.5	100.6	4.6	7.6
床位数	540.3	353.6	329.1	345.0	307.7	200.6	127.6	103.0	4.0	6.1
卫生技术人员数	476.9	306.8	254.6	245.5	264.5	231.1	145.1	102.3	3.7	4.4
# 医生	594.3	294.2	260.0	251.1	277.4	238.7	144.2	97.7	4.2	4.5
主要工农业产品产量										
粮食	243.4	125.8	123.6	157.1	159.7	114.0	106.6	100.0	2.1	2.2
棉花	23.8	10.5	9.9	11.6	14.1	18.2	22.6	83.9	-3.3	-9.8
油料	734.4	244.8	139.8	57.6	71.8	96.4	104.3	101.1	4.7	-2.6
水果	4214.5	781.5	308.6	134.8	126.2	103.9	101.8	94.9	9.1	1.4
生猪存栏	183.0	160.3	126.5	135.8	127.4	93.1	91.1	103.7	1.4	1.5
猪、牛、羊肉	695.2	192.3	125.4	130.9	102.7	77.3	71.9	123.7	4.6	1.3
蚕茧	777.1	67.8	18.5	26.9	30.9	60.0	62.7	99.0	4.9	-6.1
水产品	2245.8	437.0	190.5	119.6	98.4	94.9	86.1	102.3	7.5	0.9
生铁	3623.6	1883.7	1058.5	1483.6	360.9	180.5	115.6	119.0	8.7	13.7
合成氨	527.4	278.3	250.9	194.6	100.9	56.2	40.0	76.5	3.9	3.2
农用化肥（折 100%）	135.4	53.1	33.7	43.1	22.5	13.8	14.5	40.7	0.7	-3.9
水泥	1430.0	320.3	92.4	97.0	73.6	29.7	35.6	92.9	6.4	-0.1
纱	2878.6	1332.2	1042.2	675.4	210.2	59.3	34.2	109.4	8.1	9.5
布	335.8	151.7	132.4	224.3	174.2	114.5	58.4	106.7	2.9	3.9
机制纸及纸板	1771.7	266.2	61.1	134.0	89.5	41.5	158.7	99.3	6.9	1.4
卷烟	503.1	221.4	218.1	215.6	128.8	121.7	111.5	102.9	3.8	3.7
饮料酒	1044.4	282.6	123.5	165.9	69.5	30.8	24.0	76.7	5.6	2.4
多晶硅						267.5	64.0	112.8		
汽车起重机							584.5	120.5		
装载机			2163.2	1580.1	297.4	184.6	393.1	125.5		14.0
压路机		1389.7	587.5	451.9	457.9	162.1	409.6	126.7		7.4

1-5　各时期国民经济主要指标平均增长速度

单位：%

指　　标	"一五"时期	"二五"时期	调整时期	"三五"时期	"四五"时期	"五五"时期	"六五"时期
年末总人口(户籍)	**2.9**	**0.6**	**1.9**	**2.9**	**1.7**	**1.4**	**1.4**
职工人数	**4.4**	**11.0**	**-3.6**	**7.8**	**14.1**	**8.8**	**3.7**
#国有单位	4.4	11.0	-3.6	7.8	5.7	9.1	4.1
地区生产总值	**9.9**	**4.4**	**7.4**	**8.9**	**7.9**	**15.3**	**11.3**
第一产业	-0.2	-1.3	11.1	7.2	5.1	10.7	8.2
第二产业	34.3	3.5	12.5	15.7	10.5	20.0	12.5
#工业							11.7
第三产业	16.3	6.0	-0.8	4.2	7.7	16.0	14.2
农林牧渔业总产值	**1.3**	**-1.1**	**9.0**	**4.7**	**7.7**	**6.2**	**10.5**
固定资产投资额	**43.3**	**25.2**	**10.2**	**5.3**	**10.6**	**31.7**	**7.6**
#房地产开发投资							
财政							
财政收入	18.5	3.2	4.5	11.8	5.2	12.9	10.0
财政支出	26.0	-4.5	12.0	3.6	11.5	13.4	13.4
人民生活							
职工工资总额	9.2	12.5	-2.9	3.5	13.5	16.3	15.8
职工年平均工资	2.6	-0.9	3.0	-1.6	-1.6	7.0	11.5
城乡居民储蓄存款余额	29.1	4.8	17.3	4.3	14.7	33.6	36.6
运输、邮电							
客运量							5.7
货运量							14.1
邮电业务总量	14.9	16.8	-1.8	2.4	7.8	6.8	11.2
内外贸易							
社会消费品零售总额	14.3	5.0	1.5	2.9	10.9	13.8	16.4
教育							
高等学校在校学生数			-28.4			12.2	31.0
中等专业学校在校学生数	7.0	0.8	-7.3			17.1	6.4

1-5 续表 1 单位：%

指 标	“一五”时期	“二五”时期	调整时期	“三五”时期	“四五”时期	“五五”时期	“六五”时期
普通中学在校学生数	23.2	9.6	0.5	23.9	5.1	10.0	-3.0
小学在校学生数	8.4	1.6	15.5	-1.9	10.8	-1.3	-1.9
卫生							
卫生机构数	14.3	6.1	3.7	-0.6	7.4	9.2	4.2
床位数	17.6	24.1	-0.5	4.4	5.6	5.3	4.6
卫生技术人员数	16.3	13.3	6.5	6.0	8.9	8.7	3.8
# 医生	20.4	12.0	5.6	-0.3	4.7	10.6	6.2
主要工农业产品产量							
粮食	1.2	0.6	1.4	6.4	7.3	6.0	10.9
棉花	13.3	-12.2	34.3	25.6	2.8	5.5	9.6
油料	-8.4	-13.7	32.9	-10.4	2.8	21.1	27.2
水果	-4.1	-13.2	8.5	14.5	9.9	9.5	9.1
生猪存栏	12.5	0.4	13.1	3.0	10.0	2.2	5.7
水产品	1.7	-0.1	14.0	-19.3	24.9	18.2	8.2
生铁		65.4	-0.6	23.1	19.1	8.1	0.2
铝锭			6.7	9.3	7.7	5.3	2.4
原煤	10.0	20.0	1.8	6.0	7.3	10.9	3.7
发电量	35.1	33.1	5.6	10.3	17.2	24.5	4.1
合成氨				80.4	27.0	29.4	2.9
农用化肥（折 100%）		89.0	22.9	24.6	30.0	3.1	1.5
水泥		68.8	9.7	7.6	23.0	16.7	8.0
纱	1.4	22.5	60.8	15.0	5.9	13.5	2.9
布	17.7	11.1	17.3	17.9	13.9	16.6	-0.4
机制纸及纸板	150.6	11.7	-1.6	20.0	4.3	22.9	15.6
卷烟	-2.0	1.0	38.4	9.7	1.9	10.1	6.1
饮料酒	15.7	2.8	-3.6	9.7	12.8	17.5	7.0

1-5　续表 2　　单位：%

指　　标	"七五"时期	"八五"时期	"九五"时期	"十五"时期	"十一五"时期	"十二五"时期	"十三五"时期
年末总人口（常住）					**-0.5**	**0.5**	**0.7**
年末总人口（户籍）	**2.7**	**1.1**	**1.0**	**0.6**	**1.0**	**1.1**	**0.2**
职工人数	**2.3**	**1.1**	**-1.7**	**-4.6**	**0.8**	**10.7**	**-6.1**
# 国有单位	2.9	2.6	-1.6	-7.0	-0.8	-3.6	9.8
地区生产总值	**7.0**	**16.5**	**12.0**	**12.6**	**14.4**	**11.7**	**5.8**
第一产业	0.8	9.0	8.3	4.9	4.8	4.0	2.4
第二产业	8.3	21.0	12.9	14.6	15.9	12.0	5.3
# 工业	9.2	21.0	12.4	14.5	16.5	12.3	5.7
第三产业	12.1	17.3	12.5	13.5	15.3	12.9	7.0
农林牧渔业总产值	**3.9**	**10.7**	**8.9**	**4.6**	**9.1**	**4.5**	**5.0**
固定资产投资额	**9.3**	**36.8**	**25.4**	**19.7**	**27.7**	**17.1**	
# 房地产开发投资		32.7	38.8	8.5	26.3	18.0	13.0
财政							
财政收入	12.2	19.9	13.5	24.5	26.8	14.5	1.9
财政支出	20.5	16.1	13.9	24.9	25.4	18.2	5.0
人民生活							
职工工资总额	14.8	22.2	6.2	10.4	13.1	21.5	2.7
职工年平均工资	12.1	20.5	8.5	15.1	12.7	9.7	9.7
城乡居民储蓄存款余额	35.5	25.7	16.9	16.3	15.3	16.0	10.2
运输、邮电							
客运量	-2.5	14.0	3.6	1.8	27.9	-10.8	-10.6
货运量	-0.7	12.3	-2.3	7.7	21.6	-0.4	8.7
邮电业务总量	34.5	44.5	35.5	15.4	15.1	5.4	35.5
内外贸易							
社会消费品零售总额	12.6	22.7	10.3	16.6	19.7	19.5	5.8
进出口总额			15.7	27.9	29.9	5.4	23.3
实际使用外资			13.0	14.1	34.7	7.1	9.0
教育							
高等学校在校学生数	3.1	8.7	19.9	13.2	5.1	3.0	3.2
中等专业学校在校学生数	5.0	17.2	6.8	3.6	1.6	-4.6	5.2

1-5 续表 3　　　　单位：%

指　　标	“七五”时期	“八五”时期	“九五”时期	“十五”时期	“十一五”时期	“十二五”时期	“十三五”时期
普通中学在校学生数	0.2	6.2	6.6	6.9	-8.6	-7.8	11.3
小学在校学生数	-0.7	5.4	2.7	-10.5	-6.0	9.7	1.7
卫生							
卫生机构数	0.1	-0.1	-1.1	6.9	-2.6	30.6	-0.2
床位数	2.3	1.5	-0.9	2.3	8.9	9.5	4.4
卫生技术人员数	3.5	3.8	0.7	-1.5	2.7	9.8	7.3
# 医生	4.9	2.5	0.7	-2.0	2.4	11.4	8.1
主要工农业产品产量							
粮食	1.5	0.4	-4.7	-0.4	7.0	1.4	1.3
棉花	-4.6	1.2	-3.0	-3.9	-5.0	-4.2	-23.1
油料	-14.6	11.8	19.4	-4.3	-5.7	-1.6	0.6
水果	19.6	20.4	18.0	1.3	4.0	0.4	1.4
生猪存栏	-2.2	4.8	-1.4	1.3	6.5	0.4	-2.6
水产品	15.8	18.1	9.8	4.0	0.7	2.0	-3.4
生铁	12.1	12.2	-6.5	32.7	14.9	9.3	-0.6
铝锭	19.8	20.6	-23.7	16.6	58.7		
原煤	2.4	2.9	-0.6	2.7	-4.4	-1.9	
发电量	12.3	2.7	4.2	16.1	5.2	4.5	
合成氨	-1.3	2.1	5.2	14.1	12.4	7.0	-12.2
农用化肥（折 100%）	9.6	-4.8		13.9	10.2	-1.0	-18.6
水泥	28.2	-1.0		5.7	19.9	-3.5	-17.5
纱	8.4	5.0	9.1	26.3	28.8	11.6	-20.7
布	10.5	2.8	-10.0	5.2	8.8	14.4	-11.4
机制纸及纸板	20.5	34.2	-14.5	8.4	16.6	-23.5	9.8
卷烟	5.1	0.3	0.2	10.8	1.1	1.8	1.6
饮料酒	11.9	18.0	-5.7	19.0	17.7	5.2	-20.8
多晶硅						33.1	-10.7
汽车起重机	5.2	10.3	9.7	37.6	28.2	-26.2	37.1
装载机			6.5	39.7	10.0	-14.0	25.6
压路机	1.9	18.8	5.4	-0.3	23.1	-16.9	26.4

1-6　徐州的一天

指　标	1978	1990	1995	2000	2005	2010	2015	2020	2021
全市每天创造的财富									
地区生产总值（万元）	586	3092	11054	16839	33881	80862	146212	199583	222396
第一产业	258	1060	2758	3240	4774	9133	16180	19690	20365
第二产业	245	1230	5045	7748	17219	39093	63265	79907	92494
第三产业	83	801	3251	5851	11888	32636	66767	99986	109536
# 工业	221	1121	4546	6654	14693	33518	53671	64278	76272
# 建筑业	24	109	499	1093	2526	5665	9657	16058	16280
# 交通、仓储、邮电通信业		198	810	1563	3464	4197	6855	8933	9229
# 批发、零售、住宿和餐饮业		187	869	1589	3358	10799	23578	32043	36984
财政总收入	90	280	693	1301	3980	11339	22272	24362	27334
# 一般公共预算收入				613	1513	6086	14539	13164	14721
生铁（吨）	416	801	1425	1014	4179	8354	13040	12634	15080
原煤（万吨）	3.96	5.57	6.42	6.20	7.12	5.68	5.16		
发电量（万千瓦时）	742	2860	3271	4013	8492	10947	13622		
水泥（吨）	1827	8155	28260	26868	35498	87818	73469	28043	26125
布（万米）	15.00	33.18	38.04	22.39	28.91	43.99	86.27	47.04	50.36
机制纸及纸板（吨）	68	450	1962	892	1340	2892	756	1204	1199
卷烟（箱）	404	918	932	940	1577	1670	1822	1969	2032
全市每天消费量									
社会消费品零售总额（万元）	211	1157	3222	5256	11350	27846	67872	89784	110631
城镇居民每人生活费支出（元）		3.86	10.09	14.73	21.02	36.04	44.23	55.79	66.15
# 食品消费		2.22	5.04	5.42	7.42	12.32	13.35	16.43	12.52
农民每人生活费支出		1.47	3.12	4.43	7.78	14.29	27.05	36.35	45.82
# 食品消费		0.78	1.86	1.87	3.31	5.37	8.64	11.25	10.73
每天其他经济活动									
旅客运输量（万人次）	5.56	8.65	16.63	19.82	22.19	76.06	42.91	24.45	16.56
货物运输量（万吨）	7.15	16.64	29.75	26.42	38.42	101.99	99.75	151.14	151.32
投资竣工的房屋建筑面积（平方米）	2071	3063	5022	8055	14720	38619	99003		
# 住宅竣工面积	997	1600	2518	3923	7012	10827	19447		
邮寄函件（万件）		8.15	8.59	6.27	5.59	12.95	4.08	0.34	0.29
每天人口变动和婚姻									
出生人数（人）		432	228	460	192	596	416	291	215
死亡人数		98	108	122	62	218	162	293	179
结婚对数（对）		189	178	153	146	279	269	157	149
离婚对数		1	3	4	17	30	60	74	44

1-7 徐州市国民经济主要指标占全省比重

（2021 年）

指 标		全 省	徐州市	徐州市占全省的比重（%）
年末人口（常住）	**（万人）**	**8505.40**	**902.85**	**10.6**
年末人口（户籍）		7881.70	1035.29	13.1
就业人数		**4862.86**	**475.20**	**9.8**
#职工人数		1421.23	74.20	5.2
地区生产总值（GDP）（当年价格）	**（亿元）**	**116364.20**	**8117.44**	**7.0**
第一产业		4722.42	743.34	15.7
第二产业		51775.39	3376.02	6.5
#工业		44634.07	2783.94	6.2
第三产业		59866.39	3998.08	6.7
人均 GDP	（元）	137039	89634	
社会消费品零售总额	**（亿元）**	**42702.65**	**4038.02**	**9.5**
进出口总额	**（亿美元）**	**8068.73**	**194.17**	**2.4**
#出口总额		5035.44	162.59	3.2
实际使用外资		**329.96**	**24.23**	**7.3**
财政总收入	**（亿元）**	**17115.42**	**997.67**	**5.8**
#一般公共预算收入		10015.16	537.31	5.4
地方财政支出		14585.96	1004.40	6.9
职工工资总额		**14431.80**	**697.47**	**4.8**
城镇非私营单位在岗职工平均工资	**（元）**	**117868**	**96581**	
居民人均可支配收入		**47798**	**34217**	
城镇居民人均可支配收入		57743	40842	
农村居民人均可支配收入		26791	23694	
金融机构存款余额	**（亿元）**	**189433.13**	**9914.81**	**5.2**
#住户存款		74361.95	4988.57	6.7
金融机构贷款余额		**177971.10**	**8128.51**	**4.6**

1-7　续表　　　　　　　　　　　　（2021 年）

指　　　标		全　省	徐州市	徐州市占全省的比重（%）
全社会客运量	**（万人）**	**66156**	**6046**	**9.1**
全社会货运量	（万吨）	307176	55232	18.0
邮电业务总量	（亿元）	2270.13	162.54	7.2
高等学校本专科在校学生	**（万人）**	**211.08**	**22.76**	**10.8**
普通中学在校学生		389.07	65.29	16.8
小学在校学生		585.68	87.81	15.0
卫生机构数	**（个）**	**36448**	**4580**	**12.6**
# 医院、卫生院		3061	341	11.1
卫生机构床位数	（万张）	54.86	6.12	11.2
# 医院、卫生院		44.34	5.62	12.7
卫生技术人员数	（万人）	69.19	7.49	10.8
# 执业医师、执业助理医师		27.27	2.91	10.7
主要工农业产品产量	**（万吨）**			
粮食		3746.10	501.79	13.4
棉花		0.79	0.59	74.3
油料		97.81	11.68	11.9
水产品产量		493.81	16.17	3.3
农用化肥（折 100%）		178.29	6.65	3.7
水泥		15374.24	953.55	6.2
纱		347.21	48.36	13.9
布	（亿米）	53.29	1.84	3.4

注：为与全省可比，本表中高等学校本专科在校学生含成人本专科学生数。

1-8 主要年份国民经济和社会发展结构指标

单位：%

指标	1978	1990	1995	2000	2005	2010	2015	2020	2021
人口结构									
常住人口									
城镇人口					43.3	53.9	59.7	65.6	66.2
农村人口					56.7	46.1	40.3	34.4	33.8
户籍人口									
农业人口	88.5	82.9	80.2	74.2	65.9	54.2	42.1	37.7	37.4
非农业人口	11.5	17.1	19.8	25.8	34.1	45.8	57.9	62.3	62.6
就业结构									
第一产业	72.1	61.0	56.9	56.4	40.3	39.7	30.8	19.7	18.3
第二产业	15.3	23.4	25.3	22.3	28.3	27.4	31.4	34.5	35.3
第三产业	12.6	15.6	17.8	21.3	31.4	32.9	37.7	45.8	46.4
地区生产总值产业结构									
第一产业	44.0	34.3	25.0	19.2	14.1	11.3	11.1	9.8	9.2
第二产业	41.8	39.8	45.6	46.0	50.8	48.3	43.3	40.1	41.6
第三产业	14.2	25.9	29.4	34.7	35.1	40.4	45.7	50.1	49.3
地区生产总值支出结构									
总消费			45.3	48.9	50.0	41.5	42.5		
居民消费			84.9	80.5	79.5	29.0	32.0		
政府消费			15.1	19.5	20.5	12.5	10.5		
资本形成总额			44.3	49.5	55.9	62.9	58.2		
固定资产形成			64.1	85.7	88.2	61.3	55.8		
存货增加			35.9	14.3	11.8	1.5	2.5		
财政总收入相当于地区生产总值比例	**15.3**	**9.1**	**6.3**	**7.7**	**11.7**	**14.0**	**15.2**	**12.2**	**12.3**
科教文卫事业费占财政支出的比例		**33.1**	**40.4**	**33.5**	**24.1**	**41.4**	**31.6**	**33.7**	**34.4**
农林牧渔业总产值结构									
农业	84.1	65.0	59.4	65.7	62.7	62.6	62.3	60.0	63.0
林业	2.7	2.3	2.4	2.6	2.7	2.0	1.7	1.4	1.7
牧业	12.5	30.0	35.0	26.1	27.2	28.3	29.1	24.8	21.6
渔业	0.7	2.7	3.2	5.6	5.4	5.0	3.9	8.4	8.1
农林牧渔服务业					2.0	2.1	3.0	5.4	5.7
农作物播种面积结构									
粮食作物	74.1	86.1	76.8	59.3	56.3	65.0	63.4	65.1	64.9
经济作物	23.7	8.8	9.9	10.7	13.0	7.6	6.9	5.6	5.4
其他作物	2.2	5.1	13.3	30.0	30.7	27.4	29.7	29.3	29.6

注："四经普"后，对2010-2017年历史数据进行修订，2019-2021年支出法GDP核算结果暂缓公布。

1-8　续表　　单位：%

指　　标	1978	1990	1995	2000	2005	2010	2015	2020	2021
货运量结构									
铁 路	56.7	43.8	18.6	17.6	10.6	26.7	2.7	9.9	9.9
公 路	25.0	45.9	61.9	49.5	43.6	39.6	46.4	53.0	56.9
水 运	3.6	7.6	10.9	5.8	6.3	6.8	15.5	12.6	7.8
管 道	14.7	2.7	8.6	27.1	39.5	26.8	35.3	24.5	25.4
在校学生结构									
大学生	0.1	1.0	1.2	2.4	5.0	10.2	9.6	12.6	12.2
中学生	32.6	28.6	30.1	33.2	53.2	44.5	31.8	37.2	39.1
小学生	67.2	70.4	68.8	64.5	41.8	45.3	58.6	50.1	48.7
专任教师结构									
大 学		3.6	3.3	3.6	6.3	8.0	9.0	8.5	7.9
中 学		37.4	38.1	39.3	46.4	48.8	44.9	44.1	46.8
小 学		59.0	58.6	57.1	47.3	43.2	46.1	47.3	45.3
城镇居民消费结构									
食品		57.4	49.9	36.8	35.3	34.2	29.3	29.5	29.1
衣着		14.0	15.1	10.0	9.5	10.8	8.4	7.8	7.6
娱乐文教		8.7	8.7	14.4	16.5	11.4	11.4	10.4	11.1
居住		2.3	6.0	6.3	11.3	9.2	19.3	22.2	21.7
用品及其他		17.5	20.3	32.5	27.4	34.4	31.6	30.2	30.5
农村居民消费结构									
食品		53.4	59.9	42.2	42.6	37.6	31.9	30.9	30.1
衣着		10.3	7.2	6.2	6.9	8.3	8.0	7.3	7.5
娱乐文教		6.2	6.5	12.0	16.7	15.3	10.7	10.5	10.8
居住		17.8	15.4	19.9	10.8	15.6	18.4	18.3	18.4
用品及其他		18.5	17.6	31.8	23.0	23.1	31.0	33.0	33.2
卫生技术人员结构									
# 医生	31.0	40.5	38.1	38.1	37.1	36.0	39.1	40.8	38.9
护师、护士		28.3	33.4	28.6	30.3	36.6	41.4	45.2	46.1

注：2019 年及以后大学在校学生包含硕士博士；城镇居民消费 2013 年以前为城市口径，2014 年及以后城乡一体化改革后为城镇口径。

1-9　全市法人单位数及从业人员数

项　目	法人单位数（个）		从业人员数（人）	
	2020	2021	2020	2021
合 计	**152288**	**237672**	**2451867**	**2955385**
按机构类型分				
企业	126360	216960	2037357	2588698
事业单位	4110	3507	190016	183525
机关	886	786	66985	59008
社会团体	4352	4070	21233	19830
民办非企业单位	5408	5356	49073	49223
基金会	29	27	187	158
居委会	595	559	5431	5156
村委会	2193	2128	16130	15602
农民专业合作社	7434	3600	58892	28997
农村集体经济组织	14	10	45	17
其他组织机构	907	669	6518	5171
按登记注册类型分				
内资	151619	236729	2390756	2888428
国有	6018	5382	327042	311317
集体	1599	1548	26630	27272
股份合作	39	31	555	510
联营	133	127	805	764
国有联营	4	9	25	50
集体联营	14	13	91	69
国有与集体联营	6	7	54	80
其他联营	109	98	635	565
有限责任公司	3535	3956	220447	241496
国有独资公司	239	285	58914	68165
其他有限责任公司	3296	3671	161533	173331
股份有限公司	540	587	85271	71938
私营	122347	211034	1603900	2136884
私营独资	6171	8625	58117	75163
私营合伙	667	1216	7545	10361
私营有限责任公司	114975	200601	1518736	2031491
私营股份有限公司	534	592	19502	19869
其他内资	17408	14064	126106	98247

1-9　续表

项　目	法人单位数（个）		从业人员数（人）	
	2020	2021	2020	2021
港澳台商投资	409	614	33331	36924
与港澳台商合资经营	135	134	9446	9802
与港澳台商合作经营	2	4	176	307
港澳台商独资	267	469	23244	26466
港澳台商投资股份有限公司	3	6	412	349
其他港、澳、台商投资	2	1	53	
外商投资	260	329	27780	30033
中外合资经营	133	145	15241	15428
中外合作经营	4	5	177	191
外资企业	113	158	11532	12866
外商投资股份有限公司	4	5	818	1489
其他外商投资	6	16	12	59
按行业分				
农、林、牧、渔业	6418	6011	54056	42540
采矿业	41	91	32515	38651
制造业	19551	28869	624984	705705
电力、燃气及水的生产和供应业	429	621	14304	17039
建筑业	11531	25247	517708	621848
批发和零售业	49225	81020	331603	477238
交通运输、仓储和邮政业	3790	6933	87606	103270
住宿和餐饮业	1650	3143	21400	30943
信息传输、软件和信息技术服务业	5748	9952	39787	71461
金融业	274	546	28644	30787
房地产业	4421	6848	64089	81602
租赁和商务服务业	15243	24966	157223	215333
科学研究和技术服务业	9989	16225	72265	101955
水利、环境和公共设施管理业	1354	2524	23127	29412
居民服务、修理和其他服务业	2928	3944	24686	30467
教育	3902	4445	132519	133757
卫生和社会工作	2533	2686	71073	74846
文化、体育和娱乐业	3188	4247	20871	27852
公共管理、社会保障和社会组织	10073	9354	133407	120679

1-10 全市产业活动单位数

单位：个

项目	2020	2021	项目	2020	2021
合计	**164420**	**250793**	港澳台商投资	568	796
按机构类型分			与港澳台商合资经营	140	138
企业	136733	228865	与港澳台商合作经营	1	3
事业单位	5355	4356	港澳台商独资	402	631
机关	1183	1042	港澳台商投资股份有限公司	14	14
社会团体	4351	4069	其他港、澳、台商投资	11	10
民办非企业单位	5405	5354	外商投资	440	546
基金会	29	27	中外合资经营	161	174
居委会	607	571	中外合作经营	4	5
村委会	2193	2128	外资企业	254	335
农民专业合作社	7465	3613	外商投资股份有限公司	10	11
农村集体经济组织	16	12	其他外商投资	11	21
其他组织机构	1083	756	**按行业分**		
按登记注册类型分			农、林、牧、渔业	6440	6040
内资	163412	249451	采矿业	56	107
国有	7772	6824	制造业	19925	29256
集体	2063	1914	电力、燃气及水的生产和供应业	593	779
股份合作	48	40	建筑业	12506	26421
联营	168	155	批发和零售业	53315	85509
国有联营	11	17	交通运输、仓储和邮政业	4216	7478
集体联营	30	25	住宿和餐饮业	1952	3500
国有与集体联营	7	8	信息传输、软件和信息技术服务业	6160	10528
其他联营	120	105	金融业	1611	2034
有限责任公司	5005	5405	房地产业	4909	7373
国有独资公司	327	430	租赁和商务服务业	16167	26061
其他有限责任公司	4678	4975	科学研究和技术服务业	10561	16910
股份有限公司	1765	1837	水利、环境和公共设施管理业	1451	2611
私营	129008	218918	居民服务、修理和其他服务业	3022	4047
私营独资	6467	8889	教育	4507	4945
私营合伙	688	1246	卫生和社会工作	3175	3083
私营有限责任公司	121123	208008	文化、体育和娱乐业	3257	4337
私营股份有限公司	730	775	公共管理、社会保障和社会组织	10597	9774
其他内资	17583	14358			

主要统计指标解释

平均每年增长速度　在我国计算平均增长速度有两种方法,一种是习惯上经常使用的“水平法”,又称几何平均法,是以间隔期最后一年的水平同基期水平对比来计算平均每年增长（或下降）速度。另一种是“累计法”，又称代数平均法或方程法，是以间隔期内各年水平的总和同基期水平对比来计算平均每年增长（或下降）速度。

在一般正常情况下，两种方法计算的平均每年增长速度比较接近，但在经济发展不平衡，出现大起大落时，两种方法计算的结果差别较大。

本《年鉴》内所列的平均每年增长速度，除固定资产投资是用“累计法”计算以外，其余均用“水平法”计算。从某年到某年平均增长速度的年份，均不包括基期年在内。如改革开放以来的平均增长速度是以1978年为基期计算的，则写为1979-2019年平均增长速度，其余类推。

各个计划时期　表内所用各个“时期”代表的年份如下：恢复时期为1950年到1952年；第一个五年计划时期（简称一五时期）为1953年到1957年；第二个五年计划时期（简称二五时期）为1958年到1962年；三年调整时期为1963年到1965年；第三个五年计划时期(简称三五时期)为1966年到1970年；第四个五年计划时期(简称四五时期)为1971年到1975年；第五个五年计划时期(简称五五时期)为1976年到1980年；第六个五年计划时期(简称六五时期)为1981年到1985年；第七个五年计划时期(简称七五时期)为1986年到1990年；第八个五年计划时期(简称八五时期)为1991年到1995年,第九个五年计划时期（简称九五时期）为1996年到2000年；第十个五年计划时期（简称十五时期）为2001年到2005年；第十一个五年计划时期（简称十一五时期）为2006年到2010年；第十二个五年计划时期（简称十二五时期）为2011年到2015年；第十三个五年计划时期（简称十三五时期）为2016年到2020年。

“倍数”的用法　倍，就是跟原数相同的数。倍数，只能用于数字的增加，不能用于数字的减少。如“增长多少倍”“扩大多少倍”“提高多少倍”都可以，但不能说“降低多少倍”“缩小多少倍”“减少多少倍”。因为减少一倍就减完了，再无什么可减了。运用倍数时，还要注意词的准确。如“增加了两倍”即原来是一，现在是三；“增加到两倍”，即原来是一，现在是二。这里的“了”和“到”不能缺少，也不能互换。

“百分数”的用法　百分数，是用一百做分母的分数，在数学中用“%”来表示，在文章中一般都写作“百分之多少”。百分数与倍数不同，它既可以表示数量的增加，也可以表示数量的减少。运用百分数时，也要注意概念的精确。如“比过去增长30%，即过去为100，现在是“130”；比过去降低30%，即过去是100，现在是“70”；“降低到原来的30%”，即原来是100，现在是“30”。

运用百分数时，还要注意有些数最多只能达到100%，如产品合格率，种子发芽率等；有些百分数只能小于100%，如粮食出粉率等；有些百分数却可以超过100%，如产品产量计划完成情况等。"

“番”的用法与“倍”的关系　增加一倍，就是增加100%；翻一番，也是增加100%。除了一倍与一番相当外，两倍与两番以上数字含义就不同了，而且数字越大，差距越大。如增加两倍,就指增加200%；翻两番,就是400%(一番二、二番是四、三番就是八），所以说翻两番就是增加了300%，翻三番就是增加了700%。“番”是按几何级数计算的，“倍”是按算术级数计算的。

计算翻番公式为：

n=［lg（报告期数 ÷ 基数）］÷lg2

n表示翻番数lg是常用对数符号

二、国民经济核算

NATIONAL ACCOUNTS

版面负责人：王　楠
编　　　辑：徐向忠

统计知识

中华人民共和国统计法实施条例

第二章　统计调查项目

第六条　部门统计调查项目、地方统计调查项目的主要内容不得与国家统计调查项目的内容重复、矛盾。

第七条　统计调查项目的制定机关（以下简称制定机关）应当就项目的必要性、可行性、科学性进行论证，征求有关地方、部门、统计调查对象和专家的意见，并由制定机关按照会议制度集体讨论决定。

重要统计调查项目应当进行试点。

第八条　制定机关申请审批统计调查项目，应当以公文形式向审批机关提交统计调查项目审批申请表、项目的统计调查制度和工作经费来源说明。

申请材料不齐全或者不符合法定形式的，审批机关应当一次性告知需要补正的全部内容，制定机关应当按照审批机关的要求予以补正。

申请材料齐全、符合法定形式的，审批机关应当受理。

第九条　统计调查项目符合下列条件的，审批机关应当作出予以批准的书面决定：

（一）具有法定依据或者确为公共管理和服务所必需；

（二）与已批准或者备案的统计调查项目的主要内容不重复、不矛盾；

（三）主要统计指标无法通过行政记录或者已有统计调查资料加工整理取得；

（四）统计调查制度符合统计法律法规规定，科学、合理、可行；

（五）采用的统计标准符合国家有关规定；

（六）制定机关具备项目执行能力。

不符合前款规定条件的，审批机关应当向制定机关提出修改意见；修改后仍不符合前款规定条件的，审批机关应当作出不予批准的书面决定并说明理由。

第十条　统计调查项目涉及其他部门职责的，审批机关应当在作出审批决定前，征求相关部门的意见。

第十一条　审批机关应当自受理统计调查项目审批申请之日起 20 日内作出决定。20 日内不能作出决定的，经审批机关负责人批准可以延长 10 日，并应当将延长审批期限的理由告知制定机关。

制定机关修改统计调查项目的时间，不计算在审批期限内。

2-1　主要年份地区生产总值

（当年价格）　　　　单位：亿元

年　　份	地区生产总　　值	第一产业	第二产业	第三产业	#工 业	#建筑业	#交通、仓储邮电通信业	#批发零售、住宿餐饮业	人均地区生产总值（元）
1949	1.73	1.34	0.13	0.26					46
1952	2.30	1.64	0.27	0.39					60
1957	3.69	1.72	1.15	0.82					83
1962	4.58	2.06	1.42	1.10					100
1965	5.67	2.69	1.90	1.08					117
1970	8.69	3.98	3.39	1.32					156
1975	12.69	5.35	5.42	1.92					207
1978	21.39	9.40	8.95	3.04	8.06	0.88			334
1979	24.87	10.71	10.60	3.55	9.51	1.09			383
1980	28.62	11.30	12.99	4.34	11.75	1.24			436
1981	30.37	12.58	13.20	4.60	12.08	1.12			456
1982	35.41	14.50	15.26	5.66	13.70	1.56			522
1983	42.26	16.91	17.74	7.61	15.20	2.53			468
1984	49.68	20.35	20.56	8.77	18.20	2.36			713
1985	55.57	22.16	23.76	9.65	20.72	3.04			790
1986	63.04	24.61	25.96	12.48	21.99	3.97			886
1987	71.99	27.26	29.69	15.04	25.41	4.28			999
1988	84.63	30.28	36.42	17.93	32.60	3.83			1152
1989	99.26	34.79	40.22	24.25	36.65	3.57			1319
1990	112.84	38.69	44.91	29.24	40.93	3.98	7.21	6.83	1438
1991	130.05	43.68	50.11	36.26	45.75	4.36	8.23	9.29	1598
1992	162.15	46.80	70.29	45.06	62.36	7.93	9.66	11.79	1969
1993	220.57	55.86	103.70	61.01	93.47	10.23	14.86	15.97	2656
1994	314.76	79.71	148.21	86.83	134.69	13.52	20.84	22.49	3754
1995	403.46	100.67	184.14	118.64	165.94	18.20	29.56	31.73	4762
1996	488.04	115.67	223.21	149.16	199.80	23.41	37.47	40.63	5706
1997	504.23	107.93	233.84	162.45	208.20	25.64	41.40	44.80	5841
1998	536.76	112.45	247.95	176.37	215.87	32.08	46.92	48.87	6159
1999	577.09	113.58	270.02	193.49	234.07	35.96	51.84	52.16	6583
2000	616.30	118.57	283.56	214.16	243.54	40.02	57.20	58.17	6948
2001	681.49	126.03	314.38	241.08	269.84	44.54	63.31	65.34	7579
2002	749.34	134.05	351.14	264.15	302.88	48.26	68.52	72.61	8297
2003	852.26	134.68	419.83	297.75	362.72	57.11	72.42	84.65	9401
2004	1039.51	161.59	518.66	359.26	442.37	76.29	98.74	98.55	11691
2005	1236.66	174.24	628.50	433.92	536.29	92.21	126.42	122.57	13974
2006	1476.14	190.05	766.02	520.07	657.03	108.99	155.38	147.56	16795
2007	1762.76	207.58	921.78	633.40	799.45	122.32	187.54	181.84	20173
2008	2133.71	230.00	1118.18	785.53	965.12	153.06	225.17	231.20	24521
2009	2412.54	249.90	1267.74	894.90	1083.98	183.76	243.88	273.84	27772
2010	2951.47	333.37	1426.90	1191.20	1223.42	206.77	153.19	394.16	34192
2011	3562.91	393.95	1701.83	1467.12	1457.44	248.30	179.74	529.20	41491
2012	4029.31	448.61	1924.69	1656.01	1645.08	280.27	202.88	597.34	46864
2013	4534.15	491.32	2093.49	1949.35	1785.86	310.09	223.25	688.34	52558
2014	4979.65	554.52	2202.06	2223.07	1866.27	337.91	245.92	785.21	57277
2015	5336.75	590.56	2309.17	2437.01	1958.98	352.48	250.20	860.60	60900
2016	5809.81	607.08	2450.47	2752.26	2038.14	414.84	274.90	955.83	65762
2017	6333.50	631.03	2622.95	3079.52	2153.33	472.10	293.91	1041.60	70905
2018	6710.36	649.58	2701.49	3359.29	2190.21	513.86	312.94	1102.19	74486
2019	7053.35	682.83	2835.17	3535.35	2282.44	554.97	322.11	1175.92	77954
2020	7284.77	718.68	2916.61	3649.48	2346.16	572.72	326.96	1172.76	80288
2021	8117.44	743.34	3376.02	3998.08	2783.94	594.22	336.85	1349.92	89634

注：根据国家统计局《三次产业划分规定》（国统字〔2012〕108 号）要求，2013 年起原第一产业中的农林牧渔服务业调整到第三产业中，原第二产业中的金属制品、机械和设备修理业调整到第三产业中，产业划分调整后，工业与建筑业合计要大于等于第二产业；1993–2004 年数据是 2004 年第一次经济普查调整修订数据；2006–2008 年数据是第二次经济普查调整修订数据；2010–2018 年数据是第四次经济普查调整修订数据；2004 年及以后全市数据为含 R&D 研发支出增加值口径，与往年不可比；2010 年及以后人均地区生产总值根据第七次全国人口普查修订的常住人口进行调整（下同）。

2-2 主要年份地区生产总值指数

（按可比价格计算、以 1978 年为 100）

年 份	地区生产总值	第一产业	第二产业	第三产业	# 工 业	# 建筑业	# 交通、仓储邮电通信业	# 批发零售、住宿餐饮业	人均地区生产总值
1978	100.0	100.0	100.0	100.0	100.0	100.0			100.0
1979	106.0	92.1	117.4	115.4	117.5	117.2			105.3
1980	121.3	96.3	143.7	133.0	144.5	136.1			119.2
1981	127.0	104.3	146.7	139.2	149.3	122.9			122.9
1982	145.5	112.8	171.8	169.7	172.1	168.9			138.4
1983	172.7	126.8	202.1	228.0	193.8	277.9			161.6
1984	197.5	144.7	232.9	256.5	230.3	256.2			182.8
1985	207.6	142.9	258.6	257.8	251.4	324.4			190.2
1986	224.3	146.3	276.6	311.3	261.5	415.3			203.2
1987	240.6	146.2	305.0	343.2	290.6	436.1			215.3
1988	251.0	132.2	347.5	334.5	346.1	360.5			220.2
1989	263.4	145.3	345.5	387.4	349.6	307.3			225.6
1990	291.3	149.0	384.7	456.7	389.5	340.4	100.0	100.0	239.4
1991	334.7	165.8	422.8	581.4	423.8	417.0	101.4	139.2	265.3
1992	407.0	176.2	566.1	707.6	561.5	611.7	115.9	162.4	318.6
1993	459.1	184.5	730.3	679.3	745.1	592.7	134.4	188.8	356.7
1994	537.1	200.2	867.6	832.8	885.9	695.8	176.9	218.4	399.3
1995	625.2	229.0	996.0	1012.7	1008.2	893.4	229.6	268.2	460.1
1996	722.7	248.0	1181.3	1171.7	1188.7	1130.2	245.0	320.3	524.2
1997	810.1	282.2	1319.5	1311.1	1326.6	1265.8	293.5	362.6	582.2
1998	908.9	306.8	1497.6	1463.2	1489.8	1620.2	331.9	385.8	646.8
1999	1000.7	325.8	1653.4	1632.9	1637.4	1874.6	374.1	422.5	707.9
2000	1100.8	341.4	1827.0	1828.8	1806.1	2120.2	423.9	475.3	769.6
2001	1221.9	363.6	2048.1	2044.6	2021.0	2393.7	469.3	538.0	842.7
2002	1361.2	386.5	2320.5	2277.7	2310.0	2599.6	529.4	604.2	934.6
2003	1531.4	379.5	2719.6	2576.1	2728.1	2924.6	591.3	705.1	1047.2
2004	1745.8	417.5	3135.7	2929.0	3118.2	3532.9	685.3	798.2	1185.4
2005	1995.4	434.1	3606.1	3453.3	3557.9	4278.4	850.0	955.9	1360.9
2006	2296.8	452.8	4240.7	3995.5	4187.6	5005.7	981.2	1120.8	1577.3
2007	2648.2	471.4	4982.8	4638.8	5016.8	5200.9	1140.6	1296.1	1829.6
2008	3005.7	498.7	5685.4	5348.5	5769.3	5601.4	1309.0	1543.5	2085.8
2009	3423.4	526.2	6504.1	6188.2	6536.6	6839.3	1445.1	1859.4	2379.9
2010	3902.7	548.3	7525.3	7066.9	7589.0	7742.1	1518.5	2221.1	2730.3
2011	4429.6	572.9	8616.4	8084.6	8765.3	8431.1	1684.2	2714.2	3115.1
2012	5015.6	602.1	9874.4	9151.7	10027.5	9729.5	1829.5	3109.9	3522.8
2013	5605.4	620.7	11079.6	10331.1	11336.7	10490.0	1978.4	3680.3	3923.8
2014	6191.6	643.6	12254.0	11529.5	12595.1	11266.3	2171.2	4112.8	4300.7
2015	6779.8	666.2	13356.9	12820.8	13665.7	12595.7	2287.3	4490.8	4672.2
2016	7335.8	679.5	14185.0	14308.0	14458.3	13628.6	2456.5	5164.5	5014.4
2017	7900.6	697.8	15021.9	15796.1	15268.0	14650.7	2650.6	5557.0	5341.4
2018	8232.5	724.3	14856.7	17201.9	14871.0	15676.3	2846.8	5862.6	5518.4
2019	8701.7	741.7	15852.1	18148.0	15867.4	16726.6	2875.2	6120.6	5807.7
2020	8997.6	762.5	16486.2	18692.5	16581.4	16977.5	2955.7	6118.4	5988.4
2021	9780.4	791.5	17920.4	20486.9	18471.7	16553.0	3212.9	7005.6	6521.4

2-3 主要年份地区生产总值指数

（按可比价格计算、以上年为 100）

年　份	地区生产总　值	第一产业	第二产业	第三产业	# 工 业	# 建筑业	# 交通、仓储邮电通信业	# 批发零售、住宿餐饮业	人均地区生产总值
1978	100.0	100.0	100.0	100.0	100.0	100.0			100.0
1979	106.0	92.1	117.4	115.4	117.5	117.2			105.3
1980	114.4	104.6	122.4	115.3	123.0	116.1			113.2
1981	104.7	108.3	102.1	104.7	103.3	90.3			103.1
1982	114.6	108.1	117.1	121.9	115.3	137.4			112.6
1983	118.7	112.4	117.6	134.4	112.6	164.5			116.8
1984	114.4	114.1	115.2	112.5	118.8	92.2			113.1
1985	105.1	98.8	111.0	100.5	109.2	126.6			104.0
1986	108.0	102.4	107.0	120.8	104.0	128.0			106.8
1987	107.3	99.9	110.3	110.2	111.1	105.0			106.0
1988	104.3	90.4	113.9	97.5	119.1	82.7			102.3
1989	104.9	109.9	99.4	115.8	101.0	85.2			102.5
1990	110.6	102.5	111.3	117.9	111.4	110.8			106.1
1991	114.9	111.3	109.9	127.3	108.8	122.5	101.4	139.2	110.8
1992	121.6	106.3	133.9	121.7	132.5	146.7	114.3	116.7	120.1
1993	112.8	104.7	129.0	96.0	132.7	96.9	116.0	116.3	112.0
1994	117.0	108.5	118.8	122.6	118.9	117.4	131.6	115.7	111.9
1995	116.4	114.4	114.8	121.6	113.8	128.4	129.8	122.8	115.2
1996	115.6	108.3	118.6	115.7	117.9	126.5	106.7	119.4	113.9
1997	112.1	113.8	111.7	111.9	111.6	112.0	119.8	113.2	111.1
1998	112.2	108.7	113.5	111.6	112.3	128.0	113.1	106.4	111.1
1999	110.1	106.2	110.4	111.6	109.9	115.7	112.7	109.5	109.4
2000	110.0	104.8	110.5	112.0	110.3	113.1	113.3	112.5	108.7
2001	111.0	106.5	112.1	111.8	111.9	112.9	110.7	113.2	109.5
2002	111.4	106.3	113.3	111.4	114.3	108.6	112.8	112.3	110.9
2003	112.5	98.2	117.2	113.1	118.1	112.5	111.7	116.7	112.0
2004	114.0	110.0	115.3	113.7	114.3	120.8	115.9	113.2	113.2
2005	114.3	104.0	115.0	117.9	114.1	121.1	124.0	119.8	114.8
2006	115.1	104.3	117.6	115.7	117.7	117.0	115.4	117.3	115.9
2007	115.3	104.1	117.5	116.1	119.8	103.9	116.2	115.6	116.0
2008	113.5	105.8	114.1	115.3	115.0	107.7	114.8	119.1	114.0
2009	113.9	105.5	114.4	115.7	113.3	122.1	110.4	120.5	114.1
2010	114.0	104.2	115.7	114.2	116.1	113.2	105.1	119.5	114.7
2011	113.5	104.5	114.5	114.4	115.5	108.9	110.9	122.2	114.1
2012	113.2	105.1	114.6	113.2	114.4	115.4	108.6	114.6	113.1
2013	111.8	103.1	112.2	112.9	113.1	107.8	108.1	118.3	111.4
2014	110.5	103.7	110.6	111.6	111.1	107.4	109.7	111.8	109.6
2015	109.5	103.5	109.0	111.2	108.5	111.8	105.3	109.2	108.6
2016	108.2	102.0	106.2	111.6	105.8	108.2	107.4	115.0	107.3
2017	107.7	102.7	105.9	110.4	105.6	107.5	107.9	107.6	106.5
2018	104.2	103.8	98.9	108.9	97.4	107.0	107.4	105.5	103.3
2019	105.7	102.4	106.7	105.5	106.7	106.7	101.0	104.4	105.2
2020	103.4	102.8	104.0	103.0	104.5	101.5	102.8	100.0	103.1
2021	108.7	103.8	108.7	109.6	111.4	97.5	108.7	114.5	108.9

2-4 市区主要年份地区生产总值

（当年价格）　　　　单位：亿元

年份	地区生产总值	第一产业	第二产业	第三产业	#工业	#建筑业	#交通、仓储邮电通信业	#批发零售、住宿餐饮业	人均地区生产总值（元）
1949	0.30	0.01	0.12	0.17					100
1952	0.48	0.02	0.24	0.21					215
1957	1.40	0.03	1.00	0.37					367
1962	1.79	0.03	1.21	0.55					392
1965	2.00	0.03	1.45	0.52					391
1970	3.41	0.06	2.73	0.61					625
1975	5.06	0.11	4.21	0.74					841
1978	7.70	0.15	6.36	1.19	5.98	0.38			1169
1979	9.29	0.15	7.65	1.49	7.24	0.41			1347
1980	11.41	0.14	9.29	1.98	8.78	0.51			1588
1981	11.56	0.19	9.23	2.14	8.69	0.53			1564
1982	13.26	0.27	10.28	2.72	9.61	0.67			1742
1983	15.90	0.33	12.05	3.52	10.44	1.61			2031
1984	17.88	0.26	13.92	3.70	12.75	1.17			2236
1985	20.14	0.39	15.53	4.22	14.21	1.32			2469
1986	22.62	0.35	16.77	5.50	14.67	2.11			2717
1987	26.17	0.36	18.52	7.29	16.26	2.26			3086
1988	29.00	0.54	19.76	8.70	18.33	1.42			3357
1989	39.39	2.69	24.35	12.36	22.90	1.45			3036
1990	46.54	2.89	28.66	14.98	26.80	1.87	4.74	3.49	3486
1991	52.71	3.47	30.25	18.99	28.11	2.14	5.24	5.22	3864
1992	69.15	3.51	42.37	23.27	38.06	4.31	6.03	6.67	5005
1993	101.07	4.35	63.68	33.04	58.44	5.24	9.57	10.15	7217
1994	140.75	4.82	87.23	48.70	81.00	6.24	12.87	14.47	9922
1995	175.65	6.51	102.37	66.77	93.86	8.52	17.41	21.43	12199
1996	209.93	7.38	115.59	86.96	103.91	11.69	22.34	28.34	14356
1997	226.83	6.62	126.36	93.85	112.24	14.11	24.49	30.88	15291
1998	244.33	6.92	139.53	97.88	118.66	20.87	25.31	33.77	16224
1999	257.81	6.56	140.63	110.62	117.57	23.06	27.77	37.14	16945
2000	290.33	6.65	156.16	127.53	128.94	27.22	32.97	42.99	18551
2001	322.50	6.96	170.25	145.30	140.20	30.05	37.67	48.26	19959
2002	359.33	7.40	191.10	160.82	158.56	32.55	41.01	54.42	21970
2003	426.00	7.40	234.37	184.23	199.80	34.57	46.18	62.90	25672
2004	538.39	8.07	305.21	225.11	260.76	44.45	57.57	76.14	28544
2005	625.81	11.79	355.16	258.86	311.67	43.49	62.25	93.61	31203
2006	727.28	11.18	411.18	304.92	372.03	39.15	68.33	116.70	38836
2007	868.60	16.28	482.09	370.23	443.25	38.84	75.00	147.82	45407
2008	998.48	17.71	551.70	429.07	518.37	33.33	93.79	180.34	50586
2009	1143.36	17.42	618.92	507.02	577.58	41.34	107.85	211.93	56833
2010	1672.84	49.00	909.40	714.44	830.38	79.21	57.95	239.01	54282
2011	1967.87	58.85	1069.48	839.54	962.17	107.48	64.90	334.92	63969
2012	2172.75	61.30	1181.81	929.64	1066.44	115.56	68.69	382.06	69711
2013	2351.68	64.55	1266.91	1020.23	1141.38	125.74	82.70	416.47	74269
2014	2526.07	82.85	1307.14	1136.08	1157.46	149.89	86.84	472.51	78082
2015	2702.64	96.13	1332.58	1273.93	1174.68	158.07	99.32	501.21	81845
2016	2950.96	104.71	1385.86	1460.39	1218.18	167.87	107.63	546.44	87693
2017	3113.59	110.34	1345.06	1658.18	1158.75	186.54	130.47	573.63	90355
2018	3395.74	134.28	1383.57	1877.91	1147.10	236.71	161.01	609.99	96673
2019	3600.34	136.57	1472.35	1991.42	1217.26	255.31	162.19	646.50	101414
2020	3704.74	144.47	1526.45	2033.83	1249.82	276.78	159.61	639.78	103560
2021	4087.58	148.95	1777.33	2161.30	1489.14	288.34	161.55	703.69	113844

注：2019 年开始，市区地区生产总值为鼓楼区、云龙区、泉山区、开发区、贾汪区、铜山区合计数。

2-5 市区主要年份地区生产总值指数

（按可比价格计算、以 1978 年为 100）

年 份	地区生产总值	第一产业	第二产业	第三产业	# 工 业	# 建筑业	# 交通、仓储邮电通信业	# 批发零售、住宿餐饮业	人均地区生产总值
1978	100.0	100.0	100.0	100.0	100.0	100.0			100.0
1979	119.4	79.8	119.5	123.6	120.6	102.4			114.0
1980	145.1	76.4	144.9	154.7	145.7	131.5			132.9
1981	146.9	101.1	144.5	165.2	145.0	136.3			130.8
1982	169.5	131.6	163.3	207.4	162.9	169.9			146.6
1983	204.3	156.8	193.3	268.9	179.5	410.9			171.8
1984	228.6	116.8	222.3	276.0	217.6	297.1			188.2
1985	244.4	162.4	238.3	286.8	232.6	328.3			197.2
1986	264.7	131.8	251.9	349.6	235.3	514.4			209.2
1987	289.4	124.6	267.9	423.8	250.9	536.7			224.5
1988	286.3	150.9	265.6	413.3	262.6	313.0			218.2
1989	334.9	716.1	294.5	502.8	294.7	290.7			249.8
1990	391.6	711.7	345.8	595.9	344.1	372.7	100.0	100.0	286.5
1991	456.6	911.7	358.9	833.7	352.0	467.4	100.4	160.4	329.2
1992	591.3	859.7	479.5	1079.6	463.2	734.8	115.9	176.0	419.7
1993	667.0	1097.8	625.3	909.0	623.5	648.8	129.3	223.3	465.0
1994	779.1	999.0	704.7	1163.5	706.4	675.4	176.4	247.6	341.8
1995	867.9	1273.7	741.3	1432.3	733.9	870.6	230.7	306.8	417.1
1996	979.9	1348.8	813.9	1713.0	793.3	1175.3	262.8	357.4	455.0
1997	1078.9	1583.5	904.2	1846.6	873.4	1446.7	293.5	375.3	493.7
1998	1173.8	1721.3	1010.9	1913.1	945.0	2162.8	306.1	409.5	529.2
1999	1270.1	1772.9	1064.5	2180.9	985.6	2446.1	337.6	447.6	566.8
2000	1432.7	1804.8	1185.9	2529.8	1089.1	2869.3	419.0	490.6	621.5
2001	1580.3	1913.1	1279.4	2820.7	1186.0	3193.5	490.2	535.2	664.0
2002	1776.3	2012.6	1472.5	3147.9	1363.9	3445.8	537.7	587.1	737.4
2003	2064.1	1934.1	1750.8	3585.5	1668.0	3618.1	625.1	655.2	844.3
2004	2435.6	2282.2	1988.9	4105.4	2035.0	4204.2	715.7	750.2	987.0
2005	2813.2	2257.1	2337.0	4667.8	2376.8	5150.2	959.8	865.7	1072.9
2006	3251.5	2056.2	2731.7	5357.7	2802.3	5721.3	1104.7	1009.4	1208.0
2007	3765.6	2118.8	3175.0	6196.4	3262.3	6584.2	1289.4	1151.3	1369.0
2008	4266.4	2226.9	3603.6	7070.1	3735.3	7005.6	1454.4	1341.3	1518.1
2009	4890.7	2426.5	4061.7	8293.5	4178.6	8959.5	1690.1	1535.7	1706.3
2010	5678.0	2318.7	4613.1	10059.6	4679.6	11934.1	1789.8	1934.4	1953.0
2011	6401.0	2373.2	5222.1	11352.0	5248.3	14822.0	1934.8	2064.2	2208.8
2012	7225.8	2466.9	5913.3	12827.2	5944.3	16748.0	2153.4	2419.6	2457.0
2013	8042.3	2541.4	6563.8	14238.2	6598.1	18591.5	2395.1	2778.1	2679.7
2014	8845.7	2638.1	7400.5	16053.3	7439.6	20954.2	2425.1	3087.8	2862.8
2015	9444.8	2724.1	7747.4	16805.6	7747.1	23036.3	2695.8	3318.3	2994.6
2016	10015.0	2823.3	8078.7	17524.4	8074.0	24059.6	3065.4	3472.0	3162.0
2017	10524.4	2898.3	7738.2	20091.7	7624.5	25509.3	3550.6	3695.4	3310.1
2018	10998.0	2856.3	7908.4	21417.8	7792.2	25458.3	3777.8	3832.2	3396.7
2019	11745.9	2842.9	8588.5	22709.3	8529.4	26446.1	3727.2	3967.5	3589.3
2020	12145.2	2894.0	8949.2	23367.9	8904.6	27213.0	3775.6	3989.7	3683.0
2021	13116.8	3004.0	9745.7	25143.8	9946.5	26260.6	4160.7	4416.6	3963.2

2-6 市区主要年份地区生产总值指数

（按可比价格计算、以上年为100）

年份	地区生产总值	第一产业	第二产业	第三产业	#工业	#建筑业	#交通、仓储邮电通信业	#批发零售、住宿餐饮业	人均地区生产总值
1978	100.0	100.0	100.0	100.0	100.0	100.0			100.0
1979	119.4	79.8	119.5	123.6	120.6	102.4			114.0
1980	121.5	95.7	121.3	125.2	120.8	128.4			116.6
1981	101.2	132.3	99.7	106.8	99.5	103.7			98.4
1982	115.4	130.2	113.0	125.5	112.3	124.7			112.1
1983	120.5	119.1	118.4	129.7	110.2	241.8			117.2
1984	111.9	74.5	115.0	102.6	121.2	72.3			109.5
1985	106.9	139.0	107.2	103.9	106.9	110.5			104.8
1986	108.3	81.2	105.7	121.9	101.2	156.7			106.1
1987	109.3	94.5	106.4	121.2	106.6	104.3			107.3
1988	98.9	121.1	99.1	97.5	104.7	58.3			97.2
1989	117.0	474.6	110.9	121.7	112.2	92.9			114.5
1990	116.9	99.4	117.4	118.5	116.8	128.2			114.7
1991	116.6	128.1	103.8	139.9	102.3	125.4	100.4	160.4	114.9
1992	129.5	94.3	133.6	129.5	131.6	157.2	115.4	109.7	127.5
1993	112.8	127.7	130.4	84.2	134.6	88.3	111.6	126.9	110.8
1994	116.8	91.0	112.7	128.0	113.3	104.1	136.4	110.9	73.5
1995	111.4	127.5	105.2	123.1	103.9	128.9	130.8	123.9	122.0
1996	112.9	105.9	109.8	119.6	108.1	135.0	113.9	116.5	109.1
1997	110.1	117.4	111.1	107.8	110.1	123.1	111.7	105.0	108.5
1998	108.8	108.7	111.8	103.6	108.2	149.5	104.3	109.1	107.2
1999	108.2	103.0	105.3	114.0	104.3	113.1	110.3	109.3	107.1
2000	112.8	101.8	111.4	116.0	110.5	117.3	124.1	109.6	109.7
2001	110.3	106.0	107.9	111.5	108.9	111.3	117.0	109.1	106.8
2002	112.4	105.2	115.1	111.6	115.0	107.9	109.7	109.7	111.1
2003	116.2	96.1	118.9	113.9	122.3	105.0	116.3	111.6	114.5
2004	118.0	118.0	113.6	114.5	122.0	116.2	114.5	114.5	116.9
2005	115.5	98.9	117.5	113.7	116.8	122.5	134.1	115.4	108.7
2006	115.6	91.1	116.9	114.8	117.9	111.1	115.1	116.6	112.6
2007	115.8	103.0	116.2	115.7	116.4	115.1	116.7	114.1	113.4
2008	113.3	105.1	113.5	114.1	114.5	106.4	112.8	116.5	110.9
2009	114.6	109.0	112.7	117.3	111.9	127.9	116.2	114.5	112.4
2010	116.1	95.6	113.6	121.3	112.0	133.2	105.9	126.0	116.2
2011	112.9	102.4	113.2	112.8	112.2	124.2	108.1	106.7	113.1
2012	112.7	103.9	113.2	113.0	113.3	113.0	111.3	117.2	111.2
2013	110.8	103.0	111.0	112.2	111.0	111.0	111.2	114.8	109.1
2014	109.2	103.8	112.7	106.8	112.8	112.7	101.3	111.1	106.8
2015	106.8	103.3	104.7	109.8	104.1	109.9	111.2	107.5	104.6
2016	107.6	103.6	104.3	108.1	104.2	104.4	113.7	104.6	105.6
2017	107.2	102.7	95.8	114.7	94.4	106.0	115.8	106.4	104.7
2018	104.6	102.0	102.2	106.6	102.2	99.8	106.4	103.7	102.6
2019	106.8	99.5	108.6	106.0	109.5	103.9	98.7	103.5	105.7
2020	103.4	101.8	104.2	102.9	104.4	102.9	101.3	100.6	102.6
2021	108.0	103.8	108.9	107.6	111.7	96.5	110.2	110.7	107.6

2-7 全市及市区主要年份地区生产总值构成

（当年价格） 单位：%

年 份	全市地区生产总值	第一产业	第二产业	第三产业	市区地区生产总值	第一产业	第二产业	第三产业
1949	100.0	77.5	7.4	15.1	100.0	4.3	39.3	56.3
1952	100.0	71.4	11.8	16.8	100.0	5.1	50.3	44.6
1957	100.0	46.6	31.2	22.3	100.0	2.2	71.4	26.3
1962	100.0	44.9	31.0	24.1	100.0	1.8	67.6	30.5
1965	100.0	47.4	33.6	19.0	100.0	1.5	72.3	26.2
1970	100.0	45.8	39.0	15.2	100.0	1.9	80.2	17.9
1975	100.0	42.2	42.7	15.1	100.0	2.2	83.2	14.7
1978	100.0	44.0	41.8	14.2	100.0	1.9	82.6	15.5
1979	100.0	43.1	42.6	14.3	100.0	1.6	82.3	16.1
1980	100.0	39.5	45.4	15.2	100.0	1.2	81.4	17.4
1981	100.0	41.4	43.4	15.1	100.0	1.7	79.8	18.5
1982	100.0	40.9	43.1	16.0	100.0	2.0	77.5	20.5
1983	100.0	40.0	42.0	18.0	100.0	2.1	75.8	22.2
1984	100.0	41.0	41.4	17.6	100.0	1.4	77.8	20.7
1985	100.0	39.9	42.8	17.4	100.0	2.0	77.1	20.9
1986	100.0	39.0	41.2	19.8	100.0	1.5	74.1	24.3
1987	100.0	37.9	41.2	20.9	100.0	1.4	70.7	27.9
1988	100.0	35.8	43.0	21.2	100.0	1.9	68.1	30.0
1989	100.0	35.0	40.5	24.4	100.0	6.8	61.8	31.4
1990	100.0	34.3	39.8	25.9	100.0	6.2	61.6	32.2
1991	100.0	33.6	38.5	27.9	100.0	6.6	57.4	36.0
1992	100.0	28.9	43.3	27.8	100.0	5.1	61.3	33.7
1993	100.0	25.3	47.0	27.7	100.0	4.3	63.0	32.7
1994	100.0	25.3	47.1	27.6	100.0	3.4	62.0	34.6
1995	100.0	25.0	45.6	29.4	100.0	3.7	58.3	38.0
1996	100.0	23.7	45.7	30.6	100.0	3.5	55.1	41.4
1997	100.0	21.4	46.4	32.2	100.0	2.9	55.7	41.4
1998	100.0	20.9	46.2	32.9	100.0	2.8	57.1	40.1
1999	100.0	19.7	46.8	33.5	100.0	2.5	54.5	42.9
2000	100.0	19.2	46.0	34.7	100.0	2.3	53.8	43.9
2001	100.0	18.5	46.1	35.4	100.0	2.2	52.8	45.1
2002	100.0	17.9	46.9	35.3	100.0	2.1	53.2	44.8
2003	100.0	15.8	49.3	34.9	100.0	1.7	55.0	43.2
2004	100.0	15.5	49.9	34.6	100.0	1.5	56.7	41.8
2005	100.0	14.1	50.8	35.1	100.0	1.9	56.8	41.4
2006	100.0	12.9	51.9	35.2	100.0	1.5	56.5	41.9
2007	100.0	11.8	52.3	35.9	100.0	1.9	55.5	42.6
2008	100.0	10.8	52.4	36.8	100.0	1.8	55.3	43.0
2009	100.0	10.4	52.5	37.1	100.0	1.5	54.1	44.3
2010	100.0	11.3	48.3	40.4	100.0	2.9	54.4	42.7
2011	100.0	11.1	47.8	41.2	100.0	3.0	54.3	42.7
2012	100.0	11.1	47.8	41.1	100.0	2.8	54.4	42.8
2013	100.0	10.8	46.2	43.0	100.0	2.7	53.9	43.4
2014	100.0	11.1	44.2	44.6	100.0	3.3	51.7	45.0
2015	100.0	11.1	43.3	45.7	100.0	3.6	49.3	47.1
2016	100.0	10.4	42.2	47.4	100.0	3.5	47.0	49.5
2017	100.0	10.0	41.4	48.6	100.0	3.5	43.2	53.3
2018	100.0	9.7	40.3	50.1	100.0	4.0	40.7	55.3
2019	100.0	9.7	40.2	50.1	100.0	3.8	40.9	55.3
2020	100.0	9.9	40.0	50.2	100.0	3.9	41.2	54.9
2021	100.0	9.2	41.6	49.3	100.0	3.6	43.5	52.9

2-8　分行业地区生产总值

（当年价格）　　　　单位：亿元

行　　业	全　　市			市　　区		
	2019	2020	2021	2019	2020	2021
地区生产总值	**7053.35**	**7284.77**	**8117.44**	**3600.34**	**3704.74**	**4087.58**
农、林、牧、渔业	717.84	755.80	783.70	141.97	150.15	155.08
农业	497.51	528.80	543.68	100.22	105.70	110.07
林业	9.50	10.38	11.49	1.44	1.87	2.08
牧业	119.91	123.35	128.65	25.52	27.30	27.04
渔业	55.91	56.16	59.52	9.39	9.60	9.76
农、林、牧、渔服务业	35.01	37.11	40.36	5.40	5.68	6.13
工业	2282.44	2346.16	2783.94	1217.26	1249.82	1489.14
采矿业	126.55	130.45	223.23	67.01	56.06	119.84
制造业	2066.63	2126.16	2425.50	1091.16	1134.13	1287.31
电力、燃气及水的生产和供应	89.26	89.55	135.21	59.09	59.63	81.99
建筑业	554.97	567.72	594.22	255.31	276.78	288.34
批发和零售业	1045.16	1053.27	1213.87	585.17	583.14	641.66
交通运输、仓储和邮政业	322.11	326.96	336.85	162.19	159.61	161.55
住宿和餐饮业	130.76	119.49	136.05	61.33	56.64	62.03
信息传输、软件和信息技术服务业	75.33	84.73	94.93	50.15	49.88	51.72
金融业	368.63	412.09	449.65	224.92	250.12	273.21
房地产业	486.40	523.53	536.46	268.77	283.59	275.52
租赁和商务服务业	267.61	262.90	278.15	180.16	175.41	177.49
科学研究和技术服务业	79.09	83.21	88.74	45.44	48.76	50.30
水利、环境和公共设施管理业	32.22	33.16	33.38	18.58	19.25	19.67
居民服务、修理和其他服务业	56.12	58.20	69.13	29.49	29.63	35.49
教育	169.52	177.55	191.44	104.01	108.76	117.15
卫生和社会工作	130.43	135.08	148.52	81.11	83.53	93.17
文化、体育和娱乐业	59.27	59.70	70.26	18.92	18.82	20.29
公共管理、社会保障和社会组织	275.46	285.21	308.15	155.57	160.84	175.77

主要统计指标解释

国内生产总值（GDP） 指一个国家（地区）所有常住单位在一定时期内生产活动的最终成果。国内生产总值有三种表现形态，即价值形态、收入形态和产品形态。从价值形态看，它是所有常住单位在一定时期内所生产的全部货物和服务价值超过同期投入的全部非固定资产货物和服务价值的差额，即所有常住单位的增加值之和；从收入形态看，它是所有常住单位在一定时期内所创造并分配给常住单位和非常住单位的初次分配收入之和；从产品形态看，它是所有常住单位在一定时期内最终使用的货物和服务减去进口货物和服务价值。在实际核算中，国内生产总值的三种表现形态表现为三种计算方法，即生产法、收入法和支出法。三种方法分别从不同的方面反映国内生产总值及其构成。对于地区（省、市、县），GDP 中文名称为“地区生产总值”。

当年价格 指报告期的实际价格，如工厂的出厂价格，农产品的收购价格，商业的零售价格等。使用当年价格计算的数字，是为了使国民经济各项指标互相衔接，便于考察当年社会经济效益，便于对生产和流通、生产和分配、生产和消费进行经济核算和综合平衡。

按当年价格计算的价值指标，在不同年份之间进行对比时，因为包含有各年间价格变动的因素，不能确切地反映实物量的增添变动。必须消除价格变动因素后，才能真实反映经济发展动态。因此，在计算增长速度时都使用按可比价格计算的数字。

可比价格 指在不同时期的价值指标对比时，扣除了价格变动的因素，以确切反映物量的变化。按可比价格计算有两种方法：一种是直接用产品产量乘某一年的不变价格计算；另一种是用价格指数换算。

不变价格 指用同类产品的年平均价格作为固定价格，来计算各年产品价值。按不变价格计算的产品价值消除了价格变动因素，不同时期对比可以反映生产的发展速度。GDP 不变价目前是以五年为一个周期，2016–2020 年的不变价编制以 2015 年为基期。

三次产业 根据社会生产活动历史发展的顺序对产业结构的划分，产品直接取自自然界的部门称为第一产业，对初级产品进行再加工的部门称为第二产业，为生产和消费提供各种服务的部门称为第三产业。它是世界上通用的产业结构分类，但各国的划分不尽一致。我国的三次产业划分是：

第一产业是指农、林、牧、渔业（不含农、林、牧、渔服务业）。

第二产业是指采矿业（不含开采辅助活动），制造业（不含金属制品、机械和设备修理业），电力、热力、燃气及水生产和供应业，建筑业。

第三产业即服务业，是指除第一产业、第二产业以外的其他各业。第三产业包括：批发和零售业，交通运输、仓储和邮政业，住宿和餐饮业，信息传输、软件和信息技术服务业，金融业，房地产业，租凭和商务服务业，科学研究和技术服务业，水利、环境和公共设施管理业，居民服务、修理和其他服务业，教育，卫生和社会工作，文化、体育和娱乐业，公共管理、社会保障和社会组织，国际组织，以及农、林、牧、渔业中的农、林、牧、渔服务业，采矿业中的开采辅助活动，制造业中的金属制品、机械和设备修理业。

3-4 主要年份户数、平均人口及人口密度（户籍人口）

年　份	户　数（万户）	平均每户人口（人）	年平均人口（万人）			人口密度（人/平方公里）
				农业人口	非农业人口	
1949	85.85	4.34				331
1952	91.05	4.29	384.46	357.37	27.07	347
1957	104.97	4.30	445.51	398.88	46.63	400
1962	115.02	4.03	458.18	402.01	56.17	412
1965	116.76	4.20	485.20	429.36	55.84	436
1970	124.88	4.53	557.98	499.57	58.41	503
1975	132.87	4.64	611.72	545.36	66.36	548
1978	143.57	4.50	640.77	567.85	72.92	573
1979	146.72	4.45	649.07	571.65	77.42	580
1980	149.43	4.42	656.30	574.31	81.99	586
1981	155.52	4.32	665.94	580.68	85.26	597
1982	157.29	4.35	678.24	589.74	88.50	608
1983	158.32	4.38	688.69	597.11	91.58	616
1984	161.16	4.34	696.49	601.93	94.56	622
1985	163.80	4.32	703.80	604.82	98.98	628
1986	168.46	4.25	711.48	608.04	103.44	635
1987	173.15	4.19	720.65	613.48	107.17	645
1988	182.07	4.09	734.83	619.23	115.60	661
1989	191.43	3.98	752.80	625.79	127.01	677
1990	204.40	3.95	784.47	649.26	135.21	717
1991	209.15	3.92	813.65	672.28	141.37	729
1992	214.47	3.85	823.46	676.30	147.16	734
1993	216.59	3.85	830.34	677.62	152.72	741
1994	220.58	3.82	838.58	680.74	157.84	749
1995	227.60	3.74	847.18	682.84	164.34	756
1996	232.50	3.70	855.29	682.71	172.58	731
1997	238.73	3.63	863.29	683.81	179.48	737
1998	249.75	3.51	871.47	686.04	185.43	744
1999	257.66	3.41	876.66	685.86	190.80	746
2000	270.80	3.31	886.99	674.85	212.14	762
2001	275.91	3.27	899.15	663.24	235.91	767
2002	279.22	3.24	903.15	657.64	245.51	769
2003	282.84	3.21	906.55	639.15	267.40	772
2004	285.00	3.22	912.75	619.23	293.52	779
2005	286.44	3.23	921.08	611.89	309.19	787
2006	284.25	3.29	930.02	611.71	318.31	795
2007	279.33	3.37	937.84	615.73	322.11	800
2008	277.76	3.41	943.91	613.86	330.05	805
2009	278.46	3.44	952.24	594.65	357.59	814
2010	277.28	3.51	965.25	553.30	411.95	827
2011	273.21	3.57	974.78	439.34	535.44	830
2012	274.09	3.61	983.59	338.31	645.28	842
2013	275.57	3.65	998.69	305.85	692.84	856
2014	277.82	3.68	1015.19	286.18	729.00	870
2015	277.66	3.70	1026.11	359.75	666.36	874
2016	278.49	3.72	1035.04	431.71	603.33	885
2017	278.05	3.74	1040.41	426.29	614.12	883
2018	280.98	3.71	1042.10	417.21	624.89	888
2019	281.56	3.71	1043.25	408.13	635.12	885
2020	283.01	3.67	1039.89	399.82	640.07	882
2021	284.78	3.64	1036.67	389.15	647.52	880

3-5 主要年份人口自然变动（户籍人口）

单位：人、‰

年份	出生		死亡		自然增长	
	人数	出生率	人数	死亡率	人数	自然增长率
1949		24.95				
1952	129371	33.65				
1957	138958	31.19	40675	9.13	98273	22.06
1962	164440	35.89	34635	7.56	129805	28.33
1965	181877	37.48	44313	9.13	137564	28.35
1970	185564	33.26	37511	6.72	148053	26.54
1975	125373	20.50	36260	5.93	89113	14.57
1978	102744	16.03	35276	5.51	67468	10.52
1979	85371	13.15	34814	5.36	50557	7.79
1980	125947	19.19	44562	6.79	81385	12.40
1981	120099	18.03	36366	5.46	83733	12.57
1982	119391	17.60	32890	4.85	86501	12.75
1983	98387	14.29	32972	4.79	65415	9.50
1984	98214	14.10	35109	5.04	63105	9.06
1985	85653	12.17	33919	4.82	51734	7.35
1986	97011	13.64	33463	4.70	63548	8.94
1987	110981	15.40	33568	4.66	77413	10.74
1988	169348	23.04	35284	4.80	134064	18.24
1989	170011	22.58	34013	4.52	135998	18.06
1990	157605	20.09	35867	4.57	121738	15.52
1991	156429	19.23	40402	4.97	116027	14.26
1992	101899	12.37	42462	5.16	59437	7.21
1993	99582	11.99	42517	5.12	57065	6.87
1994	113310	13.51	41946	5.00	71364	8.51
1995	83162	9.82	39442	4.66	39442	5.16
1996	81414	9.52	41982	4.91	39432	4.61
1997	99902	11.57	40210	4.66	59692	6.91
1998	91325	10.48	41298	4.74	50027	5.74
1999	71921	8.20	34545	3.94	37376	4.26
2000	167764	18.91	44483	5.02	123281	13.89
2001	69383	7.72	29094	3.24	40289	4.48
2002	69905	7.74	33811	3.74	36094	4.07
2003	85756	9.46	34229	3.78	51527	5.68
2004	132605	14.53	42775	4.69	89830	9.84
2005	125308	13.60	22775	2.47	102533	11.13
2006	138879	14.93	34254	3.68	104644	11.25
2007	190322	20.29	133825	14.27	56497	6.02
2008	170661	18.08	106845	11.32	63816	6.76
2009	182950	19.21	68358	7.18	114592	12.03
2010	217399	22.52	79390	8.22	138009	14.30
2011	177663	18.23	71598	7.35	106065	10.88
2012	193812	19.71	45778	4.65	148045	15.05
2013	211582	21.19	33430	3.35	178152	17.84
2014	205463	20.24	30120	2.97	175343	17.27
2015	151956	14.81	59174	5.77	92782	9.04
2016	184364	17.81	39293	3.80	145071	14.02
2017	161550	15.53	146280	14.06	15270	1.47
2018	139514	13.39	53436	5.13	86078	8.26
2019	106644	10.22	55763	5.35	50881	4.87
2020	106531	10.24	107236	10.31	-705	-0.07
2021	78341	7.56	65348	6.30	12993	1.25

注：出生人口含往年补报出生人口，死亡人口含往年未销户人口（下同）。

3-6 市区主要年份人口数及构成（户籍人口）

（年底数） 单位：万人

年 份	总人口	按性别分				按户口性质分			
		男		女		农业人口		非农业人口	
		人口数	比重（%）	人口数	比重（%）	人口数	比重（%）	人口数	比重（%）
1949	29.94	15.91	53.1	14.03	46.9	4.30	14.4	25.64	85.6
1952	22.21	11.53	51.9	10.68	48.1	3.19	14.4	19.02	85.6
1957	38.66	19.93	51.6	18.73	48.4	3.00	7.8	35.66	92.2
1962	45.35	23.63	52.1	21.72	47.9	8.46	18.7	36.89	81.3
1965	51.73	27.76	53.7	23.97	46.3	7.32	14.2	44.41	85.8
1970	53.86	28.68	53.2	25.18	46.8	8.82	16.4	45.04	83.6
1975	61.24	33.21	54.2	28.03	45.8	10.32	16.9	50.92	83.1
1978	67.07	36.57	54.5	30.50	45.5	11.08	16.5	55.99	83.5
1979	70.87	38.74	54.7	32.13	45.3	10.05	14.2	60.82	85.8
1980	72.85	39.71	54.5	33.14	45.5	9.92	13.6	62.93	86.4
1981	74.96	40.78	54.4	34.18	45.6	10.18	13.6	64.78	86.4
1982	77.29	42.16	54.5	35.13	45.5	10.48	13.6	66.81	86.4
1983	79.28	43.34	54.7	35.94	45.3	10.69	13.5	68.59	86.5
1984	80.64	44.04	54.6	36.60	45.4	10.73	13.3	69.91	86.7
1985	82.48	44.99	54.5	37.49	45.5	10.31	12.5	72.17	87.5
1986	84.08	45.83	54.5	38.25	45.5	10.24	12.2	73.84	87.8
1987	85.57	46.45	54.3	39.12	45.7	10.32	12.1	75.25	87.9
1988	87.20	47.27	54.2	39.93	45.8	9.88	11.3	77.32	88.7
1989	89.27	48.34	54.2	40.93	45.8	9.92	11.1	79.35	88.9
1990	90.66	48.98	54.0	41.68	46.0	10.09	11.1	80.57	88.9
1991	91.86	49.52	53.9	42.34	46.1	10.00	10.9	81.86	89.1
1992	93.65	50.48	53.9	43.17	46.1	9.64	10.3	84.01	89.7
1993	95.17	51.14	53.7	44.03	46.3	9.64	10.1	85.53	89.9
1994	142.84	74.73	52.3	68.11	47.7	49.13	34.4	93.71	65.6
1995	145.14	75.74	52.2	69.39	47.8	48.65	33.5	96.48	66.5
1996	147.34	76.91	52.2	70.42	47.8	47.13	32.0	100.21	68.0
1997	149.34	77.90	52.2	71.44	47.8	47.12	31.5	102.22	68.5
1998	151.87	79.09	52.1	72.78	47.9	47.40	31.2	104.47	68.8
1999	152.41	79.12	51.9	73.29	48.1	46.90	30.8	105.51	69.2
2000	160.61	83.28	51.9	77.33	48.1	51.51	32.1	109.10	67.9
2001	162.54	84.27	51.8	78.27	48.2	50.49	31.1	112.05	68.9
2002	164.55	85.30	51.8	79.25	48.2	43.47	26.4	121.08	73.6
2003	167.33	86.87	51.9	80.46	48.1	31.89	19.1	135.44	80.9
2004	167.42	86.76	51.8	80.66	48.2	28.76	17.2	138.66	82.8
2005	179.87	93.21	51.8	86.66	48.2	30.22	16.8	149.65	83.2
2006	181.61	94.11	51.8	87.50	48.2	27.88	15.4	153.73	84.6
2007	182.93	94.70	51.8	88.23	48.2	26.87	14.7	156.06	85.3
2008	184.40	95.38	51.7	89.02	48.3	26.42	14.3	157.98	85.7
2009	186.22	96.29	51.7	89.93	48.3	26.91	14.4	159.31	85.6
2010	312.72	161.06	51.5	151.66	48.5	108.50	34.7	204.22	65.3
2011	315.67	162.58	51.5	153.09	48.5	70.59	22.4	245.08	77.6
2012	320.85	165.27	51.5	155.58	48.5	71.07	22.2	249.78	77.8
2013	326.36	167.96	51.5	158.40	48.5	40.89	12.5	285.47	87.5
2014	331.47	170.37	51.4	161.10	48.6	38.87	11.7	292.60	88.3
2015	333.46	171.26	51.4	162.20	48.6	88.04	26.4	245.42	73.6
2016	337.65	173.17	51.3	164.48	48.7	87.27	25.8	250.38	74.2
2017	337.85	172.70	51.1	165.15	48.9	85.48	25.3	252.37	74.7
2018	341.81	174.33	51.0	167.48	49.0	85.49	25.0	256.32	75.0
2019	343.42	174.91	50.9	168.51	49.1	80.81	23.5	262.61	76.5
2020	344.25	174.94	50.8	169.31	49.2	80.50	23.4	263.75	76.6
2021	345.95	175.51	50.7	170.44	49.3	80.21	23.2	265.74	76.8

3-7 市区主要年份户数、平均人口及人口密度（户籍人口）

年份	户数 （万户）	平均每户人口 （人）	年平均人口 （万人）	农业人口	非农业人口	人口密度 （人/平方公里）
1949	5.99	5.00				667
1952	5.31	4.18	22.34	3.21	19.13	621
1957	8.73	4.43	38.04	4.50	33.54	721
1962	9.76	4.65	45.74	7.90	37.84	2153
1965	10.31	5.02	51.27	7.23	44.04	2970
1970	11.11	4.85	54.52	8.68	45.84	3092
1975	12.95	4.73	60.16	10.11	50.05	3515
1978	14.76	4.54	65.82	11.13	54.69	3636
1979	15.80	4.49	68.97	10.57	58.40	3842
1980	16.82	4.33	71.86	9.99	61.87	3950
1981	18.22	4.11	73.90	10.05	63.85	4063
1982	19.60	3.94	76.13	10.33	65.80	4189
1983	20.64	3.84	78.29	10.59	67.70	4297
1984	21.70	3.72	79.96	10.71	69.25	4371
1985	22.79	3.62	81.56	10.52	71.04	4470
1986	23.71	3.55	83.28	10.28	73.00	4557
1987	24.46	3.50	84.83	10.28	74.55	4638
1988	25.56	3.41	86.39	10.10	76.29	4726
1989	26.57	3.36	88.24	9.90	78.34	4838
1990	27.44	3.30	89.97	10.01	79.96	4914
1991	28.18	3.26	91.26	10.05	81.21	4979
1992	28.84	3.25	92.76	9.82	82.94	5076
1993	29.42	3.24	94.41	9.64	84.77	5158
1994	42.92	3.33	141.86	49.13	93.71	1483
1995	44.02	3.30	143.99	48.89	95.10	1507
1996	44.76	3.29	146.24	47.89	98.35	1530
1997	45.72	3.27	148.34	47.12	101.22	1551
1998	46.66	3.25	150.60	47.26	103.34	1577
1999	47.35	3.22	152.14	47.15	104.99	1583
2000	49.74	3.23	156.51	49.20	107.31	1547
2001	50.65	3.21	161.58	51.00	110.31	1566
2002	51.22	3.21	163.55	46.98	116.57	1576
2003	51.81	3.23	165.94	37.68	128.26	1612
2004	52.29	3.20	167.38	30.33	137.05	1613
2005	56.29	3.20	179.03	35.78	143.25	1543
2006	56.59	3.21	180.74	29.05	151.69	1566
2007	56.84	3.22	182.27	27.38	154.90	1577
2008	57.15	3.23	183.67	26.65	157.02	1590
2009	57.52	3.24	185.31	26.67	158.64	1605
2010	95.16	3.29	314.58	110.36	204.22	1021
2011	94.77	3.33	314.20	89.55	224.65	1031
2012	95.27	3.36	318.26	70.83	247.43	1048
2013	96.14	3.39	323.61	55.98	267.63	1066
2014	96.93	3.42	328.90	39.86	289.04	1082
2015	97.10	3.43	332.46	63.45	269.01	1089
2016	97.91	3.45	335.56	87.66	247.90	1103
2017	98.11	3.44	337.75	86.37	251.38	1103
2018	99.60	3.41	339.83	85.48	254.35	1116
2019	100.28	3.42	342.61	83.15	259.46	1121
2020	101.33	3.39	343.43	81.83	261.61	1124
2021	102.84	3.36	345.10	80.35	264.75	1130

3-8　市区主要年份人口自然变动（户籍人口）

单位：人、‰

年　份	出　生		死　亡		自然增长	
	人数	出生率	人数	死亡率	人数	自然增长率
1949						23.44
1952	8237	36.87	2784	12.46	5453	24.41
1957	14012	36.84	2898	7.62	11114	29.22
1962	18156	39.70	3022	6.61	15134	33.09
1965	12905	25.10	2840	5.50	10065	19.60
1970	14121	25.90	3217	5.90	10904	20.00
1975	10242	17.02	2821	4.69	7421	12.33
1978	7190	10.92	3001	4.56	4189	6.36
1979	9081	13.17	3129	4.54	5952	8.63
1980	11590	16.13	3405	4.74	8185	11.39
1981	13518	18.29	3478	4.71	10040	13.59
1982	13343	17.53	3455	4.54	9888	12.99
1983	10570	13.50	3294	4.21	7276	9.29
1984	9512	11.90	3325	4.16	6187	7.74
1985	9612	11.78	3429	4.20	6183	7.58
1986	12006	14.42	3253	3.91	8753	10.51
1987	14076	16.59	3472	4.09	10604	12.50
1988	13299	15.39	3598	4.17	9701	11.22
1989	12535	14.21	3642	4.13	8893	10.08
1990	7662	8.52	3525	3.92	4137	4.60
1991	8139	8.92	4013	4.40	4126	4.52
1992	8131	8.77	3953	4.26	4178	4.51
1993	8885	9.41	4252	4.50	4633	4.91
1994	15513	10.94	4873	3.44	10640	7.50
1995	11960	8.31	5650	3.92	6310	4.39
1996	11831	8.09	5939	4.06	5892	4.03
1997	14429	9.73	5590	3.77	8839	5.96
1998	14758	9.80	8273	5.49	6485	4.31
1999	12234	8.04	5819	3.82	6415	4.22
2000	23718	15.15	8152	5.21	15566	9.94
2001	11175	6.92	4366	2.70	6809	4.22
2002	11598	7.09	5444	3.33	6154	3.76
2003	11459	6.91	5540	3.34	5919	3.57
2004	13234	7.91	6690	4.00	6544	3.91
2005	17323	9.68	5551	3.10	11772	6.58
2006	19567	10.83	5368	2.97	14199	7.86
2007	23946	13.14	15701	8.61	8245	4.53
2008	24004	13.07	9462	5.15	14542	7.92
2009	25797	13.92	5511	2.97	20286	10.95
2010	64556	20.72	31217	9.92	33339	10.60
2011	59766	19.02	19167	6.10	40599	12.92
2012	58680	18.43	10139	3.18	48541	15.25
2013	62770	19.40	11104	3.43	51666	15.97
2014	56863	17.29	10068	3.06	46795	14.23
2015	45790	13.77	20886	6.28	24904	7.49
2016	45298	13.50	8951	2.67	36347	10.83
2017	51055	15.12	56258	16.66	-5203	-1.54
2018	43434	12.78	14866	4.37	28568	8.41
2019	35671	10.41	16212	4.73	19459	5.68
2020	34849	10.15	36128	10.52	-1279	-0.37
2021	26659	7.72	19880	5.76	6779	1.96

3-9 市区分区户数、人口数（户籍人口）

（2021 年底）　　单位：人

地　　区	总户数（户）	总人口（人）	男	女	农业人口	非农业人口
市　区	**1028419**	**3459492**	**1755138**	**1704354**	**802087**	**2657405**
鼓楼区	120949	337565	166993	170572		337565
云龙区	135339	396159	194003	202156		396159
贾汪区	133595	513704	268347	245357	207828	305876
泉山区	189342	537384	264266	273118		537384
铜山区	326227	1228171	634882	593289	575332	652839
港务区	33677	124005	64245	59760	18927	105078
开发区	89290	322504	162402	160102		322504

3-10 市区分区人口自然变动（户籍人口）

（2021 年底）　　单位：人、‰

年　　份	出　生		死　亡		自然增长	
	人 数	出生率	人 数	死亡率	人 数	自然增长率
市　区	**26659**	**7.72**	**19880**	**5.76**	**6779**	**1.96**
鼓楼区	2182	6.48	2111	6.27	71	0.21
云龙区	3776	9.64	1319	3.37	2457	6.28
贾汪区	3704	7.20	3124	6.07	580	1.13
泉山区	3568	6.71	3340	6.28	228	0.43
铜山区	9538	7.76	7859	6.39	1679	1.37
港务区	958	7.52	777	6.10	181	1.42
开发区	2933	9.17	1350	4.22	1583	4.95

主要统计指标解释

总人口数　是指在一定时点、一定地域范围内所有的有生命的个人总和，它是由不同性别、不同年代出生的人所组成，是反映一个国家人口资源的重要指标。

人口总数随人口的出生、死亡、迁入、迁出的变动而变动，也随计算时地域范围和依据的人口范畴（户籍人口和常住人口）的不同而不同，如户籍人口统计中的人口总数和人口普查所取得的人口总数，由于统计的口径不同，在相同地域范围内得到的人口数也不尽相同。。

户籍人口　是指在户口管理部门登记了常住户口的人。本《年鉴》内所列人口数除特别说明外均为户籍人口。

农业人口　依靠从事农业生产（包括林、牧、渔业）维持生活的全部人口，包括实际从事农业生产的人口以及由他们所抚养的人口。由于改革开放，一些人外出务工经商，其户口性质仍为农村户口的人也统计在农业人口范围内。

非农业人口　不依靠从事农业生产的职业来维持生活的人口，主要指城镇的非农业户口性质的人口。

年平均人数　是指一年内的各个时点人口的平均数。在实际统计工作中，由于资料的限制，无法按理论上所讲的方法计算，一般根据年初、年末人数按简单算术平均数计算，也常用年中人数来表示年平均人数。

出生率　一定时期内出生人数与同期平均人口数之比。又称总出生率或粗出生率。它反映人口的出生水平。出生人口数是指活产，即离开母体时有生命现象的活产婴儿总和。

出生率通常以年为单位计算，计算方法为：年出生人数除以年平均人数，以千分数表示。

死亡率　一定时期内（通常为一年）死亡人数与同期平均人数（或期中人数）之比。说明该时期人口的死亡强度。计算方法为：年死亡人数除以年平均人数，以千分数表示。

自然增长率　它是表明人口自然增长的趋势和程度（或速度）的指标，即一定时期内人口自然增长数（出生人数减死亡人数）与同期平均人口数之比。通常以一年为期计算，用千分数表示。计算公式为：人口自然增长率 =（全年出生人数减死亡人数）/ 年平均总人数 ×1000‰。实际工作中，一般用出生率减死亡率计算而得。

四、就业人员和职工工资

EMPLOYMENT AND WAGES

版面负责人：唐子午　马　萍　顾元林
编　　　辑：闫礼建　魏安山　冯洋洋
　　　　　　杜秀侠

统计知识

中华人民共和国统计法实施条例

第四章　统计资料的管理和公布

第二十一条　县级以上人民政府统计机构、有关部门和乡、镇人民政府应当妥善保管统计调查中取得的统计资料。

国家建立统计资料灾难备份系统。

第二十二条　统计调查中取得的统计调查对象的原始资料，应当至少保存 2 年。

汇总性统计资料应当至少保存 10 年，重要的汇总性统计资料应当永久保存。法律法规另有规定的，从其规定。

第二十三条　统计调查对象按照国家有关规定设置的原始记录和统计台账，应当至少保存 2 年。

第二十四条　国家统计局统计调查取得的全国性统计数据和分省、自治区、直辖市统计数据，由国家统计局公布或者由国家统计局授权其派出的调查机构或者省级人民政府统计机构公布。

第二十五条　国务院有关部门统计调查取得的统计数据，由国务院有关部门按照国家有关规定和已批准或者备案的统计调查制度公布。

县级以上地方人民政府有关部门公布其统计调查取得的统计数据，比照前款规定执行。

第二十六条　已公布的统计数据按照国家有关规定需要进行修订的，县级以上人民政府统计机构和有关部门应当及时公布修订后的数据，并就修订依据和情况作出说明。

第二十七条　县级以上人民政府统计机构和有关部门应当及时公布主要统计指标涵义、调查范围、调查方法、计算方法、抽样调查样本量等信息，对统计数据进行解释说明。

第二十八条　公布统计资料应当按照国家有关规定进行。公布前，任何单位和个人不得违反国家有关规定对外提供，不得利用尚未公布的统计资料谋取不正当利益。

第二十九条　统计法第二十五条规定的能够识别或者推断单个统计调查对象身份的资料包括：

（一）直接标明单个统计调查对象身份的资料；

（二）虽未直接标明单个统计调查对象身份，但是通过已标明的地址、编码等相关信息可以识别或者推断单个统计调查对象身份的资料；

（三）可以推断单个统计调查对象身份的汇总资料。

4-1 从业人员

单位：万人

年　份	从业人数	职工人数	国有经济单　位	城镇集体经济单位	其他经济类型单位	城镇私营企业从业人员和个体劳动者	其　他从业人员
1978	283.64	60.12	41.16	18.96			
1979	282.72	61.94	41.04	20.90		0.19	
1980	292.22	64.97	45.16	19.81		0.53	
1981	302.62	67.64	47.80	19.84		0.74	
1982	314.75	70.10	50.18	19.92		0.36	
1983	322.66	72.17	52.60	19.57		0.57	
1984	337.62	76.65	53.40	23.25		1.10	
1985	349.04	78.06	55.19	22.87		1.56	
1986	357.72	80.41	56.82	23.58	0.01	1.15	
1987	367.36	82.15	58.96	23.17	0.02	1.44	
1988	381.43	85.87	61.88	23.96	0.04	2.29	
1989	390.31	85.39	61.88	23.42	0.09	3.16	
1990	408.50	87.35	63.69	23.53	0.13	3.27	
1991	419.35	89.59	65.55	23.85	0.19	2.60	
1992	421.81	90.25	67.10	22.87	0.28	3.04	
1993	423.40	91.83	69.40	21.54	0.89	3.62	1.08
1994	423.45	91.39	70.80	19.60	0.99	5.12	1.16
1995	425.43	92.39	72.52	19.13	0.74	8.03	1.24
1996	428.26	94.16	73.94	18.78	1.44	8.98	0.91
1997	432.88	93.85	74.41	17.76	1.68	12.42	1.30
1998	421.09	77.72	63.66	9.79	4.27	17.33	1.35
1999	418.65	75.07	61.95	9.39	3.73	17.81	1.42
2000	417.66	71.02	57.74	8.30	4.98	19.21	1.26
2001	415.78	67.64	53.65	7.01	6.98	20.58	1.29
2002	391.81	61.76	44.55	4.92	12.28	16.09	1.50
2003	382.03	59.15	43.32	4.25	11.58	17.73	2.15
2004	395.50	56.31	40.19	3.90	12.22	28.73	3.08
2005	452.20	56.07	40.13	3.60	12.34	37.74	10.39
2006	469.15	56.91	39.87	3.57	13.47	43.51	15.98
2007	477.21	57.56	40.00	3.35	14.21	53.61	11.49
2008	486.05	58.34	39.53	3.44	15.37	59.38	13.95
2009	501.17	58.29	38.49	2.99	16.81	68.93	15.20
2010	478.72	58.38	38.59	2.89	16.90	80.17	15.96
2011	477.95	59.42	38.94	2.93	17.55	88.82	15.56
2012	473.84	60.59	39.50	2.62	18.46	93.62	15.85
2013	474.61	101.54	32.98	3.04	65.51	104.88	16.21
2014	474.86	99.88	34.06	3.32	62.49	109.77	19.78
2015	475.59	97.17	32.05	3.16	61.95	112.58	22.49
2016	475.02	92.89	31.76	3.21	57.92	134.70	27.20
2017	479.94	90.43	31.30	3.04	56.09	157.50	6.73
2018	481.93	79.60	30.06	2.85	46.69	167.96	11.22
2019	483.44	69.95	30.68	2.18	37.09	173.76	8.50
2020	482.11	71.08	51.20	5.19	14.69		8.98
2021	475.20	74.20	53.82	3.54	16.84		

注：从 2013 年年报开始在岗职工期末人数为劳资老口径与一套表四上单位合并数据，且为在岗职工与劳务派遣工之和，所以在岗职工较上年增加较多；2. 其他从业人员 2017 年起为当年新增数据，与往年不可比（下同）；2010–2020 年从业人员数据按照第七次人口普查调整修订（下同）；从 2020 年始，在岗职工统计方法调整为规模以下单位采取抽样调查，规模以上单位全面调查，数据与往年不可比（下同）；从 2020 年开始，城镇私营企业从业人员和个体劳动者不再统计（下同）；从 2021 年开始，其他从业人员不再统计（下同）。

4-2 市区从业人员

单位：万人

年 份	从业人数	职工人数				城镇私营企业从业人员和个体劳动者	其 他 从业人员
			国有经济单 位	城镇集体经济单位	其他经济类型单位		
1978	43.76	39.20	28.07	11.13			
1979	46.66	42.12	28.90	13.22		0.02	
1980	47.26	42.71	30.76	11.95		0.12	
1981	49.16	44.41	32.44	11.97		0.19	
1982	51.19	46.28	34.24	12.04		0.21	
1983	53.74	48.37	36.37	12.00		0.37	
1984	55.88	50.01	37.69	12.32		0.75	
1985	58.14	51.42	39.51	11.91		1.18	
1986	58.95	52.69	40.30	12.38	0.01	0.72	
1987	59.82	53.34	41.09	12.23	0.02	0.97	
1988	61.42	54.06	42.03	11.98	0.05	1.90	
1989	61.35	54.01	42.22	11.70	0.09	1.72	
1990	62.50	55.05	43.12	11.81	0.12	1.82	
1991	63.48	56.05	43.93	11.93	0.19	1.93	
1992	63.35	56.07	44.57	11.27	0.23	2.06	
1993	63.95	56.13	44.88	10.59	0.66	2.65	0.25
1994	80.20	55.75	45.21	9.69	0.85	3.11	0.63
1995	82.89	55.92	45.98	9.52	0.42	5.11	0.67
1996	82.21	56.12	45.78	9.30	1.04	5.24	0.40
1997	82.85	55.41	45.53	9.00	0.87	7.17	0.42
1998	74.39	44.72	38.92	3.60	2.20	10.52	0.28
1999	71.29	42.84	37.62	3.48	1.74	9.09	0.39
2000	72.16	40.10	34.32	2.88	2.90	10.61	0.43
2001	72.81	38.12	32.08	2.24	3.79	11.91	0.51
2002	63.22	34.33	25.23	1.70	7.40	6.92	0.71
2003	62.74	32.64	24.45	1.40	6.79	8.21	0.64
2004	71.37	30.71	21.99	1.21	7.51	17.42	1.46
2005	91.10	30.35	22.31	1.02	7.02	23.77	8.79
2006	99.74	30.18	22.00	1.00	7.18	26.55	12.75
2007	96.42	30.55	22.39	0.84	7.32	29.74	6.73
2008	99.17	30.30	21.79	1.14	7.37	30.19	9.00
2009	103.83	30.00	21.33	0.84	7.83	34.13	8.27
2010	171.88	35.22	24.17	1.03	10.02	43.98	11.51
2011	174.09	35.48	24.29	1.13	10.06	48.84	10.38
2012	176.22	35.82	24.51	0.87	10.43	51.59	6.93
2013	179.51	54.85	14.69	0.92	39.23	60.36	7.35
2014	182.96	52.84	15.03	0.77	37.04	62.01	5.28
2015	185.99	50.17	14.32	0.70	35.15	61.64	16.52
2016	189.78	45.80	14.43	0.71	30.66	74.43	19.79
2017	194.72	45.84	14.68	0.63	30.53	86.05	4.95
2018	197.21	41.72	13.49	1.25	26.98	90.91	2.91
2019	198.93	34.30	13.18	1.10	20.01	92.48	4.33
2020	200.23	37.96	27.25	2.15	8.56		2.25
2021	196.74	38.73	28.06	0.93	9.73		

注：2010 年以后市区为包含铜山区口径，与往年不可比（下同）。

4-3 分三次产业从业人数及构成

单位：万人、%

年　份	从业人数	第一产业		第二产业		第三产业	
		人　数	比　重	人　数	比　重	人　数	比　重
1978	283.64	204.41	72.1	43.56	15.3	35.67	12.6
1979	282.72	204.52	72.4	45.06	15.9	33.14	11.7
1980	292.22	209.96	71.8	49.69	17.0	32.57	11.2
1981	302.62	216.86	71.7	51.80	17.1	33.96	11.2
1982	314.75	221.17	70.3	57.62	18.3	35.96	11.4
1983	322.66	223.59	69.3	61.30	19.0	37.77	11.7
1984	337.62	223.01	66.0	69.74	20.7	44.87	13.3
1985	349.04	222.57	63.8	78.65	22.5	47.82	13.7
1986	357.72	222.38	62.2	84.04	23.5	51.30	14.3
1987	367.35	225.07	61.3	89.84	24.4	52.45	14.3
1988	381.43	226.65	59.4	97.06	25.5	57.72	15.1
1989	390.31	235.21	60.2	95.49	24.5	59.61	15.3
1990	408.50	249.36	61.0	95.41	23.4	63.73	15.6
1991	419.35	260.56	62.1	93.90	22.4	64.89	15.5
1992	421.81	258.67	61.3	98.13	23.3	65.01	15.4
1993	423.40	247.05	58.3	105.18	24.9	71.17	16.8
1994	423.45	247.36	58.4	103.56	24.5	72.53	17.1
1995	425.43	242.09	56.9	107.66	25.3	75.68	17.8
1996	428.26	239.60	55.9	108.63	25.4	80.03	18.7
1997	432.88	240.85	55.6	106.11	24.5	85.92	19.9
1998	421.09	242.24	57.5	92.02	21.9	86.83	20.6
1999	418.65	235.80	56.3	92.26	22.0	90.59	21.7
2000	417.66	235.35	56.4	93.24	22.3	89.07	21.3
2001	415.78	230.49	55.4	95.79	23.0	89.50	21.6
2002	391.81	216.01	55.1	94.83	24.2	80.97	20.7
2003	382.03	196.26	51.4	103.31	27.0	82.46	21.6
2004	395.50	189.72	48.0	111.45	28.2	94.33	23.8
2005	452.20	182.63	40.3	127.69	28.3	141.88	31.4
2006	469.15	177.20	37.8	144.99	30.9	146.96	31.3
2007	477.21	170.31	35.7	152.18	31.9	154.72	32.4
2008	486.05	163.19	33.5	168.99	34.8	153.87	31.7
2009	501.17	162.08	32.4	180.01	35.9	159.08	31.7
2010	478.72	190.28	39.7	130.94	27.4	157.50	32.9
2011	477.95	182.76	38.2	136.68	28.6	158.51	33.2
2012	473.84	173.18	36.5	140.46	29.6	160.20	33.8
2013	474.61	165.43	34.9	145.79	30.7	163.39	34.4
2014	474.86	156.27	32.9	146.79	30.9	171.80	36.2
2015	475.59	146.54	30.8	149.52	31.4	179.53	37.7
2016	475.02	138.89	29.2	152.34	32.1	183.79	38.7
2017	479.94	127.74	26.6	155.27	32.4	196.93	41.0
2018	481.93	114.81	23.8	162.65	33.7	204.47	42.4
2019	483.44	100.34	20.8	168.15	34.8	214.95	44.5
2020	482.11	95.01	19.7	166.53	34.5	220.57	45.8
2021	475.20	86.98	18.3	167.58	35.3	220.64	46.4

4-4 市区分三次产业从业人数及构成

单位：万人、%

年份	从业人数	第一产业		第二产业		第三产业	
		人数	比重	人数	比重	人数	比重
1978	57.73	3.90	8.9	24.66	56.4	15.20	34.7
1979	46.66	3.83	8.2	27.73	59.4	15.10	32.4
1980	47.26	3.65	7.7	29.47	62.4	14.14	29.9
1981	49.16	3.65	7.4	30.60	62.3	14.91	30.3
1982	51.19	3.56	7.0	32.25	63.0	15.38	30.0
1983	53.74	3.50	6.5	34.59	64.4	15.65	29.1
1984	55.88	3.28	5.9	36.60	65.5	16.00	28.6
1985	58.14	2.78	4.8	39.89	66.9	16.47	28.3
1986	58.95	2.84	4.8	38.85	65.9	17.26	29.3
1987	59.82	2.79	4.6	40.25	67.3	16.78	28.1
1988	61.42	2.71	4.4	40.46	65.9	18.25	29.7
1989	51.35	2.86	4.7	39.94	65.1	18.55	30.2
1990	62.50	2.91	4.7	39.41	63.0	20.19	32.3
1991	63.48	2.83	4.4	39.97	63.0	20.68	32.6
1992	63.35	2.71	4.3	41.23	65.1	19.41	30.6
1993	63.95	2.24	3.5	40.79	63.8	20.92	32.7
1994	80.20	11.46	14.3	43.90	54.7	24.84	31.0
1995	82.89	11.83	14.3	45.71	55.1	25.35	30.6
1996	82.21	11.86	14.4	44.61	54.3	25.74	31.3
1997	82.85	10.96	13.2	44.24	53.4	27.65	33.4
1998	74.39	10.21	13.7	34.85	46.9	29.33	39.4
1999	71.29	10.06	14.1	33.38	46.8	27.85	39.1
2000	72.16	11.18	15.5	32.22	44.6	28.76	39.9
2001	72.81	12.78	17.6	31.19	42.8	28.84	39.6
2002	63.22	11.73	18.6	27.21	43.0	24.28	38.4
2003	62.75	10.71	17.1	26.78	42.7	25.26	40.2
2004	71.38	10.01	14.0	27.80	39.0	33.56	47.0
2005	91.10	12.06	13.2	32.08	35.2	46.95	51.5
2006	99.74	12.41	12.4	34.35	34.5	52.98	53.1
2007	96.42	9.26	9.6	33.07	34.3	54.09	56.1
2008	99.17	10.70	10.8	39.72	40.0	48.75	49.2
2009	103.83	11.82	11.4	42.22	40.7	49.79	47.9
2010	171.88	42.62	24.8	45.63	26.5	83.62	48.7
2011	174.09	40.94	23.5	48.01	27.6	85.14	48.9
2012	176.22	39.40	22.4	49.65	28.2	87.18	49.5
2013	179.51	37.87	21.1	51.83	28.9	89.81	50.0
2014	182.96	36.46	19.9	53.05	29.0	93.46	51.1
2015	185.99	34.15	18.4	54.49	29.3	97.35	52.3
2016	189.78	32.90	17.3	56.85	30.0	100.04	52.7
2017	194.72	29.90	15.4	58.90	30.2	105.92	54.4
2018	197.21	26.24	13.3	62.21	31.5	108.76	55.1
2019	198.93	22.41	11.3	64.70	32.5	111.82	56.2
2020	200.23	20.96	10.5	64.68	32.3	114.59	57.2
2021	196.74	18.34	9.3	64.82	33.0	113.58	57.7

4–5　分行业乡村从业人员

（2021 年底）　　单位：万人

行　　业	全　市	市　区
合　计	**348.63**	**83.17**
第一产业	114.51	25.2
# 农业	96.06	19.9
第二产业	158.19	37.15
工业	106.45	26.18
建筑业	51.74	10.97
第三产业	75.93	20.82
交通运输、仓储和邮政业	16.38	5.35
信息传输、计算机服务和软件业	2.29	0.74
批发和零售业	23.78	6.61
住宿、餐饮业	11.04	2.61
金融和保险业	1.68	0.54
房地产和社会服务业	2.09	0.55
科学研究、技术服务和地质勘查业	0.64	0.16
教育、文化、艺术和广播电视业	3.27	0.69
卫生、体育和社会福利业	2.33	0.54
公共管理和社会组织	1.14	0.23
其他	11.29	2.8

4-6　主要年份在岗职工人数

（年底数）　　单位：万人

年　份	全市合计	国有经济单　位	城镇集体经济单位	其他经济类型单位	市区合计	国有经济单　位	城镇集体经济单位	其他经济类型单位
1949	6.11	6.11			4.88	4.88		
1952	8.11	8.11			6.00	6.00		
1957	10.04	10.04			6.86	6.86		
1962	16.94	16.94			16.81	12.21	4.60	
1965	15.18	15.18			15.23	10.45	4.78	
1970	22.12	22.12			18.94	13.84	5.10	
1975	42.69	29.21	13.48		27.06	19.86	7.20	
1978	60.12	41.16	18.96		39.20	28.07	11.13	
1979	61.94	41.04	20.90		42.12	28.90	13.22	
1980	64.97	45.16	19.81		42.71	30.76	11.95	
1981	67.64	47.80	19.84		44.41	32.44	11.97	
1982	70.10	50.18	19.92		46.28	34.24	12.04	
1983	72.17	52.60	19.57		48.37	36.37	12.00	
1984	76.65	53.40	23.25		50.01	37.69	12.32	
1985	78.06	55.19	22.87		51.42	39.51	11.91	
1986	80.41	56.82	23.58	0.01	52.69	40.30	12.38	0.01
1987	82.15	58.96	23.17	0.02	53.34	41.09	12.23	0.02
1988	85.87	61.88	23.96	0.04	54.06	42.03	11.98	0.05
1989	85.39	61.88	23.42	0.09	54.01	42.22	11.70	0.09
1990	87.35	63.69	23.53	0.13	55.05	43.12	11.81	0.12
1991	89.59	65.55	23.85	0.19	56.05	43.93	11.93	0.19
1992	90.25	67.10	22.87	0.28	56.07	44.57	11.27	0.23
1993	91.83	69.40	21.54	0.89	56.13	44.88	10.59	0.66
1994	91.39	70.80	19.60	0.99	55.75	45.21	9.69	0.85
1995	92.39	72.52	19.13	0.74	55.92	45.98	9.52	0.42
1996	94.16	73.94	18.78	1.44	56.12	45.78	9.30	1.04
1997	93.85	74.41	17.76	1.68	55.41	45.53	9.00	0.87
1998	77.72	63.66	9.79	4.27	44.72	38.92	3.60	2.20
1999	75.07	61.95	9.39	3.73	42.84	37.62	3.48	1.74
2000	71.02	57.74	8.30	4.98	40.10	34.32	2.88	2.90
2001	67.64	53.65	7.01	6.98	38.12	32.08	2.24	3.79
2002	61.76	44.55	4.92	12.28	34.33	25.23	1.70	7.40
2003	59.15	43.32	4.25	11.58	32.64	24.45	1.40	6.79
2004	56.31	40.19	3.90	12.22	30.71	21.99	1.21	7.51
2005	56.07	40.13	3.60	12.34	30.35	22.31	1.02	7.03
2006	56.91	39.87	3.57	13.47	30.18	22.00	1.00	7.18
2007	57.56	40.00	3.35	14.21	30.55	22.39	0.84	7.32
2008	58.34	39.53	3.44	15.37	30.30	21.79	1.14	7.37
2009	58.29	38.49	2.99	16.81	30.00	21.33	0.84	7.83
2010	58.38	38.59	2.89	16.90	35.22	24.17	1.03	10.02
2011	59.42	38.94	2.93	17.54	35.48	24.30	1.13	10.05
2012	60.59	39.50	2.62	18.46	35.82	24.51	0.87	10.43
2013	101.53	32.98	3.04	65.51	54.84	14.69	0.92	39.23
2014	99.88	34.06	3.32	62.50	52.84	15.03	0.77	37.04
2015	97.17	32.05	3.16	61.95	50.17	14.32	0.70	35.15
2016	92.89	31.76	3.21	57.92	45.80	14.43	0.71	30.66
2017	90.43	31.30	3.04	56.09	45.84	14.68	0.63	30.53
2018	79.60	30.06	2.85	46.69	41.72	13.49	1.25	26.98
2019	69.95	30.68	2.18	37.09	34.30	13.18	1.10	20.01
2020	71.08	51.20	5.19	14.69	37.96	27.25	2.15	8.56
2021	74.20	53.82	3.54	16.84	38.73	28.06	0.93	9.73

注：自 2020 年始，在岗职工人数统计方法调整为：规模以下单位采取抽样调查，并赋予一定权重；规模以上单位全面调查，故人数存在小数，并经四舍五入取整。

4-7 在岗职工人数

（2021 年底） 单位：人

项　　目	在岗职工人　　数	国有经济单　　位	城镇集体经济单位	其他经济类型单位
总　计	**742047**	**538238**	**35394**	**168415**
按企业、事业、机关分				
企业	442805	250745	35258	156803
事业	187635	181979	46	5611
机关	89147	89147		
民间非营利组织	21954	16334	90	5530
其他	504	33		471
按国民经济行业分				
农、林、牧、渔业	8645	8280	60	306
采矿业	39565	39565		
制造业	128018	36454	3693	87871
电力、热力、燃气及水生产和供应业	11518	7681	125	3712
建筑业	116295	81275	21647	13373
批发和零售业	30278	8209	1738	20331
交通运输、仓储和邮政业	27515	22468	3546	1501
住宿和餐饮业	3815	1291	481	2043
信息传输、软件和信息技术服务业	9449	6622	14	2814
金融业	24644	22688	117	1839
房地产业	13540	4826	706	8009
租赁和商务服务业	23111	11727	1747	9638
科学研究与技术服务业	10737	7365	1246	2126
水利、环境和公共设施管理业	6393	6016	4	372
居民服务、修理和其他服务业	2800	1258	89	1453
教育	115035	107720	116	7199
卫生和社会工作	67834	63023	14	4797
文化、体育和娱乐业	5038	4046	51	941
公共管理、社会保障和社会组织	97815	97725		91
按隶属关系分（国有经济）				
中央	56364	56364		
地方	258337	258337		
其他	223537	223537		

4-8 市区在岗职工人数

（2021 年底）　　单位：人

项　　目	在岗职工人　　数	国有经济单　　位	城镇集体经济单位	其他经济类型单位
总　计	**387320**	**280637**	**9336**	**97347**
按企业、事业、机关分				
企业	236945	137410	9204	90330
事业	90914	85547	46	5321
机关	50301	50301		
民间非营利组织	9079	7350	86	1643
其他	82	28		53
按国民经济行业分				
农、林、牧、渔业	495	445	2	48
采矿业	22557	22557		
制造业	86294	33714	2051	50530
电力、热力、燃气及水生产和供应业	5818	4534	125	1159
建筑业	17924	12167	1887	3870
批发和零售业	17853	5022	747	12084
交通运输、仓储和邮政业	20705	17676	2221	808
住宿和餐饮业	2913	1275	327	1311
信息传输、软件和信息技术服务业	8208	5870	9	2329
金融业	23100	21403	117	1580
房地产业	8910	3338	665	4907
租赁和商务服务业	17922	8341	640	8941
科学研究与技术服务业	6517	4801	380	1336
水利、环境和公共设施管理业	3498	3246		252
居民服务、修理和其他服务业	1298	775		523
教育	51620	47619	116	3885
卫生和社会工作	35007	31883		3123
文化、体育和娱乐业	3459	2747	51	662
公共管理、社会保障和社会组织	53223	53223		
按隶属关系分（国有经济）				
中央	36823	36823		
地方	134716	134716		
其他	109098	109098		

4-9 女性在岗职工人数

（2021 年底） 单位：人

项目	女性从业人员人数	国有经济单位	城镇集体经济单位	其他经济类型单位
总 计	**286291**	**205183**	**5864**	**75243**
按企业、事业、机关分				
企业	123969	52928	5796	65245
事业	117724	112042		5683
机关	27954	27954		
民间非营利组织	16435	12250	69	4117
其他	209	10		198
按国民经济行业分				
农、林、牧、渔业	5465	5298	15	151
采矿业	6012	6012		
制造业	42259	6034	900	35325
电力、热力、燃气及水生产和供应业	3320	2087	59	1175
建筑业	8856	5705	1261	1890
批发和零售业	18032	3616	1057	13359
交通运输、仓储和邮政业	7671	6278	983	409
住宿和餐饮业	2192	695	259	1238
信息传输、软件和信息技术服务业	4270	2612	9	1650
金融业	11205	10075	75	1055
房地产业	5782	1980	256	3546
租赁和商务服务业	5253	2543	170	2539
科学研究与技术服务业	3781	2233	700	848
水利、环境和公共设施管理业	2563	2354	2	208
居民服务、修理和其他服务业	1510	605	12	894
教育	74513	69235	61	5217
卫生和社会工作	48714	43576	9	5129
文化、体育和娱乐业	2696	2086	37	573
公共管理、社会保障和社会组织	32195	32160		36

4-10 主要年份职工工资总额

单位：万元

年份	全市				市区			
	全部职工	国有经济单位	城镇集体经济单位	其他经济类型单位	全部职工	国有经济单位	城镇集体经济单位	其他经济类型单位
1949	1962	1962			1707	1707		
1952	3680	3680			3177	3177		
1957	5709	5709			4251	4251		
1962	10295	10295			8042	8042		
1965	9418	9418			7106	7106		
1970	11199	11199			8136	8136		
1975	21093	15939	5154		14896	11824	3072	
1978	31439	23706	7733		22573	17598	4975	
1979	36925	27781	9144		27260	21129	6131	
1980	44954	34084	10870		32809	25473	7336	
1981	47170	35891	11279		34194	26615	7579	
1982	51676	39575	12101		37389	29355	8033	
1983	55388	43349	12039		40701	32699	8001	
1984	80714	60828	19886		58779	46285	12493	
1985	93432	72426	21006		68323	55947	12376	
1986	110187	85424	24754	9	80480	65838	14633	9
1987	117231	91512	25689	30	84543	69518	14995	28
1988	149139	117615	31454	70	104028	86618	17340	64
1989	165525	132521	32819	185	118228	100083	17960	185
1990	185938	150380	35187	371	132593	112898	19324	371
1991	208723	169855	38397	471	149964	127972	21524	468
1992	244828	202261	41831	736	175433	151564	23203	666
1993	304255	253382	47734	3139	218454	189200	26586	2668
1994	407761	349729	53041	4991	287245	253793	28832	4620
1995	506766	437394	66563	2809	355676	317499	36295	1880
1996	584442	506673	68847	8922	402383	358696	36286	7401
1997	609772	534263	64613	10896	419217	375289	36310	7618
1998	592951	514526	48949	29476	396614	357549	23395	15670
1999	624029	546719	49089	28221	417883	378034	23453	16396
2000	653127	565585	42684	44858	439909	390587	18473	30849
2001	700349	596699	39062	64588	482073	423530	15307	43235
2002	742489	572711	31159	138619	516553	397782	13763	105008
2003	802685	621748	29756	151181	569467	440515	12119	116832
2004	894607	679066	33849	181692	641470	483484	15473	142513
2005	1072593	825124	35199	212270	763816	587518	14430	161868
2006	1250866	943120	40150	267595	888450	679934	14744	193772
2007	1367407	1034032	42865	290510	932620	720634	13729	198257
2008	1549543	1141926	56183	351434	1032278	776277	20991	235010
2009	1808200	1289097	58151	460952	1179995	860207	17196	302592
2010	1985130	1431819	70534	482777	1404233	1034203	29191	340839
2011	2347680	1673845	91401	582434	1621227	1187306	41355	392566
2012	2664762	1890555	92391	681817	1813377	1326132	33376	453870
2013	4587245	1617517	119932	2849796	2806363	867345	37131	1901887
2014	5011775	1782705	144653	3084417	2997160	963758	37083	1996319
2015	5248123	1957397	148450	3142276	3020812	1037061	36704	1947048
2016	5266856	2083555	159849	3023452	2945037	1119808	40686	1784543
2017	5591259	2263659	166049	3161551	3169448	1248071	40450	1880927
2018	5617231	2411299	195304	3010628	3350499	1343875	92919	1913705
2019	5415174	2609782	159058	2646334	3131241	1403164	95210	1632867
2020	5988522	4624779	388802	974941	3775121	2959904	210749	604469
2021	6974725	5439261	209819	1325645	4427183	3497946	68230	861007

注：自 2020 年始，在岗职工工资总额统计方法调整为：规模以下单位采取抽样调查，规模以上单位全面调查，且为在岗职工工资总额与劳务派遣人员工资总额之和，故与往年不可比。

4-11 主要年份职工平均工资

单位：元

年份	全市				市区			
	全部职工	国有经济单位	城镇集体经济单位	其他经济类型单位	全部职工	国有经济单位	城镇集体经济单位	其他经济类型单位
1949					349	349		
1952	503	503			529	529		
1957	573	573			619	619		
1962	548	548			590	590		
1965	599	599			594	680	407	
1970	553	553			547	587	436	
1975	509	564	392		580	595	426	
1978	554	593	430		605	664	446	
1979	605	676	459		647	731	464	
1980	715	791	535		768	828	613	
1981	720	772	569		770	820	633	
1982	755	808	609		807	857	667	
1983	780	840	621		841	898	667	
1984	1105	1178	884		1175	1228	1014	
1985	1231	1351	941		1220	1303	944	
1986	1403	1537	1077	1828	1400	1503	1067	645
1987	1463	1601	1119	2021	1511	1625	1136	1934
1988	1798	1973	1349	2101	1800	1935	1329	1633
1989	1965	2177	1410	2224	2189	2370	1535	2189
1990	2179	2417	1531	3050	2708	2618	1636	3091
1991	2379	2644	1647	2656	2715	2913	1804	2521
1992	2753	3052	1867	2838	3151	3426	2068	3115
1993	3355	6698	2245	3702	3914	4244	2512	4119
1994	4524	5013	2732	5202	5186	5658	2971	5583
1995	5537	6101	3481	3957	6381	6938	3791	4669
1996	6279	6933	3707	6308	7208	7878	3916	7197
1997	6521	7211	3636	6580	7533	8214	3994	8764
1998	7717	8149	5150	7023	8999	9234	6998	7796
1999	8447	8955	5351	7731	9911	10169	7015	9945
2000	9339	9908	5243	9531	11144	11442	6706	11940
2001	10501	11174	5630	10171	12837	13143	7041	13710
2002	11887	12683	6235	11264	14929	15633	8246	14027
2003	13551	14327	6777	13209	17518	18073	8528	17405
2004	15809	16864	8387	14789	20898	22046	12735	18876
2005	18849	20373	9597	16670	24838	26223	13545	22230
2006	21896	23639	11058	19673	29191	30969	14163	26047
2007	23711	25791	12674	20465	30652	32299	15904	27338
2008	26824	29000	16253	23534	33982	35610	18075	31689
2009	31173	33575	19527	27715	39392	40387	20230	38766
2010	34243	37406	24377	28737	40254	43371	28185	34075
2011	39493	43102	30823	33008	45909	49355	36327	38794
2012	44070	47890	35540	37076	50715	54249	37936	43510
2013	47013	50192	40499	45680	51903	59051	40505	49445
2014	50268	53761	43619	48784	55387	63929	48059	52170
2015	54310	61794	47722	50809	59373	72206	52751	54356
2016	57228	66580	50405	52520	63077	77868	57621	56468
2017	63917	74800	56043	58277	71510	88131	63133	63718
2018	71457	81565	72026	64974	81357	100117	81795	71879
2019	78568	87360	73251	71759	91987	107247	86093	82257
2020	86138	93088	76568	66042	100534	109949	99378	71036
2021	96581	104403	62045	79209	115534	125647	73081	90193

4-12 职工工资总额

（2021 年底）　　单位：万元

项　　目	在岗职工工资总额	国有经济单　位	城镇集体经济单位	其他经济类型单位
总　计	**6974725**	**5439261**	**209819**	**1325645**
按企业、事业、机关分				
企业	3684676	2289510	209161	1186005
事业	2162146	2057914	155	104077
机关	994427	994427		
民间非营利组织	130514	97269	504	32741
其他	2963	141		2822
按国民经济行业分				
农、林、牧、渔业	28177	26555	230	1391
采矿业	495199	495199		
制造业	1130771	426086	31296	673389
电力、热力、燃气及水生产和供应业	130746	100118	472	30156
建筑业	620363	418971	123251	78142
批发和零售业	214306	67391	9083	137832
交通运输、仓储和邮政业	292756	263630	19794	9332
住宿和餐饮业	18587	6371	2008	10208
信息传输、软件和信息技术服务业	85350	65379	46	19925
金融业	366331	324344	1888	40099
房地产业	121418	32360	3900	85159
租赁和商务服务业	124999	56561	6530	61908
科学研究与技术服务业	116732	86928	10050	19754
水利、环境和公共设施管理业	59707	58227	23	1457
居民服务、修理和其他服务业	13914	8126	375	5412
教育	1246551	1169962	594	75995
卫生和社会工作	783224	712918	39	70267
文化、体育和娱乐业	42251	37156	241	4855
公共管理、社会保障和社会组织	1083342	1082980		362
按隶属关系分（国有经济）				
中央	795536	795536		
地方	2707567	2707567		
其他	1936158	1936158		

4-13 市区职工工资总额

（2021 年底） 单位：万元

项 目	在岗职工工资总额	国有经济单位	城镇集体经济单位	其他经济类型单位
总 计	**4427183**	**3497946**	**68230**	**861007**
按企业、事业、机关分				
企业	2441743	1627472	67595	746676
事业	1286815	1185575	155	101085
机关	639556	639556		
民间非营利组织	58393	45221	480	12692
其他	675	121		554
按国民经济行业分				
农、林、牧、渔业	4586	4326	4	256
采矿业	303320	303320		
制造业	832296	399305	19308	413683
电力、热力、燃气及水生产和供应业	84873	75000	472	9400
建筑业	144526	107879	17224	19423
批发和零售业	151385	52355	4662	94367
交通运输、仓储和邮政业	243673	227352	11691	4630
住宿和餐饮业	14632	6318	1339	6974
信息传输、软件和信息技术服务业	76883	61535	25	15322
金融业	346217	306766	1888	37563
房地产业	91184	22862	3573	64749
租赁和商务服务业	103145	43074	2362	57709
科学研究与技术服务业	84888	65018	4846	15025
水利、环境和公共设施管理业	40732	39762		970
居民服务、修理和其他服务业	8934	5427		3507
教育	684233	626015	594	57625
卫生和社会工作	490562	434402		56161
文化、体育和娱乐业	30154	26270	241	3643
公共管理、社会保障和社会组织	690960	690960		
按隶属关系分（国有经济）				
中央	576767	576767		
地方	1656872	1656872		
其他	1264307	1264307		

4-14 职工平均工资

（2021 年底） 单位：元

项 目	在岗职工年平均工资	国有经济单位	城镇集体经济单位	其他经济类型单位
总 计	**96581**	**104403**	**62045**	**79209**
按企业、事业、机关分				
企业	86694	97196	62096	76132
事业	115586	113463	35526	184474
机关	113191	113191		
民间非营利组织	60061	60139	55918	59897
其他	59257	47865		59972
按国民经济行业分				
农、林、牧、渔业	32578	32049	38464	45869
采矿业	126666	126666		
制造业	89123	116898	84769	77637
电力、热力、燃气及水生产和供应业	116734	135016	37792	82392
建筑业	61102	61730	61186	57822
批发和零售业	72362	83669	52231	69534
交通运输、仓储和邮政业	107086	118268	56917	59440
住宿和餐饮业	47252	47808	41812	48133
信息传输、软件和信息技术服务业	94513	101009	33438	78315
金融业	149283	143551	161704	219320
房地产业	87574	68906	55328	100617
租赁和商务服务业	55175	50519	37421	63730
科学研究与技术服务业	108987	118533	80453	92840
水利、环境和公共设施管理业	92972	96274	57750	39382
居民服务、修理和其他服务业	49909	65303	41934	37224
教育	108684	108911	52428	106172
卫生和社会工作	116408	114110	30857	146578
文化、体育和娱乐业	79899	89658	47119	44425
公共管理、社会保障和社会组织	112088	112153		41120
按隶属关系分（国有经济）				
中央	145444	145444		
地方	105543	105543		
其他	92306	92306		

4-15 市区职工平均工资

（2021 年底） 单位：元

项　目	在岗职工年平均工资	国有经济单位	城镇集体经济单位	其他经济类型单位
总　计	**115534**	**125647**	**73081**	**90193**
按企业、事业、机关分				
企业	104548	119706	73420	84475
事业	141893	138997	35526	188935
机关	128241	128241		
民间非营利组织	64863	62392	55833	76063
其他	86282	49000		103517
按国民经济行业分				
农、林、牧、渔业	93327	97951	22000	53568
采矿业	131029	131029		
制造业	98061	118531	93244	84225
电力、热力、燃气及水生产和供应业	151908	173894	37792	81799
建筑业	85160	95136	92026	51657
批发和零售业	87840	106948	62926	81366
交通运输、仓储和邮政业	119032	130228	52532	58765
住宿和餐饮业	48246	47808	41061	50358
信息传输、软件和信息技术服务业	98588	107414	27800	74360
金融业	150609	144014	161704	239265
房地产业	102117	70213	53826	129254
租赁和商务服务业	59043	54916	36910	64222
科学研究与技术服务业	131385	137555	127405	110965
水利、环境和公共设施管理业	114117	119788		38816
居民服务、修理和其他服务业	69637	71407		67065
教育	133548	132610	52428	147202
卫生和社会工作	140242	136421		179029
文化、体育和娱乐业	80249	90816	47119	44769
公共管理、社会保障和社会组织	130589	130589		
按隶属关系分（国有经济）				
中央	159289	159289		
地方	123919	123919		
其他	116547	116547		

4-16　城镇登记失业人数及失业率

单位：人

年　份	当年需要安置的人数	当年已安置就业的人数	年末城镇登记失业人数	#失业青年	#失业女青年	年末城镇登记失业率（%）
1981	42995	22600	10294	10294		1.52
1982	28451	18432	5144	5144		0.73
1983	20261	8336	10633	10633		1.44
1984	22729	13584	8396	8396		1.08
1985	27051	14654	11605	11605		1.45
1986	30373	18158	11854	11854		1.43
1987	32082	16469	15200	15200		1.78
1988	36679	22722	13469	13469		1.50
1989	74534	22780	50947	50947		5.44
1990	71500	44775	22440	22440		2.42
1991	50367	29702	18622	18622	12054	1.98
1992	42113	19787	18754	18754	11627	1.97
1993	37681	19406	16997	16275	9615	1.81
1994	33896	17241	15576	14875	8815	1.70
1995	31238	14971	15390	15078	8869	1.60
1996	31431	14568	15276	13795	7742	1.50
1997	29154	13083	15073	13181	7232	1.62
1998	27155	13481	13163	10398	6295	1.30
1999	28125	13087	15038	12981	8035	1.52
2000	34107	14078	18625	8482	4433	1.89
2001	44654	16512	26836	9956	5650	2.40
2002	60674	21098	38099			3.58
2003	66044	22521	37980	7430	3492	4.30
2004	67288	27905	37231	6571	3815	4.03
2005	66614	31263	33560	10385	5980	3.44
2006	78964	45611	32581	9589	5273	3.03
2007	84262	50696	33488	17268	9478	2.80
2008	88393	54628	33665			2.70
2009	96903	61063	35738			2.86
2010	106308	72665	33613			2.63
2011	115628	77798	37824			2.55
2012	117890	82521	35369			2.39
2013	156404	122597	33785			2.14
2014	132486	100534	31914			1.91
2015	155995	124366	31611			1.89
2016	169543	138586	30953			1.85
2017	170150	139772	30375			1.82
2018	177054	145947	31105			1.78
2019	168469	135958	32413			1.75
2020	134591	101921	32669			1.76
2021	123571	105452	18110			2.09

注：自 2021 年起，城镇登记失业人数及失业率统计口径、方式发生改变，数据与其他年份不可比。

主要统计指标解释

从业人员 指从事一定社会劳动并取得劳动报酬或经营收入的全部劳动力。包括：

（1）全部职工

（2）城镇私营企业从业人员

（3）城镇个体劳动者

（4）农村社会劳动者

（5）其他社会劳动者

这一指标反映了一定时期内全部劳动力资源的实际利用情况，是研究基本国情国力的重要指标。

各单位的从业人员是指在各级国家机关、政党机关、社会团体及企业、事业单位中工作，并取得劳动报酬的全部人员。包括职工、再就业的离退休人员、民办教师以及在各单位中工作的外方人员和港、澳、台方人员。

各单位的从业人员反映了各单位实际参加生产或工作的全部劳动力。

职工 指在国有经济、城镇集体经济、联营经济、股份制经济、外商和港、澳、台投资经济、其他经济单位及其附属机构工作，并由其支付工资的各类人员。

合同制职工 指各单位根据国务院国发（1986）77号文件和国务院令第99号的规定，通过签订有固定期限劳动合同、无固定期限劳动合同和以完成一项工作为期限劳动合同所使用的职工。包括实行全员劳动合同制单位的全部职工。

使用的农村劳动力 指国有经济、城镇集体经济、联营经济、股份制经济、外商和港、澳、台投资经济、其他经济单位的职工中，现仍保留农村户籍关系的人员。

长期职工 指用工期限在一年以上（含一年）的职工。包括原固定职工、合同制职工、长期临时工以及国有单位使用的城镇集体所有制单位的人员和其他使用期限在一年以上的原计划外用工。

临时职工 指用工期限不超过一年的职工。包括各单位根据国家有关规定招用的，签订一年以内的劳动合同或使用期不超过一年的临时性、季节性用工。

其他从业人员 指劳动统计制度规定不作职工统计，但实际参加社会劳动并取得劳动报酬的人员。

各单位的其他从业人员是指单位中除职工以外的全部参加本单位生产或工作并取得劳动报酬的人员。包括再就业的离退休人员、民办教师以及在各单位中工作的外方人员和港、澳、台方人员。

城镇集体经济单位职工 指在城镇集体经济单位及其管理部门工作并由其支付工资的各类人员。

其他经济单位职工 指在联营经济、股份制经济、外商投资经济、港、澳、台投资经济单位工作，并由其支付工资的各类人员。

城镇个体劳动者 指经工商行政管理部门核准登记，领取营业执照，参加生产经营活动，户口在城镇的全部人员。

城镇登记失业人员 指有非农业户口，在一定的劳动年龄内（16岁以上及男50岁以下、女45岁以下），有劳动能力，无业而要求就业，并在当地就业服务机构进行待业登记的人员。

城镇登记失业率 是城镇登记失业人数同城镇在业人数加城镇登记失业人数之比。计算公式为：

$$\text{城镇登记失业率} = \frac{\text{城镇登记失业人数}}{\text{城镇在业人数} + \text{城镇登记失业人数}} \times 100\%$$

从业人员劳动报酬 各单位一定时期内直接支付给本单位全部从业人员的劳动报酬总额。包括职工工资总额和本单位其他从业人员劳动报酬两部分。

职工工资总额 指各单位在一定时期内直接支付给本单位全部职工的劳动报酬总额。

工资总额的计算原则应以直接支付给职工的全部劳动报酬为根据。各单位支付给职工的劳动报酬以及其他根据有关规定支付的工资，不论是计入成本的还是不计入成本的，不论是按国家规定列入计征奖金税项目的，还是未列入计征奖金税项目的，不论是以货币形式支付的还是以实物形式支付的，均包括在工资总额内。

计时工资 指按计时工资标准（包括地区生活费补贴）和工作时间支付给个人的劳动报酬，以及根据国家法律、法规和政策规定，因病、工伤、产假、计划生育假、婚丧假、事假、探亲假、定期休假、停工学习、执行国家或社会义务等原因按计时工资标准或计时工资标准的一定比例支付的工资。

计件标准工资 是指实行计件工资制的单位按照批准的计件单价和规定的劳动定额或工作量应支付给计件工人的劳动报酬。

计件超额工资 是计件工资的一部分，指计件工人超额完成定额任务后所得的工资。即计件工人实得的全部计件工资减去应得的计件标准工资后的数额。某些企业的工人由于从事生产的工作物等级高于本人工资等级，因而其计件标准工资高于本人标准工资，其计件超额工资也应是全部工资减去应得的计件标准工资后的数额。

奖金 指支付给职工的超额劳动报酬和增收节支的劳动报酬。

津贴和补贴 指为了补偿职工特殊或额外的劳动消耗和因其他特殊原因支付给职工的津贴，以及为了保证职工工资水平不受物价影响支付给职工的物价补贴。

其他从业人员劳动报酬 指各单位在一定时期内直接支付给本单位其他从业人员的全部劳动报酬。

职工平均工资 指企业、事业、机关单位的职工在一定时间内平均每人所得的货币工资额。它表明一定时期职工工资收入的高低程度，是反映职工工资水平的主要指标。计算公式为：

$$职工平均工资=\frac{报告期实际支付的全部职工工资总额}{报告期全部职工平均人数}$$

职工平均实际工资 指扣除物价变动因素后的职工平均工资。计算公式为：

$$职工平均实际工资=\frac{报告期职工平均工资}{报告期全部职工生活费价格指数}$$

五、固定资产投资

INVESTMENT IN FIXED ASSETS

版面负责人：张　虹
编　　　辑：孙　伟　周紫艳

统计知识

中华人民共和国统计法实施条例

第三十条 统计调查中获得的能够识别或者推断单个统计调查对象身份的资料应当依法严格管理，除作为统计执法依据外，不得直接作为对统计调查对象实施行政许可、行政处罚等具体行政行为的依据，不得用于完成统计任务以外的目的。

第三十一条 国家建立健全统计信息共享机制，实现县级以上人民政府统计机构和有关部门统计调查取得的资料共享。制定机关共同制定的统计调查项目，可以共同使用获取的统计资料。

统计调查制度应当对统计信息共享的内容、方式、时限、渠道和责任等作出规定。

第五章 统计机构和统计人员

第三十二条 县级以上地方人民政府统计机构受本级人民政府和上级人民政府统计机构的双重领导，在统计业务上以上级人民政府统计机构的领导为主。

乡、镇人民政府应当设置统计工作岗位，配备专职或者兼职统计人员，履行统计职责，在统计业务上受上级人民政府统计机构领导。乡、镇统计人员的调动，应当征得县级人民政府统计机构的同意。

县级以上人民政府有关部门在统计业务上受本级人民政府统计机构指导。

第三十三条 县级以上人民政府统计机构和有关部门应当完成国家统计调查任务，执行国家统计调查项目的统计调查制度，组织实施本地方、本部门的统计调查活动。

第三十四条 国家机关、企业事业单位和其他组织应当加强统计基础工作，为履行法定的统计资料报送义务提供组织、人员和工作条件保障。

第三十五条 对在统计工作中做出突出贡献、取得显著成绩的单位和个人，按照国家有关规定给予表彰和奖励。

5-1 全社会固定资产投资

单位：万元

年　　份	全社会固定资产投资完成额	# 城镇规模以上	农村规模以上	# 城乡个私	# 城镇个私
1978	32052	32052			
1979	39965	39965			
1980	46737	46737			
1981	31140	31140			
1982	45100	45100			
1983	61776	61776			
1984	72575	72575			
1985	81993	81993			
1986	186435	111793	46816	27826	13530
1987	223523	120516	54252	48755	15040
1988	203704	101872	62359	39473	16000
1989	211255	88112	70066	73077	16730
1990	244092	117535	84417	42140	19460
1991	300167	153137	99315	47715	22890
1992	448089	256335	132420	59334	23160
1993	513891	308967	134000	70924	15986
1994	772145	407060	247278	117807	31959
1995	1036880	532002	407263	97615	20696
1996	1365558	713616	542778	109164	18626
1997	1521073	812015	573291	135767	21696
1998	1882611	1137480	510507	211098	7529
1999	2202118	1313145	404029	422971	47274
2000	2521865	1540283	359501	541440	81474
2001	2878503	1715698	137554	182724	109437
2002	3231237	1776036	121704	272936	128717
2003	3830289	2447598	412593	292571	130034
2004	4452726	3187501	717778	726871	281055
2005	6013112	4509921	950880	1613051	881267
2006	7529941	5985211	816056	2386794	1800453
2007	9607018	7695881	1027195	6310559	5364624
2008	12506684	10150379	1467142	4397099	3293322
2009	16245718	13375634	2314293	7555693	5821889
2010	20492595	16469766	2917392	9003877	6810346

注：2002 年以前城镇、农村规模以上分别为城镇、农村集体以上；2010 年以后不再统计全社会固定资产投资。

5-2 固定资产投资

单位：万元

年 份	全 市	#城乡个私	市 区	#城乡个私
1978	32052		27988	
1979	39965		34622	
1980	46737		40763	
1981	31140		26990	
1982	45100		38339	
1983	61776		54607	
1984	72575		64757	
1985	81993		69413	
1986	158609	27826	106534	5816
1987	174768	48755	118110	6935
1988	164231	39473	95271	7917
1989	158178	73077	85194	7378
1990	201952	42140	117947	9486
1991	252452	47715	142140	10426
1992	388755	59334	233176	9293
1993	442967	70924	205394	6145
1994	654338	117807	316251	11149
1995	939265	97615	425293	13867
1996	1256394	109164	584478	18347
1997	1385306	135767	752279	36649
1998	1647987	211098	1098821	19776
1999	1717174	422971	1153101	100599
2000	1899784	541440	1269190	150387
2001	1853252	182724	1401933	87082
2002	1897740	272936	1461694	94483
2003	2860191	292571	1788761	49681
2004	3905279	726871	2041714	130810
2005	5460801	1613051	2492481	465764
2006	6801267	2386794	2936655	631616
2007	8723076	6310559	3617867	2402901
2008	11617521	4397099	5218485	2177161
2009	15689927	7555693	6270237	2248229
2010	19387158	9003877	10220846	3953299
2011	22010274	8934776	11930894	3448110
2012	26858891	9599343	14485002	2939545
2013	30901313	12552369	16824224	4944903
2014	36715594	17262719	19315592	7573667
2015	42661166	20133071	21670386	8223614
2016	47973323	27041925	23542260	11099451
2017	52770269	33281668	25793017	15099088

注：2011年起，固定资产投资统计的起点标准从计划总投资50万元提高到500万元。

5-3 各时期固定资产投资完成额

单位：万元

时期	合计	基本建设	更新改造	其他投资	房地产开发
1949	257	257			
恢复时期	2065	2065			
“一五”时期	15602	15602			
“二五”时期	70222	70222			
调整时期	14262	14262			
“三五”时期	18586	18586			
“四五”时期	63127	60974	2153		
“五五”时期	151718	134899	12287	4532	
1976	14432	14432			
1977	18532	18532			
1978	32052	29141	1870	1041	
1979	39965	32579	6402	984	
1980	46732	40215	4015	2507	
“六五”时期	292584	177653	79905	35026	
1981	31140	22524	5465	3151	
1982	45100	24312	14281	6507	
1983	61776	37279	17443	7054	
1984	72575	48622	17164	6789	
1985	81993	44916	25552	11525	
“七五”时期	539828	285696	180358	61560	12214
1986	111793	66508	29063	16222	
1987	120516	75020	31166	14330	
1988	101872	40804	46889	14179	
1989	88112	46274	34590	7248	
1990	117535	57090	38650	9581	12214
“八五”时期	1657501	826093	526087	151031	154290
1991	153137	74263	50691	13114	15069
1992	256335	116204	94656	29404	16071
1993	308967	126040	119234	35333	28360
1994	407060	205272	131971	35682	34135
1995	532002	304314	129535	37498	60655
“九五”时期	5516539	2909525	1257699	449088	900227
1996	713616	375182	186272	71520	80642
1997	812015	419068	202617	74937	115393
1998	1137480	591413	270144	90292	185631
1999	1313145	720580	283647	70847	238071
2000	1540283	803282	315019	141492	280490
“十五”时期	13636754	5179894	1925784	847621	1799272
2001	1715698	921817	359585	120944	313352
2002	1776036	1020760	398013	107174	250089
2003	2447598	1344223	520720	281697	300958
2004	3187501	1893094	647466	337806	309135
2005	4509921				625738
“十一五”时期	53676871				6661018
2006	5985211				707983
2007	7695881				1001097
2008	10150379				1308123
2009	13375634				1590593
2010	16469766				2053222
“十二五”时期	159147238				18847603
2011	22010274				2551217
2012	26858891				3100707
2013	30901313				3804668
2014	36715594				4688767
2015	42661166				4702244
“十三五”时期					35241963
2016	47973323				5491309
2017	52770269				5386244
2018					7164325
2019					8529360
2020					8670725
“十四五”时期					8538827
2021					8538827

注：2002 年以前为城镇集体以上投资，2005 年以后取消了基本建设和更新改造的分类；2011 年以前为城镇规模以上固定资产投资；2011 年起为 500 万元以上固定资产投资，不再区分城镇和农村（下同）。

5-4 市区固定资产投资完成额

单位：万元

年份	合计	基本建设	更新改造	其他投资	房地产开发
1978	27988	25927	1144	917	
1979	34622	28415	5418	789	
1980	40763	35533	3171	2059	
1981	26990	20409	4270	2311	
1982	38339	21143	11801	5395	
1983	54607	33224	15401	5982	
1984	64757	44088	14998	5671	
1985	69413	38898	22367	8148	
1986	95150	60380	24007	10763	
1987	104174	70483	24933	8758	
1988	78745	35361	36892	6492	
1989	68047	38675	27081	2294	
1990	95455	45083	32432	5726	12214
1991	119408	60097	39380	6875	13056
1992	195860	86709	75680	19008	14463
1993	201019	68547	88506	20131	23835
1994	253437	130328	78598	19578	24933
1995	338392	196442	76004	17063	48883
1996	443879	252482	91128	38360	61909
1997	577803	316030	134249	42989	84535
1998	902936	481654	205674	65758	149850
1999	1048339	614299	211568	32237	190235
2000	1205265	681585	236759	62123	224798
2001	1328481	741555	295767	62149	229010
2002	1401555	832978	325980	72250	170347
2003	1788761	1134523	420109	53217	180912
2004	2231004	1557209	448594	35911	189290
2005	2451166				362170
2006	2924555				451565
2007	3607867				478393
2008	5185735				741589
2009	6162667				797912
2010	9664307				1266145
2011	11930894				1517773
2012	14485002				1995752
2013	16824224				2611336
2014	19315592				2996808
2015	21670386				2863281
2016	23542260				3263851
2017	25793017				3009665
2018					4554442
2019					5463557
2020					5693282
2021					5698661

5-5 各时期投资新增固定资产

单位：万元

时期	合计	基本建设	更新改造	其他投资	房地产开发
1949	248	248			
恢复时期	**1776**	**1776**			
“一五”时期	**12643**	**12643**			
“二五”时期	**52985**	**52985**			
调整时期	**11619**	**11619**			
“三五”时期	**11759**	**11759**			
“四五”时期	**35169**	**35169**			
“五五”时期	**120222**	**108726**	**8258**	**3238**	
1976	9446	9446			
1977	9458	9458			
1978	30475	27986	1789	700	
1979	30209	25844	3807	558	
1980	40634	35992	2662	1980	
“六五”时期	**225890**	**129838**	**63086**	**32966**	
1981	22041	15323	4097	2621	
1982	31357	15074	11754	4529	
1983	35124	14919	12514	7691	
1984	51932	30733	13882	7317	
1985	85436	53789	20839	10808	
“七五”时期	**439936**	**226017**	**147703**	**54849**	**11367**
1986	89636	48050	25724	15862	
1987	96080	60055	27876	8149	
1988	95252	48063	33199	13990	
1989	74117	34597	31245	8275	
1990	84851	35252	29659	8573	11367
“八五”时期	**1130113**	**526560**	**375736**	**128774**	**99043**
1991	114583	50726	39636	10026	14195
1992	186138	92456	56505	26802	10375
1993	191284	76848	84971	26428	3037
1994	252013	108300	87916	33537	22260
1995	386095	198230	106708	31981	49176
“九五”时期	**4160683**	**2118938**	**1041554**	**417666**	**582526**
1996	610805	319035	172302	58363	61105
1997	757218	425798	178475	67624	85321
1998	752613	303985	250117	80716	117795
1999	968298	520106	179786	86004	182402
2000	1071749	550014	260874	124958	135903
“十五”时期	**8627742**	**2848831**	**1427736**	**731525**	**1122436**
2001	1070252	582891	134992	110582	241787
2002	1549933	786760	559860	77321	125992
2003	1295044	672868	270887	225322	125967
2004	1718860	806312	461997	318300	132251
2005	2993653				496439
“十一五”时期	**36739637**				**3820079**
2006	3024852				298673
2007	6163555				448651
2008	5513772				497972
2009	9252496				1261300
2010	12784962				1313483
“十二五”时期	**124550840**				**10389210**
2011	15040675				1539050
2012	20447653				1360822
2013	24690737				2684251
2014	30741958				2152080
2015	33629817				2653007
“十三五”时期					**15126967**
2016	33204575				1984917
2017	42928427				2505293
2018					2992531
2019					2664973
2020					4979253
“十四五”时期					**3538740**
2021					3538740

5-6 市区投资新增固定资产

单位：万元

年 份	合 计	基本建设	更新改造	其他投资	房地产开发
1978	26866	25315	970	581	
1979	25972	22452	3066	454	
1980	35533	31935	2033	1565	
1981	18034	13109	3078	1847	
1982	25881	12913	9497	3471	
1983	29766	12206	10875	6685	
1984	44568	26544	11892	6132	
1985	75673	49688	17681	8204	
1986	73299	42141	20519	10629	
1987	80186	54202	21992	3891	
1988	75532	42957	26722	5853	
1989	55544	28219	24011	3314	
1990	64294	21322	13423	6171	11367
1991	84047	26233	27873	4974	13000
1992	150991	81358	42839	17559	9235
1993	119722	36283	52825	12914	16700
1994	135861	51271	49550	16641	18399
1995	207292	64720	51384	14704	43484
1996	375765	211880	91132	29017	43735
1997	537990	329431	102839	42557	62163
1998	553824	205359	192031	60488	95946
1999	731316	421070	124137	34668	151441
2000	772075	456828	185994	40513	88740
2001	662624	408353	79246		175025
2002	1193645	600972	483374	41657	67642
2003	762273	498133	183849	31992	48299
2004	909183	526150	263125	38431	81477
2005	1579550				246009
2006	1764597				89433
2007	2344769				448651
2008	2719346				234540
2009	3723923				797912
2010	8237121				697580
2011	6991822				826774
2012	10519995				623425
2013	12075838				1583159
2014	15337399				1154480
2015	16990739				1470955
2016	15731872				923570
2017	19993831				1425712
2018					1442383
2019					1898636
2020					3173196
2021					2565426

5-7 固定资产投资竣工房屋建筑面积

单位：万平方米

年 份	竣工的房屋建筑面积	基本建设	更新改造	其他投资	房地产开发
1978	75.6	64.8	4.2	6.6	
1979	97.3	78.0	13.4	5.9	
1980	113.5	96.3	6.8	10.4	
1981	109.4	84.2	14.4	10.8	
1982	110.1	60.5	27.5	22.1	
1983	132.4	63.5	39.0	29.9	
1984	131.6	68.4	30.5	32.7	
1985	129.2	63.7	29.3	36.2	
1986	153.0	63.6	42.4	47.0	
1987	124.2	60.3	27.2	36.7	
1988	105.1	44.7	31.0	29.4	
1989	80.9	42.8	23.9	14.2	
1990	111.8	38.0	27.7	8.9	37.2
1991	115.6	42.3	25.7	14.4	33.2
1992	129.6	54.7	25.9	18.2	30.8
1993	160.1	62.2	32.8	17.3	47.8
1994	140.3	43.5	25.4	15.8	55.6
1995	183.3	89.0	17.8	15.9	60.6
1996	224.0	86.0	37.2	17.8	83.0
1997	261.5	101.9	34.3	21.6	130.7
1998	245.4	84.4	11.7	21.9	127.4
1999	380.8	118.1	6.1	46.9	209.8
2000	294.8	123.7	23.4	60.7	87.0
2001	431.1	179.1	16.1	35.5	200.4
2002	385.5	186.4	20.4	46.5	132.3
2003	211.6	66.6	7.6	26.0	111.4
2004	199.6	53.0	13.0	29.3	104.3
2005	537.3				320.1
2006	463.4				172.3
2007	767.5				265.7
2008	685.2				224.4
2009	689.3				407.9
2010	1409.6				457.1
2011	1752.8				562.5
2012	2276.7				481.5
2013	2787.0				702.7
2014	3436.1				508.6
2015	3613.6				671.8
2016	2299.3				601.8
2017	1652.4				520.5
2018	1117.9				766.2
2019	1129.1				657.2
2020					1230.7
2021					838.7

5-8 市区固定资产投资竣工房屋建筑面积

单位：万平方米

年 份	竣工的房屋建筑面积	基本建设	更新改造	其他投资	房地产开发
1978	60.7	53.5	2.0	5.2	
1979	80.9	64.5	11.1	5.3	
1980	86.5	72.5	5.1	8.9	
1981	85.2	68.0	9.1	8.1	
1982	78.2	41.9	19.0	17.3	
1983	104.4	48.4	31.3	24.7	
1984	103.4	51.7	25.3	26.4	
1985	98.4	46.7	25.4	26.3	
1986	112.8	52.0	33.5	27.3	
1987	65.3	41.3	21.0	3.0	
1988	52.1	26.0	19.0	7.1	
1989	51.9	31.0	17.3	3.6	
1990	75.2	22.2	20.0	2.0	31.0
1991	67.0	20.3	17.8	2.4	26.5
1992	76.0	28.0	9.0	11.0	28.0
1993	97.4	29.6	17.7	7.7	42.4
1994	84.9	18.2	14.6	7.6	44.5
1995	97.2	31.2	5.1	7.3	53.6
1996	116.1	35.6	13.7	5.2	61.6
1997	136.9	39.7	10.1	10.0	77.1
1998	159.6	35.2	7.3	7.0	110.1
1999	261.1	64.3	3.8	11.9	181.1
2000	162.2	64.1	16.5	23.9	57.7
2001	194.3	48.6	8.9	17.1	119.6
2002	167.6	71.2	12.4	17.7	66.3
2003	75.6	32.5	6.6		36.5
2004	102.8	19.6	7.0	4.3	71.9
2005	231.8				127.7
2006	186.5				43.9
2007	248.2				86.4
2008	251.1				76.4
2009	375.0				233.5
2010	732.4				227.0
2011	710.5				276.0
2012	966.8				179.2
2013	1223.6				403.9
2014	1401.2				170.4
2015	1636.1				302.2
2016	1014.2				252.7
2017	656.6				181.5
2018	428.5				277.4
2019	611.6				413.8
2020					599.1
2021					554.4

5-9 固定资产投资竣工住宅建筑面积

单位：万平方米

年　　份	竣工的房屋住宅面积	基本建设	更新改造	其他投资	房地产开发
1978	36.4	33.7	0.4	2.3	
1979	50.5	44.7	3.6	2.2	
1980	61.2	58.2	0.2	2.8	
1981	64.3	53.3	7.7	3.3	
1982	58.8	37.3	9.9	11.6	
1983	73.8	38.5	16.1	19.2	
1984	65.8	35.2	12.3	18.3	
1985	67.1	32.3	10.4	24.4	
1986	76.1	31.9	18.1	26.1	
1987	48.7	25.6	6.9	16.2	
1988	33.0	15.5	8.1	9.4	
1989	29.7	18.0	7.3	4.4	
1990	58.4	12.2	9.4	2.1	34.7
1991	55.4	19.3	5.1	3.4	27.6
1992	64.6	26.2	6.8	4.8	26.8
1993	74.3	25.4	8.0	1.6	39.3
1994	73.8	21.1	4.3	6.4	42.0
1995	91.9	31.5	2.7	2.8	54.9
1996	114.1	31.7	8.4	3.0	71.0
1997	134.7	41.0	2.1	6.1	85.5
1998	140.6	26.9	0.4	6.0	107.3
1999	228.3	32.9	0.1	7.3	188.0
2000	143.6	31.9	3.5	33.7	74.5
2001	213.4	63.2		7.0	143.2
2002	155.7	43.0	0.9	9.3	102.6
2003	101.4	8.0	2.2	1.0	90.2
2004	92.8	3.7			89.1
2005	255.9				250.2
2006	149.3				136.7
2007	226.5				225.6
2008	198.4				198.4
2009	357.5				356.1
2010	395.2				378.6
2011	589.5				494.1
2012	554.3				426.2
2013	706.7				615.6
2014	623.7				431.1
2015	709.8				520.8
2016	551.9				488.7
2017	529.6				442.1
2018	654.0				628.8
2019	545.1				521.9
2020					920.6
2021					653.8

5-10 市区固定资产投资竣工住宅建筑面积

单位：万平方米

年 份	竣工的房屋住宅面积	基本建设	更新改造	其他投资	房地产开发
1978	32.2	30.4		1.8	
1979	43.9	38.7	3.2	2.0	
1980	50.8	48.3	0.2	2.3	
1981	50.9	42.7	5.6	2.6	
1982	46.8	29.0	7.6	10.2	
1983	63.1	31.9	13.6	17.6	
1984	57.0	28.6	11.4	17.0	
1985	53.4	24.2	9.2	20.0	
1986	68.8	27.6	16.6	24.6	
1987	36.5	19.5	5.8	11.2	
1988	22.9	10.2	11.5	1.2	
1989	22.1	14.8	6.3	1.0	
1990	48.8	8.0	6.8	1.0	33.0
1991	39.8	19.3	5.1	3.4	12.0
1992	46.0	20.0	6.8	4.0	15.2
1993	54.4	12.2	3.8	1.5	36.9
1994	48.8	8.7	3.2	3.8	33.1
1995	63.7	15.2	0.5		48.0
1996	70.9	14.5	2.7	0.2	53.5
1997	81.0	16.8	1.1	2.6	60.5
1998	101.7	7.9	0.4		93.4
1999	173.6	11.3			162.3
2000	73.0	7.5	3.5	14.6	47.4
2001	94.9	13.5		2.8	78.6
2002	65.3	16.2	0.9	1.7	46.5
2003	30.8	1.6	2.2		27.0
2004	91.3	19.6	7.0	4.3	60.4
2005	102.0				102.0
2006	46.7				36.7
2007	65.9				65.9
2008	55.9				55.9
2009	196.3				196.3
2010	177.0				176.9
2011	254.8				252.6
2012	167.0				167.0
2013	377.7				355.7
2014	246.7				137.8
2015	236.2				230.7
2016	251.6				209.7
2017	144.0				133.2
2018	222.5				222.1
2019	348.8				347.8
2020					462.0
2021					432.0

5-11　主要年份房地产投资与销售情况

项　　目	2015	2016	2017	2018	2019	2020	2021
企业个数　　　　（个）	**394**	**432**	**384**	**530**	**571**	**508**	**564**
投资完成额　　（万元）	**4702244**	**5491309**	**5386244**	**7164325**	**8529360**	**8670725**	**8538827**
按构成分							
建筑工程	3652336	4075039	3764131	4253666	5604569	5594775	5979561
安装工程	441134	570022	609430	626793	508508	471900	417703
设备工器具购置	63407	206973	107861	68054	161514	116971	98194
其他费用	545367	639275	904822	2215812	2254769	2487079	2043369
按工程用途分							
住宅	3387992	4150360	4218147	5853139	7105562	7060922	7140156
#经济适用房屋							
办公楼	274486	255195	220503	144153	128262	256941	258794
商业营业用房	762179	847687	740041	719706	799317	834495	704579
其他	277587	238067	207553	447327	496219	518367	435298
按资金来源分							
#国内贷款	982918	763638	1084605	1097471	1914618	2633456	1175848
利用外资	12000		31955	130942	4991	13482	29932
自筹投资	3084313	2035800	1419793	2243680	1668134	3000884	3181285
其他投资	3602887	4323183	5332103	689446	605450	297076	362772
房屋建筑面积　（万平方米）							
施工面积	3816.70	4290.41	4690.59	5842.17	6630.97	7337.03	7736.98
#住宅	2866.42	3334.84	3698.34	4662.14	5285.54	5792.33	6123.62
竣工面积	671.77	601.79	520.53	766.19	657.24	1230.66	838.68
#住宅	520.82	488.73	442.07	628.80	521.85	920.62	653.79
土地开发及购置							
本年土地开发面积							
本年土地购置面积	165.85	280.96	135.84	365.31	169.00	316.5	188.76
商品房销售情况							
房屋实际销售面积	790.51	1071.43	1183.80	1253.45	1474.07	1657.69	1658.59
#住宅	684.83	917.89	1077.78	1160.67	1371.25	1577.03	1534.39
#经济适用房							
房屋预售面积							
#住宅							
#经济适用房							
商品房销售额　　（万元）	4312938	5878184	7420007	8630837	11773125	14785106	14616459

主要统计指标解释

固定资产投资额 指以货币形式表现的在一定时期内建造和购置固定资产的工作量以及与此有关的费用的总称。

计划总投资 是反应固定资产投资在建总规模的重要指标，也是检查工程进度，计算建设周期的依据之一。

计划总投资是指在建的建设工程按照总体设计（或按设计概算或预算）规定的内容全部建成计划需要的总投资。没有总体设计的建设工程，分别按报告期施工工程的计划总投资合计数填报。单纯购置单位应填报单纯购置的计划总投资。

自开始建设累计完成投资 是指建设项目从开始建设到本年底止累计完成的全部投资。它是反映整个建设项目或企、事业单位建设总进度的指标，其计算范围原则上应与“计划总投资”指标包括的工程内容相一致。报告期前已建成投产或停、缓建工程完成的投资以及拆除、报废工程的投资，仍应包括在内，但转出的“在建工程”累计投资应予以扣除，转入的 " 在建工程 " 以前年度完成的投资应当包括。

本年完成投资 指从本年 1 月 1 日起至本年最后一天止完成的全部投资额。本年完成投资是反映本年的实际投资规模，计算有关投资效果，进行国民经济核算和经济分析的重要指标。

建筑工程 是指各种房屋、建筑物的建造工程，又称建筑工作量。这部分投资额必须兴工动料，通过施工活动才能实现，是固定资产投资额的重要组成部分。

安装工程 指各种设备、装置的安装工程，又称安装工作量。

设备工器具购置 是指报告期内购置或自制的，达到固定资产标准的设备、工具、器具的价值。新建单位及扩建单位的新建车间，按照设计或计划要求购置或自制的全部设备、工具、器具，不论是否达到固定资产标准均计入“设备工器具购置”中。

其他费用 指在固定资产建造和购置过程中发生的，除建筑安装工程和设备、工器具购置投资完成额以外的应当分摊计入固定资产投资的费用，不指经营中财务上的其他费用。

本年新增固定资产 指报告期内交付使用的固定资产价值。包括本年内建成投入生产或使用的工程投资和达到固定资产标准的设备工器具的投资以及有关应摊入的费用。

六、对外经济贸易和国际旅游

FOREIGN ECONOMY &TRADE AND INTERNATIONAL TOURISM

版面负责人：吕延婷
编　　　辑：王海龙

统计知识

中华人民共和国统计法实施条例

第六章　监督检查

第三十六条　县级以上人民政府统计机构从事统计执法工作的人员，应当具备必要的法律知识和统计业务知识，参加统计执法培训，并取得由国家统计局统一印制的统计执法证。

第三十七条　任何单位和个人不得拒绝、阻碍对统计工作的监督检查和对统计违法行为的查处工作，不得包庇、纵容统计违法行为。

第三十八条　任何单位和个人有权向县级以上人民政府统计机构举报统计违法行为。

县级以上人民政府统计机构应当公布举报统计违法行为的方式和途径，依法受理、核实、处理举报，并为举报人保密。

第三十九条　县级以上人民政府统计机构负责查处统计违法行为；法律、行政法规对有关部门查处统计违法行为另有规定的，从其规定。

第七章　法律责任

第四十条　下列情形属于统计法第三十七条第四项规定的对严重统计违法行为失察，对地方人民政府、政府统计机构或者有关部门、单位的负责人，由任免机关或者监察机关依法给予处分，并由县级以上人民政府统计机构予以通报：

（一）本地方、本部门、本单位大面积发生或者连续发生统计造假、弄虚作假；

（二）本地方、本部门、本单位统计数据严重失实，应当发现而未发现；

（三）发现本地方、本部门、本单位统计数据严重失实不予纠正。

第四十一条　县级以上人民政府统计机构或者有关部门组织实施营利性统计调查的，由本级人民政府、上级人民政府统计机构或者本级人民政府统计机构责令改正，予以通报；有违法所得的，没收违法所得。

第四十二条　地方各级人民政府、县级以上人民政府统计机构或者有关部门及其负责人，侵犯统计机构、统计人员独立行使统计调查、统计报告、统计监督职权，或者采用下发文件、会议布置以及其他方式授意、指使、强令统计调查对象或者其他单位、人员编造虚假统计资料的，由上级人民政府、本级人民政府、上级人民政府统计机构或者本级人民政府统计机构责令改正，予以通报。

6-1 利用外资签订协议（合同）情况

单位：万美元

年份	合计		对外借款		外商直接投资	
	合同数（个）	合同外资额	合同数（个）	合同外资额	合同数（个）	合同外资额
1980	3	506	2	206		
1981						
1982	3	3678				
1983	2	29				
1984	2	55				
1985	9	406			2	41
1986	5	414	2	290	3	124
1987	11	973			1	66
1988	17	3574	5	2106	8	470
1989	17	2475	5	1530	11	937
1990	10	1604	4	1113	6	491
1991	27	1978	1	1281	26	697
1992	218	8111	3	525	215	7586
1993	432	25022	11	433	421	24589
1994	173	19516			173	19516
1995	159	10866			159	10866
1996	122	20791	6	3283	116	17508
1997	59	23626	8	13390	51	10236
1998	83	27817	4	5162	79	22655
1999	56	24468			56	24468
2000	99	25720			99	25720
2001	62	29078			62	29078
2002	119	44066			119	44060
2003	166	57301			166	57301
2004	186	69689			186	69689
2005	173	81733			173	81733
2006	151	81095			151	81095
2007	166	135827			166	135827
2008	122	172608			122	172608
2009	145	110956			145	110956
2010	204	189233			204	189233
2011	218	258369			218	258369
2012	211	243884			211	243884
2013	171	244661			171	244661
2014	189	30142			189	302142
2015	109	158941			109	158941
2016	166	351188			166	351188
2017	188	425776			188	425776
2018	263	571690			263	571690
2019	212	541586			212	541586
2020	187	726795			187	726795
2021	227	884908			227	884908

注 :1989 年以前合同数、合同工外资金额分三部分：对外借款、外商直接投资、外商其他投资。本表中不含外商其他投资。1989 年以后合同数合同外资额包括两部分：对外借款、外商直接投资。2004 年以后合同数、合同外资金额为新批外商投资项目个数和新签协议注册外资额（下同）。

6-2 实际使用外资情况

单位：万美元

年 份	合 计	# 对外借款	# 外商直接投资
1985	55		
1986	618	253	
1987	214		40
1988	434	37	127
1989	2191	1022	371
1990	1324	578	110
1991	1225	978	247
1992	2378	1578	800
1993	4161	433	3728
1994	6898	1237	5661
1995	10432		10432
1996	17284	3232	14052
1997	19020	10091	8929
1998	22816		22816
1999	20184		20184
2000	20790		20790
2001	21840		21840
2002	25023		25023
2003	34095		34095
2004	30399		30399
2005	26057		26057
2006	24433		24433
2007	44291		44291
2008	58251		58251
2009	69781		69781
2010	101330		101330
2011	146569		146569
2012	170021		170021
2013	150047		150047
2014	165786		165786
2015	142788		142788
2016	150574		150574
2017	165991		165991
2018	189848		189848
2019	208997		208997
2020	220059		220059
2021	242250		242250

注：2005 年及以后实际使用外资为实际使用注册外资（下同）。

6-3 主要年份对外经济情况

单位：万美元

指　　标	1990	1995	2000	2005	2010	2014	2015	2016	2017	2018	2019	2020	2021
自营进出口总额	1015	24696	32896	112621	416053	598841	541263	624838	780061	1174419	1351908	1543267	1941747
自营出口	599	14724	18715	75196	263060	467657	438935	525438	633413	970842	1128831	1248495	1625945
# 三资企业	599	5626	7794	36282	111952	142804	129468	126558	149088	175011	147683	130348	129000
自营进口	416	9972	14181	37425	152993	131184	102328	99400	146648	203577	223077	294773	315802
# 三资企业	416	8454	9765	29056	98975	52613	40728	47185	76900	95034	81089	65432	67000
新批外商投资项目个数(个)	10	159	99	173	204	189	109	166	188	263	212	187	227
新批协议注册外资额	1604	10866	25720	81733	189233	302142	158941	351188	425776	571690	541586	726795	884908
实际使用外资	1324	10432	20790	26057	101330	165786	142788	150574	165991	189848	208997	220059	242250
新签对外承包工程劳务合同额		3256	8010	31500	12648	61881	17674	9784	34052	21682	18822	4422	86
对外承包工程劳务营业额		2228		30000	14610	29919	23067	10028	10078	13586	19925	9739	5185
期末在外人数　（人）		2316	6995	18200	1761								
新批海外投资企业　（家）		1		1	6	24	26	24	22	21	28	32	22
年末实有三资企业　（家）	31	877	553	599	944	1262	1320	1516	1782	1957	2265	2087	2128
# 投产开业企业	20	486	415	599	944	1262	1320	1516	1782	1957	2265	2087	2128

注：进出口总额 1998 年以后为海关数；2000 年期末在外人数为当年新派人数。

6-4 主要年份国际旅游人数和收入

单位：人

指　　标	1990	1995	2000	2005	2010	2014	2015	2016	2017	2018	2019	2020	2021
过夜旅游者人数	**4325**	**4988**	**17825**	**73010**	**158277**	**29485**	**33776**	**34105**	**39884**	**44472**	**46854**	**12130**	**15324**
外国人	971	2985	11324	51417	121446	22210	24834	25317	31276	33880	36966	8958	11752
港澳台同胞	3354	2003	6501	21593	36831	7275	8942	8788	8608	10592	9888	3172	3572
过夜者人天数　（人天）	**10318**	**19749**	**320914**	**521067**	**1019251**	**110307**	**127958**	**130706**	**159607**	**181182**	**193210**	**100352**	**133379**
外国人	3131	12926	182885	346684	724714	83008	95003	99115	128646	143584	156546	77684	99874
港澳台同胞	7187	6823	138029	174383	294537	27299	32956	31591	30961	37598	36664	22668	33505
过夜的外国人按国别分													
日 本	401	792	2720	5992	13409								
菲律宾	7	13	20	519	3815								
新加坡	9	89	1006	2107	8304								
泰 国	33	37	23	727	3763								
印度尼西亚	1	64	51	915	1485								
美 国	109	494	3305	9361	15615								
加拿大	17	56	383	3020	4876								
英 国	41	74	198	2277	7961								
法 国	25	134	68	2121	5374								
德 国	100	342	244	6803	12568								
意大利	13	66	81	1009	1976								
俄罗斯	50	51	141	1027	3282								
澳大利亚	35	62	390	3225	4869								
新西兰	6	8	22	1523	2536								
马来西亚		115	83	860	3603								
韩 国		216	1454	2543	12362								
西班牙		15	10	553	489								
国际旅游收入（万美元）		**229**	**1307**	**5658**	**15287**	**2975**	**3861**	**3938**	**4963**	**5431**	**5712**	**2054**	**2861**

注：俄罗斯旅游人数 1992 年及以前为苏联数，德国 1991 年及以前的数字为西德数，2013 年以后不再分国别统计入境人数；2013 年起国家旅游局对入境旅游者的统计口径进行了调整，从原来的入境旅游者调整为过夜入境旅游者。

主要统计指标解释

利用外资　指我国各级政府、部门、企业和其他经济组织通过对外借款、吸收外商直接投资以及用其他方式筹措的境外现汇、设备、技术等。

对外借款　是我国利用外资的主要部分。包括我国通过外国政府贷款，国际金融组织贷款，外国银行商业贷款，出口信贷以及对外发行债券、股票等方式，从境外筹措的资金。

外商直接投资　是指外国企业和经济组织或个人（包括华侨、港澳台同胞以及我国在境外注册的企业）按我国有关政策、法规，用现汇、实物、技术等在我国境内开办外商独资企业、与我国境内的企业或经济组织共同举办中外合资经营企业、合作经营企业或合作开发资源的投资（包括外商投资收益的再投资）以及政府有关部门批准的项目投资总额内，企业从境外借入的资金。

对外承包工程　包括各对外承包公司以招标议标承包方式承揽的下列业务：(1）承包国外工程建设项目；(2）承包我国对外经援项目；(3）承包我国驻外机构的工程建设项目；(4）承包我国境内利用外资进行建设的工程项目；(5）与外国承包公司合营或联合承包工程项目时我国公司分包部分；(6）以服务成果向业主收费的技术服务项目（包括承担地形地貌测绘；地质资源勘探与普查；建设区域规划；提供设计文件、图纸、生产工艺技术资料和工程技术经济咨询；工程项目的可行性考察、研究和评估；进行技术指导和培训人员等）；(7）对外承包兼营的房屋开发业务。对外承包工程的营业额是以货币表现的本期内完成的对外承包工程的工作量，包括以前年度签订的合同和本年度新签订的合同在报告期完成的工作量。

对外劳务合作　指以收取工资的形式向业主或承包商提供技术和劳动服务的活动。我国对外承包公司在境外开办的合营企业，中国公司同时又提供劳务的，其劳务部分也纳入劳务合计统计。劳务合作营业额按报告期内向雇主提交的结算数（包括工资、加班费和奖金等）统计。

旅游人数　指来我国参观、访问、旅行、探亲、访友、休养、考察、参加会议和从事经济、科技、文化、教育、体育、宗教等活动的外国人、华侨、港澳和台湾同胞的人数。不包括外国在我国的常住机构，如使领馆、通讯社、企业办事处的工作人员；来我国常驻的外国专家、留学生以及在岸逗留不过夜人员。

旅游外汇收入　指国内各部门为来我国旅游的外国人、华侨、港澳和台湾同胞提供商品和劳务而获得的外汇收入。包括供应商品、饮食和提供住宿、交通、邮电、文化娱乐、导游等各项服务所得到的全部外汇收入。

七、能源消费与库存

ENERGY CONSUMPTION AND STOCK

版面负责人：高　皓　马　萍

编　　　辑：王玉成　冯洋洋

统计知识

中华人民共和国统计法实施条例

第四十三条 县级以上人民政府统计机构或者有关部门在组织实施统计调查活动中有下列行为之一的，由本级人民政府、上级人民政府统计机构或者本级人民政府统计机构责令改正，予以通报：

（一）违法制定、审批或者备案统计调查项目；

（二）未按照规定公布经批准或者备案的统计调查项目及其统计调查制度的主要内容；

（三）未执行国家统计标准；

（四）未执行统计调查制度；

（五）自行修改单个统计调查对象的统计资料。

乡、镇统计人员有前款第三项至第五项所列行为的，责令改正，依法给予处分。

第四十四条 县级以上人民政府统计机构或者有关部门违反本条例第二十四条、第二十五条规定公布统计数据的，由本级人民政府、上级人民政府统计机构或者本级人民政府统计机构责令改正，予以通报。

第四十五条 违反国家有关规定对外提供尚未公布的统计资料或者利用尚未公布的统计资料谋取不正当利益的，由任免机关或者监察机关依法给予处分，并由县级以上人民政府统计机构予以通报。

第四十六条 统计机构及其工作人员有下列行为之一的，由本级人民政府或者上级人民政府统计机构责令改正，予以通报：

（一）拒绝、阻碍对统计工作的监督检查和对统计违法行为的查处工作；

（二）包庇、纵容统计违法行为；

（三）向有统计违法行为的单位或者个人通风报信，帮助其逃避查处；

（四）未依法受理、核实、处理对统计违法行为的举报；

（五）泄露对统计违法行为的举报情况。

第四十七条 地方各级人民政府、县级以上人民政府有关部门拒绝、阻碍统计监督检查或者转移、隐匿、篡改、毁弃原始记录和凭证、统计台账、统计调查表及其他相关证明和资料的，由上级人民政府、上级人民政府统计机构或者本级人民政府统计机构责令改正，予以通报。

第四十八条 地方各级人民政府、县级以上人民政府统计机构和有关部门有本条例第四十一条至第四十七条所列违法行为之一的，对直接负责的主管人员和其他直接责任人员，由任免机关或者监察机关依法给予处分。

7-1 规模以上工业企业综合能源分行业消费量

单位：吨标准煤

指标	综合能源消耗量	
	2021	2020
总计	**18885150.23**	**15871643.97**
按行业门类分		
采矿业	1074681.42	1213857.41
煤炭开采和洗选业	1066744.18	1205991.90
黑色金属矿采选业	5969.49	5774.74
有色金属矿采选业	89.84	1.47
非金属矿采选业	1877.91	2089.30
制造业	9588320.08	8444058.70
农副食品加工业	98252.24	90917.00
食品制造业	45103.87	74067.98
酒、饮料和精制茶制造业	125697.74	95817.49
烟草制品业	9412.47	9382.13
纺织业	173986.47	158608.53
纺织服装、服饰业	3792.76	4506.99
皮革、毛皮、羽毛及其制品和制鞋业	8581.79	7359.23
木材加工和木、竹、藤、棕、草制品业	62176.81	67899.59
家具制造业	5097.98	4687.91
造纸和纸制品业	102283.12	112898.99
印刷和记录媒介复制业	11154.98	10058.95
文教、工美、体育和娱乐用品制造业	1892.60	1585.31
石油、煤炭及其他燃料加工业	1138509.52	682022.08
化学原料和化学制品制造业	961773.57	1184677.31
医药制造业	106040.91	106056.17
化学纤维制造业	42946.06	24290.35
橡胶和塑料制品业	92148.36	77013.03
非金属矿物制品业	1308129.49	1250623.97
黑色金属冶炼和压延加工业	3530283.91	2816584.90
有色金属冶炼和压延加工业	123722.33	124832.35
金属制品业	109764.54	110551.94
通用设备制造业	139169.79	109343.14
专用设备制造业	107880.58	94030.56
汽车制造业	25156.37	19383.89
铁路、船舶、航空航天和其他运输设备制造业	29811.56	28333.46
电气机械和器材制造业	78436.32	84952.67
计算机、通信和其他电子设备制造业	1128652.32	1079795.82
仪器仪表制造业	8710.09	7011.66
其他制造业	1105.32	1237.70
废弃资源综合利用业	8646.21	5527.60
电力、热力、燃气及水生产和供应业	8222148.73	6213727.86
电力、热力生产和供应业	8182838.28	6180840.88
燃气生产和供应业	980.85	949.13
水的生产和供应业	38329.60	31937.85

7-2 规模以上工业企业能源购进、消费及库存

（2021 年） 单位：吨

能源名称		年初库存量	工业生产消费量	用于原材料	运输工具消费	期末库存量
原煤		864885.57	33414749.85	222921.00		1398266.27
无烟煤		18158.21	511392.60	222921.00		24281.00
炼焦烟煤			10777428.64			
一般烟煤		815109.59	20671572.92			1283428.55
褐煤		31617.77	1454355.69			90556.72
洗精煤	（用于炼焦）	78124.01	6734920.32			94840.62
其他洗煤		61065.37	2423746.69			101142.40
煤制品						
焦炭		106448.91	2396827.84	37484.98		114097.62
其他焦化产品		8179.00	185990.56	72670.18		7767.55
焦炉煤气	（万立方米）		105540.64			
高炉煤气	（万立方米）		900059.24			
转炉煤气	（万立方米）		65941.08			
天然气	（万立方米）		54248.93	2085.10		
液化天然气		45.51	26684.46		9514.87	15.30
氢气	（万立方米）		585.00	13.00		
汽油		0.50	1224.48		979.02	0.50
煤油		0.20	813.48			0.20
柴油		2831.27	45944.43		7834.66	2386.45
燃料油			1166.87			
液化石油气			57.33			
润滑油		27.57	3654.02			63.81
溶剂油			15.30			
石油焦		1358.43	64359.77	64359.77		103.19
石油沥青						
其他石油制品		7560.25	50616.56			4551.10
热力	（百万千焦）		20283960.52			
电力	（万千瓦时）		2194744.18		9862.97	
城市生活垃圾（用于燃料）		28589.76	2463322.58			68126.97
生物燃料	（吨标准煤）	20581.82	294625.48			17665.06
余热余压	（百万千焦）		9246570.58			
其他工业废料（用于燃料）			447.80			
其他燃料	（吨标准煤）		3882.44			
能源合计	（吨标准煤）		41107535.90	419488.28		

7-3 规模以上加工转换工业企业能源消费、投入及产出

（2021年）

单位：吨

能源名称	工业生产消费量	加工转换投入合计	火力发电	供热	原煤入洗	炼焦	炼油及煤制油	能源加工转换产出	回收利用
原煤	33113732.13	31755577.93	20082281.37	1467178.95	10206117.61				
洗精煤（用于炼焦）	6734920.32	6734920.32				6734920.32		7091590.81	
其他洗煤	2423746.69	1528342.54	908848.66	619493.88				1444191.37	
煤制品									
焦炭	2339007.79							4761954.18	
其他焦化产品	113320.38							258957.50	
焦炉煤气（万立方米）	101729.39	23470.18	19868.50	3601.68				111758.76	
高炉煤气（万立方米）	894568.94	106225.21	106225.21						900509.24
转炉煤气（万立方米）	65941.08	36475.95	36475.95						65941.08
天然气 （万立方米）	13681.30	9068.50	45.19	9023.31					
汽油	192.25								
柴油	17990.02	5824.89	5587.37	237.52					
润滑油	209.65							35057.78	
其他石油制品	50365.22	50365.22					50365.22		
热力 （百万千焦）	6708083.18							39444472.20	
电力 （万千瓦时）	1087458.02							5166733.38	
城市生活垃圾（用于燃料）	2463322.58	2463322.58	2205247.58	258075.00					
生物燃料（吨标准煤）	251466.48	251466.17	174939.97	76526.20					
余热余压（百万千焦）	9232973.58	9216306.82	9216306.82						9308692.31
能源合计（吨标准煤）	38111832.06	30722923.85	15398702.45	1602183.57	7559285.17	6092241.33	70511.31	20576003.82	1646381.85

7-4 工业企业分行业取水量

（2021 年） 单位：万立方米

指标	取水量		外供水量	
	2021	2020	2021	2020
总计	**99456.46**	**86898.81**	**74677.21**	**66014.28**
按行业门类分				
采矿业	1766.91	1866.24		
煤炭开采和洗选业	1536.35	1637.37		
黑色金属矿采选业	230.54	228.85		
有色金属矿采选业				
非金属矿采选业	0.02	0.02		
制造业	7782.24	7409.55	0.01	0.04
农副食品加工业	198.22	182.62		
食品制造业	196.74	192.41		
酒、饮料和精制茶制造业	395.73	309.44		
烟草制品业	34.30	36.23		
纺织业	460.24	417.32		
纺织服装、服饰业	25.30	26.83		
皮革、毛皮、羽毛及其制品和制鞋业	101.90	90.16		
木材加工和木、竹、藤、棕、草制品业	30.86	30.41		
家具制造业	4.68	4.43		
造纸和纸制品业	87.02	106.52		
印刷和记录媒介复制业	12.20	13.25		
文教、工美、体育和娱乐用品制造业	2.98	2.49		
石油、煤炭及其他燃料加工业	597.83	481.49		
化学原料和化学制品制造业	1118.62	1329.85		
医药制造业	220.40	171.85		
化学纤维制造业	124.46	149.62		
橡胶和塑料制品业	49.58	29.90		
非金属矿物制品业	452.88	471.20		0.01
黑色金属冶炼和压延加工业	1200.59	592.40		
有色金属冶炼和压延加工业	147.67	145.39		
金属制品业	82.05	76.67		
通用设备制造业	286.89	233.05	0.01	0.01
专用设备制造业	235.72	285.54		0.02
汽车制造业	89.30	86.13		
铁路、船舶、航空航天和其他运输设备制造业	124.10	123.99		
电气机械和器材制造业	253.38	388.66		
计算机、通信和其他电子设备制造业	1194.59	1388.23		
仪器仪表制造业	14.71	13.46		
其他制造业	5.78	5.39		
废弃资源综合利用业	33.52	24.61		
电力、热力、燃气及水生产和供应业	89907.31	77623.02	74677.20	66014.24
电力、热力生产和供应业	11375.01	8752.21		
燃气生产和供应业	6.96	7.78		
水的生产和供应业	78525.34	68863.02	74677.20	66014.24

7-5　工业企业重复用水量

单位：万立方米

指　　标	重复用水量	
	2021	2020
总计	**444429.53**	**363713.72**
按行业门类分		
采矿业	39727.11	37870.44
#煤炭开采和洗选业	39496.57	37641.59
黑色金属矿采选业	230.54	228.85
制造业	119725.60	101038.49
#农副食品加工业	2.92	1.02
食品制造业	21.27	27.07
酒、饮料和精制茶制造业	424.96	199.65
烟草制品业	838.16	819.70
纺织业	61.73	73.50
纺织服装、服饰业	0.12	0.30
皮革、毛皮、羽毛及其制品和制鞋业	8.60	9.84
木材加工和木、竹、藤、棕、草制品业	0.01	0.01
造纸和纸制品业	264.78	265.02
石油、煤炭及其他燃料加工业	1405.21	1013.50
化学原料和化学制品制造业	1315.25	1453.12
医药制造业	1334.72	924.36
化学纤维制造业	19.54	18.45
橡胶和塑料制品业	1.80	1.23
非金属矿物制品业	163.15	173.04
黑色金属冶炼和压延加工业	3695.28	2709.58
金属制品业	11.08	9.63
通用设备制造业	13.31	20.92
专用设备制造业	51.02	51.29
电气机械和器材制造业	15.66	0.10
计算机、通信和其他电子设备制造业	110001.96	93216.04
其他制造业	0.15	0.15
废弃资源综合利用业	74.88	50.98
电力、热力、燃气及水生产和供应业	284976.82	224804.79
#电力、热力生产和供应业	284976.82	224804.79

7-6 工业企业取水情况

（2021 年） 单位：万立方米

指　　标	取水量		外供水量	
	2021	2020	2021	2020
合计	**99456.46**	**86898.81**	**74677.21**	**66014.28**
按水源分				
地表淡水	85979.35	73500.76	0.11	0.13
地下淡水	3987.55	4237.39	0.95	0.90
自来水	7803.68	7294.51	74676.15	66013.25
海水				
陆地苦咸水				
矿井水				
雨水	8.85	7.92		
再生水（中水）	1606.90	1810.45		
海水淡化水				
其他水	70.14	47.79		

7-7 主要年份全社会用电情况

单位：万千瓦时

指　　标	1990	1995	2000	2005	2010	2015	2020	2021
全社会用电量	**509155**	**705549**	**670550**	**1382016**	**2460074**	**3441896**	**3649592**	**3935549**
全行业用电	493133	649319	597739	1255025	2175168	2987551	2954999	3191450
农林牧渔水利业	46842	52536	55689	49166	30234	55063	72017	84396
# 排 灌	28822	29660	41439	33672	12969	17146	15905	14660
工业	420161	560719	494267	1096270	1918967	2543638	2191710	2293987
建筑业	3087	3875	5401	9734	18841	36251	69783	71845
交通运输、仓储和邮政业	9292	10292	18183	19110	35385	66856	110808	131219
# 交通运输业	8722	9234	10735	12925	28022	56484		
邮电通信业	570	1058	2448	2915	2073	2311		
批发零售业、住宿餐饮业	4128	7848	11280	31478	54311	84703	147226	180534
其他事业合计	9623	14049	17919	49269	102367	107663	202158	232190
# 公共照明业	340	513	987	1587	6486	10520	15823	13911
城乡居民生活用电	16022	56230	72811	126991	284906	454345	694593	744099
乡村	7757	29393	38639	65654	133924	275558	286866	435624
城镇	8265	26837	34172	61337	150982	178787	407727	308475

7-8 市区主要年份全社会用电情况

单位：万千瓦时

指　　标	1990	1995	2000	2005	2010	2015	2020	2021
全社会用电量	**352732**	**435287**	**417022**	**487927**	**1499408**	**1143738**	**1050671**	**1146519**
全行业用电	347502	416201	386628	435880	1357449	1017440	861861	944294
农林牧渔水利业	1891	5122	4372	5065	9330	3652	2759	2357
# 排 灌	492	1906	1375	465	1731	1223	893	657
工业	329405	385287	349333	364398	1195500	815917	557786	591971
建筑业	937	1884	2342	3768	11073	9844	16531	16359
交通运输、仓储和邮政业	5944	8200	9309	11673	27369	41848	61419	70342
# 交通运输业	5727	7635	7789	8038	24253	39289		
邮电通信业	217	565	1520	1944	1388	871		
批发零售业、住宿餐饮业	2106	4516	6927	18212	34289	41484	55462	65611
其他事业合计	7219	11192	14345	32764	72116	49827	74994	86234
# 公共照明业	206	306	729	633	3040	4264	5228	4353
城乡居民生活用电	5230	19086	30394	52047	141959	126298	188810	202225
乡村	673	4127	5389	9894	53882	25491	25668	30026
城镇	4557	14959	25005	42153	88077	100807	163142	172199

7-9　全社会用电分行业、分地区情况

（2021 年）　　　　单位：万千瓦时

指　　标	合 计	丰 县	沛 县	铜山区	睢宁县	新沂市	邳州市
全社会用电总计	**3935549**	**288112**	**577299**	**501642**	**300961**	**407819**	**407571**
全行业用电合计	**3191450**	**216701**	**496409**	**397004**	**219524**	**339983**	**306636**
第一产业	59912	5273	9636	13069	13717	7195	6998
农林牧渔水利业	84396	7201	15889	18097	17309	9426	10836
第二产业	2359180	165114	431192	290776	141138	270918	220410
工业	2293987	158964	424409	281651	131130	263566	212701
采矿业	171216	876	122403	9212	34	102	25
煤炭开采和洗选业	144303	39	110241		8		6
石油和天然气开采业	5		2			3	
黑色金属矿采选业	3633		386	3241			
有色金属矿采选业	3231			3184			2
非金属矿采选业	2987	703		1882	13	75	10
其他采矿业	17057	134	11774	905	13	24	7
制造业	1878613	137375	274339	244195	110694	239160	176491
农副食品加工业	58384	7854	13209	11147	6497	6861	6654
食品制造业	22341	3605	3328	6546	1062	2544	2578
酒、饮料及精制茶制造业	9994	149	444	79	2408	5263	221
烟草制品业	4642			16			
纺织业	123032	8315	41335	1784	39094	17629	4378
纺织服装、服饰业	26075	305	4130	830	6485	11471	518
皮革、毛皮、羽毛及其制品和制鞋业	3517	176	62	137	2566	175	320
木材加工和木、竹、藤、棕、草制品业	54273	11812	911	2382	4887	7115	26228
家具制造业	25933	1382	393	1065	10005	410	6676
造纸及纸制品业	19907	128	771	6926	1406	433	223
印刷业和记录媒介复制业	3433	142	392	751	178	37	275
文教、工美、体育和娱乐用品制造业	2598	268	165	91	394	306	895
石油、煤炭及其他燃料加工业	83482	5881	14232	356	243	81	62283
化学原料及化学制品制造业	141927	53326	1652	969	596	45847	1268
医药制造业	10029	77	99	1451	1271	993	647
化学纤维制造业	5170	733	2766	445	77	66	977
橡胶和塑料制品业	63178	1807	28129	2420	4963	5288	6858
非金属矿物制品业	324786	7603	11300	27089	7804	27119	10956
黑色金属冶炼及压延加工业	294442	5	86512	113563	59	88550	833
有色金属冶炼及压延加工业	26045	90	22093	567	113	1269	242
金属制品业	80555	7572	8214	15915	5810	7487	5793
通用设备制造业	115662	7292	11146	30777	3012	613	5834
专用设备制造业	25705	242	1211	1876	1924	1545	2565
汽车制造业	9855	1107	2405	1735	63	392	333
铁路．船舶．航空航天和其他运输设备制造业	29663	11971	570	4111	623	53	1069
电气机械和器材制造业	36984	3334	562	4669	4642	2819	12189
计算机、通信和其他电子设备制造业	239444	1576	14805	2030	1818	712	2497
仪器仪表制造业	1808	9	61	166	2	82	999
其他制造业	9986	322	762	2292	1047	2416	1037
废弃资源综合利用业	19111	207	1633	1930	1499	1505	10807
金属制品、机械和设备修理业	6652	85	1047	80	146	79	338
电力、燃气及水的生产和供应业	244158	20713	27667	28244	20402	24304	36185
电力、热力的生产和供应业	201328	17659	23745	23899	17541	17665	26746
燃气生产和供应业	3997	54	367	113	126	69	2635
水的生产和供应业	38833	3000	3555	4232	2735	6570	6804
建筑业	71845	6235	7830	9205	10154	7431	8047
第三产业	772358	46314	55581	93159	64669	61870	79228
交通运输、仓储和邮政业	131219	2986	2041	17532	9784	11224	13551
信息传输、软件和信息技术服务业	50736	4366	4303	7224	5327	4546	5506
批发和零售业	148297	13889	13102	11048	17642	13759	18112
住宿和餐饮业	32237	2652	2981	4235	2512	3100	3826
金融业	7346	562	761	741	642	630	880
房地产业	113291	4836	6415	7790	3955	5739	8424
租赁和商务服务业	25906	201	912	1946	1605	1866	665
公共服务及管理组织	232190	14809	17766	37535	19464	18696	24088
城乡居民生活用电合计	**744099**	**71411**	**80890**	**104638**	**81437**	**67836**	**100935**
城镇	308475	23424	24292	19654	24428	12599	25275
乡村	435624	47987	56598	84984	57009	55237	75660

主要统计指标解释

能源消费量 指能源使用单位在报告期内实际消费的一次能源或二次能源的数量。就每种能源的实物消耗而言，是其消费量；如果将实际消费的各种能源折标准量相加所得到的能源消费量合计数据是企业投入消费的全部能源，没有扣除能源品种加工转换的重复因素。

工业企业的能源消费量 包括工业企业在生产过程中作为燃料、动力、原料、辅助材料使用的能源以及工艺用能、非生产用能。

工业生产能源消费 指工业企业为进行工业生产活动所消费的能源。

用作原材料的能源消费 指能源产品不作能源使用，即不作燃料、动力使用，而作为生产另外一种产品（非能源产品）的原料或作为辅助材料使用，作原料使用时通常构成这种产品的实体。

工业企业非工业生产能源消费 指在工业企业能源消费中，除“工业生产能源消费”以外的能源消费。

能源库存量 能源库存量是指企业能源库存量，它是企业在报告期的某时间点所拥有的各种能源数量。根据企业的生产经营活动性质，企业库存量分为生产企业产成品库存、经销企业（批发、零售企业）用于经营销售的库存、使用企业用于消费的库存。

综合能源消费量 指报告期内工业企业在工业生产活动中实际消费的各种能源的总和净值。计算综合能源消费量时，需要先将使用的各种能源折算成标准燃料后再进行计算。

取水量 指企业从各种水源直接提取或者从市场购买的用于厂区、办公区内工业生产活动的水量，以实际获得的新水量为准。用于工业生产活动的水量，包括主要生产用水、辅助生产用水（如机修、运输、空压站等）和附属生产用水（如绿化、办公室、浴室、食堂、厕所、保健站等），不包括非工业生产单位的用水量（如基建用水、厂内居民家庭用水和企业附属幼儿园、学校、对外营业的浴室、游泳池等的用水量）和居民生活用水量。

外供水量 指企业外供给其他单位的水或水产品的量，以离厂水量为准。包括外供给其他企业或市场的原水、自来水、再生水（中水）、海水淡化水、矿泉水、纯净水等。不包括直流冷却水量、未利用直接排放的矿井水和雨水量、北方地区供暖企业供给城镇热力网内循环的热水量、进入城镇污水管网和直接排到自然环境中的水量。

陆地地表水 指河流、湖泊、水库等地表水源的水，不包括海水。地表水分为淡水和咸水。陆地咸水湖的水为咸水。一般的河流、湖泊、水库的水是淡水。

地表淡水 指陆地表面形成的径流及地表贮存的淡水。包括江、河、淡水湖、水库等。

地下淡水 指地下径流或埋藏于地下的，经过提取可被利用的淡水。包括井水、地热水等。

自来水 指自来水厂将地表淡水、地下淡水经过“混凝、沉淀、过滤、消毒”等净水工序，达到国家饮用水标准，通过城镇自来水管网供给工业生产、居民生活使用的水。

海水 指海洋的水。海水的取水量包括企业用来淡化、制盐、化工生产等海水资源利用所提取的海水量，以及用于海水循环冷却补充水、脱硫、洗涤、除尘、冲渣、印染等的海水直接利用量，不包括海水直流冷却水量。

其他水 指上述水资源品种没有涵盖的，或者界定不清的水及水的产品。包括软化水、除盐水、蒸汽（需折算成同等质量的水）、蒸汽冷凝水、管道供应的热水（不含北方地区城镇热力网内循环的热水）、瓶（桶）装纯净水、矿泉水、经过初步处理未达到自来水标准的水。不包括地热水、碳酸饮料、茶饮料、果汁饮料、酒类、污（废）水。

重复用水量 指在确定的用水单元或系统内，所有未经处理和处理后又重复使用的水量总和。

八、财政、金融和保险

FINANCE, BANKING AND INSURANCE

版面负责人：马　萍

编　　　辑：冯洋洋

中华人民共和国统计法实施条例

第四十九条 乡、镇人民政府有统计法第三十八条第一款、第三十九条第一款所列行为之一的，依照统计法第三十八条、第三十九条的规定追究法律责任。

第五十条 下列情形属于统计法第四十一条第二款规定的情节严重行为：

（一）使用暴力或者威胁方法拒绝、阻碍统计调查、统计监督检查；

（二）拒绝、阻碍统计调查、统计监督检查，严重影响相关工作正常开展；

（三）提供不真实、不完整的统计资料，造成严重后果或者恶劣影响；

（四）有统计法第四十一条第一款所列违法行为之一，1 年内被责令改正 3 次以上。

第五十一条 统计违法行为涉嫌犯罪的，县级以上人民政府统计机构应当将案件移送司法机关处理。

第八章 附 则

第五十二条 中华人民共和国境外的组织、个人需要在中华人民共和国境内进行统计调查活动的，应当委托中华人民共和国境内具有涉外统计调查资格的机构进行。涉外统计调查资格应当依法报经批准。统计调查范围限于省、自治区、直辖市行政区域内的，由省级人民政府统计机构审批；统计调查范围跨省、自治区、直辖市行政区域的，由国家统计局审批。

涉外社会调查项目应当依法报经批准。统计调查范围限于省、自治区、直辖市行政区域内的，由省级人民政府统计机构审批；统计调查范围跨省、自治区、直辖市行政区域的，由国家统计局审批。

第五十三条 国家统计局或者省级人民政府统计机构对涉外统计违法行为进行调查，有权采取统计法第三十五条规定的措施。

第五十四条 对违法从事涉外统计调查活动的单位、个人，由国家统计局或者省级人民政府统计机构责令改正或者责令停止调查，有违法所得的，没收违法所得；违法所得 50 万元以上的，并处违法所得 1 倍以上 3 倍以下的罚款；违法所得不足 50 万元或者没有违法所得的，处 200 万元以下的罚款；情节严重的，暂停或者取消涉外统计调查资格，撤销涉外社会调查项目批准决定；构成犯罪的，依法追究刑事责任。

第五十五条 本条例自 2017 年 8 月 1 日起施行。1987 年 1 月 19 日国务院批准、1987 年 2 月 15 日国家统计局公布，2000 年 6 月 2 日国务院批准修订、2000 年 6 月 15 日国家统计局公布，2005 年 12 月 16 日国务院修订的《中华人民共和国统计法实施细则》同时废止。

8-1 主要年份财政收入、支出情况

单位：万元

年 份	全市			市区		
	财政收入	财政支出	财政收入占地区生产总值比重（%）	财政收入	财政支出	财政收入占地区生产总值比重（%）
1952	2770	1324	12.1	660	752	13.8
1957	6476	4202	17.5	3327	1573	23.8
1962	7564	3339	16.5	4720	687	26.3
1965	8638	4686	15.2	5327	1121	26.6
1970	15069	6026	17.3	10772	2293	31.6
1975	19456	9608	15.3	12721	3610	25.1
1978	32674	17690	15.3	22950	7887	29.8
1979	32484	18707	13.1	24081	6877	25.9
1980	35715	17982	12.5	26814	6714	23.5
1981	38273	17563	12.6	28497	6339	24.6
1982	43114	21655	12.2	30670	7981	23.1
1983	43887	25921	10.4	30492	9779	19.2
1984	47454	30779	9.6	32250	12009	18.0
1985	57538	33704	10.4	39448	13366	19.6
1986	65741	45505	10.4	45248	19051	20.0
1987	71134	49005	9.9	48746	20550	18.6
1988	82796	58865	9.8	55880	23409	19.3
1989	95384	74502	9.6	65610	30589	16.7
1990	102326	85640	9.1	70338	34593	15.1
1991	103467	98117	8.0	70215	41538	13.3
1992	109670	95599	6.8	73690	37513	10.7
1993	147114	122174	6.7	95765	50567	9.5
1994	197489	143559	6.3	128227	62329	9.1
1995	253020	180186	6.3	160606	78225	9.1
1996	302406	213530	6.2	188190	85349	9.0
1997	351388	250673	7.0	221624	103183	9.8
1998	395108	283443	7.4	254176	119325	10.4
1999	436074	311862	7.6	282311	130573	11.0
2000	476168	345246	7.7	311151	153038	10.7
2001	525924	400797	7.7	338498	172809	10.5
2002	655566	520174	8.7	438281	258477	12.2
2003	828226	624582	9.7	559422	301885	13.1
2004	1102216	717332	10.7	768436	318329	14.3
2005	1452629	1050786	12.0	1034482	511441	16.2
2006	1808512	1270099	12.7	1231212	576615	16.5
2007	2207263	1474369	13.1	1509317	623115	16.8
2008	2685991	1990464	13.4	1782700	842950	17.2
2009	3188865	2565349	13.3	1987842	1048541	19.2
2010	4138904	3257198	14.0	2887987	1621085	16.2
2011	5553294	4542420	15.6	3726172	2240383	17.6
2012	5976325	5300461	14.8	3864175	2376158	16.1
2013	6599518	5956105	14.6	4207502	2776771	15.9
2014	7325949	6618386	14.7	4571862	3012921	16.4
2015	8129311	7524638	15.2	5034367	3205677	17.3
2016	8020168	7979911	13.8	4974722	3501263	16.2
2017	8448300	8273338	13.3	5417378	3866008	15.9
2018	9168709	8808594	13.7	5625673	4000651	16.6
2019	8971429	8822062	12.7	5865938	4006838	16.3
2020	8916475	9581879	12.2	5754529	4311440	15.5
2021	9976742	10043962	12.3	6352983	4608025	15.5

8-2 财政收入

单位：万元

指标	全市			市区		
	2019	2020	2021	2019	2020	2021
财政总收入	**8971429**	**8916475**	**9976742**	**5865938**	**5754529**	**6352983**
上划中央收入	**4288260**	**4098269**	**4603610**	**3081589**	**2896765**	**3154850**
增值税（75%）	1901501	1666546	1905799	1038144	799536	922411
消费税	1559410	1507439	1547994	1505298	1447937	1484246
企业所得税（60%）	584819	656721	827438	407566	494036	567011
个人所得税（60%）	242530	267563	322379	130581	155256	181182
一般公共预算收入	**4683169**	**4818206**	**5373132**	**2784349**	**2857764**	**3198133**
税收收入	3738027	3806843	4292017	2181550	2202237	2469924
增值税（25%）	1892476	1660924	1888911	1029121	796725	913717
营业税						
企业所得税（40%）	389879	437815	540488	271711	318976	367292
个人所得税（款）（40%）	161687	178374	214918	87053	103502	120786
资源税	17754	15421	29147	4921	3544	6479
城市维护建设税	344637	340661	380156	245629	236218	257391
房产税	112679	107121	132365	67311	69458	88337
印花税	50378	61107	70209	31723	38140	41366
城镇土地使用税	115955	107511	105616	55132	55894	57134
土地增值税	226670	361229	362834	137752	251391	259414
车船税（款）	39611	43640	48274	20882	21692	23582
耕地占用税（款）	74599	48056	26062	30460	12653	11129
契税（款）	288864	424252	464220	187432	282381	305971
环境保护税（款）	21439	19935	28176	11066	11512	16938
非税收入	945142	1011363	1081115	602799	655527	728209
专项收入	284915	296927	332468	188222	194851	180020
行政事业性收费收入	199138	226013	234801	124667	124984	172375
罚没收入	200805	184976	251268	132461	127990	164471
国有资本经营收入						
国有资源（资产）有偿使用收入	200534	218939	205955	108074	143148	133824
捐赠收入	2286	4382	9489	584	2257	374
政府住房基金收入	30515	44923	40593	30015	44782	40080
其他收入（款）	26949	35203	6541	18776	17515	1358
政府性基金收入	**6084061**	**7796362**	**10352255**	**3428097**	**4557738**	**5795550**

8-3 财政支出

单位：万元

指标	全市			市区		
	2019	2020	2021	2019	2020	2021
公共财政预算支出	**8822062**	**9581879**	**10043962**	**4006838**	**4311440**	**4608025**
#一般公共服务	800459	805822	898511	426268	422897	499859
国防	11069	15211	12456	7685	8258	8469
公共安全	545559	576252	630319	346479	371374	407431
教育	1789567	1940822	2106185	820983	885938	987262
科学技术	258905	214297	251215	152943	112933	142862
文化体育与传媒	154859	254407	184887	80790	126389	84128
社会保障和就业	976766	1209514	1310538	420866	523547	530468
医疗卫生	775639	822474	914792	277248	309712	362231
环境保护	213286	242302	171000	107115	121854	71117
城乡社区事务	1229298	1263995	1267886	466916	448965	470474
农林水事务	1026844	1024335	1048135	379175	361023	364895
交通运输	328097	369611	295905	162724	194802	166287
资源勘探电力信息等事务	113711	129486	218434	96590	103142	158443
商业服务业等事务	25013	48202	33118	14574	29722	23327
金融监管支出	3817	12116	6855	2989	9479	5037
援助其他地区支出	12992	12338	14219	9812	8658	10638
国土资源气象等事务	114864	98931	126660	28742	25932	42295
住房保障支出	288197	344575	350242	134068	154088	174782
粮油物资管理事务	16531	16462	16331	8555	8461	4499
其他支出	44916	80637	78839	21151	38952	44879
债务付息支出	91334	99715	106940	40974	45212	48394
债务发行费用支出	339	375	495	191	102	248
政府性基金支出	**7243472**	**9405767**	**10552983**	**4112608**	**5479213**	**6391316**
#一般公共服务						
教育						
文化体育与传媒	1557	341	455	1058	174	309
社会保障和就业	9193	4207	3618	1548	1247	1597
城乡社区事务	6909308	7722847	9425037	3956913	4646363	5687567
农林水事务						
交通运输	8365	18636	243769	8365	17536	238109
资源勘探电力信息等事务						
其他支出	132750	969922	560647	50288	478503	304258
债务付息支出	180337	253961	310132	93439	128968	155327
债务发行费用支出	1962	2640	1707	997	1289	1051
抗疫特别国债安排的支出		433213	7618		205133	3098

注：从2015年1月1日起，将政府性基金预算中用于提供基本公共服务以及主要用于人员和机构运转等方面的项目收支转列一般公共预算，具体包括地方教育附加、文化事业建设费、残疾人就业保障金、从地方土地出让收益计提的农田水利建设和教育资金、转让政府还贷道路收费权收入、育林基金、森林植被恢复费、水利建设基金、船舶港务费、长江口航道维护收入等11项基金。

8-4 历年金融机构（人民币）存贷款

（年底数） 单位：万元

年份	全市			市区			人均储蓄（元/人）	
	金融机构各项存款余额	#居民储蓄	金融机构各项贷款余额	金融机构各项存款余额	#居民储蓄	金融机构各项贷款余额	全市	市区
1952		270			206		1	9
1957		968			647		2	17
1962		1222			686		3	15
1965		1974			1157		4	22
1970		2442			1449		4	27
1975		4839			2694		8	44
1978	60759	8921	105787	45019	4299	73384	14	64
1979	28597	13499	47821	11793	6018	17239	21	85
1980	123807	20596	108921	100870	8868	64142	31	122
1981	86748	27635	137656	44213	11249	62784	41	150
1982	96635	36462	156417	47298	14836	71216	53	192
1983	121321	52715	193450	59799	19645	87887	76	248
1984	160671	74664	266637	77453	26601	119256	107	330
1985	176808	97867	311936	89970	37810	162538	138	458
1986	251158	140701	391209	131915	51139	223965	197	608
1987	367499	191242	496401	217669	69314	290223	263	810
1988	495318	246993	596632	219746	88630	320346	332	1016
1989	559847	327806	671512	257604	125709	413739	430	1408
1990	724345	446418	804071	349864	174611	433478	553	1926
1991	891658	555370	963003	425565	213526	492026	677	2324
1992	1064281	668470	1089149	508880	258326	565390	809	2758
1993	1360184	857542	1346993	670666	319747	735634	1028	3360
1994	1758108	1110985	1618177	944480	477133	899760	1318	3340
1995	2329318	1400566	2046385	1282165	578274	1155867	1645	3984
1996	2950050	1828200	2388715	1624215	811756	1323614	2217	5510
1997	3484093	2163437	3005351	1905377	970956	1672573	2495	6502
1998	3768104	2438696	3226763	2053563	1110556	1752920	2785	7313
1999	4135005	2692128	3341758	2349069	1297842	1885371	3068	8515
2000	4614682	3058002	3249902	3124162	1860652	2230387	3411	11585
2001	5297006	3576909	3742657	3581695	2202744	2536851	3966	13552
2002	6180183	4167882	3982506	4195444	2592741	2678214	4608	15756
2003	7277202	4822259	4614147	4254019	3024793	2598658	5307	18077
2004	8414573	5563129	4751280	4768459	3445990	2640115	6068	20584
2005	10108940	6506064	4911786	5806876	3997284	2758306	7031	22223
2006	11937168	7228920	5650749	6865004	4377454	3133756	7734	24105
2007	14038244	7886337	6842230	8170216	3488669	4015157	8409	19140
2008	17191438	9745131	7965786	10066026	5850811	4749346	10292	31729
2009	21726238	11397620	11325649	15272845	6911095	7926396	11902	37112
2010	26321873	13243885	14364443	18281038	7908879	9901281	13613	25291
2011	29809912	14954211	17348392	20386726	8684472	11820976	17415	28230
2012	33644736	17947175	20472296	22500556	10292339	13785329	20874	33022
2013	38844633	20897714	23608014	25950180	11833905	15528718	24224	37373
2014	42864617	23774417	27247917	28455976	13066281	17965025	27346	40388
2015	47470104	27805980	30699020	30631822	15196592	20009860	31731	46020
2016	54953059	30902119	36202134	33728605	16492141	23834094	34979	49009
2017	63963815	33494523	41731982	39701953	17841084	27030658	37498	51774
2018	71073928	36048424	49124733	44383247	19215559	32072275	40014	54705
2019	80365597	40236620	57772825	51467918	21144586	38160418	44469	59560
2020	91419858	45133803	69520802	58873795	23801157	45241432	49743	66532
2021	99148125	49885722	81285062	64030582	26247859	51400542	55254	73077

注：因区划调整，2010 年以后市区人均储蓄存款余额与往年不可比；2015 年及以后居民储蓄调整为住户存款，与往年不可比。

8-5 金融机构（人民币）综合存贷款（2011-2014 年）

单位：万元

指　　标	2011	2012	2013	2014
金融机构综合存款余额	**29809912**	**33644736**	**38844633**	**42864617**
# 单位存款	14164769	14945580	16552677	17494391
# 活期	5773196	6244340	6673685	7355691
定期	2959156	3125577	4102170	3311470
通知存款	269304	266907	202542	286074
保证金存款	3235769	3483542	3322085	2952952
个人存款	15026698	18068666	21549845	24658403
# 储蓄存款	14954211	17947175	20897714	23774417
财政性存款	344933	395272	439596	481903
临时性存款	112162	153309	230912	112963
委托存款	95215	5030	52	38
其他存款	66135	76880	71551	116919
金融机构综合贷款余额	**17348392**	**20472296**	**23608014**	**27247917**
# 境内贷款	17347561	20471064	23606855	27246873
# 短期贷款	9690876	11658992	13038233	13978987
# 个人贷款及透支	2307267	2237878	2434476	2396867
# 个人消费贷款	139702	123742	214832	231495
单位普通贷款及透支	6364647	8359953	9519093	10601066
# 经营贷款	6246368	8223920	9245248	10329363
中长期贷款	6872802	7832488	9480629	11622666
# 个人贷款	3417032	4187147	5179181	6206421
# 个人消费贷款	2844302	3427429	4295733	5255813
# 单位普通贷款	2760690	2684676	3247886	4449368
# 经营贷款	471935	575330	661909	947907
融资租赁				2061
票据融资	772570	881273	1018095	1537915
各项垫款	11314	98311	69897	105244

注：自 2015 年起人民银行总行对存贷款口径有所调整，为便于使用，2014 年及以前资料留存，编入 8-5 部分。

8-6 金融机构（人民币）各项存贷款

单位：万元

指　　标	2019	2020	2021
金融机构各项存款余额	**80365597**	**91419858**	**99148125**
境内存款	80339490	91390519	99097822
住户存款	40236620	45133803	49885722
活期存款	14692589	16642480	17421268
定期及其他存款	25544030	28491323	32464454
非金融企业存款	24230795	29964590	31462168
活期存款	10516208	12317773	11204086
定期及其他存款	13714586	17646817	20258082
广义政府存款	15286541	15628783	17196816
财政性存款	915018	1040168	795714
机关团体存款	14371523	14588615	16401103
非银行业金融机构存款	585535	663343	553115
境外存款	26107	29340	50304
金融机构各项贷款余额	**57772825**	**69520802**	**81285062**
境内贷款	57772096	69520226	81241919
住户贷款	24959784	31658081	38237469
短期贷款	5169405	6108152	7670591
消费贷款	1782871	1680917	2059604
经营贷款	3386534	4427235	5610987
中长期贷款	19790379	25549929	30566877
消费贷款	18130121	23213015	27312060
经营贷款	1660257	2336913	3254817
非金融企业及机关团体贷款	32812313	37862145	42971450
短期贷款	11904252	12174655	12551072
中长期贷款	16187845	20689378	24743389
票据融资	4199363	4554584	5375406
融资租赁	494359	439057	300487
各项垫款	26493	4470	1096
境外贷款	729	577	43143

8-7 保险业务主要指标

单位：万元

指　　标	2010	2011	2012	2013	2014	2015	2016	2017	2018	2019	2020	2021
保险公司数（个）	**40**	**46**	**50**	**53**	**55**	**56**	**60**	**61**	**69**	**72**	**77**	**78**
#财产保险公司	20	20	21	21	23	23	23	23	24	26	29	29
人寿保险公司	20	26	29	32	32	33	37	38	45	46	48	49
保险收入	**820183**	**896097**	**858619**	**947545**	**1064593**	**1327536**	**1664340**	**2093418**	**2204673**	**2444052**	**2545009**	**2515110**
财产险	206331	256490	282776	324292	376973	427288	500902	581380	607849	711811	784220	833465
#企业财产险	9998	13573	14647	14120	14493	13741	12647	12464	13265	14856	19204	24093
家庭财产险	795	608	897	739	516	723	1093	1913	3727	4206	5010	5777
机动车辆保险	174735	214627	233579	269845	310297	355280	411810	469983	484847	531294	573507	561445
运输及责任险	4868	5973	7642	7444	7849	9937	15179	21041	23271	27197	32330	41561
人寿险	613851	639607	575842	623253	687620	900248	1163438	1512038	1596824	1732241	1760789	1681645
#人身意外伤害险	10206	11150	11440	13252	15160	16562	20200	22056	24761	28598	30626	31263
健康险	6662	7084	7669	8309	9279	11344	22176	33964	61481	89518	401797	393216
寿险	140316	171632	129785	153110	306308	557559	662735	953300	788953	1614125	1328367	1257166
各项赔款和给付	**152305**	**220705**	**257408**	**351983**	**363711**	**422310**	**526780**	**581688**	**612388**	**631504**	**773363**	**788767**
财产险	76844	104182	145898	168709	199942	207201	244448	277723	331932	367522	426635	493294
#企业财产险	1154	4482	4900	3203	7115	3717	6639	4728	6915	7249	5920	9230
家庭财产险	56	39	47	61	41	50	172	216	1599	2538	2199	1760
机动车辆保险	67692	90239	128801	148586	170071	175819	202762	230698	263647	274446	310760	350846
运输及责任险	1085	1546	2390	3118	3695	3028	3967	6118	8291	11601	11546	7825
人寿险	75461	116523	111510	183274	163769	215109	282332	303965	280456	263982	346728	295473
#人身意外伤害险	3066	3180	2999	3199	3950	4379	5142	5622	6188	6161	6155	7397
健康险	4771	4856	5138	5527	6762	7418	11344	19157	36387	49415	137574	142310
寿险	21484	25079	31328	32178	41517	41836	41066	80683	76185	208406	202999	145766

注：因部分机构正在进行风险处置，2021 年除保险公司数外的各项数据，暂不包含辖内华夏人寿、天安人寿、天安财险。

主要统计指标解释

财政收入 是指政府为履行其职能、实施公共政策和提供公共物品与服务需要而筹集的一切资金的总和，是国家为了实现其职能，凭借政治权力，对一部分社会产品进行分配和再分配的经济活动。财政收入表现为政府部门在一定时期内（一般为一个财政年度）所取得的货币收入。主要包括：中央财政收入和地方财政收入。中央财政和地方财政是财政体制上划分中央政府和地方政府以及地方各级政府之间财政管理权限的一项分配制度。它具体规定了各级政府筹集资金、支配使用资金的权力、范围和责任，使各级政府在财政管理上有责有权。这对于正确处理中央和地方之间，以及地方各级之间的分配关系，充分发挥各级政府的积极性，更好地完成国家财政收支任务，促进社会主义建设的发展有着极其重要的意义。

中央财政收入 包括：关税、海关代征消费税和增值税，消费税，中央企业所得税，地方银行和外资银行及非银行金融企业所得税，铁道、银行总行、保险总公司等集中缴纳的营业税、所得税、利润和城市维护建设税，增值税的75%部分，证券交易税(印花税)50%部分和海洋石油资源税。

地方财政收入 又称为公共财政预算收入，包括：(1)税收收入——我国财政收最主要的来源。国内增值税的25%、营业税、企业所得税的40%、个人所得税的40%、资源税、城市维护建设税、房产税、印花税（证券印花税的3%+其余印花税的全部）、城镇土地使用税、土地增值税、车船税、耕地占用税、契税、烟叶税、其他税收收入。(2)非税收入。专项收入、行政事业性收费收入、罚没收入、国有资本经营收入、国有资源有偿使用收入、其他收入。

地方财政总收入 包括地方公共财政预算收入、上划中央收入和政府性基金收入（含缴库社会保险基金）。上划中央收入是指按现行分税制财政体制规定，在当地缴纳、与地方分享的税种的中央级收入，包括国内增值税的75%、国内消费税、纳入分享范围的企业所得税的60%和个人所得税的60%四项。政府性基金收入是国家通过向社会征收以及出让土地、发行彩票等方式取得收入。

财政支出 是国家政权为行使其职能，对筹集的财政资金进行有计划的分配使用的总称。体现政府的活动范围和方向，反映财政资金的分配关系。主要包括基本建设支出、增拨企业流动资金、企业挖潜改造资金、新产品试制费、地质勘探费、工交商部门事业费、支援农村生产支出和各项农业事业费、文教科学卫生事业费、抚恤和社会救济费、国防费、行政管理费及债务支出。在我国，由于存在预算外资金，所以财政支出的概念也就有狭义与广义之分：狭义的财政支出仅指公共财政预算支出；广义的财政支出则包括预算内支出和预算外支出。

九、物价指数

PRICE INDEX

版面负责人：梅文婷

编　　　辑：张欣桐　潘　晴

统计知识

统计执法监督检查办法

（2017 年 7 月 5 日中华人民共和国国家统计局令第 21 号公布
根据 2018 年 11 月 20 日《国家统计局关于修改〈统计执法监督检查办法〉的决定》修订
根据 2019 年 11 月 14 日《国家统计局关于修改〈统计执法监督检查办法〉的决定》修订）

第一章　总　　则

第一条　为了规范统计执法监督检查工作，保护公民、法人和其他组织的合法权益，保障和提高统计数据质量，根据《中华人民共和国统计法》《中华人民共和国行政处罚法》和《中华人民共和国统计法实施条例》等法律、行政法规，制定本办法。

第二条　本办法适用于县级以上人民政府统计机构对执行统计法律法规规章情况的监督检查和对统计违法行为的查处。

第三条　国家统计局统计执法监督局在国家统计局领导下，具体负责对全国统计执法监督检查工作的组织管理，指导监督地方统计机构和国家调查队统计执法监督检查机构工作，检查各地方、各部门统计法执行情况，查处重大统计违法行为。

省级及市级统计执法监督检查机构在所属统计局或者国家调查队领导下，具体负责指导监督本地区、本系统统计执法监督检查工作，对本地区、本系统统计法执行情况的检查和查处统计违法行为。县级统计执法监督检查机构或者执法检查人员在所属统计局或者国家调查队领导下，依据法定分工负责本地区、本系统统计执法监督检查工作。

地方统计机构和国家调查队应当建立统计执法监督检查沟通协作机制。

第四条　县级以上人民政府有关部门在同级人民政府统计机构的组织指导下，负责监督本部门统计调查中执行统计法情况，对本部门统计调查中发生的统计违法行为，移交同级人民政府统计机构予以处理。

第五条　各级人民政府统计机构应当建立行政执法监督检查责任制和问责制，切实保障统计执法监督检查所需的人员、经费和其他工作条件。

9-1 城市（市区）物价总指数

（以上年价格为 100）

年 份	居民消费价格总指数	商品零售价格总指数
1978	100.0	100.1
1979	100.6	101.1
1980	102.4	102.6
1981	100.4	100.8
1982	101.0	101.4
1983	100.1	100.7
1984	103.3	102.4
1985	108.7	108.3
1986	106.2	105.9
1987	109.8	110.0
1988	122.6	122.8
1989	115.6	115.6
1990	104.5	103.9
1991	108.6	108.8
1992	109.2	108.0
1993	117.6	115.1
1994	125.3	123.3
1995	116.9	113.2
1996	110.0	107.4
1997	101.9	99.9
1998	100.0	98.3
1999	98.2	96.2
2000	100.0	98.2
2001	100.3	99.3
2002	99.2	98.6
2003	101.5	100.0
2004	103.7	102.8
2005	102.2	101.0
2006	101.5	100.7
2007	104.4	103.1
2008	104.9	105.3
2009	99.9	99.8
2010	103.6	102.1
2011	105.2	103.8
2012	102.6	102.4
2013	102.3	101.2
2014	102.1	101.6
2015	101.5	101.3
2016	102.3	100.5
2017	101.7	101.8
2018	102.3	103.0
2019	103.3	103.3
2020	102.8	102.0
2021	101.1	102.1

9-2 城市（市区）居民消费价格指数

（以上年价格为 100）

指　　标	2021	指　　标	2021
居民消费价格总指数	**101.1**	其他食品类	98.1
食品烟酒	**101.2**	茶及饮料	100.6
食品	100.8	烟酒	99.4
粮食	101.1	# 卷烟	100.0
# 大米	97.5	酒类	98.6
面粉	99.1	在外餐饮	103.1
薯类	101.4	**衣着**	**100.4**
豆类	110.2	服装	102.0
食用油	105.3	# 男式服装	104.0
菜及食用菌	103.6	女式服装	101.0
# 鲜菜	104.2	儿童服装	98.8
畜肉类	87.1	衣着材料及配件	105.2
# 猪肉	73.1	其他衣着材料及配件	100.7
牛肉	102.1	衣着服务费	101.6
羊肉	104.7	鞋类	93.3
禽肉类	95.0	# 鞋	93.3
# 鸡	93.0	鞋类服务	100.0
鸭	92.2	**居住**	**100.0**
水产品	111.8	租赁房房租	100.4
蛋类	114.5	住房保养维修及管理	100.3
奶类	104.5	水电燃料	100.8
干鲜瓜果类	107.2	自有住房	99.7
糖果糕点类	105.1	**生活用品及服务**	**100.9**
调味品	99.9	家具及室内装饰品	100.7
# 食用盐	98.4	# 家具	100.9

9-2　续表　　（以上年价格为 100）

指　　标	2021	指　　标	2021
家用器具	103.2	教育用品	102.2
大型家用器具	103.3	教育服务	101.9
# 洗衣机	99.7	文化娱乐	101.3
电冰箱（柜）	113.9	文娱耐用消费品	100.2
空调器	102.1	其他文娱用品	99.4
热水器	104.2	文化娱乐服务	101.7
微波炉		旅游	102.8
小家电	102.4	**医疗保健**	**99.8**
家用纺织品	100.5	药品及医疗器具	101.9
家庭日用杂品	99.5	中药	103.4
个人护理用品	98.4	西药	101.3
家庭服务	104.5	滋补保健品	102.3
交通和通信	**104.1**	医疗卫生器具	100.6
交通	105.0	保健器具	98.8
交通工具	98.5	医疗服务	98.9
交通工具用燃料	117.0	综合医疗类	102.7
交通工具使用和维修	101.5	治疗类	100.5
交通费	105.1	康复类	99.8
通信	101.0	中医医疗服务类	111.9
通信工具	104.2	其他医疗服务	100.0
通信服务	99.6	**其他用品和服务**	**98.9**
邮递服务	100.0	其他用品	99.8
教育文化和娱乐	**101.7**	其他服务	98.1
教育	102.0		

9-3 城市（市区）商品零售价格指数

（以上年价格为 100）

指　标	2021	指　标	2021
商品零售价格总指数	**102.1**	床上用品	100.9
食品	**101.2**	**家用电器类及音像器材**	**101.3**
粮食	101.1	家庭设备	103.2
# 大米	97.5	文娱用耐用消费品	98.5
面粉	99.1	专业音像器材	99.6
薯类	101.4	**文化办公用品**	**103.2**
豆类	110.2	**日用品类**	**98.4**
食用油	105.3	日用百货	99.2
菜及食用菌	103.6	厨具餐具茶具	97.1
# 鲜菜	104.2	清洗用品	97.1
畜肉类	86.9	其它日用品	98.3
# 猪肉	73.1	**体育娱乐用品**	**97.9**
牛肉	102.1	体育户外用品	93.0
羊肉	104.7	娱乐用品	98.6
禽肉类	95.0	**交通、通信用品**	**100.5**
# 鸡	93.0	交通运输机械	100.3
鸭	92.2	通信器材	101.7
水产品	111.8	**家具**	**100.9**
蛋类	114.6	**化妆品**	**98.7**
奶类	104.5	**金银饰品**	**101.9**
干鲜瓜果类	107.2	**中、西药品及医疗保健用品**	**101.8**
糖果糕点类	105.1	医疗卫生器具	100.6
调味品	99.9	中药	103.4
# 食用盐	98.4	西药	101.2
其他食品类	98.1	保健器具及用品	102.0
餐饮业零售	103.1	**书报杂志及电子出版物**	**100.9**
饮料、烟酒	**99.6**	教材及参考书	102.2
茶及饮料	100.6	书报杂志及音像制品	105.4
卷烟	100.0	计算机办公软件	97.9
酒类	98.6	**燃料**	**114.3**
服装、鞋帽	**100.5**	煤炭及制品	115.5
服装	101.8	石油及制品	114.3
鞋帽袜	94.9	**建筑材料及五金电料**	**101.2**
其他衣着配件	100.7	建筑装潢材料类	100.9
纺织品	**101.0**	五金水暖	102.2
服装材料	101.6		

9-4 城市（市区）居民消费价格指数和商品零售价格指数

（2021 年）

指　　标	以去年同月价格为 100					
	1 月	2 月	3 月	4 月	5 月	6 月
居民消费价格总指数	**100.7**	**99.8**	**100.4**	**101.0**	**101.4**	**101.7**
食品烟酒	103.6	100.9	102.2	103.0	103.0	101.0
# 食品	105.0	100.9	102.6	103.6	103.5	100.2
# 粮食	101.9	101.3	99.9	99.1	99.6	100.5
食用油	103.7	104.7	105.4	104.4	107.1	106.4
菜及食用菌	111.7	95.3	96.4	97.4	104.4	97.1
# 鲜菜	112.7	95.2	96.0	97.6	105.7	97.3
畜肉类	100.4	93.1	95.8	94.7	93.9	84.9
禽肉类	91.3	92.6	92.8	93.4	93.5	94.7
水产品	108.4	109.8	116.5	123.7	119.1	118.1
蛋类	108.1	103.5	106.6	112.0	125.7	126.1
干鲜瓜果	114.1	117.7	114.2	111.5	106.2	106.6
烟酒	100.0	99.7	99.5	99.8	99.6	98.4
衣着	101.9	101.8	96.1	97.2	98.3	99.7
居住	100.6	98.6	98.1	99.1	99.7	102.0
生活用品及服务	100.4	99.5	100.9	101.2	102.0	102.4
交通和通信	95.7	98.4	103.3	104.1	104.5	105.2
教育文化和娱乐	100.4	100.8	101.0	100.7	101.3	101.5
医疗保健	99.0	99.0	99.0	99.0	99.0	98.9
其他用品和服务	100.6	99.8	100.1	99.3	99.6	100.2
商品零售价格指数	**99.8**	**99.9**	**101.4**	**102.0**	**102.4**	**102.5**

9–4 续表 （2021 年）

指 标	以去年同月价格为 100					
	7 月	8 月	9 月	10 月	11 月	12 月
居民消费价格总指数	**101.1**	**100.7**	**100.7**	**102.0**	**102.7**	**101.4**
食品烟酒	99.1	99.0	99.0	101.2	102.3	100.2
# 食品	97.5	97.5	97.0	100.4	102.5	99.4
# 粮食	102.3	102.1	101.5	101.8	101.4	101.5
食用油	105.3	105.9	105.2	105.9	104.9	105.1
菜及食用菌	93.7	97.4	102.1	119.8	123.5	107.0
# 鲜菜	93.5	97.5	102.4	121.4	125.8	107.6
畜肉类	78.3	78.0	78.1	80.3	84.7	83.0
禽肉类	95.4	95.8	96.4	98.5	99.0	97.8
水产品	112.9	108.4	105.8	106.9	107.2	104.1
蛋类	119.5	118.9	113.9	114.2	119.3	110.9
干鲜瓜果	107.2	106.9	100.1	99.2	101.9	103.4
烟酒	98.5	98.5	100.4	99.3	99.5	99.5
衣着	101.4	101.4	101.9	101.1	102.3	101.2
居住	100.7	99.3	99.2	100.6	101.5	101.0
生活用品及服务	100.6	100.9	100.6	101.2	100.5	100.4
交通和通信	106.2	105.9	105.9	107.9	108.4	104.7
教育文化和娱乐	102.4	102.8	102.3	102.5	102.3	102.4
医疗保健	99.2	99.7	100.6	100.6	101.7	101.7
其他用品和服务	99.4	96.7	96.9	98.2	97.6	99.0
商品零售价格指数	**102.4**	**102.3**	**102.6**	**103.6**	**103.8**	**102.4**

主要统计指标解释

物价指数 是说明两个时期商品价格水平变动趋势和程度的相对数指标。它是以报告期的价格水平与基期的价格水平进行直接对比计算的。当物价指数大于100时，说明价格水平上涨，反之则说明价格水平下跌。编制物价指数的目的，是为了反映市场物价水平的变化情况，分析和研究物价变动对城乡人民生活和国家财政支出的影响程度。

居民消费价格指数 简称CPI，是度量一定时期内居民消费商品和服务价格水平变动的相对数，综合反映居民消费商品和服务价格水平的变动趋势和变动程度。调查范围包括食品烟酒、衣着、居住、生活用品及服务、交通通信、教育文化娱乐、医疗保健、其他用品及服务等八大类268个基本分类。CPI是宏观经济分析和决策、价格总水平监测和调控以及国民经济核算需要的重要指标，其按年度计算的变动率通常被用来反映通货膨胀或紧缩的程度。

商品零售价格总指数 是全面反映市场商品零售价格总水平变动趋势和程度的相对数。通过它，可以观察市场商品总体价格水平升降程度，以及物价变动对城乡人民生活支出的总影响。

十、人民生活

PEOPLE'S LIVELIHOOD

版面负责人：柳　震

编　　　辑：高惠媛　曹　慧

统计知识

统计执法监督检查办法

第六条 统计执法监督检查应当贯彻有法必依、执法必严、违法必究的方针，坚持预防、查处和整改相结合，坚持教育与处罚相结合，坚持实事求是、客观公正、统一规范、文明执法、高效廉洁原则。

统计执法监督检查中，与执法监督检查对象有利害关系以及其他可能影响公正性的人员，应当回避。

第七条 县级以上人民政府统计机构应当畅通统计违法举报渠道，公布统计违法举报电话、通信地址、网络专栏、电子邮箱等，认真受理、核实、办理统计违法举报。

第八条 县级以上人民政府统计机构应当建立统计违法行为查处情况报告制度，定期向上一级统计机构报告统计违法举报、统计执法监督检查和统计违法行为查处情况。

第二章　统计执法监督检查机构和执法检查人员

第九条 县级以上人民政府统计机构健全统计执法监督检查队伍，完善统计执法监督检查机制，建立统计执法骨干人才库，确保在库人员服从设库机构的调用。

第十条 统计执法监督检查机构和执法检查人员的主要职责是：

（一）起草制定统计法律法规规章和规范性文件；

（二）宣传、贯彻统计法律法规规章；

（三）组织、指导、监督、管理统计执法监督检查工作；

（四）依法查处统计违法行为，防范和惩治统计造假、弄虚作假；

（五）组织实施统计执法“双随机”抽查，受理、办理、督办统计违法举报；

（六）建立完善统计信用制度，建立实施对统计造假、弄虚作假的联合惩戒机制；

（七）监督查处涉外统计调查活动和民间统计调查活动中的违法行为；

（八）法律、法规和规章规定的其他职责。

10-1 主要年份居民家庭收支情况

单位：元

年份	人均可支配收入			人均消费支出		
	全体居民	城镇居民	农村居民	全体居民	城镇居民	农村居民
2014	18744	24080	12811	12167	15005	9011
2015	20425	26219	13982	13174	16143	9873
2016	22348	28421	15274	14321	17255	11059
2017	25116	30987	16697	15688	18234	12038
2018	27385	33586	18206	16818	19463	12902
2019	29736	36215	19873	18048	20805	13850
2020	31166	37523	21229	17642	20418	13303
2021	34217	40842	23694	21278	24146	16723

10-2 居民家庭基本情况与人均收入情况

（2021年）

单位：元

指标	全体居民	城镇居民	农村居民
调查户数（户）	**1700**	**1030**	**670**
平均每户家庭人口（人）	3.07	3.06	3.07
平均每户就业人口（人）	1.97	1.88	2.10
平均每一就业人口负担人数（人）	1.56	1.63	1.46
平均每户就业面（%）	64.06	61.43	68.40
平均每人现住房建筑面积（平方米）	56.2	51.3	64.0
人均可支配收入	**34217.36**	**40842.42**	**23693.86**
工资性收入	19153.00	24059.48	11359.37
工资	18542.24	23232.14	11092.62
实物福利	41.56	54.61	20.83
其他	569.21	772.73	245.92
经营净收入	6916.14	5776.72	8726.05
第一产业经营净收入	2766.17	1003.45	5566.14
第二产业经营净收入	872.59	633.16	1252.90
第三产业经营净收入	3277.39	4140.10	1907.01
财产净收入	2071.24	3135.17	381.26
# 利息净收入	44.97	48.15	39.92
红利收入	123.92	184.06	28.38
储蓄性保险净收益	8.13	11.24	3.19
转让承包土地经营权租金净收入	162.75	108.43	249.05
出租房屋财产性收入	343.17	538.84	32.35
出租机械、专利、版权等资产的收入	33.64	9.98	71.21
转移净收入	6076.98	7871.06	3227.18
# 养老金或离退休金	4736.68	7201.46	821.54
社会救济和补助	66.69	52.16	89.78
报销医疗费	448.56	636.99	149.25
家庭外出从业人员寄回带回收入	1405.69	986.45	2071.61
赡养收入	446.73	479.30	394.99
其他经常转移收入	178.02	221.18	109.44
人均非收入所得	**2293.35**	**2649.18**	**1728.14**
人均借贷性所得	**1244.74**	**890.85**	**1806.88**

10-3 居民家庭人均支出情况

（2021 年） 单位：元

指　　标	全体居民	城镇居民	农村居民
人均消费支出	**21278.39**	**24146.08**	**16723.22**
食品烟酒	6252.14	7018.11	5035.44
食品	4317.85	4569.48	3918.13
谷物	621.56	616.93	628.92
薯类	73.50	69.63	79.65
豆类	83.38	74.06	98.18
食用油	237.91	235.97	241.00
蔬菜和食用菌	474.16	526.94	390.33
肉类	924.41	1009.59	789.11
禽类	263.37	286.47	226.67
水产品	233.96	262.49	188.64
蛋类	168.49	163.62	176.23
奶类	361.72	375.89	339.21
干鲜瓜果类	483.39	527.45	413.39
糖果糕点类	161.35	175.32	139.17
其他食品	230.64	245.14	207.61
烟酒	681.66	753.50	567.53
烟草	381.00	434.48	296.06
酒类	300.65	319.02	271.47
饮料	140.64	147.52	129.71
饮食服务	1112.00	1547.61	420.06
食堂用餐	131.83	149.66	103.51
其他在外饮食	977.07	1395.30	312.74
食品加工服务费	3.10	2.65	3.81
衣着	1614.58	1840.79	1255.25
衣类	1204.03	1409.61	877.47
鞋类	410.55	431.18	377.78
居住	4395.32	5228.37	3072.07
# 租赁房房租	108.89	147.44	47.66
住房维修及管理	901.36	991.69	757.88
水电燃料及其他	855.55	972.27	670.15
生活用品及服务	1615.46	1822.50	1286.59
家具及室内装饰品	270.99	317.96	196.37
家用器具	357.14	413.36	267.83
家用纺织品	127.19	147.22	95.39
家庭日用杂品	401.06	410.27	386.43
个人用品	375.95	424.70	298.52
家庭服务	83.13	109.00	42.05
交通通信	2947.18	3184.64	2570.00
交通	2040.59	2259.88	1692.27
交通工具	848.38	948.93	688.66
交通费	145.11	170.13	105.37
交通工具用燃料	513.48	577.39	411.96
交通工具使用及维修	533.62	563.43	486.29
# 车辆保险支出	198.36	244.87	124.49
通信	906.59	924.76	877.73
通信工具	299.56	305.50	290.11
通信服务	607.04	619.26	587.62

10–3 续表 （2021 年） 单位：元

指　　标	全体居民	城镇居民	农村居民
教育文化娱乐	2345.94	2689.39	1800.38
教育	1069.45	1126.24	979.24
学前教育	127.83	140.70	107.38
小学教育	159.30	158.91	159.90
初中教育	184.73	219.44	129.59
高中教育	184.27	187.16	179.67
中专职高教育	65.83	46.74	96.16
大专及以上教育	239.60	262.01	204.02
成人教育	107.90	111.28	102.52
文化娱乐	1276.49	1563.15	821.14
文娱耐用消费品	448.90	494.52	376.42
其他文娱用品	360.86	360.57	361.32
文化娱乐服务	466.73	708.05	83.41
医疗保健	1619.06	1763.87	1389.03
医疗器具及药品	655.05	730.20	535.68
医疗服务	964.01	1033.67	853.36
门诊总费用	331.47	347.71	305.67
住院总费用	632.55	685.97	547.69
其他用品和服务	488.71	598.41	314.47
其他用品	255.19	303.20	178.94
其他服务	233.52	295.21	135.53
人均生产经营费用支出	**3729.29**	**2755.26**	**5276.47**
第一产业经营费用支出	1752.50	841.11	3200.19
第二产业经营费用支出	869.82	596.15	1304.53
第三产业经营费用支出	1106.97	1318.00	771.75
人均财产性支出	**180.53**	**236.69**	**91.33**
生活贷款利息支出	172.53	227.19	85.71
其他财产性支出	8.00	9.50	5.62
人均转移性支出	**1472.87**	**1964.92**	**691.28**
个人所得税	46.75	68.04	12.95
社会保障支出	1282.07	1707.14	606.87
个人缴纳的养老保险	823.96	1166.93	279.18
个人缴纳的医疗保险	403.71	456.57	319.74
个人缴纳的失业保险	20.39	30.38	4.52
其他社会保障支出	34.01	53.26	3.43
外来从业人员寄给家人的支出	5.35	4.13	7.28
赡养支出	82.79	114.83	31.90
其他转移性支出	55.91	70.78	32.28
人均部分商业保险支出	**266.15**	**331.95**	**161.63**
人均购置资产及非经常性转移支出	**6190.06**	**6628.30**	**5493.95**
购置资产支出	2827.13	3163.87	2292.23
非经常性转移支出	3362.93	3464.42	3201.72
人均借贷性支出	**1513.29**	**1739.51**	**1153.96**

10－4　居民家庭年末平均每百户耐用消费品拥有量情况

（2021 年）　　单位：台

指　　标		全体居民	城镇居民	农村居民
家用汽车	（辆）	37.2	40.2	32.7
摩托车	（辆）	20.0	12.8	31.0
助力车	（辆）	169.4	163.0	179.1
洗衣机		105.0	105.1	104.8
电冰箱	（柜）	101.3	100.8	102.1
微波炉		71.1	75.8	63.9
彩色电视机		120.1	121.9	117.3
空调		170.6	187.5	144.6
热水器		93.2	96.1	88.7
洗碗机		1.6	1.9	1.2
排油烟机		70.9	80.3	56.4
固定电话	（部）	4.1	5.2	2.2
移动电话	（部）	256.8	249.9	267.3
#接入互联网		211.7	211.3	212.4
计算机		51.2	59.6	38.2
#接入互联网		47.8	56.2	34.9
照相机		6.2	9.2	1.5
中高档乐器	（架）	4.6	6.5	1.8
健身器材	（套）	4.5	6.2	1.8

10－5　居民家庭住房情况

（2021 年）

指　　标		全体居民	城镇居民	农村居民
调查户数	**（户）**	**1700**	**1030**	**670**
人均现住房建筑面积	**（平方米）**	**56.22**	**51.34**	**64.00**
人均期内新建住房竣工建筑面积		**0.05**		**0.13**

10-6 居民家庭人均全年购买主要消费品

（2021 年）　　单位：公斤

指　　标	全体居民	城镇居民	农村居民
谷物	100.44	89.05	117.91
食用油	10.78	9.27	13.08
蔬菜和食用菌	101.62	103.47	98.78
猪肉	15.24	14.69	16.08
牛肉	2.22	2.47	1.83
羊肉	2.50	2.52	2.47
禽类	12.51	11.63	13.86
水产品	10.31	10.06	10.70
蛋类	17.20	16.58	18.15
奶类	17.59	18.09	16.82
干鲜瓜果类	74.38	72.80	76.81
糖果糕点类	6.89	6.91	6.86
茶叶	0.12	0.14	0.10
卷烟（盒）	30.34	27.93	34.03
酒类	11.19	8.58	15.20
水（吨）	28.95	33.64	21.77
电（度）	837.58	882.64	768.47
煤炭	14.80	12.85	17.79
管道天然气（立方米）	22.73	36.60	1.45
罐装液化石油气	15.55	10.83	22.79

10-7 居民家庭平均每百户全年购买主要消费品

（2021 年） 单位：台

指　　标		全体居民	城镇居民	农村居民
洗衣机		11.18	11.07	11.34
电冰箱	（柜）	5.47	5.73	5.07
空调器		10.00	10.97	8.51
吸尘器		1.59	1.65	1.49
抽油烟机		4.82	5.24	4.18
微波炉		2.76	2.72	2.84
非太阳能热水器		4.76	5.63	3.43
太阳能热水器		3.41	2.82	4.33
燃气炉具	（套）	7.59	7.96	7.01
太阳能炉具	（套）	0.24		0.60
洗碗机		0.06	0.10	
消毒碗柜		0.12	0.19	
汽车	（辆）	2.47	2.52	2.39
摩托车	（辆）	0.18	0.10	0.30
自行车	（辆）	4.06	3.40	5.07
电动自行车	（辆）	17.24	16.50	18.36
电话机	（部）	0.06	0.10	
移动电话机	（部）	43.71	41.26	47.46
组合音响	（套）	0.12	0.19	
彩色电视机		5.06	4.85	5.37
影碟机		0.18	0.29	
摄像机		0.12	0.19	
照相机		0.18	0.29	
家用台式电脑		0.82	1.07	0.45
家用笔记本电脑		3.29	3.20	3.43

10-8　市辖区居民家庭收支及住房情况

（2021 年）

指　　标	市辖区			鼓楼区	云龙区	泉山区	开发区
	全体居民	城镇居民	农村居民	城镇居民	城镇居民	城镇居民	城镇居民
人均可支配收入（元）	**41388**	**45294**	**26906**	**41946**	**43672**	**49916**	**42293**
工资性收入	22460	24533	14773	22840	25132	27936	23947
经营净收入	7926	7901	8020	8027	6556	5593	8440
财产净收入	3132	3827	553	3461	3606	4837	4271
转移净收入	7870	9032	3560	7618	8379	11550	5635
人均生活消费支出（元）	**26566**	**28937**	**17776**	**27129**	**29986**	**34986**	**28185**
食品烟酒	7346	7967	5044	7674	8211	9492	7931
衣着	1727	1893	1111	1885	1955	2137	1910
居住	4938	5525	2763	5669	5535	6757	4911
生活用品及服务	2148	2368	1333	2046	2406	3044	1890
交通通信	4072	4269	3339	3561	4564	5460	4396
教育文化娱乐	2850	3117	1860	2791	3497	3830	3161
医疗保健	2789	3008	1977	2772	2436	2661	2928
其他用品和服务	696	790	348	732	1382	1604	1057
人均现住房建筑面积（平方米）	**46.8**	**43.1**	**57.8**	**41.8**	**37.5**	**41.7**	**45.0**

10-8　续表

（2021 年）

指　　标	贾汪区			铜山区		
	全体居民	城镇居民	农村居民	全体居民	城镇居民	农村居民
人均可支配收入（元）	**33125**	**40266**	**24291**	**37757**	**45959**	**27878**
工资性收入	22894	30760	13163	23970	30184	16486
经营净收入	6793	5795	8028	7807	6818	8999
财产净收入	772	945	558	1605	2509	515
转移净收入	2666	2766	2542	4375	6448	1877
人均生活消费支出（元）	**19634**	**24774**	**13275**	**24219**	**30401**	**16775**
食品烟酒	5708	7190	3876	6944	8753	4764
衣着	1858	2416	1168	2332	3202	1285
居住	3435	4235	2445	3089	3292	2845
生活用品及服务	1824	2278	1262	1595	2149	929
交通通信	2468	3229	1525	3715	4647	2591
教育文化娱乐	2564	3345	1598	4553	5951	2869
医疗保健	1219	1287	1135	1616	1856	1327
其他用品和服务	558	794	267	375	550	165
人均现住房建筑面积（平方米）	**49.2**	**46.3**	**54.9**	**55.5**	**53.7**	**57.3**

主要统计指标解释

居民家庭常住人口 指住户成员中，经常在家居住、或者调查期内居住时间超过一半的人员，以及本住户供养的学生。

居民家庭就业人口 指16周岁及以上，从事一定的社会劳动或经营活动、并取得劳动报酬或经营收入的人口。包括在党政机关、社会团体、企业、事业单位、私营企业、个体工商经营户或家庭中工作的在岗职工、再就业的离退休人员、民办教师、兼职人员及家庭帮工、雇工或自由职业等各类从业人员；私营企业和个体工商经营户的自营就业者。

居民可支配收入 指调查户可用于最终消费支出和储蓄的总和，即调查户可以用来自由支配的收入。可支配收入既包括现金，也包括实物收入。按照收入的来源，可支配收入包含四项，分别为：工资性收入、经营净收入、财产净收入和转移净收入。

居民消费支出 指住户用于满足家庭日常生活消费需要的全部支出，包括用于消费品的支出和用于服务性消费的支出。根据用途不同，消费支出可划分为食品烟酒、衣着、居住、生活用品及服务、交通通信、教育文化娱乐、医疗保健、其他用品及服务八大类。

十一、自然资源、城市概况和环境保护

NATURAL RESOURCES, GENERAL SURVEY OF CITIES AND ENVIRONMENTAL PROTECTION

版面负责人：马　萍

编　　　辑：蒋　磊

统计知识

统计执法监督检查办法

第十一条 执法检查人员应当参加培训，经考试合格，取得由国家统计局统一颁发的统计执法证。

经县级以上人民政府统计机构批准，可以聘用专业技术人员参与统计执法监督检查。

第十二条 统计执法监督检查机构应当加强对所属执法检查人员的法律法规、统计业务知识、职业道德教育和执法监督检查技能培训，健全管理、考核和奖惩制度。

第三章 统计执法监督检查

第十三条 县级以上人民政府统计机构和有关部门应当建立统计执法监督检查工作机制和相关制度，综合运用"双随机"抽查、专项检查、重点检查、实地核查等方式，组织开展本地区、本部门、本单位统计执法监督检查工作。

按照国家有关规定，实施统计执法监督检查全过程记录制度。

第十四条 统计执法监督检查事项包括：

（一）地方各级人民政府、政府统计机构和有关部门以及各单位及其负责人遵守、执行统计法律法规规章和国家统计规则、政令情况；

（二）地方各级人民政府、政府统计机构和有关部门建立防范和惩治统计造假、弄虚作假责任制和问责制情况；

（三）统计机构和统计人员依法独立行使统计调查、统计报告、统计监督职权情况；

（四）国家机关、企业事业单位和其他组织以及个体工商户和个人等统计调查对象遵守统计法律法规规章、统计调查制度情况；

（五）依法开展涉外统计调查和民间统计调查情况；

（六）法律法规规章规定的其他事项。

11-1　主要年份自然资源

指　　标	2016	2017	2018	2019	2020	2021
土地资源　（千公顷）						
耕地面积	608.02	608.89	611.15	576.67	573.35	
园地	55.69	55.38	55.13	60.50	60.27	
林地面积	24.86	24.80	24.75	68.12	68.85	
牧草地面积	6.17	6.07	5.95	5.80	5.91	
城镇及工矿用地面积	209.12	210.75	211.40	235.55	236.83	
交通用地面积	49.20	49.47	49.81	37.22	38.08	
水域面积	200.46	198.41	196.55	168.16	168.01	
未利用土地面积				95.94	92.99	
其他	22.92	22.74	21.75	24.47	25.19	
林木资源						
活立木总蓄积量　（万立方米）	3083	3113	3143	3173		
森林面积　（千公顷）	334.4	336.3	338.5	340.6	341.9	349.6
森林蓄积量　（万立方米）	3058	3088	3118	3148		
森林覆盖率　（%）	27.70	27.87	28.06	26.85	27.15	27.80
水利资源　（亿立方米）						
水资源总量	43.38	38.86	51.02	34.22	47.49	64.38
地表径流	20.42	17.76	28.08	16.44	37.43	52.58
地下（浅层）水量	23.84	21.89	23.98	18.48	17.01	20.63
矿产资源（基础储量）(万吨/矿石)						
煤炭　（万吨）	103398	102579	100957	99963	73394	72881
铁　（万吨）	1925	1851	1780	1627	551	1416
岩盐	11857	11640	11388	11126	30009	101706
石膏	31926	31926	31926	31926	1811	1811
制碳用灰岩	20091	20091	20091	20091	1210	1210
水泥用灰岩	27449	27063	26478	26030	14608	14608

注：2010 年及以后土地资源指标因国家土地利用现状分类标准有变化，部分数据与往年不可比；2021 年国土变更调查数据暂时空缺；因矿产资源统计调查改革，2020 年起矿产资源（基础储量）口径调整为矿产资源探明资源量，与往年不可比。

11-2 主要年份气象、水文概况

指　　标	1990	1995	2000	2005	2010	2015	2020	2021
温度　（摄氏度）								
年平均气温	14.8	14.7	15.1	15.0	15.2	15.3	16.0	16.2
年极端最高气温	37.2	36.8	37.4	38.3	37.6	36.9	38.1	37.9
出现日期（月、日）	7月9日	6月19日	5月21日	6月23日	7月6日	7月13日	6月4日	6月7日
年极端最低气温	-15.8	-8.9	-9.4	-9.3	-9.4	-9.2	-10.8	-12.5
出现日期（月、日）	2月1日	2月2日	2月1日	1月1日	1月13日	11月27日	12月31日	1月7日
降水　（毫米）								
年降水量	1088.8	825.3	979.6	1162.9	612.0	928.2	1067.7	1204.8
年降水日　（天）	94	66	90	90	68	93	109	96
一日最大降水量	82.4	94.1	151.3	99.1	100.2	57.9	109.8	158.6
出现日期（月、日）	7月17日	8月22日	7月12日	7月8日	9月7日	6月24日	7月11日	7月28日
日照								
年日照时间（小时）	2251.2	2452.4	2064.5	2204.6	2230.6	2141.0	1685.3	1790.6
年蒸发量　（毫米）	1595.0	1797.3	1727.6	1062.5	1076.6	999.3	990.1	895.7
年平均相对湿度（%）	72	65	69	67	63	69	68	69
年平均风力（米/秒）	2.3	2.0	2.2	2.1	2.1	1.6	1.6	1.7
年平均气压（百帕）	1017.0	1017.3	1011.6	1012.0	1011.5	1012.1	1013.0	1011.3
年无霜期　（天）	190	182	158	235	195	205	231	208
霜期　（月、日）								
初霜日期	10月17日	10月5日	11月1日	10月27日	11月2日	11月3日	10月23日	10月17日
终霜日期	4月24日	4月4日	4月6日	3月25日	4月5日	4月8日	3月5日	3月22日
雪期　（月、日）								
初雪日期	12月12日	12月19日	1月8日	11月25日	11月28日	11月24日	12月30日	11月7日
终雪日期	2月23日	2月4日	2月5日	3月2日	3月8日	1月31日	2月15日	12月29日
水文（蔺家坝）（米）								
最高水位	32.02	33.40	32.15	33.59	32.84	31.95	33.94	33.86
出现日期（月、日）	8月6日	3月9日	7月29日	9月30日	10月13日	6月30日	8月8日	9月5日
最低水位	28.35	31.86	28.77	31.47	31.33	30.90	31.99	31.46
出现日期（月、日）	6月17日	6月16日	6月21日	6月20日	6月27日	6月18日	7月8日	6月13日
年均水位	31.60	33.02	31.07	32.63	32.39	31.44	32.71	32.48

注：表中水位为废黄河口积面；水文不再观测。

11-3 市区分月气象情况

（2020 年）

月　份	平均气温（摄氏度）	降水量（毫米）	日照时数（小时）
全　年	**16.0**	**1067.7**	**1685.3**
1 月	3.0	82.8	68.9
2 月	6.7	27.8	118.4
3 月	11.5	36.1	179.5
4 月	15.5	15.8	233.8
5 月	22.9	35.8	196.7
6 月	26.1	340.4	131.0
7 月	25.5	365.6	92.6
8 月	28.6	90.5	119.1
9 月	24.0	1.7	174.4
10 月	15.6	18.3	92.4
11 月	10.3	38.2	128.2
12 月	1.8	14.7	150.3

11-4 市区分月气象情况

（2021 年）

月　份	平均气温（摄氏度）	降水量（毫米）	日照时数（小时）
全　年	**16.2**	**1204.8**	**1790.6**
1 月	2.0	8.3	159.6
2 月	8.5	34.8	172.6
3 月	11.0	41.4	158.2
4 月	14.8	23.4	141.8
5 月	21.5	81.9	196.2
6 月	27.3	75.9	155.4
7 月	27.7	465.6	96.2
8 月	26.6	256.2	102.2
9 月	24.1	162.5	133.8
10 月	16.6	29.7	126.7
11 月	9.7	24.9	167.6
12 月	4.1	0.2	180.3

11-5 城市（市区）建设基本情况

年份	市区面积（平方公里）	#建成区面积	市区人口密度（人/平方公里）	年末实有房屋建筑面积（万平方米）	#住宅	公共交通	
						年底运营车辆数（辆）	年底运营线路网长度（公里）
1978	184.5	41.3	3636	884	351	140	
1979	184.5	42.7	3842	955	392	161	
1980	184.5	43.8	3950	1029	440	144	
1981	184.5	44.3	4063	1105	487	160	
1982	184.5	45.2	4189	1174	528	165	
1983	184.5	45.6	4297	1276	590	162	
1984	184.5	45.9	4371		641	168	
1985	184.5	46.5	4470	1467	691	174	
1986	184.5	47.0	4557	1863	920	182	
1987	184.5	47.3	4638	1964	967	185	
1988	184.5	48.1	4726	2030	1000	183	
1989	184.5	48.9	4838	2145	1030	196	
1990	184.5	61.8	4914	2245	1076	202	
1991	184.5	63.8	4979	2352	1127	211	
1992	184.5	67.0	5076	2465	1180	258	
1993	184.5	67.7	5158	2622	1253	308	313
1994	963.0	70.7	1483	2690	1293	838	329
1995	963.0	59.1	1507	2751	1325	1072	335
1996	963.0	60.3	1530	2870	1381	854	337
1997	963.0	61.5	1551	2980	1442	903	343
1998	963.0	64.7	1577	3104	1514	932	343
1999	963.0	67.6	1583	3337	1672	919	368
2000	1037.7	71.7	1547	3507	1787	946	541
2001	1037.7	77.9	1566	3650	1858	1119	595
2002	1037.7	81.9	1576	3781	1897	922	586
2003	1037.7	89.1	1612	3835	1914	1006	600
2004	1037.7	96.8	1613	3934	1964	1076	622
2005	1159.9	118.0	1551	5994	4196	1452	650
2006	1159.9	127.1	1566	6079	4199	1654	700
2007	1159.9	160.0	1577	6304	4392	1741	978
2008	1159.9	186.6	1590	6584	4615	1790	655
2009	1159.9	205.6	1605	6597	4307	1969	679
2010	3037.6	239.0	1029	8463	5404	1908	3997
2011	3037.6	249.0	1013	7581	5003	2685	3648
2012	3040.0	253.0	1025	7992	5211	2602	4719
2013	3040.0	253.0	1042	8668	5615	2429	3786
2014	3040.0	255.2	1064	9256	5906	2802	4946
2015	3040.0	255.2	1086	9843	6393	2338	4098
2016	3040.0	261.0	1107			2359	4002
2017	3062.5	265.0	1125			2377	4092
2018	3062.5	271.3	1147			2613	4184
2019	3062.5	282.2	1159			2656	4304
2020	3062.5	289.6	1168			2786	4453
2021	3062.5	289.6	1173			2259	4261

注：2010年底运营线路网长度统计口径扩大到乡村，与往年不可比。2011年底运营线路网长度不包含农村客运班线。

11-5 续表 1

年 份	铺装道路长 度（公里）	铺装道路面 积（万平方米）	全社会供水			人工煤气供应总量（万立方米）	液化石油气供应总量（吨）	用 气人口数（万人）
			生产能力（万立方米/日）	供水总量（万立方米）	#生 活用水量			
1978	67	67	8.5	3052	1427			
1979	69	72	9.4	3425	1886			
1980	72	76	10.9	3970	2232			
1981	89	88	12.0	4377	2416			
1982	125	102	12.8	4806	2071			
1983	128	108	13.4	5097	2005			
1984	136	114	14.1	5619	2392		269	
1985	138	119	16.3	5963	2685	146	681	
1986	284	238	34.2	12207	2968	285	1947	
1987	296	243	34.0	12308	3303	358	3128	
1988	300	249	34.1	12658	3564	404	4108	
1989	345	265	37.2	12901	4677	446	4443	17.6
1990	297	263	37.9	10744	4328	464	7110	25.5
1991	301	269	42.0	10643	4669	474	5939	26.1
1992	355	464	56.0	12129	5203	509	7736	26.8
1993	367	496	56.0	14718	6076	522	13737	44.5
1994	372	747	63.0	15506	7498	939	15168	61.2
1995	579	802	86.9	14877	7010	2830	16064	68.8
1996	590	830	74.6	14067	7653	3967	18886	72.0
1997	592	846	72.0	13677	7627	4926	21400	74.4
1998	593	863	74.5	13498	7366	4888	24788	77.3
1999	593	908	75.5	12859	6958	4779	23753	80.0
2000	621	987	75.5	12464	6926	4585	26196	83.4
2001	690	1134	75.6	12397	7060	4638	24000	85.6
2002	760	1222	72.5	11748	7088	4192	22400	88.6
2003	822	1299	72.6	14354	7232	4580	24600	106.8
2004	865	1357	55.0	14008	7499	4057	29400	118.5
2005	1075	1434	55.4	15456	7962	4831	39300	126.8
2006	1168	1494	49.0	11931	6218	5699	33860	113.0
2007	1202	1623	49.8	11509	7605	5699	33750	125.4
2008	1307	1855	67.9	16155	7718	5125	32208	128.8
2009	1352	1956	87.4	19001	8926	4392	29937	137.6
2010	1600	2467	94.2	19957	8962	1662	29336	150.2
2011	1620	2604	117.9	21543	7963		28050	140.9
2012	2110	3239	95.5	22029	6906		31030	149.9
2013	2600	3750	93.0	23363	6579		28480	165.8
2014	2699	4310	113.2	23960	7880		28054	167.2
2015	2722	4484	111.9	24350	6420		26856	185.0
2016	2549	4463	137.0	26199	6491		20925	179.2
2017	2577	4554	135.2	26708	8156		21094	198.7
2018	2607	4644	142.5	31805	9932		18474	206.7
2019	2665	4783	158.6	31073	10349		25908	207.2
2020	2680	4863	158.3	38640	10994		15834	207.6
2021	2603	4710	160.6	43124	8017		20012	207.8

注：用气人口数为全部用气人口，含液化气和天然气。

11-5 续表 2

年 份	排水管道长 度（公里）	路灯数（盏）	园林绿地面 积（公顷）	建成区绿化覆盖率（%）	公园数（个）	污水排放量（万吨）	垃圾粪便清 运 量（万吨）	公共厕所数（座）
1978	118	3243	219	10.4				
1979	124	3482	249	11.8				
1980	130	3750	249	11.8				
1981	138	3920	310	7.6				
1982	155	3594	320	7.7				
1983	162	4088	365	9.8				
1984	170	4225	367	11.8				
1985	182	4545	367	12.4				
1986	216	5546	735	14.9				
1987	223	6110	848	15.1				
1988	248	6950	1108	15.1				
1989	253	6989	1317	15.9	15		25	508
1990	257	7507	1214	27.4	15	9965	23	503
1991	262	7779	1432	30.7	12	9955	26	587
1992	281	8551	2358	30.8	13	7964	28	537
1993	281	13581	2822	31.0	10	7964	29	403
1994	326	11688	2822	31.6	14	9700	28	448
1995	432	15463	2844	33.1	12	8818	32	455
1996	395	16140	2881	33.2	15	7846	38	328
1997	399	16923	2947	33.6	13	7646	36	277
1998	403	20393	3048	33.7	13	7682	29	258
1999	483	26187	3392	34.3	13	7876	35	238
2000	643	30937	3662	34.4	13	5931	36	225
2001	728	32577	3625	24.5	29	5540	36	212
2002	825	36836	3889	26.6	31	5620	37	266
2003	896	45231	4226	29.5	33	6689	40	312
2004	926	46087	6455	36.6	33	7692	45	249
2005	918	52678	6455	36.3	36	10775	47	258
2006	930	53000	6659	37.6	30	11704	49	297
2007	970	60000	8125	38.8	34	12700	50	338
2008	1198	56798	9242	40.1	40	13924	45	482
2009	1046	19651	10422	40.4	41	14910	40	606
2010	1334	50723	12913	41.3	60	18106	48	592
2011	1362	46683	13400	41.9	70	19286	54	600
2012	1569	267204	14436	42.2	70	19690	52	488
2013	2016	188541	15269	42.9	70	19998	59	493
2014	2094	272114	15462	43.3	70	20190	79	711
2015	2129	294770	15727	43.7	73	21571	80	759
2016	2196	293971	15983	43.8	74	22294	92	813
2017	2351	299018	16165	43.8	75	23024	104	820
2018	2073	110381	16363	43.6	75	23822	119	891
2019	2242	121172	16793	43.7	76	26529	130	892
2020	2336	130094	17362	43.1	56	28242	118	895
2021	3920	121739	17749	43.3	56	28938	248	903

注：自 2009 年起路灯盏数统计口径改变，与其他年份不可比；2010 年起公园数统计口径改变，与往年不可比；2016 年起垃圾粪便清运量为生活垃圾口径，与往年不可比。

11-6 城市（市区）设施水平

年　份	用　水 普及率 （%）	煤气液化气 普　及　率 （%）	每万人拥有 公共汽车辆 （标台）	人均拥有铺 装道路面积 （平方米）	人均公共 绿地面积 （平方米）	每万人拥有 公共厕所 （座）	排水管道 密　度 （公里/平方公里）
1978	85.7				2.7		2.9
1979	83.3				2.7		2.9
1980	82.6				2.7		3.0
1981	93.8				1.5		3.1
1982	94.2				1.5		3.4
1983	95.0				2.0		3.6
1984	95.0	2.4			2.0		3.7
1985	94.2	6.7			2.4		3.9
1986	92.0	8.4			2.9		4.6
1987	94.2	17.8			2.9		4.7
1988	96.0	19.5			2.9		5.2
1989	98.0	22.2	3.2	3.3	2.9	6.6	5.2
1990	98.0	31.7	3.5	3.9	3.5	6.4	5.2
1991	100.0	37.8	4.1	3.9	6.3	7.4	4.1
1992	100.0	37.8	4.5	6.6	6.3	6.7	4.2
1993	100.0	61.6	4.9	6.9	7.4	4.9	4.2
1994	100.0	75.2	9.0	9.2	7.5	3.6	4.6
1995	100.0	84.0	9.2	9.8	7.9	4.7	7.3
1996	100.0	85.1	6.5	9.8	7.9	3.3	6.6
1997	100.0	86.4	7.0	9.8	9.5	2.7	6.5
1998	100.0	87.9	7.1	9.8	9.9	2.9	6.2
1999	100.0	90.1	7.7	10.2	10.2	2.8	7.2
2000	100.0	90.8	8.1	10.7	10.5	2.4	9.0
2001	100.0	75.8	10.1	10.0	6.6	2.3	9.3
2002	100.0	76.9	8.6	10.6	6.9	2.3	10.1
2003	100.0	90.2	9.1	11.0	7.0	2.6	10.1
2004	100.0	99.7	10.8	11.4	7.4	2.1	9.6
2005	100.0	96.5	9.8	10.9	8.0	2.0	7.8
2006	100.0	96.6	12.9	12.8	9.4	2.2	7.9
2007	100.0	100.0	18.1	12.9	12.1	2.7	6.1
2008	99.9	96.4	17.2	13.9	13.0	3.6	6.4
2009	98.5	98.5	17.9	14.0	13.6	4.4	5.1
2010	99.4	99.0	19.2	16.3	14.7	1.9	5.6
2011	97.8	94.2	11.5	17.7	16.0	1.9	5.5
2012	98.1	99.3	13.7	21.5	16.1	1.6	6.2
2013	99.4	99.5	16.1	22.5	16.3	1.5	8.0
2014	97.5	98.2	11.3	25.3	16.2	2.2	8.2
2015	99.8	98.5	12.5	23.9	15.3	2.3	8.3
2016	99.8	98.0	15.8	24.4	15.7	2.5	8.4
2017	100.0	100.0	16.6	22.9	14.7	2.5	6.9
2018	100.0	100.0	15.7	23.9	14.3	2.4	7.9
2019	100.0	99.8	17.0	23.1	15.4	2.5	6.8
2020	100.0	100.0	18.6	23.4	16.6	2.6	6.7
2021	100.0	100.0	17.5	22.7	17.8		12.9

注：2007 年及以后人均公共绿地面积统计口径改为人均公园绿地面积（下同），煤气液化气普及率应调整为燃气普及率。

11-7 主要年份城市（市区）公用事业基本情况

指　　标	1990	1995	2000	2005	2010	2015	2020	2021
城市用地及建筑物面积（平方公里）								
城市面积	184.5	963.0	1037.7	1159.9	3037.6	3040.0	3062.5	3062.7
# 建成区面积	61.8	59.1	71.7	118.0	239.0	255.2	289.6	289.6
城市建设用地面积	45.10	56.80	69.43	104.45	184.60	239.27	287.55	287.58
# 居住用地	18.30	10.90	13.48	24.24	58.18	58.35	91.66	87.01
公共设施用地		4.70	8.75	16.43	31.79	21.61	19.11	41.84
工业用地	17.10	12.70	14.68	20.96	35.15	27.64	49.97	49.97
仓储用地	2.60	2.70	2.73	3.05	4.22	21.58	4.58	4.58
对外交通用地	4.00	6.80	7.13	7.13	10.20	13.99	48.52	48.54
道路广场用地		2.70	4.56	13.39	23.06	58.46		
市政公用设施用地		1.10	2.54	3.00	5.44	21.61	7.78	12.44
绿地		3.60	3.75	4.36	14.38		43.20	43.20
特殊用地		11.70	11.81	11.89	2.18			
供水、供气及供热								
全社会供水								
供水综合生产能力（万吨／日）	37.9	86.9	75.5	55.4	94.2	111.9	158.3	160.6
供水管道长度（公里）	506	569	724	1025	2760	2433	3443	3666
供水总量（万立方米）	10744	14877	12464	15456	19957	24350	38640	43124
# 生产用水量	5684	7867	3574	3478	8036	10102	10522	13739
生活用水量	4328	7010	6926	7962	8962	6420	10494	8017
人均日生活用水量（升）	137	198	171	123	164	113	168	122
用水普及率（%）	98.00	100	100	100	99.40	99.79	100	100
水厂个数（个）	4	4	4	4	4	13	17	8
人工煤气								
储气能力（系统内）（万立方米）	2	12	12	12				
煤气管道长度（公里）	32	237	647	763	230			
供气总量（万立方米）	464	2830	4585	4831	1662			
# 家庭用量	437	1899	3326	3562	1205			
家庭用气户数（户）	10343	61372	110758	148102	34000			
用气人口数（万人）	4.2	20.3	34.7	47.4	10.2			
液化石油气								
储气能力（吨）	275	450	420	2402	4394	4983	772	1311
供气总量（吨）	7110	16064	26169	39300	29336	26856	15834	20012
# 家庭用量	7074	15084	23158	35100	23466	19714	11144	4708
家庭用气户数（户）	60706	146628	155723	289500	193243	127966	54987	157219
用气人口数（万人）	21.30	48.50	48.80	79.40	59.70	45.02	31.14	11.83
煤气和液化石油气普及率（%）	31.7	84.0	90.8	96.5	99.0	98.5	100	100
天然气								
储气能力（万立方米）					26	108	140	129
供气管道长（公里）					1253	1890	2998	5060
供气总量（万立方米）					13524	26582	66769	52250
# 家庭用量					2927	7256	14438	14941
家庭用气户数（户）					270824	446716	735681	786323
用气人口数（万人）					80.00	139.53	177.41	196.00
集中供热面积（万平方米）				910	1201			2943
# 住宅					911			2943

注：根据第3次全国国土普查分类，2019年起对外交通用地和道路广场用地合并改为道路与交通设施用地、绿地改为绿化与广场用地，均与往年不可比。

11-7 续表

指　　标	1990	1995	2000	2005	2010	2015	2020	2021
城市市政设施情况								
实有道路长度（公里）	297	579	621	1075	1600	2722	2680	2603
道路面积（万平方米）	263	802	987	1434	2467	4484	4863	4710
人行道面积（万平方米）	35	74	110	208	421	759	736	730
排水管道长度（公里）	257	432	643	918	1334	2129	2336	3920
污水年排放量（万立方米）	9965	8818	5931	10775	18106	21571	28242	28938
桥梁数（座）	51	68	102	132	118	305	267	266
路灯盏数（盏）	7507	15463	30937	52678	50723	294770	130094	121739
防洪堤长度（公里）	27.0	52.0	34.1	44.6	67.0	185.2		
公共交通								
公共汽车营运车数（辆）	202	1072	946	1452	1908	2338	2786	2259
标准营运车数（标台）	238	752	739	1290	2286	2917	3377	2806
客运总量（万人次）	8511	10740	17040	25750	33436	36258	18880	10091
平均每日客运量（万人次）	23.3	29.4	46.7	70.5	91.6	99.3	51.7	27.6
出租汽车营运车数（辆）	259	955	2872	4230	3760	4319	4319	4066
城市园林绿化								
绿化覆盖面积（公顷）	1324	2927	3823	7017	14726	16231	18006	18421
# 建城区	891	1956	2463	4283	9680	11160	12484	12541
园林绿地面积（公顷）	1214	2844	3662	6455	12913	15727	17362	17749
# 公共绿地	235	647	961	1046	2234	2865	3440	3685
公园个数（个）	15	12	13	36	60	73	56	56
公园面积（公顷）	104	521	650	358	198	1804	2117	2117
游人量（万人次）	1054	463	323	2340	210	807		
人均公园绿地面积（平方米）	3.5	7.9	10.5	8.0	14.7	15.3	16.6	17.8
建成区绿化覆盖率（%）	27.4	33.1	34.4	36.3	41.3	43.7	43.1	43.3
城市房屋和住宅情况（万平方米）								
实有房屋建筑面积	2245	2751	3507	5994	13368	9813		
实有住宅建筑面积	1076	1325	1787	4196	8972	6393		
城市清洁卫生情况								
道路清扫保洁面积（万平方米）	148	350	418	780	2032	2410	3587	3827
生活垃圾清运量（万吨）	21.40	30.00	34.60	47.00	44.40	79.78	117.65	132.33
粪便清运量（万吨）	1.6	2.0	1.0		0.2	1.2		
垃圾粪便无害化处理量（万吨）		32.00	35.60	47.00	44.40	79.78	117.65	132.33
环卫机械总数（台）	113	167	172	156	362	651	975	986
公共厕所数（座）	503	455	225	258	592	759	895	903

注：2019 年起不再统计粪便清运量。

11-8 主要年份工业企业污染治理情况

单位：万元

指标	2001	2003	2005	2010	2014	2015
单位数（个）	**65**	**81**	**74**	**22**	**572**	**574**
当年施工项目投资来源	**6272**	**18228**	**47263**	**12516**	**14174**	**55365**
排污费补助				40		
政府其他补助				375	304	1000
企业自筹				12756	13870	54365
#银行贷款				1980	2756	7835
国家预算内资金	1	300	30			
环保专项资金	90	55	2912			
银行贷款	150	1396	2580			
其他资金	6031	16476	44321			
当年施工项目累计完成投资额	**6272**	**18228**	**47263**	**13171**	**14174**	**55445**
治理废水	4142	9640	7396	3907	739	3135
治理废气	1818	8088	38555	8084	10035	51580
治理固体废物	292	500	330	1000		
治理噪声	15		622			
其他	5		361	180	3401	730
当年安排治理项目（个）	**84**	**105**	**54**	**34**	**19**	**35**
治理废水	42	26	34	11	2	3
治理废气	36	78	38	21	14	27
治理固体废物	3	1	3	1		
治理噪声	2		3			
其他	1		6	1	3	5
当年竣工项目（个）	**61**	**58**	**73**	**20**	**19**	**23**
治理废水	21	13	27	6	2	1
治理废气	35	44	35	14	14	19
治理固体废物	2	1	3			
治理噪声	2		3			
其他	1		5		3	3
当年竣工项目新增设计处理利用“三废”能力						
废水（吨/日）	39453	31472	28122	215400	2000	2475
废气（万标立方米/时）	84	130	234	129	128	12
固体废物（吨/日）	358	180	305			
主要污染物减排情况						
化学需氧量（COD）（万吨）			6.35	5.54	1.05	1.14
二氧化硫（SO_2）（万吨）			20.01	8.96	9.85	10.22

11-9　重点调查工业企业污染治理设施情况

指　　标		2016	2017	2018	2019	2020	2021
工业企业数	（个）	650	515	531	525	520	477
废水治理设施数	（套）	214	252	259	247	253	188
废水治理设施处理能力	（万吨 / 日）	210.47	55.19	40.38	49.92	39.87	30.11
废水治理设施运行费用	（万元）	32197.20	34755.73	19470.63	21321.20	32593.39	12757.09
工业废水处理量	（万吨）	98455.76	6884.53	5496.24	6191.29	4934.00	3997.32
工业废水排放量		8693.94	3007.53	2659.32	3174.39	2543.66	3050.77
其中：直接排入环境的		5367.92	786.96	652.46	646.58	146.33	62.29
排入污水处理厂的		3326.02	2220.57	2006.86	2527.81	2397.34	2988.49
工业锅炉数	（台）	350	294	330	303	282	166
其中：20 蒸吨以上的		104	100	101	98	81	13
其中：安装脱硫设施的		56	80	75	66	58	1
废气治理设施数	（套）	1167	2249	2643	2827	1541	1282
废气治理设施处理能力	（万立方米 / 时）	6668.39	898135.40	201176.18	201926.26	13178.85	17069.95
废气治理设施运行费用	（万元）	155592.90	153134.40	149560.36	118827.71	134061.89	130393.69
脱硫设施数	（套）	107	267	201	152	107	88
脱硝设施数		73	149	114	144	92	83
除尘设施数		290	1113	1051	990	828	675
VOCs 处理设施数		41	146	407	442	410	326
工业废气排放量	（亿立方米）	5782.57	3971.62	3206.51	3967.40	4574.97	6057.00

11-10 重点工业企业“三废”排放及处理情况

（2021 年）

指 标	汇总工业企业数（个）	工业废水排放总量（万吨）	化学需氧量产生量（吨）	化学需氧量排放量（吨）	氨氮产生量（吨）
总 计	**477**	**3050.77**	**50830.27**	**2392.69**	**11120.56**
农、林、牧、渔专业及辅助性活动	2	19.20	0.45	0.44	0.02
煤炭开采和洗选业	6	289.08	349.52	27.94	
农副食品加工业	39	314.64	4241.77	519.99	128.60
食品制造业	11	119.59	2528.35	564.33	51.85
酒、饮料和精制茶制造业	8	304.68	9366.26	132.45	513.30
烟草制品业	1	6.79	31.41	1.04	1.35
纺织业	12	105.17	902.36	29.94	7.29
皮革、毛皮、羽毛及其制品和制鞋业	2	113.86	184.51	38.67	11.51
木材加工和木、竹、藤、棕、草制品业	53				
家具制造业	21				
造纸和纸制品业	8	253.39	7788.15	203.76	15.46
印刷和记录媒介复制业	4	0.53	0.56	0.11	0.06
石油、煤炭及其他燃料加工业	6	9.06	16.02	1.51	0.24
化学原料和化学制品制造业	34	568.07	17313.72	441.81	9878.08
医药制造业	11	74.63	213.61	23.00	6.48
化学纤维制造业	4	40.10	291.34	22.26	1.60
橡胶和塑料制品业	5	9.23	27.45	9.61	0.64
非金属矿物制品业	87	146.90	235.58	36.54	7.72
黑色金属冶炼和压延加工业	4				
有色金属冶炼和压延加工业	12	100.31	255.82	77.01	7.25
金属制品业	37	23.92	66.85	27.77	0.11
通用设备制造业	17	40.39	75.16	19.56	0.42
专用设备制造业	28	52.41	78.95	22.05	2.47
汽车制造业	9	32.15	110.04	34.65	1.91
铁路、船舶、航空航天和其他运输设备制造业	6	16.79	62.34	8.45	0.01
电气机械和器材制造业	9	78.06	170.47	42.53	176.44
计算机、通信和其他电子设备制造业	7	227.42	64.13	44.28	0.16
其他制造业	1	4.80	51.85	2.59	0.17
废弃资源综合利用业	4	4.80	53.00	5.30	0.21
电力、热力生产和供应业	29	94.82	6350.62	55.10	307.24

11-10 续表 1 （2021 年）

指 标	氨氮排放量（吨）	工业废气排放总量（亿标立方米）	二氧化硫产生量（吨）	二氧化硫排放量（吨）	氮氧化物产生量（吨）	氮氧化物排放量（吨）
总 计	**145.20**	**6057.00**	**399262.73**	**8699.66**	**75376.80**	**15282.72**
农、林、牧、渔服务业	0.02	0.16	10.54	1.58	0.54	0.54
煤炭开采和洗选业		1.01	0.03	0.03	7.89	7.89
农副食品加工业	22.76	17.76	102.69	101.63	19.18	14.26
食品制造业	18.05	0.88	1.09	1.09	4.10	3.93
酒、饮料和精制茶制造业	7.30	8.16	2.34	2.34	89.08	57.45
烟草制品业	0.04	0.42	0.32	0.32	1.57	1.57
纺织业	0.82	58.19	1.34	1.34	2.19	2.19
皮革、毛皮、羽毛及其制品和制鞋业	0.10					
木材加工和木、竹、藤、棕、草制品业		96.06	95.82	95.82	47.22	46.80
家具制造业		12.37	0.01	0.01	0.20	0.20
造纸和纸制品业	9.09	0.90	15.15	15.15	6.30	2.06
印刷和记录媒介复制业	0.01	5.82				
石油加工、炼焦和核燃料加工业		123.73	707.61	500.03	3190.34	686.01
化学原料和化学制品制造业	74.77	113.81	3721.83	396.63	1987.89	1141.69
医药制造业	0.99	11.38	0.18	0.18	3.78	3.35
化学纤维制造业	0.34	2.05	7.98	7.98	6.88	6.45
橡胶和塑料制品业	0.10	111.69			38.25	38.25
非金属矿物制品业	0.68	824.23	13974.29	2715.20	3479.27	2370.12
黑色金属冶炼和压延加工业		1520.01	6492.70	1261.64	7207.81	3656.20
有色金属冶炼和压延加工业	1.95	71.04	21780.96	19.65	2213.13	41.63
金属制品业	0.03	167.60	105.67	19.03	146.72	41.30
通用设备制造业	0.03	123.19	11.82	1.15	36.21	10.56
专用设备制造业	0.36	670.49	7.97	3.09	288.32	40.47
汽车制造业	0.13	74.11	0.14	0.14	10.22	9.89
铁路、船舶、航空航天和其他运输设备制造业		11.85	0.27	0.27	5.69	3.73
电气机械和器材制造业	3.04	29.24			20.55	4.50
计算机、通信和其他电子设备制造业	0.17	37.81			68.81	5.95
其他制造业	0.03	0.22			1.27	1.27
废弃资源综合利用业	0.04	8.74			1.33	1.07
电力、热力生产和供应业	4.35	64286.87	352221.99	3555.36	56492.07	7083.40

11-10　续表 2　　　　　　　　　　（2021 年）

指　　标	烟（粉）尘产生量（吨）	烟（粉）尘排放量（吨）	工业固体废物产生量（吨）	工业固体废物综合利用量（含往年贮存量）（吨）	工业固体废物贮存量（吨）	工业固体废物处置量（吨）
总　计	**5878082.95**	**8532.45**	**1440.56**	**1434.89**	**6.67**	**2.86**
农、林、牧、渔服务业	0.11					
煤炭开采和洗选业	4209.34	8.88	303.14	306.02		
农副食品加工业	13.21	9.21	6.67	6.43	0.24	
食品制造业	0.36	0.03	1.67	1.55	0.13	
酒、饮料和精制茶制造业			24.51	24.51		
烟草制品业	0.18	0.18	0.03		0.03	
纺织业	2.26	0.25	0.14	0.02	0.10	0.04
皮革、毛皮、羽毛及其制品和制鞋业			0.73	0.73		
木材加工和木、竹、藤、棕、草制品业	1989.05	425.08	2.09	1.97	0.11	
家具制造业	36.96	9.06	0.06	0.04	0.01	
造纸和纸制品业	2.97	0.01	0.62	0.55	0.07	
印刷和记录媒介复制业			0.10	0.10		
石油加工、炼焦和核燃料加工业	30619.81	357.58	0.04		0.04	
化学原料和化学制品制造业	27041.31	463.29	39.32	39.24	0.08	
医药制造业	3.95	1.28	0.22	0.17	0.04	0.01
化学纤维制造业	0.70		0.16	0.15	0.01	
橡胶和塑料制品业	634.26	25.37	0.48	0.48		
非金属矿物制品业	448066.21	4032.29	11.14	11.09	0.05	
黑色金属冶炼和压延加工业	324402.36	1585.60	291.91	289.64	2.24	0.65
有色金属冶炼和压延加工业	48334.04	27.91	2.90	1.27	0.04	1.89
金属制品业	4690.34	150.68	5.08	4.91	0.12	0.06
通用设备制造业	1270.93	356.59	1.77	1.77		
专用设备制造业	446.35	206.36	5.14	5.14		
汽车制造业	35.01	7.86	1.53	1.52		
铁路、船舶、航空航天和其他运输设备制造业	32.13	8.47	0.60	0.60		
电气机械和器材制造业	1.95	0.78	0.96	0.07	0.89	
计算机、通信和其他电子设备制造业	78.76	13.85	1.17	1.17		
其他制造业			0.03	0.03		
废弃资源综合利用业	2.63	0.66	8.04	7.90	0.01	0.14
电力、热力生产和供应业	4986167.77	841.18	730.31	727.84	2.45	0.05

主要统计指标解释

自来水综合生产能力 指年底城建部门管理的自来水厂和各单位自备水源的取水、净化、送水、出厂输水干管等环节的实际生产能力。

全年供水总量 指公用自来水厂和社会单位自备水源全年的供水总量，包括有效供水量及损失水量。

城市人口用水普及率 指城市市区用水的非农业人口数（不包括临时人口和流动人口）与市区非农业人口总数之比。

煤气供气总量 指城市煤气企业向城市生产用户、生活用户和其他用户供应全部煤气量。包括外购煤气量的损失量。

城市气化率 指使用煤气（包括人工煤气、液化石油气）的市区非农业人口数（不包括临时人口和流动人口）与市区非农业人口总数之比。

年末实有铺装道路长度 指除土路外，路面经过铺装宽度在 3.5 米以上的道路，包括高级、次高级道路和普通道路。

营运标准车台 是指营运车数按标台换算系数折合的标准车台总数。用以综合反映公交企业的运输能力。标准车台是以每辆车长度 10 米为一标准台，如营运车长 8.7 米，折合 0.87 标台，营运车长 14 米，折合 1.4 标台。计算方法：

$$\text{标准车台（标台）}=\frac{\text{各类营运车辆长度之和（米）}}{\text{标台换算系数（10 米）}}$$

营运车数 是指经上级主管机关核准，可参加营运的全部车辆数。包括技术完好的、在修的、待修的、长期停驶的，以及拟报废尚未经上级主管机关批准的。但不包括非营运车辆，如架线车、货车、油罐车、工程车及其他专用车辆和借入的运客车辆。

营运线路长度 是指固定的营运线路长度，包括郊区营运线路长度，不包括临时行驾的线路长度。营运线路长度应以营运线路的起点站至终点站往返路程的二分之一长度计算。

公共绿地 指供游览休息的各种公园（包括植物园、陵园、游乐园和风景名胜公园等）、动物园、广场绿地、河（湖）滨绿地和宽在八米以上设置有行人休息设施的林荫道绿地等。

建成区绿化覆盖率 反映建成区的绿化覆盖情况，其计算方法：

$$\text{建成区绿化覆盖率（\%）}=\frac{\text{建成区园林绿化面积}+\text{建成区道路绿化面积}}{\text{建成区面积}}\times\text{（\%）}$$

工业废水排放总量 指经过工业企业厂区所有排放口排到企业外部的工业废水量。包括外排的直接冷却水、超标排放的矿井地下水和与工业废水混排的厂区生活污水，不包括外排的间接冷却水（清污不分流的间接冷却水应计算在内）。

工业废气排放总量 指工业企业厂区内燃料燃烧和生产工艺过程中排放的各种废气总量。以标准状态下（0℃，101325Pa）每年万标立方米表示（每小时排放量的算术平均值 × 年排放小时数）。

工业烟尘排放量 指工业企业在厂区内的燃料燃烧过程中排入环境的烟尘量。

工业粉尘排放量 指工业企业在生产工艺过程中排放的固体微粒总重量。如钢铁企业的耐火材料粉尘，焦化企业的筛焦系统粉尘、烧结机的粉尘，石灰窑的粉尘、建材企业的水泥粉尘等。不包括电厂排入大气的烟尘。

十二、农林牧渔业

AGRICULTURE, FORESTRY, ANIMAL, HUSBANDRY AND FISHERY

版面负责人：顾元林　徐　勇
编　　　辑：杜秀侠　秦伟伟
陈露露　李银浩

统计知识

统计执法监督检查办法

第十五条 县级以上人民政府统计机构对接到的举报应当严格按照规定予以受理，经审核可能存在统计违法行为的，应当采取立案查处、执法检查办理，市级以上人民政府统计机构也可以按照规定将举报转交下级统计机构办理。

第十六条 县级以上人民政府统计机构在组织实施统计执法监督检查前应当拟定检查方案，明确检查的依据、时间、范围、内容和组织形式等。

第十七条 统计执法监督检查机构或者执法检查人员组织实施执法监督检查前，应报所属人民政府统计机构负责人批准。

第十八条 统计执法监督检查机构进行执法监督检查时，执法检查人员不得少于2名，并应当出示国家统计局统一颁发的统计执法证，告知检查对象和有关单位实施检查的人民政府统计机构名称，检查的依据、范围、内容和方式，以及相应的权利、义务和法律责任。未出示统计执法证的，有关单位和个人有权拒绝接受检查。

第十九条 县级以上人民政府统计机构调查统计违法行为或者核查统计数据时，依据《统计法》第三十五条的规定，行使统计执法监督检查职权。

第二十条 检查对象和有关单位应当按照统计法律法规规定，积极配合执法监督检查工作，为检查工作提供必要的条件保障。有关人员应当如实回答询问、反映情况，提供相关证明和资料，核实笔录，并在有关证明、资料和笔录上签字，涉及单位的加盖公章。拒绝签字或者盖章的，由执法检查人员现场记录原因并录音录像。

有关地方、部门、单位应当及时通知相关人员按照要求接受检查。

第二十一条 统计执法监督检查机构在执法监督检查过程中，应当及时按规定制作执法文书，如实记录执法检查人员询问情况和检查对象反映的情况以及提供的证明和资料，由执法检查人员在有关笔录上签名。

12-1 主要年份农村基层组织情况

指标	1985	1990	1995	2000	2005	2010	2015	2020	2021
农村组织情况（个）									
乡个数	173	147	128						
镇个数（含城乡镇）	9	35	55	107	114	113	98	97	97
村委会个数	3543	3517	3511	3493	2364	2166	2030	2022	1977
村民小组个数	26723	27041	27028	26793	22033	21716	20873	20961	20612
乡村户数、人口									
乡村户数（万户）	135.83	204.39	170.02	174.45	178.83	187.25	176.47	171.71	169.16
乡村人口（万人）	595.82	656.06	674.08	680.81	690.39	703.90	675.28	668.19	656.56
乡村从业人员（万人）	**271.99**	**321.78**	**330.58**	**335.71**	**348.00**	**366.23**	**358.48**	**349.84**	**348.62**
按性别分									
男性	143.32	169.35	170.48	173.80	182.87	196.59	191.56	186.94	186.71
女性	128.67	152.43	160.10	161.91	165.13	169.64	166.92	162.90	161.9
按行业分									
农林牧渔业	220.26	247.48	239.66	233.14	180.78	159.67	132.75	117.62	114.51
#农业	203.74	227.10	213.35	207.14	163.24	140.59	107.10	98.86	96.06
工业	19.75	27.03	31.52	30.05	56.71	89.34	103.32	104.63	106.45
建筑业	13.04	19.38	24.65	27.32	35.32	46.21	51.66	51.68	51.74
交通运输、仓储业和邮电业	4.38	6.68	8.77	9.31	10.41	14.17	15.32	16.24	16.38
批发与零售业	4.41	6.89	7.65	11.90	13.72	18.80	22.20	23.82	23.78
金融、保险业		0.16	0.22	0.18	0.47	1.01	1.33	1.66	1.68
房地产、社会服务业	0.46	0.44	0.63	0.85	1.19	1.21	1.86	2.07	2.09
卫生、体育和社会福利业	1.06	1.09	1.18	1.32	1.41	1.74	2.06	2.35	2.33
教育、文化艺术和广播电视事业	2.43	2.61	2.39	2.50	2.11	2.74	3.00	3.28	3.27
科学研究和综合技术服务事业	0.12	0.20	0.17	0.15	0.24	0.42	0.53	0.65	0.64
乡经济组织管理业	0.46		1.49	1.47	1.27	0.84	0.97	1.15	1.14
其他非农业行业	5.62	9.82	12.25	17.52	44.37	30.08	11.77	11.41	11.29

12-2 主要年份耕地面积

单位：千公顷

年份	年末实有耕地面积	水田	水浇地	年内减少	#国家基建占地	人均占有耕地（亩/人）按乡村人口计算	按农林牧渔业劳动力计算
1949	634.57			2.33		1.60	
1952	633.74			0.34		1.58	4.41
1957	632.69			0.66		1.57	4.35
1962	630.46			2.82		1.56	4.29
1965							
1970	626.84	143.02	483.82	3.06	2.10	1.54	4.21
1975	625.33	150.71	474.62	1.50	1.08	1.52	4.19
1978	623.13	145.97	477.16	2.20	1.49	1.50	4.16
1979	621.90	153.86	468.04	1.23	1.13	1.48	3.99
1980	619.58	170.25	449.33	2.32	1.88	1.39	3.75
1981	617.73	184.04	433.69	1.88	1.10	1.37	3.69
1982	613.77	191.94	421.83	4.01	3.07	1.36	3.58
1983	611.15	161.03	450.12	2.62	1.24	1.35	3.73
1984	608.12	156.38	451.74	3.12	1.34	1.34	3.71
1985	604.63	161.10	442.23	4.79	1.31	1.33	3.78
1986	602.65	170.39	432.26	2.16	0.96	1.32	3.81
1987	615.40	186.44	428.96	1.17	0.85	1.35	3.87
1988	616.07	191.99	424.08	1.38	0.52	1.36	3.85
1989	615.52	213.85	401.67	1.54	1.03	1.36	3.95
1990	611.77	200.59	411.18	3.81	0.59	1.35	3.94
1991	609.69	195.31	414.38	2.72	1.63	1.33	4.01
1992	609.51	185.33	424.18	1.05	0.43	1.33	4.27
1993	609.00	205.05	403.95	3.35	0.63	1.33	4.70
1994	606.65	205.04	401.61	2.53	1.55	1.32	4.84
1995	599.64	207.82	124.97	1.87	1.39	1.30	4.98
1996	596.21	214.34	132.51	3.47	2.30	1.29	5.10
1997	594.78	210.18	135.90	2.62	1.78	1.28	5.40
1998	595.00	199.64	140.02	5.29	3.85	1.28	5.55
1999	611.94	197.55	157.75	2.17	1.03	1.31	5.77
2000	610.73	190.53	410.73	2.02		1.25	5.50
2001	610.65	190.07	411.00	2.01		1.30	6.12
2002	609.48	189.56	410.54			1.33	6.33
2003	608.69	189.11	410.22			1.34	6.52
2004	609.06					1.35	6.70
2005	609.03					1.35	6.88
2006	608.03					1.35	6.99
2007	608.89					1.34	7.11
2008	611.15					1.35	7.26
2009							
2010							
2011	610.65	190.07	411.00	2.01		1.30	6.12
2012	609.48	189.56	410.54			1.33	6.33
2013	608.69	189.11	410.22			1.34	6.52
2014	609.06					1.35	6.70
2015	609.03					1.35	6.88
2016	608.03					1.35	6.99
2017	608.89					1.34	7.11
2018	611.15					1.35	7.26
2019	576.67	190.68	20.83			1.28	7.07
2020	573.35	189.53	20.87			1.29	7.31

注："水浇地"在2004年及以前为"旱地"口径。

12-3　主要年份农林牧渔业总产值

（1990 年不变价格）　　单位：万元

年　份	农林牧渔业总产值	农　业	林　业	牧　业	渔　业	农林牧渔服务业
1949	80236	65097	2218	12040	881	
1952	95905	78558	3212	12971	1164	
1957	102414	78186	4835	18055	1338	
1962	96791	72700	3662	19008	1421	
1965	125348	92907	8997	21106	2338	
1970	158029	118837	4644	32891	1657	
1975	228677	178457	10942	37175	2103	
1978	248804	191076	14128	40533	3067	
1979	288101	223399	16178	45551	2973	
1980	308986	243256	13413	48123	4194	
1981	329627	262760	10473	51967	4427	
1982	373565	289122	12941	66584	4918	
1983	432382	344386	13184	69111	5701	
1984	503683	388672	14530	94357	6124	
1985	509617	366471	15818	119353	7975	
1986	539701	388306	14658	125615	11122	
1987	558965	395672	15192	135192	12909	
1988	575531	383071	14627	163882	13951	
1989	584300	388451	15261	165123	15465	
1990	617106	388974	14882	196316	16934	
1991	653321	407091	11738	215982	18510	
1992	714847	435995	13686	244515	20651	
1993	796478	453399	21894	295714	25471	
1994	871817	482183	22290	337104	30240	
1995	1027284	555518	29108	401517	41141	
1996	1137525	605564	28439	459140	44382	
1997		659292	28712	300797	45901	
1998	1102308	688264	29955	331947	52142	
1999	1173788	724032	32957	359148	57651	
2000	1231562	754514	33273	379129	64646	
2001	1314282	804945	35204	405637	68496	
2002	1394896	862345	36692	423099	72760	
2003	1355438	730532	39101	455613	72950	57242
2004	1480373	868038	40318	468235	76990	26792
2005	1539166	878862	42879	499465	84986	32974
2006	1610241	936506	44729	477791	115570	35645
2007	1698325	988077	46628	499172	120259	44189
2008	1864125	1045344	49540	588406	131358	49477
2009	2027368	1135354	46615	650514	150175	44709
2010	2281034	1286430	47923	737808	155040	53834
2011	2740180	1496852	51747	961918	161547	68117
2012	3157689	1745489	58632	1093536	179682	80350
2013	3558253	1976164	66061	1212637	203191	100200
2014	4020839	2270183	71294	1335872	222247	121243
2015	4329292	2436033	76860	1437091	236240	143069
2016	4638739	2605223	86059	1526914	265088	156455
2017	5097132	2858899	93900	1667850	288339	188144
2018	5360792	3045074	100543	1706888	294457	213830
2019	5705004	3152107	107308	1887858	312369	245362
2020	6024059	3356993	117105	1969813	319355	260793
2021	6192885	3659605	144154	1784079	321495	283553

12-4 农林牧渔业分项产值

（2021 年） 单位：万元

指　　标	总产值（当年价格）	构成（%）
农林牧渔业总产值	**12973621**	**100**
农业总产值	**8168000**	**62.96**
种植业产值	8087720	62.34
# 粮食	1359393	10.48
油料	78324	0.60
棉花	20297	0.16
麻类		
其他农作物	294	…
蔬菜园艺作物	5583623	43.04
茶、桑、水果	1008338	7.77
药材	37451	0.29
林业产值	**216400**	**1.67**
林木培养和种植	140129	1.08
竹木采运	45695	0.35
# 村及村以下竹木采伐	35341	0.27
林产品	30576	0.24
牧业产值	**2803001**	**21.61**
牲畜	521189	4.02
# 牛	118238	0.91
羊	336552	2.59
猪	1281456	9.88
家禽的饲养	924890	7.13
其他动物产品	75466	0.58
渔业产值	**1050999**	**8.10**
# 淡水产品	1050999	8.10
农林牧渔服务业产值	**735221**	**5.67**

12-5 主要年份农林牧渔业总产值、中间消耗及增加值

（当年价格） 单位：万元

指标	1990	1995	2000	2005	2010	2015	2020	2021
农林牧渔业总产值	**648481**	**1909331**	**2258028**	**3330682**	**5147300**	**9769328**	**12483408**	**12973621**
农业产值	421660	1133427	1483459	2087542	3224250	6089117	7492590	8168000
林业产值	14643	45823	58415	88590	102871	164988	175795	216400
牧业产值	194679	669430	588828	905295	1458808	2841446	3094812	2803001
渔业产值	17499	60651	127326	181405	252765	385147	1044003	1050999
农林牧渔服务业				67850	108606	288630	676208	735221
农林牧渔业中间消耗	**265505**	**899941**	**1072317**	**1631111**	**2391135**	**4528360**	**4925408**	**5136620**
农业中间消耗	139355	408638	606074	869347	1301285	2470776	2204441	2731227
林业中间消耗	5703	15207	21485	35128	53493	66586	71970	101455
牧业中间消耗	116534	443072	386418	609154	875858	1748368	1861209	1516514
渔业中间消耗	3913	33024	58340	90200	120315	147415	482753	455806
农林牧渔服务业				27282	40184	95215	305035	331618
农林牧渔业增加值	**372976**	**1009390**	**1185711**	**1699571**	**2756165**	**5240968**	**7558000**	**7837001**
农业增加值	271509	724789	877385	1218195	1922965	3618341	5288149	5436773
林业增加值	8939	30616	36930	53462	49378	98402	103825	114945
牧业增加值	78145	226358	202410	296141	582950	1093078	1233603	1286487
渔业增加值	14383	27627	68986	91205	132450	237732	561250	595193
农林牧渔服务业				40568	68422	193415	371173	403603

注：1. 2003 年及以后农林牧渔业总产值、中间消耗、增加值含农林牧渔服务业（下同）。2. 按照统一核算制度改革要求，对 2018 年农林牧渔业总产值进行了修订（下同）。

12-6 主要年份农林牧渔业总产值、中间消耗及增加值构成

（当年价格） 单位：%

指标	1990	1995	2000	2005	2010	2015	2020	2021
农林牧渔业总产值	**100.0**	**100.0**	**100.0**	**100.0**	**100.0**	**100.0**	**100.0**	**100.00**
农业产值	65.0	59.4	65.7	62.7	62.6	62.3	60.0	62.96
林业产值	2.3	2.4	2.6	2.7	2.0	1.7	1.4	1.67
牧业产值	30.0	35.0	26.1	27.2	28.3	29.1	24.8	21.61
渔业产值	2.7	3.2	5.6	5.4	5.0	3.9	8.4	8.10
农林牧渔服务业				2.0	2.1	3.0	5.4	5.67
农林牧渔业中间消耗	**100.0**	**100.0**	**100.0**	**100.0**	**100.0**	**100.0**	**100.0**	**100.00**
农业中间消耗	52.5	45.4	56.5	53.3	54.4	54.6	44.7	53.17
林业中间消耗	2.1	1.7	2.0	2.2	2.2	1.5	1.5	1.98
牧业中间消耗	43.9	49.2	36.0	37.3	36.6	38.6	37.8	29.52
渔业中间消耗	1.5	3.7	5.5	5.5	5.1	3.3	9.8	8.87
农林牧渔服务业				1.7	1.7	2.1	6.2	6.46
农林牧渔业增加值	**100.0**	**100.0**	**100.0**	**100.0**	**100.0**	**100.0**	**100.0**	**100.00**
农业增加值	72.8	71.8	74.0	71.7	69.8	69.0	70.0	69.37
林业增加值	2.4	3.0	3.1	3.1	1.8	1.9	1.4	1.47
牧业增加值	21.0	22.4	17.1	17.4	21.1	20.9	16.3	16.42
渔业增加值	3.8	2.8	5.8	5.4	4.8	4.5	7.4	7.59
农林牧渔服务业				2.4	2.5	3.7	4.9	5.15

12-7 主要年份农作物播种面积

单位：千公顷

年 份	总播种面 积	粮食作物		在粮食作物播种面积中				
		播种面积	占总播种面积（%）	小麦	稻谷	薯类	玉米	大豆
1957	1177.89	908.19	77.1	430.05	16.85	102.38	73.84	262.07
1962	950.53	738.01	77.6	328.84	4.69	157.03	56.30	182.15
1965	948.59	678.22	71.5	259.94	22.67	139.35	46.67	146.59
1970	901.52	701.41	77.8	315.96	63.93	126.21	45.11	129.20
1975	947.18	713.49	75.3	309.46	58.41	119.87	39.87	130.48
1978	951.43	705.09	74.1	296.74	79.95	147.32	78.10	90.07
1979	968.45	729.18	75.3	318.46	125.48	113.87	47.08	71.39
1980	942.88	729.57	77.4	306.49	179.40	102.33	46.32	83.03
1981	979.52	814.85	83.2	298.89	168.43	92.35	41.24	76.57
1982	969.44	831.59	85.8	365.49	127.95	76.38	118.47	65.49
1983	984.09	852.18	86.6	388.61	133.06	89.93	137.95	86.32
1984	1014.64	872.44	86.0	417.20	150.06	77.11	136.81	74.39
1985	1029.63	855.12	83.1	412.26	141.52	62.80	157.29	68.23
1986	1037.58	873.57	84.2	417.35	137.65	60.62	172.19	72.44
1987	1045.15	874.63	83.7	419.93	132.73	58.12	186.04	66.87
1988	1023.02	845.62	82.7	414.33	134.01	56.93	163.01	56.63
1989	1023.21	867.63	84.8	423.58	141.54	51.87	186.99	52.18
1990	988.39	850.59	86.1	427.27	157.77	47.15	174.55	34.87
1991	1021.19	859.15	84.1	427.42	181.57	41.77	171.87	27.43
1992	1022.63	848.47	83.0	424.84	187.59	36.48	163.96	27.41
1993	1002.96	808.94	80.7	403.64	147.43	35.62	175.00	39.78
1994	988.14	768.44	77.8	378.34	141.85	30.96	168.50	39.72
1995	967.30	743.12	76.8	372.20	151.26	29.84	150.25	30.29
1996	967.11	744.03	77.0	370.00	164.40	31.91	139.52	29.53
1997	982.83	753.81	76.7	370.71	178.09	27.76	133.48	35.18
1998	1014.34	745.58	73.5	360.92	185.69	25.10	136.21	31.93
1999	990.28	686.62	69.3	326.16	203.25	21.95	105.35	21.74
2000	990.73	587.54	59.3	276.33	158.30	21.67	87.70	35.09
2001	999.24	536.91	53.7	256.38	140.67	18.51	83.51	30.91
2002	1001.78	512.26	51.1	240.85	134.71	18.36	82.19	28.91
2003	985.81	465.79	47.2	212.58	115.87	18.09	83.32	28.75
2004	1001.27	539.29	53.9	238.34	161.72	14.90	89.53	28.98
2005	1024.73	576.99	56.3	260.21	177.69	10.76	90.16	31.63
2006	1015.26	613.22	60.4	279.82	184.78	8.92	101.92	32.77
2007	1040.39	672.42	64.6	311.13	184.67	6.90	133.98	33.73
2008	1010.10	666.84	66.2	307.82	185.77	6.29	127.55	37.57
2009	1056.60	689.28	65.2	319.96	185.76	5.04	135.32	41.12
2010	1099.09	714.05	65.0	340.15	184.93	4.33	143.51	39.23
2011	1110.29	727.26	65.5	341.71	188.68	3.92	152.40	38.28
2012	1124.64	730.55	65.0	346.98	189.69	3.59	152.03	37.16
2013	1126.58	729.75	64.8	346.24	190.07	4.85	153.14	34.33
2014	1127.21	732.96	65.0	349.16	189.38	4.48	156.57	32.44
2015	1160.62	736.27	63.4	350.52	187.94	4.40	160.99	31.60
2016	1162.34	762.63	65.6	359.89	180.20	4.36	196.70	20.23
2017	1172.32	767.53	65.5	354.25	178.27	4.29	203.14	26.23
2018	1178.48	765.66	64.9	351.87	179.02	3.42	195.56	35.31
2019	1177.92	761.81	64.7	350.93	178.56	3.57	191.04	37.21
2020	1180.37	767.90	65.1	353.08	179.21	3.86	194.45	37.11
2021	1181.95	767.50	64.9	353.17	179.09	3.53	196.58	34.61

12-7 续表

单位：千公顷

年份	经济作物		在经济作物播种面积中				其它作物	
	播种面积	占总播种面积（%）	棉花	油菜籽	花生	甜菜		#蔬菜
1957	210.40	17.9	49.93	0.87	25.17		9.30	1.48
1962	200.32	21.3	29.04	0.29	14.23		10.20	3.94
1965	256.34	27.0	42.17		26.67		14.03	11.04
1970	182.27	20.2	52.05		8.75		17.84	13.45
1975	214.48	22.6	54.84	0.92	10.43		19.21	
1978	225.31	23.7	48.48	1.90	9.30		21.03	17.92
1979	217.95	22.5	54.65	2.01	10.57		20.87	14.80
1980	194.84	20.7	47.95	6.01	16.93		18.47	14.59
1981	165.47	16.9	59.48	7.81	13.62		23.59	17.25
1982	137.85	14.2	65.43	6.81	10.37		25.47	20.18
1983	104.08	10.6	69.17	14.59	14.31		27.83	18.02
1984	114.72	11.3	83.67	9.81	13.49		27.48	20.93
1985	137.25	13.3	77.32	23.02	24.26	0.33	37.26	28.17
1986	118.57	11.4	57.81	30.76	22.31		45.44	33.75
1987	123.99	11.9	68.53	30.92	18.62		46.53	35.01
1988	125.32	12.3	90.30	11.62	16.79		52.08	39.40
1989	100.59	9.8	64.83	9.37	16.08		54.99	43.78
1990	87.19	8.8	61.68	4.65	13.91		50.61	42.47
1991	114.15	11.2	77.80	9.83	15.55	0.40	47.89	39.99
1992	119.50	11.7	80.62	6.76	17.18		54.99	44.93
1993	90.45	9.0	57.68	5.46	21.14		103.57	73.81
1994	100.31	10.2	60.97	9.82	25.63	0.57	119.39	99.11
1995	95.85	9.9	62.15	7.10	23.81	0.17	128.33	113.38
1996	71.23	7.4	43.65	4.98	19.50	0.71	151.84	134.73
1997	67.17	6.8	37.54	3.35	21.64	0.08	161.85	138.68
1998	68.40	6.7	35.85	2.90	27.82	0.21	200.36	165.70
1999	68.55	6.9	23.48	2.90	38.33	0.05	235.11	215.05
2000	106.46	10.7	42.78	6.19	53.68	0.06	296.73	244.94
2001	131.18	13.1	61.51	7.54	57.26	0.20	331.15	299.16
2002	120.46	12.0	54.30	9.12	53.49	0.08	369.06	326.41
2003	141.16	14.3	72.23	9.96	50.83		370.85	338.12
2004	154.29	15.4	70.17	8.19	32.03	0.07	307.69	301.98
2005	133.26	13.0	53.33	8.83	43.75		314.48	310.97
2006	111.05	10.9	46.19	7.77	34.06		290.99	288.24
2007	74.30	7.1	40.89	5.43	27.98		293.67	270.63
2008	87.10	8.6	36.15	4.41	25.88		276.58	254.58
2009	84.72	8.0	30.45	5.41	27.76		282.08	280.08
2010	83.81	7.6	30.20	4.61	26.55		301.23	293.30
2011	81.00	7.3	29.40	3.62	25.22		302.03	297.20
2012	83.24	7.4	28.54	3.15	23.96		310.85	304.97
2013	80.45	7.1	25.68	2.52	22.92		316.38	310.67
2014	77.99	6.9	21.20	1.74	24.13		316.26	311.84
2015	79.95	6.9	16.18	1.47	24.25		344.40	339.12
2016	59.48	5.1	8.47	1.07	16.52		340.23	338.57
2017	61.15	5.2	7.32	0.71	20.37		343.64	339.18
2018	68.36	5.8	7.31	0.91	26.52		344.46	341.58
2019	69.95	5.9	6.37	1.72	27.65		346.16	343.50
2020	65.54	5.6	4.80	4.80	4.80		346.93	344.29
2021	64.43	5.5	3.91	1.68	24.46		350.02	347.75

12-8 农作物播种面积和产量

指 标	2019			2020			2021		
	播种面积（千公顷）	每公顷产量（公斤）	总产量（吨）	播种面积（千公顷）	每公顷产量（公斤）	总产量（吨）	播种面积（千公顷）	每公顷产量（公斤）	总产量（吨）
农作物总播种面积	**1177.92**			**1180.37**			**1181.64**		
粮食	761.81	6583	5015371	767.90	6536	5019181	767.50	6537.96	5017882
夏收粮食	351.25	6001	2107757	353.15	5998	2118192	353.48	6007.34	2123474
夏收谷物	350.95	6004	2106982	353.09	5999	2118013	353.31	6008.89	2123000
# 小麦	350.93	6004	2106876	353.08	5999	2117956	353.17	6009.13	2122246
# 稻谷	178.56	8639	1542527	179.21	8593	1539953	179.09	8598.30	1539847
# 籼稻									
玉米	191.04	6491	1239987	194.45	6357	1236144	196.58	6302	1238723
秋收豆类	37.33	2675	99843	37.18	2631	97839	34.79	2613	90917
# 大豆	37.21	2677	99597	37.11	2632	97678	34.61	2614	90465
秋收薯类	3.57	6978	24911	3.86	6939	26808	3.53	7002	24693
棉花	6.37	1885	12011	4.80	1461	7014	3.91	1504	5870
油料	29.53	4464	131830	26.26	4400	115535	26.14	4467	116772
# 花生	27.65	4612	127526	24.61	4530	111495	24.46	4602	112568
油菜籽	1.72	2378	4091	1.60	2419	3871	1.68	2502	4204
蔬菜瓜类	376.50	37732	14208023	377.35	37871	14290560	381.06	38769	14773431
# 蔬菜（含菜用瓜）	343.50	37497	12880307	344.29	37612	12949286	347.75	38551	13406210
瓜类（果用瓜）	33.01	40225	1327716	33.06	40571	1341274	33.31	41045	1367221
其它农作物	2.66			2.64			2.27		

12-9 主要年份主要农产品产量

年 份	粮 食（万吨）	棉 花（万吨）	油 料（万吨）	蚕 茧（吨）	水 果（万吨）	大牲畜年末数（万头）	生猪存栏（万头）	猪牛羊肉（万吨）	水产品（万吨）
1949	74.66	0.20	1.95	70	1.01	32.71	22.19	0.51	0.29
1952	97.42	0.40	2.52	90	1.25	38.80	25.85	0.50	0.37
1957	84.23	0.75	1.62	245	1.01	39.63	46.65	1.60	0.34
1962	76.21	0.39	0.78	110	0.50	29.56	47.66	1.36	0.34
1965	90.95	0.95	1.82	320	0.75	32.12	68.92	2.17	0.49
1970	124.85	2.97	1.05	255	1.48	38.21	80.08	2.38	0.17
1975	174.66	3.41	1.21	485	2.37	35.28	129.15	4.77	0.52
1978	206.15	2.47	1.59	525	2.62	31.47	149.25	5.18	0.72
1979	235.53	2.00	2.07	705	3.93	30.09	148.45	6.15	1.03
1980	249.94	4.46	3.14	885	3.74	28.20	144.07	7.18	1.20
1981	275.10	4.32	5.04	915	4.67	27.52	144.07	7.80	1.18
1982	293.46	5.69	7.54	990	4.66	26.32	146.64	10.20	0.99
1983	367.85	7.32	5.68	1175	5.84	26.54	152.79	8.50	1.04
1984	405.71	9.32	5.09	1675	5.93	24.38	149.46	10.24	1.18
1985	379.70	7.05	10.48	2030	5.77	23.59	189.96	12.90	1.77
1986	410.34	6.24	10.63	2715	7.76	25.58	189.36	13.11	2.44
1987	403.42	7.48	10.60	3135	7.56	27.18	180.57	14.67	3.01
1988	370.10	8.84	4.81	3784	12.83	29.53	158.27	16.08	3.16
1989	404.40	4.69	4.99	5258	11.28	30.98	163.39	16.78	3.37
1990	399.00	5.57	4.77	6022	14.13	32.06	170.36	18.73	3.70
1991	411.83	7.96	6.32	7533	13.16	33.13	170.36	19.59	4.11
1992	418.87	5.45	5.52	11838	16.61	36.15	172.42	21.11	4.62
1993	407.30	4.79	7.12	14814	21.33	39.27	192.04	23.15	5.75
1994	378.99	4.23	9.33	22410	24.03	43.36	203.01	26.14	6.92
1995	406.13	5.91	8.35	22105	35.78	49.54	215.78	28.71	8.49
1996	423.01	4.94	6.38	14424	49.15	53.30	216.89	36.17	9.80
1997	436.51	4.27	7.87	14555	58.15	44.57	176.51	24.92	10.66
1998	386.00	3.92	9.55	14230	66.27	24.50	209.82	26.79	12.02
1999	418.96	2.50	14.35	14320	75.74	17.46	190.04	25.52	12.83
2000	319.50	5.08	20.28	15176	81.91	17.92	201.07	27.51	13.52
2001	309.43	6.79	23.10	16841	90.80	16.78	198.43	28.80	14.17
2002	297.55	6.34	22.23	16560	92.93	19.10	206.02	28.60	14.57
2003	210.44	4.43	10.29	15153	80.57	17.22	206.80	30.10	14.73
2004	319.02	8.37	19.91	14788	90.46	17.73	207.35	31.79	15.57
2005	314.13	4.17	16.26	13212	87.52	18.22	214.26	35.05	16.43
2006	357.87	4.92	14.63	14270	93.99	18.55	180.57	32.41	17.26
2007	374.74	4.19	11.19	13238	98.95	11.59	190.93	35.78	17.32
2008	389.34	4.17	10.70	9966	104.58	16.07	220.49	31.90	16.65
2009	427.67	3.84	12.56	10214	104.88	18.80	248.95	39.40	16.95
2010	440.20	3.23	12.11	6805	106.31	20.99	293.19	46.58	17.04
2011	455.30	3.39	11.45	7510	114.21	23.07	315.36	48.13	17.50
2012	471.73	3.67	10.63	6941	118.77	21.50	313.49	52.97	18.14
2013	451.13	3.63	9.96	6815	92.81	20.87	297.20	47.87	18.37
2014	469.18	3.24	10.62	7977	116.11	20.21	306.91	51.11	18.60
2015	470.92	2.60	11.20	6512	108.47	18.12	299.61	50.09	18.79
2016	484.70	1.18	9.84	3674	110.07	16.06	275.05	44.91	18.88
2017	500.30	1.14	9.34	4676	115.33	13.55	243.46	42.12	17.32
2018	484.48	1.03	12.32	4536	83.62	10.02	233.46	38.77	16.87
2019	501.54	1.20	13.18	4714	114.89	8.34	125.85	25.96	16.08
2020	501.92	0.70	11.55	4122	116.37	6.89	263.28	29.12	15.80
2021	501.79	0.59	11.68	4080	110.42	7.15	273.06	36.01	16.17

12－10　主要年份蚕桑、水果生产情况

单位：吨、公顷

指　　标	1978	1980	1985	1990	1995	2000	2005	2010	2015	2020	2021
蚕茧产量	**525**	**885**	**2030**	**6022**	**22105**	**15176**	**13212**	**6805**	**6512**	**4122**	**4080**
水果产量	**26210**	**37355**	**576545**	**141335**	**357761**	**819139**	**875179**	**1063147**	**1084712**	**1163682**	**1104175**
# 苹果	8843	18874	33035	65638	236258	554403	465347	500570	525887	498161	479909
梨	11339	10512	17441	21662	35992	131368	184550	229087	172045	224440	206186
葡萄				4909	5682	13423	28527	48548	95742	113944	99428
桃子	1318	1747	1841	36875	59713	92833	152802	213566	245448	286045	283624
红枣				26	131	1360	5055	3476	5555	985	888
桑园面积	**1307**	**1467**	**2700**	**11100**	**43333**	**13667**	**13307**	**7734**	**7333**	**3925**	**3799**
果园面积	**9233**	**9246**	**12700**	**43026**	**68967**	**82139**	**82056**	**75990**	**75435**	**68003**	**63466.07**
# 苹果园		5760	6993	24900	49819	35720	32528	30909	28824	24905	24476.6
梨园					7416	20136	19733	13305	11425	10605	10012.6
葡萄园					380	1363	2793	2489	7038	6843	6336.6

12－11　主要年份林业生产情况

单位：公顷

指　　标	1978	1980	1985	1990	1995	2000	2005	2010	2015	2020	2021
造林面积	4847	3747	7787	3353	5590	4300	7450	5999	3408	12680	7387
# 用材林	3453	2006	4620	2240	2218	1893	2346	1459	307	1547	1074
经济林	993	313	2800	466	3354	2387	2538	1003	1172	3399	2141
防护林	401	1428	367	620		20	2566	3538	1922	7734	4170
林产品产量（吨）											
板栗	23	650	380	465	1678	2203	3096	2690	1704	1254	1391
白果	19	27	47	47	72	910	1260	2333	4641	8253	5000
迹地更新面积			133	106	546	1230	972	802	257		1488
四旁植树（万株）	4734	4208	3108	1776	1538	1493	1790	2202	1195	854	633
林木种子采集量（吨）						80	80	350	4319	4455	3098
本年育苗面积	2800	1777	2180	940	921	931	2578	3818	8331	9442	9298
中、幼龄林抚育面积										10350	
低产林改造面积					187		24		36		
木材采伐量（万立方米）	5.05	11.55	13.79	21.42	53.00	41.68			23.66		10.02
年末实有林地面积	57400	65386	76593	79413	87123	154458			273929	272992	279883

12-12 主要年份畜牧业生产情况

指　　标	1978	1985	1990	1995	2000	2005	2010	2015	2020	2021
牲畜年末头数（万头）										
大牲畜	31.47	23.59	32.06	49.54	17.92	18.22	20.99	18.12	6.89	7.21
# 役畜				26.60	7.43	2.59	3.84	2.46		
牛	21.00	11.27	17.17	33.70	8.82	15.34	17.54	16.12	6.35	7.15
马	3.88	3.03	1.70	1.68	0.63	0.21	0.20	0.11	0.03	0.01
驴	5.60	7.55	11.33	12.33	7.78	2.25	2.35	1.36	0.26	0.04
骡	0.99	1.74	1.86	1.83	0.69	0.42	0.90	0.65	0.25	0.01
猪	149.25	189.96	170.36	215.78	201.07	214.26	293.19	299.61	263.28	273.06
羊　（万只）	82.79	80.71	206.01	353.98	175.48	263.68	208.14	228.85	74.35	75.86
# 山羊	39.14	59.08	179.66	326.05	163.38	267.24	202.60	217.09	65.29	62.01
兔　（万只）		89.01	109.12	444.22	655.83	667.16	1056.77	1023.82	153.99	136.24
家禽　（万只）	491.80	1613.08	2403.44	4298.00	3545.39	4735.11	9270.77	9618.31	5568.12	5486.64
畜产品产量										
肉猪出栏头数（万头）	67.01	130.74	163.11	250.95	238.83	308.56	460.74	549.88	346.26	411.35
肉类总产量　（吨）		142336	217108	403509	366391	501563	885070	1014486	572902	64141
# 猪肉	51847	123325	161363	248224	240487	293027	414173	429977	267950	334593
牛肉		1715	9243	2747	10958	15656	8864	11645	8650	9920
羊肉		3948	16685	36107	23665	41844	42736	59302	14620	15559
禽肉		11421	25876	67770	67528	113626	340256	444393	270390	281343
兔肉		1927	2635	18736	19739	24524	60603	62528	10006	9836
其他畜产品产量（吨）										
牛奶	3814	6997	9889	20821	59035	183851	266981	166594	121440	153311
羊奶										
绵羊毛	1520	1059	1479	1730	743	386	273	300	165	165
蜂蜜	121	283	1035	335	120	289	556	390	333	353
禽蛋		71541	148806	325152	354001	422021	486249	576481	358290	358134

12-13 主要年份水产品生产情况

指　　标	1978	1985	1990	1995	2000	2005	2010	2015	2020	2021
水产品产量　（吨）	**7160**	**17745**	**36897**	**84928**	**135168**	**164298**	**170395**	**187919**	**158040**	**161689**
按生产性质分										
捕捞产量	1825	4523	9574	18409	19061	25140	16306	15511	13454	10687
养殖产量	5335	13222	27323	66519	116107	139158	154089	172408	144586	151002
按类别分										
鱼类	6427	14258	37847	76287	116203	116952	151286	168703	125889	127352
虾蟹类	39	41	72	177	14967	19665	15240	15604	16114	20832
贝类	746	926	1587	2972	2957	629	1974	1936	440	436
其它	53	97	201	342	1046	1912	1895	1676	2143	2382
水产养殖面积（公顷）	**9493**	**17309**	**16751**	**26787**	**31363**	**35879**	**25694**	**26589**	**19235**	**16324**

12-14 主要年份农业现代化情况

单位：千公顷

指标	1980	1985	1990	1995	2000	2005	2010	2015	2020	2021
农业机械化情况										
机耕面积	490.40	520.11	515.45	549.51	534.16	685.76	637.73	791.89	1072.37	1113.97
机播面积	100.00	212.00	325.98	277.65	253.76	401.28	413.29	644.57	885.88	924.27
# 机播小麦面积	161.38	198.74	325.55	254.22	231.76	282.30	275.05	319.49	330.11	338.74
机械开沟面积			206.56	206.08	159.38					
机械植保面积			227.29	522.48	575.64	683.64	625.67	764.02	980.93	1093.75
机械收获面积		160.67	286.39	367.64	419.90	516.46	505.42	685.38	854.73	899.61
农村电气化情况										
农村用电量　（万千瓦时）	29675	75513	185943	163273	297446	462664	502295	663065	696919	709563
农业化学化情况										
农用化肥施用量（折纯量）（吨）	250379	314738	440900	567001	671296	696985	703405	621636	541729	530124
# 氮肥	163916	194643	259564	299171	311692	316672	328439	284806	251250	244626
磷肥	60658	94386	98522	114582	122556	104933	104733	86001	70097	66778
钾肥	7374	5536	21899	36576	71045	71824	70820	62284	52527	50709
复合肥	18430	17502	60916	116672	166003	203556	199413	188545	167855	168011
每公顷耕地施用量　（公斤）	397	507	728	927	1120	1182	1201			
农用塑料薄膜使用量　（吨）		7343	6948	8583	9057	12150	12934	13418	12877	12707
农药使用量　（吨）		6268	15162	15047	14341	12556	12441	10169	8341	8037
农田水利情况										
有效灌溉面积		443.28	444.67	461.12	495.45	480.08	491.98	511.47	537.86	546.83
旱涝保收面积			360.51	395.89	348.12	420.70	428.00	463.47	492.53	
农村基础设施情况　（个）										
自来水受益村数			550	1270	1161	1813	1946	1974	2000	
通电话村数			2228	3493	2364	2207	2166			
通宽带村数								2015	2005	

注：旱涝保收面积、自来水受益村数、通电话村数、通宽带村数自 2021 年起不再统计。

12-15　主要年份主要农业机械拥有量

（年底数）

指　　标		1980	1985	1990	1995	2000	2005	2010	2015	2020	2021
农业机械总动力	**（万千瓦）**	**186.19**	**253.03**	**205.11**	**374.66**	**437.73**	**547.63**	**563.71**	**684.57**	**765.19**	**770.89**
#柴油机		118.13	160.85	134.87	295.07	350.53	469.94	483.25	570.03	651.45	654.71
电动机		56.71	79.51	62.09	76.34	83.01	71.97	6.68	97.22	90.31	92.45
主要农业机械											
大中型拖拉机	（台）	6285	6439	4335	7574	7101	11332	13772	27922	31125	29689
	（万千瓦）	22.57	23.97	16.43	25.43	25.39	44.51	57.28	137.95	99.57	203.67
小型拖拉机	（台）	86025	117000	86976	143011	156367	279005	274908	203599	117302	105842
	（万千瓦）	76.21	106.80	77.22	129.96	143.47	250.64	250.64	203.13	145.64	131.81
农用排灌动力机械	（台）	35681	51300	51576	52506	60907	59669	61047	86320		
	（万千瓦）	42.77	54.37	53.79	60.91	70.15	66.23	67.61	88.60		
#柴油机	（台）	7460	10800	12154	12339	18720	21553	22276	33538		
	（万千瓦）	7.74	10.80	11.84	11.80	19.18	19.96	20.71	26.64		
电动机	（台）	28221	40500	39422	40167	42116	38116	38771	49386		
	（万千瓦）	35.07	43.57	41.94	49.11	50.76	46.27	46.91	61.53		
农用水泵	（台）	34062	48000	50561	77396	71639	79572	82443	111310	133885	132740
节水灌溉机械	（套）	804	3512	7012	17841	21406	21560	21866	35304	30216	34294
联合收割机	（台）	98	149	426	6039	9822	14046	15435	26008	31221	28307
机动脱粒机	（台）	35307	57227	8794	68050	31345	21445	21005	12771	7459	10114
机动喷雾（粉）机	（万部）	0.44	0.45	0.88	1.62	1.87	2.24	2.50	5.21		
农产品加工机械动力	（万千瓦）	19.36	37.49	21.37	22.11	22.48	25.83	25.33	31.51	48.37	48.23
低速载货汽车	（辆）	2654	3425	3346	6536		17886	17897	17109		
	（万千瓦）	16.85	25.24	25.14	11.69		29.25	28.98	32.54		

12－16　主要年份农林牧渔业主要经济效益指标

指　　标	1985	1990	1995	2000	2005	2010	2015	2020	2021
每个农业劳动力创造的									
农林牧渔业总产值　（元）	1446	2855	4815	9685	18424	32237	73592	106133	113297
每个农业劳动力创造的									
农林牧渔业增加值　（元）		1161	3053	5086	9401	17262	39480	64258	68439
每公顷耕地创造的									
种植业产值　（元）		5811	17876	22959	14498	52793	99981	130681	
每公顷耕地创造的									
种植业增加值　（元）		4380	12014	13927	20315	31486	59412	92232	
每个农业劳动力生产的									
粮食产量　（公斤）	1724	1757	1904	1370	1738	2757	3547	4267	4382
每个农业劳动力生产的									
棉花产量　（公斤）	32	25	28	22	23	20	20	6	5
每个农业劳动力生产的									
油料产量　（公斤）	47	21	39	87	81	76	84	98	102
每个农业劳动力生产的									
肉类产量　（公斤）	64	82	146	157	277	554	764	486	560
每个农业劳动力生产的									
水产品产量　（公斤）	8	16	40	58	91	107	142	134	141
农民人均纯收入　（元）	389	661	1800	3230	4443	7955	13982	21229	23694

主要统计指标解释

乡村劳动力 是指乡村人口中经常参加合作经济组织（包括乡村办企业事业单位）和从事家庭经营生产劳动的整、半劳动力。凡是在农村由合作经济组织分配劳动任务或者承包各种生产任务，并从中直接取得实物、货币收入的劳动力，不管他们从事何种劳动，都统计为乡村劳动力。国家向乡村调用的建勤民工，由集体经费支付工资或补贴的乡村半脱产管理干部，乡村分配到全民所有制单位和城镇集体所有制单位工作而收入交合作经济组织，并从中取得实物、货币收入的合同工、临时工、亦工亦农人员；自行外出，但户口没有转出的劳动力，都包括在内。

16周岁以上的在校学生和由国家支付工资的职工都不统计为乡村劳动力。

农林牧渔业总产值 指以货币表现的农、林、牧、渔业全部产品和对农业生产进行各种支持性服务活动的总量，它反映一定时期内农业生产总规模和总成果。从2003年开始农林牧渔业总产值执行新的国民经济行业分类标准，包括农业、林业、牧业、渔业、农林牧渔服务业，不再包括农民兼营商品性工业。农林牧渔业总产值中的农、林、牧、渔四业的计算方法通常是按农、林、牧、渔业产品及其副产品的产量分别乘以各自单位产品价格求得，现行价格从2003年开始使用生产价格调查的价格；少数生产周期较长，当年没有产品或产品产量不易统计的，则采用间接方法匡算其产值；然后将四业产品产值与农林牧渔服务业相加即为农林牧渔业总产值。

农林牧渔业增加值 指农、林、牧、渔及农林牧渔服务业在生产货物或提供服务活动的过程中而增加的价值，为农林牧渔业现价总产值扣除农林牧渔业现价中间投入后的余额，是指各单位生产经营的最终成果。

农林牧渔业中间消耗 是指当年在农林牧渔业生产过程中所投入或消耗的各种物质产品和劳务价值的总和。包括中间物质消耗和对非物质生产部门的劳务支出两部分

农作物总产量 是指本年度内生产的各种农作物的总产量。不论计划内外，数量多少，耕地上还是非耕地〔包括荒山、坡及江、河、湖、海滩（涂）、十边隙地等〕上的农作物产量都统计在内。农作物产量是指全社会产量，不仅要把国营农场等全民所有制生产单位和乡、村集体所有制生产单位的农作物产量统计在内，农户自营地、工矿企业职工家属办的农场和其他经营单位的农作物产量也统计在内。不仅统计卖给国家的农作物产量，生产单位自产自用的农作物产量也统计在内。农作物产量只统计晒干入库的产量。

粮食产量 指全社会的产量。包括国有经济经营的、集体统一经营的和农民家庭经营的粮食产量，还包括工矿企业家属办的农场和其他生产单位的产量。粮食除包括稻谷、小麦、玉米、高粱、谷子及其他杂粮外，还包括薯类和大豆。其产量计算方法，豆类按去豆荚后的干豆计算；薯类（包括甘薯和马铃薯，不包括芋头和木薯）1963年以前按每4公斤鲜薯折1公斤粮食计算，从1964年开始及以后改为按5公斤鲜薯折1公斤粮食计算。城市郊区作为蔬菜的薯类（如马铃薯等）按鲜品计算，并且不作为粮食统计。其他粮食一律按脱粒后的原粮计算。

油料产量 指全部油料作物的生产量。包括花生、油菜籽、芝麻、向日葵籽、胡麻籽（亚麻籽）和其他油料。不包括大豆，也不包括木本油料和野生油料。花生以带壳干花生计算。

蚕茧产量 是指本年度内生产的全部蚕茧产量，不论自用的或出售的，都统计在内。在计算蚕茧产量时，把土茧、改良茧和种茧都包括在内。蚕茧产量均按鲜茧的重量计算。

猪、牛、羊肉产量 指当年出栏并已屠宰后除去头蹄下水后带骨肉（即胴体重）的重量。

水产品产量 是指人工养殖并捕捞的水产品和捕捞天然生产的水产品产量。不论自食的或出售的，都计算在内。用作继续扩大再生产的水产品（如鱼苗、苗种、亲鱼、鱼饵及转塘鱼、存塘鱼等）不作水产品产量统计。在渔业生产单位出售以前已经变质的水产品，不论是改作饲料、肥料还是其他用途，也不作水产品产量统计。

生猪出栏量 是指国营农场等全民所有制生产单位、乡（镇）、村各种合作经济组织和农户、机关、学校、工矿企业、部队以及城镇居民饲养的，可供屠宰并已出栏的全部肉猪数量。不仅包括卖给国家及其他购买者的肉猪，还包括集体和城乡居民自宰的肉猪。

期初（末）畜禽存栏头（只）数 指本期期初（末）农村各种合作经济组织和国营农场、农民个人、机关、团体、学校、工矿企业、部队等单位以及城镇居民饲养的大牲畜、猪、羊、家禽等畜禽的存栏头（只）数。

谷物 指籽实主要供作粮食的作物。这类作物包括稻谷、小麦、玉米、谷子、高粱和其他谷物，不包括豆类和薯类作物。

林产品产量 指不经砍伐竹木的根本而取得的各种林产品数量。包括生漆、棕片、五倍子、松脂、笋干、油桐籽、油茶籽、乌桕子、核桃、板栗、白果等各种林木籽实以及修剪竹木所获得的枝叶（如荆条、柳条、蒲葵叶）等。不包括桑叶、茶叶、水果。也不包括野生的林产品。

耕地面积 是指种植农作物，并经常进行耕锄的田地。

统计范围包括熟地、当年新开荒地、连续撂荒未满三年的耕地和当年的休闲地（轮歇地）。以种植农作物为主并附带种植桑树、茶树、果树和其他林木的土地以及沿海、沿湖地区已围垦利用的“海涂”“湖田”等也包括在内。但专业性的桑园、茶园、果园、果木苗圃、林地、芦苇地、天然草原等都不包括在内。

农作物播种面积 指实际播种或移植有农作物的面积。凡是实际种植有农作物的面积，不论种植在耕地上还是种植在非耕地上，均包括在农作物播种面积中，同时还包括因遭灾而重新改种和补种的农作物面积，种一公顷算一公顷。

有效灌溉面积 是指具有一定的水源，地块比较平整，灌溉工程或设备已经配套，在一般年景下当年能够进行正常灌溉的耕地面积。包括机灌、电灌和自流灌溉面积三部分。

造林面积 是指报告期内在荒山、荒地、沙丘等一切可以造林的土地上，采用人工播种、植苗、飞机播种等方法新植的成片乔木和灌木林面积，符合“造林技术规程”要求的株数，经过检查验收，成活率在85%以上的面积。四旁植树如一侧在四行以上，连续成片面积达一亩以上，也统计在造林面积内。在造林面积中，不包括补植面积、治沙种草面积、经济林复垦面积、迹地更新面积和低产林改造面积。

农用化肥施用量 指在本年度内实际用于农业生产的化肥数量。包括氮肥、磷肥、钾肥和复合肥。按折纯法计算化肥数量，即把氮肥、磷肥、钾肥分别按含氮、含五氧化二磷、含氧化钾100%折算。

农村用电量 是指在本年度内，扣除在农村中的全民所有制工业、交通、基建单位用电量以后农村生产和生活上的全年用电总量（按全年累计数统计）。从电的来源看，既包括国家电网的供电量，也包括农村自办电站的供电量。

农业机械总动力 是指主要用于农、林、牧、渔业生产和运输的所有动力机械的动力总和。包括耕作机械、排灌机械、收获机械、农产品加工机械、运输机械、植保机械、牧业机械、林业机械、渔业机械和其他机械［内燃机按引擎马力折成瓦（特）计算，电动机按功率折成瓦（特）计算］。不包括专门用于乡（镇）、村以及村以下办工业、基本建设、非农业运输、科学试验和教学等非农业生产方面用的动力机械和作业机械。但从事农副产品初级加工的村户工业的机械应统计在内。

农业机械年末拥有量 是指国有经济、集体经济农业生产单位和合作经济组织及农户在年末统计时实际拥有的各种农业机械设备数量。包括能用未用的、需要修复的（指中修、大修）、储存备用的。但已经损坏报废的、购买（或调进）而未提货的、从非农业生产单位调来临时支援的，均不包括在内。

十三、工业

INDUSTRY

版面负责人：丁　磊
编　　　辑：宋　蕊　尹玉赟

统计知识

统计执法监督检查办法

第二十二条 县级以上人民政府统计机构和执法检查人员对在执法监督检查过程中知悉的国家秘密、商业秘密、个人信息资料和能够识别或者推断单个调查对象身份的资料，负有保密义务。

第二十三条 统计执法监督检查机构应当在调查结束后，及时向所属人民政府统计机构提交监督检查报告，报告检查中发现的问题并提出处理建议。处理建议包括：

（一）发现有统计违法行为，符合立案查处条件的，予以立案查处；

（二）发现统计违法事实不清、证据不足或者程序错误的，应当及时补充或者重新调查；

（三）按照违法行为性质、情节，提请上一级或者移交下级人民政府统计机构立案查处；

（四）未发现统计违法行为或者统计违法事实轻微，依法不应追究法律责任的，不予处理。

第四章　统计违法行为的处罚

第二十四条 查处统计违法案件应当做到事实清楚，证据确凿，定性准确，处理恰当，适用法律正确，符合法定程序。

第二十五条 国家统计局负责查处情节严重或影响恶劣的统计造假、弄虚作假案件，对国家重大统计部署贯彻不力的案件，重大国情国力调查中发生的严重统计造假、弄虚作假案件，其他重大统计违法案件。

省级统计局依法负责查处本行政区域内统计造假、弄虚作假案件，违反国家统计调查制度以及重要的地方统计调查制度的案件。但是国家调查总队组织实施的统计调查中发生的统计造假、弄虚作假案件，违反国家统计调查制度案件，由组织实施统计调查的国家调查总队进行查处。

市级、县级统计局和国家统计局市级、县级调查队，发现本行政区域内统计造假、弄虚作假违法行为的，应当及时报告省级统计机构依法查处；依法负责查处本行政区域内其他统计违法案件。

13-1 规模以上工业企业主要经济指标

单位：万元

年 份	企业个数（个）	两项资金占用
1998	638	1005882
1999	634	1021559
2000	675	950855
2001	662	811298
2002	743	939259
2003	835	959127
2004	1223	1143367
2005	1253	1237961
2006	1586	1462580
2007	1941	1814542
2008	2289	2569139
2009	3108	2848331
2010	3412	4196654
2011	2788	871219
2012	2859	11235951
2013	2874	8734485
2014	2861	9270151
2015	2875	9678459
2016	2992	9608893
2017	2412	11252344
2018	2461	11692282
2019	1778	11082144
2020	2024	13490087
2021	2557	15469536

13-2 规模以上工业企业主要经济指标

（2021 年） 单位：万元

指 标	企业个数（个）	资产总计	#流动资产合计	负债合计
总 计	**2557**	**64780422**	**38436488**	**38057334**
按登记注册类型分				
内资企业	2420	55661268	33961853	33589082
国有企业	4	87032	55756	33475
中央企业	2	69389	43515	24018
地方企业	2	17643	12241	9457
集体企业	5	12124	7325	6891
股份合作企业	2	12285	8364	9799
联营企业				
国有联营企业				
集体联营企业				
国有与集体联营企业				
其他联营企业				
有限责任公司	191	25647290	17051129	16199836
国有独资公司	33	9666665	6765723	5429579
其他有限责任公司	158	15980625	10285406	10770257
股份有限公司	45	4940558	2495451	2209915
私营企业	2173	24961978	14343827	15129167
私营独资企业	51	183148	86469	66935
私营合伙企业				
私营有限责任公司	2087	23829684	13581828	14606342
私营股份有限公司	35	949147	675530	455890
其他企业				
港、澳、台商投资企业	65	5811452	2324862	2598265
合资经营企业（港或澳、台资）	25	1003147	600703	543158
合作经营企业（港或澳、台资）				
港澳台商独资经营企业	39	4773683	1693547	2026988
港澳台商投资股份有限公司	1	34623	30611	28119
其他港澳台商投资企业				
外商投资企业	72	3307702	2149774	1869986
中外合资经营企业	37	2282538	1605575	1369542
中外合作经营企业				
外资企业	34	992984	539759	468264
外商投资股份有限公司	1	32180	4440	32180
其他外商投资企业				

13-2 续表 1 （2021 年） 单位：万元

指　　标	企业个数（个）	资产总计	# 流动资产合计	负债合计
按经济组织类型分				
独资企业	134	6048971	2382856	2602552
国有企业	4	87032	55756	33475
集体企业	5	12124	7325	6891
私营独资企业	51	183148	86469	66935
港澳台商独资经营企业	40	4773683	1693547	2026988
外资企业	34	992984	539759	468264
合作、合伙企业	2	12285	8364	9799
股份合作企业	2	12285	8364	9799
国有联营企业				
集体联营企业				
国有与集体联营企业				
其他联营企业				
私营合伙企业				
与港澳台商合作经营企业				
中外合作经营企业				
其他企业（内资）				
其他港澳台商投资企业				
其他外商投资企业				
股份有限公司	82	5956507	3206032	2726104
股份有限公司（内资）	45	4940558	2495451	2209915
私营股份有限公司	35	949147	675530	455890
港澳台商投资股份有限公司	1	34623	30611	28119
外商投资股份有限公司	1	32180	4440	32180
有限责任公司	2340	52762658	32839236	32718879
国有独资公司	33	9666665	6765723	5429579
私营有限责任公司	2087	23829684	13581828	14606342
与港澳台商合资经营企业	25	1003147	600703	543158
中外合资经营企业	37	2282538	1605575	1369542
其他有限责任公司	158	15980625	10285406	10770257
在总计中：亏损企业	342	11473252	5197161	8017219
在总计中：国有控股企业	114	25219232	16751626	15971393
按轻重工业分				
轻工业	741	10664156	6730069	4517559
重工业	1816	54116266	31706419	33539775
按企业规模分				
大型企业	41	28844286	18501124	15985580
中型企业	170	14385535	7895259	9263442
小型企业	2055	19837883	11291544	11711597
微型企业	291	1712719	748561	1096714

13-2 续表 2 （2021 年） 单位：万元

指　　标	企业个数（个）	资产总计	#流动资产合计	负债合计
按行业分				
煤炭开采和洗选业	3	3609192	1199819	1753994
黑色金属矿采选业	2	81297	34929	36352
有色金属矿采选业	1	2568	846	310
非金属矿采选业	3	27423	17615	14295
农副食品加工业	152	1539033	842724	945449
食品制造业	35	509050	192266	278952
酒、饮料和精制茶制造业	12	271560	139124	111639
烟草制品业	1	2757382	2340606	220660
纺织业	156	1250714	764717	817645
纺织服装、服饰业	43	199415	125822	52178
皮革、毛皮、羽毛及其制品和制鞋业	15	227047	199835	75176
木材加工和木、竹、藤、棕、草制品业	285	963759	539952	546827
家具制造业	30	171174	93505	103823
造纸和纸制品业	16	118225	53923	96429
印刷和记录媒介复制业	24	245970	136186	143200
文教、工美、体育和娱乐用品制造业	18	55015	27766	32559
石油、煤炭及其他燃料加工业	10	1088225	705101	650934
化学原料和化学制品制造业	66	2257191	1182332	1152827
医药制造业	38	1511975	900750	585683
化学纤维制造业	9	226599	82121	142098
橡胶和塑料制品业	96	687347	426704	391820
非金属矿物制品业	317	4940452	3026835	3165587
黑色金属冶炼和压延加工业	19	2723190	1301118	1598161
有色金属冶炼和压延加工业	45	644217	369853	457641
金属制品业	211	2288680	1526955	1268531
通用设备制造业	255	6455335	4958521	3910393
专用设备制造业	185	8886899	7165015	6584328
汽车制造业	29	3462105	2652905	2826460
铁路、船舶、航空航天和其他运输设备制造业	36	957573	609152	559533
电气机械和器材制造业	190	2346186	1539832	1547545
计算机、通信和其他电子设备制造业	89	5661392	1847146	2373793
仪器仪表制造业	36	897425	464655	341134
其他制造业	6	16882	9020	7619
废弃资源综合利用业	27	1013105	669130	554627
金属制品、机械和设备修理业	1	2136	1466	1978
电力、热力生产和供应业	58	4901736	1670930	3485159
燃气生产和供应业	16	475964	142069.4	301603.5
水的生产和供应业	22	1306988.3	475244.7	920391.1

13-2 续表 3 （2021 年） 单位：万元

指 标	销售费用	管理费用	财务费用	从业人员平均人数（人）
总 计	**1826966**	**1486775**	**421427**	**359716**
按登记注册类型分				
内资企业	1691454	1260149	361598	318434
国有企业	2234	5025	898	727
中央企业	1858	3782	908	341
地方企业	376	1243	-10	386
集体企业	532	732	287	455
股份合作企业	96	241	-12	190
联营企业				
国有联营企业				
集体联营企业				
国有与集体联营企业				
其他联营企业				
有限责任公司	972393	426240	119821	75228
国有独资公司	218770	143144	15475	18435
其他有限责任公司	753622	283097	104347	56793
股份有限公司	173933	117175	26070	22806
私营企业	542267	710735	214534	219028
私营独资企业	11445	4918	622	2451
私营合伙企业				
私营有限责任公司	513640	677134	206151	210481
私营股份有限公司	17182	28683	7761	6096
其他企业				
港、澳、台商投资企业	30652	122789	35942	21772
合资经营企业（港或澳、台资）	7427	23814	12149	7008
合作经营企业（港或澳、台资）				
港澳台商独资经营企业	21609	97692	23735	14590
港澳台商投资股份有限公司	1616	1284	58	174
其他港澳台商投资企业				
外商投资企业	104859	103837	23887	19510
中外合资经营企业	89374	61341	18743	9836
中外合作经营企业				
外资企业	15485	42496	5145	9302
外商投资股份有限公司				372
其他外商投资企业				

13-2 续表 4 （2021 年） 单位：万元

指 标	销售费用	管理费用	财务费用	从业人员平均人数（人）
按经济组织类型分				
独资企业	51306	150863	30686	27525
国有企业	2234	5025	898	727
集体企业	532	732	287	455
私营独资企业	11445	4918	622	2451
港澳台商独资经营企业	21609	97692	23735	14590
外资企业	15485	42496	5145	9302
合作、合伙企业	96	241	-12	190
股份合作企业	96	241	-12	190
国有联营企业				
集体联营企业				
国有与集体联营企业				
其他联营企业				
私营合伙企业				
与港澳台商合作经营企业				
中外合作经营企业				
其他企业（内资）				
其他港澳台商投资企业				
其他外商投资企业				
股份有限公司	192731	147142	33889	29448
股份有限公司（内资）	173933	117175	26070	22806
私营股份有限公司	17182	28683	7761	6096
港澳台商投资股份有限公司	1616	1284	58	174
外商投资股份有限公司				372
有限责任公司	1582834	1188529	356864	302553
国有独资公司	218770	143144	15475	18435
私营有限责任公司	513640	677134	206151	210481
与港澳台商合资经营企业	7427	23814	12149	7008
中外合资经营企业	89374	61341	18743	9836
其他有限责任公司	753622	283097	104347	56793
在总计中：亏损企业	119101	273137	124746	63330
在总计中：国有控股企业	963793	408694	114614	73251
按轻重工业分				
轻工业	385090	309722	21519	101221
重工业	1441876	1177053	399908	258495
按企业规模分				
大型企业	1035558	522521	106845	105470
中型企业	394774	344013	131023	85274
小型企业	382889	593077	152497	164905
微型企业	13745	27164	31061	4067

13-2 续表 5 （2021 年） 单位：万元

指 标	销售费用	管理费用	财务费用	从业人员平均人数（人）
按行业分				
煤炭开采和洗选业	8963	122434	14547	25774
黑色金属矿采选业	268	10428	-35	1612
有色金属矿采选业	134	31	7	16
非金属矿采选业	103	1356	66	154
农副食品加工业	34197	43872	10223	18098
食品制造业	24118	19298	4155	7142
酒、饮料和精制茶制造业	3211	8243	-286	2318
烟草制品业	32804	73571	-32202	1499
纺织业	22185	31500	13006	22846
纺织服装、服饰业	2291	6924	813	6308
皮革、毛皮、羽毛及其制品和制鞋业	2664	7524	-179	2719
木材加工和木、竹、藤、棕、草制品业	12139	18713	5910	18657
家具制造业	5566	7899	1224	2997
造纸和纸制品业	2881	4909	2347	1390
印刷和记录媒介复制业	3015	12776	1276	2472
文教、工美、体育和娱乐用品制造业	2974	4100	240	1835
石油、煤炭及其他燃料加工业	16651	22212	6951	3673
化学原料和化学制品制造业	51525	102559	26706	13231
医药制造业	212324	34839	5389	7623
化学纤维制造业	1954	5578	6817	1635
橡胶和塑料制品业	16199	25059	4433	9878
非金属矿物制品业	141619	113703	42731	26324
黑色金属冶炼和压延加工业	30224	69612	11282	11558
有色金属冶炼和压延加工业	10620	23664	11159	6041
金属制品业	42830	82629	15496	18999
通用设备制造业	202915	136793	11822	37870
专用设备制造业	654496	154264	58725	30664
汽车制造业	154019	30411	33206	8959
铁路、船舶、航空航天和其他运输设备制造业	25296	24913	2482	9660
电气机械和器材制造业	38093	68547	17219	20652
计算机、通信和其他电子设备制造业	23660	104485	26808	16051
仪器仪表制造业	25371	23704	4768	4720
其他制造业	1255	1005	82	495
废弃资源综合利用业	7660	18614	20238	4147
金属制品、机械和设备修理业	169	495		40
电力、热力生产和供应业	3199	39857	83287	6677
燃气生产和供应业	7577	12013	2905	1534
水的生产和供应业	1800	18243	7811	3448

13-3 国有控股工业企业主要经济指标

（2021 年） 单位：万元

指标	企业个数（个）	资产总计	#流动资产合计	负债合计
总计	**114**	**25219232**	**16751626**	**15971393**
在总计中：亏损企业	23	5780451	2477065	4057822
按隶属关系分				
中央企业	20	3398607	892187	1983525
地方企业	37	14247036	10492143	8019181
按轻重工业分				
轻工业	11	2974090	2437003	344101
重工业	103	22245143	14314622	15627292
按企业规模分				
大型企业	13	17652349	12890570	10550630
中型企业	27	4222345	2280561	3056504
小型企业	65	3165368	1522062	2246319
微型企业	9	179171	58433	117940
按行业分				
煤炭开采和洗选业	2	3674910	1266914	1829787
黑色金属矿采选业	1	73923	27979	29666
农副食品加工业	2	57144	28468	34503
食品制造业	2	48038	14905	24692
酒、饮料和精制茶制造业	4	102441	48052	53748
烟草制品业	1	2757382	2340606	220660
印刷和记录媒介复制业	2	9085	4974	10498
化学原料和化学制品制造业	3	36477	18838	13406
非金属矿物制品业	15	694596	315776	417160
有色金属冶炼和压延加工业	2	46752	35368	33696
金属制品业	4	176323	128884	105058
通用设备制造业	12	4060281	3332118	2571261
专用设备制造业	14	6525810	5453033	5231516
汽车制造业	4	2690777	2270598	2277836
铁路、船舶、航空航天和其他运输设备制造业	2	27201	18000	14182
电气机械和器材制造业	2	65777	54333	44002
计算机、通信和其他电子设备制造业	2	11575	9618	6506
仪器仪表制造业	1	20675	20100	12197
废弃资源综合利用业	1	20151	10388	722
金属制品、机械和设备修理业	1	2136	1466	1978
电力、热力生产和供应业	21	2872745	900372	2153269
燃气生产和供应业	2	34700	9526	23844
水的生产和供应业	14	1210336	441312	861208

13-3 续表 （2021 年） 单位：万元

指　　标	销售费用	管理费用	财务费用	从业人员平均人数（人）
总 计	**963793**	**408694**	**114614**	**73251**
在总计中：亏损企业	38659	110184	61011	24971
按隶属关系分				
中央企业	27415	101779	36811	20891
地方企业	369205	222286	-855	32509
按轻重工业分				
轻工业	36362	80227	-31899	3727
重工业	927431	328467	146514	69524
按企业规模分				
大型企业	801779	282435	44828	50595
中型企业	132253	76914	45170	14004
小型企业	29454	48547	20081	8581
微型企业	307	798	4537	71
按行业分				
煤炭开采和洗选业	8963	122107	14547	25609
黑色金属矿采选业	196	10409	-36	1591
农副食品加工业	1651	746	404	220
食品制造业	1772	1741	-3	299
酒、饮料和精制茶制造业	33	3193	-99	1346
烟草制品业	32804	73571	-32202	1499
印刷和记录媒介复制业	103	975		363
化学原料和化学制品制造业	506	930		93
非金属矿物制品业	34862	22627	14249	2555
有色金属冶炼和压延加工业	1582	1128	1537	346
金属制品业	1641	6178	511	1198
通用设备制造业	137345	41786	-6366	10841
专用设备制造业	603720	57762	46390	13676
汽车制造业	130715	18185	28425	4541
铁路、船舶、航空航天和其他运输设备制造业	352	1009	101	47
电气机械和器材制造业	2025	4155	610	348
计算机、通信和其他电子设备制造业	261	366	26	210
仪器仪表制造业	416	382	379	365
废弃资源综合利用业	62	623	-217	137
金属制品、机械和设备修理业	169	495		40
电力、热力生产和供应业	2536	24883	40167	4782
燃气生产和供应业	322	895	299	95
水的生产和供应业	1760	14549	5893	3050

13-4 规模以上私营工业企业主要经济指标

（2021 年）　　单位：万元

指　　标	企业个数（个）	资产总计	#流动资产合计	负债合计
总　计	**2173**	**24961978**	**14343827**	**15129167**
在总计中：亏损企业		3608784	1980441	2670930
在总计中：国有控股企业	51	14322	10399	6860
按登记注册类型分				
私营独资企业	2087	183148	86469	66935
私营合作企业	35			
私营有限责任公司	274	23829684	13581828	14606342
私营股份有限公司	1	949147	675530	455890
按轻重工业分				
轻工业	651	5411095	2845011	3243418
重工业	1522	19550884	11498815	11885749
按企业规模分				
大型企业	15	5346336	3027060	3260544
中型企业	101	5386018	2901166	3493159
小型企业	1792	13048458	7848598	7622694
微型企业	265	1181167	567003	752770
按行业分				
煤炭开采和洗选业	1	-65717	-67095	-75793
黑色金属矿采选业	1	7375	6949	6686
有色金属矿采选业	1	2568	846	310
非金属矿采选业	3	27423	17615	14295
农副食品加工业	138	1343880	750147	799674
食品制造业	31	445165	170481	246932
酒、饮料和精制茶制造业	5	114918	67031	39678
纺织业	142	713505	424963	523332
纺织服装、服饰业	36	97499	45859	38912
皮革、毛皮、羽毛及其制品和制鞋业	11	47821	28133	27897
木材加工和木、竹、藤、棕、草制品业	277	921055	507993	516500
家具制造业	28	139624	75060	89000
造纸和纸制品业	14	62491	36404	44162
印刷和记录媒介复制业	16	131861	73112	88322
文教、工美、体育和娱乐用品制造业	18	55015	27766	32559
石油、煤炭及其他燃料加工业	9	1055814	698441	629665
化学原料和化学制品制造业	46	920932	524616	473803
医药制造业	27	757894	381441	407938
化学纤维制造业	8	162345	65061	104743
橡胶和塑料制品业	89	648480	402570	378087
非金属矿物制品业	284	3396748	1980931	2174448
黑色金属冶炼和压延加工业	16	2633581	1237869	1544652
有色金属冶炼和压延加工业	40	415019	201961	278849
金属制品业	191	1453679	1006287	826152
通用设备制造业	216	1634485	1081877	973225
专用设备制造业	143	1015999	657418	614062
汽车制造业	20	399950	123845	310461
铁路、船舶、航空航天和其他运输设备制造业	32	614957	326913	398935
电气机械和器材制造业	172	1919053	1258026	1325188
计算机、通信和其他电子设备制造业	72	1349550	777832	763372
仪器仪表制造业	28	341518	226528	205441
其他制造业	5	10665	7629	5905
废弃资源综合利用业	22	872331	605824	472483
电力、热力生产和供应业	24	1241734	581334	798539
燃气生产和供应业	3	38619	15612	30644
水的生产和供应业	4	34145	16551	20110

13-4 续表　　（2021 年）　　单位：万元

指　　标	销售费用	管理费用	财务费用	从业人员平均人数（人）
总　计	**542267**	**710735**	**214534**	**219028**
在总计中：亏损企业	55809	99577	41515	29820
在总计中：国有控股企业	163	271	11	63
按登记注册类型分				
私营独资企业	11445	4918	622	2451
私营合作企业				
私营有限责任公司	513640	677134	206151	210481
私营股份有限公司	17182	28683	7761	6096
按轻重工业分				
轻工业	194079	174741	43912	74570
重工业	348188	535995	170621	144458
按企业规模分				
大型企业	66886	127277	39990	31299
中型企业	177009	146416	52200	49851
小型企业	285333	413507	103263	134078
微型企业	13040	23535	19081	3800
按行业分				
煤炭开采和洗选业		328		165
黑色金属矿采选业	73	19	1	21
有色金属矿采选业	134	31	7	16
非金属矿采选业	103	1356	66	154
农副食品加工业	26500	38475	7770	16771
食品制造业	21553	16129	4243	6701
酒、饮料和精制茶制造业	1833	3416	-381	461
纺织业	12456	21889	9395	14722
纺织服装、服饰业	1957	5009	328	5067
皮革、毛皮、羽毛及其制品和制鞋业	1030	2410	110	1200
木材加工和木、竹、藤、棕、草制品业	11392	17044	5805	17588
家具制造业	5011	4960	1066	2615
造纸和纸制品业	1604	3818	986	898
印刷和记录媒介复制业	1665	5125	1462	1133
文教、工美、体育和娱乐用品制造业	2974	4100	240	1835
石油、煤炭及其他燃料加工业	15941	19687	6751	3574
化学原料和化学制品制造业	38288	47883	10214	7482
医药制造业	83191	24775	5452	3996
化学纤维制造业	1620	4392	6000	1286
橡胶和塑料制品业	15931	23697	4368	9450
非金属矿物制品业	82765	80248	23586	21193
黑色金属冶炼和压延加工业	29515	66461	10779	10962
有色金属冶炼和压延加工业	6523	14369	6622	2720
金属制品业	26875	50857	11788	14787
通用设备制造业	36658	65919	11662	21813
专用设备制造业	35339	42878	7742	10410
汽车制造业	6257	5169	836	2946
铁路、船舶、航空航天和其他运输设备制造业	17808	14724	1974	6891
电气机械和器材制造业	27212	50743	14565	14829
计算机、通信和其他电子设备制造业	8264	36482	12992	9164
仪器仪表制造业	12702	12091	2499	2975
其他制造业	1122	558	19	288
废弃资源综合利用业	7093	14977	18846	3647
电力、热力生产和供应业	612	7234	24808	971
燃气生产和供应业	268	830	769	100
水的生产和供应业		2653	1166	197

13-5 规模以上“三资”工业企业主要经济指标

（2021 年） 单位：万元

指 标	企业个数（个）	资产总计	#流动资产合计	负债合计
总 计	**138**	**9119154**	**4474635**	**4468251**
在总计中：亏损企业	18	376769	188083	186774
在总计中：国有控股企业	6	856307	641438	703242
按登记注册类型分				
港、澳、台商投资企业	66	5811452	2324862	2598265
合资经营企业（港或澳、台资）	25	1003147	600703	543158
合作经营企业（港或澳、台资）				
港澳台商独资经营企业	40	4773683	1693547	2026988
港澳台商投资股份有限公司	1	34623	30611	28119
其他港澳台商投资企业				
外商投资企业	72	3307702	2149774	1869986
中外合资经营企业	37	2282538	1605575	1369542
中外合作经营企业				
外资企业	34	992984	539759	468264
外商投资股份有限公司	1	32180	4440	32180
其他外商投资企业				
按轻重工业分				
轻工业	40	1367549	862986	652742
重工业	98	7751605	3611649	3815509
按企业规模分				
大型企业	10	5138456	2264971	2390835
中型企业	22	1602814	1047464	832556
小型企业	98	2054090	1058621	1036451
微型企业	8	323795	103579	208409
按行业分				
农副食品加工业	8	120824	51632	101906
酒、饮料和精制茶制造业	3	73204	21096	44756
纺织业	9	518532	326787	279181
纺织服装、服饰业	5	99335	77496	11246
皮革、毛皮、羽毛及其制品和制鞋业	3	177989	170465	45911
木材加工和木、竹、藤、棕、草制品业	8	38361	30304	28673
造纸和纸制品业	1	7774	3501	2210
印刷和记录媒介复制业	2	79600	39805	30244
石油、煤炭及其他燃料加工业	1	32411	6660	21268
化学原料和化学制品制造业	4	266535	157797	67111
医药制造业	2	117223	69392	45937
橡胶和塑料制品业	3	16734	14612	7837
非金属矿物制品业	5	77722	45593	29864
黑色金属冶炼和压延加工业	1	43105	30333	42213
有色金属冶炼和压延加工业	2	168687	121507	136419
金属制品业	7	209257	121679	76326
通用设备制造业	14	588419	431914	216726
专用设备制造业	14	1148419	918160	657017
汽车制造业	3	752413	654467	625879
铁路、船舶、航空航天和其他运输设备制造业	1	5273	4021	497
电气机械和器材制造业	8	212765	123798	119848
计算机、通信和其他电子设备制造业	7	3058044	648368	1079832
仪器仪表制造业	2	131905	115092	66895
其他制造业	1	6217	1391	1714
废弃资源综合利用业	2	62545	22289	28106
电力、热力生产和供应业	10	666528	143723	435348
燃气生产和供应业	10	400618	115103	246030
水的生产和供应业	2	38719	7651	19258

13-5 续表 （2021年） 单位：万元

指　　标	销售费用	管理费用	财务费用	从业人员平均人数（人）
总 计	**135512**	**226626**	**59829**	**41282**
在总计中：亏损企业	7896	16695	1892	2932
在总计中：国有控股企业	49356	7487	10973	2866
按登记注册类型分				
港、澳、台商投资企业	30652	122789	35942	21772
合资经营企业（港或澳、台资）	7427	23814	12149	7008
合作经营企业（港或澳、台资）				
港澳台商独资经营企业	21609	97692	23735	14590
港澳台商投资股份有限公司	1616	1284	58	174
其他港澳台商投资企业				
外商投资企业	104859	103837	23887	19510
中外合资经营企业	89374	61341	18743	9836
中外合作经营企业				
外资企业	15485	42496	5145	9302
外商投资股份有限公司				372
其他外商投资企业				
按轻重工业分				
轻工业	19411	31514	8148	17010
重工业	116101	195112	51682	24272
按企业规模分				
大型企业	76831	91666	27465	18641
中型企业	28281	57352	8333	11460
小型企业	30325	75892	16661	11084
微型企业	75	1717	7370	97
按行业分				
农副食品加工业	4889	3643	2009	815
酒、饮料和精制茶制造业	303	874	36	583
纺织业	9183	8651	3608	7678
纺织服装、服饰业	297	1664	485	996
皮革、毛皮、羽毛及其制品和制鞋业	1608	4858	-336	1323
木材加工和木、竹、藤、棕、草制品业	747	1448	105	821
造纸和纸制品业	105	547	150	242
印刷和记录媒介复制业	1075	4186	-149	514
石油、煤炭及其他燃料加工业	710	2525	201	99
化学原料和化学制品制造业	3495	11656	1313	1151
医药制造业	758	924	972	1172
橡胶和塑料制品业	213	984	37	193
非金属矿物制品业	630	1274	662	448
黑色金属冶炼和压延加工业	119	1091	472	210
有色金属冶炼和压延加工业	1963	7515	2571	2884
金属制品业	5238	13673	2382	1151
通用设备制造业	23292	22296	2627	3645
专用设备制造业	11174	45334	3859	5226
汽车制造业	50704	8113	7429	2655
铁路、船舶、航空航天和其他运输设备制造业	133	253	36	121
电气机械和器材制造业	2278	8500	1604	3902
计算机、通信和其他电子设备制造业	4844	52093	11105	2459
仪器仪表制造业	4673	6334	1441	727
其他制造业	134	447	63	207
废弃资源综合利用业		1203	432	85
电力、热力生产和供应业	51	5827	14334	557
燃气生产和供应业	6896	10151	1838	1329
水的生产和供应业		565	545	89

13－6 主要年份主要工业产品产量

单位：万吨

年份	铁矿石（成品矿）	生铁	原煤	发电量（亿千瓦时）	铝锭（吨）	硫酸（吨）	合成氨	农用化肥（折100%）	水泥
1949			81	0.07					
1952	21.93		112	0.20					
1957	38.57	0.13	180	0.90					
1962	39.39	1.66	447	3.76	672			0.01	1.06
1965	45.98	1.63	472	4.43	930	5594	0.05	0.32	14.52
1970	31.69	4.61	633	7.24	1453	7746	1.03	0.89	23.09
1975	25.12	11.08	899	15.99	2103	10840	3.41	2.68	33.29
1978	40.95	15.19	1445	27.08	3135	22162	7.07	4.91	66.68
1979	44.49	18.16	1510	38.65	3616	21559	9.72	6.96	79.77
1980	29.55	16.36	1506	47.78	2721	31856	12.40	9.96	93.68
1981	23.36	12.18	1451	50.48	3686	21690	12.64	10.14	109.32
1982	24.74	11.71	1492	52.37	3614	34902	12.98	10.67	133.52
1983	30.02	14.73	1580	53.70	3378	50119	14.12	11.99	152.45
1984	30.80	15.74	1682	54.84	3210	44138	15.07	12.45	169.47
1985	30.48	16.52	1803	58.35	3062	35469	14.33	11.59	203.03
1986	30.75	19.90	1770	74.67	5629	34370	14.03	12.65	249.80
1987	33.59	22.82	1866	89.98	5649	46067	15.05	14.03	293.35
1988	47.35	24.80	1931	102.97	5574	51157	14.11	13.38	344.49
1989	51.57	23.39	2042	105.64	5929	56695	13.50	13.22	291.01
1990	27.62	29.22	2032	104.40	7568	62041	13.40	12.52	297.67
1991	26.25	28.60	2118	106.75	8096	83813	11.32	13.17	348.87
1992	32.33	31.84	2115	103.74	11241	77784	9.42	10.89	437.21
1993	98.53	35.63	2138	111.92	12081	60200	11.68	10.68	542.69
1994	113.60	41.34	1967	114.37	12347	65275	14.75	16.73	590.36
1995	95.00	52.00	2344	119.38	19385	85610	14.86	19.76	1031.48
1996	110.91	48.96	2301	118.91	11735	67841	14.28	24.60	1040.45
1997	49.62	55.78	2243	139.17	11294	87388	16.98	24.01	975.83
1998	17.82	49.89	2134	134.55	10321	81131	19.22	20.13	864.35
1999	17.82	40.36	2089	136.65	11828	3746	16.69	16.68	937.84
2000	43.30	37.10	2271	146.87	5002		19.16	15.42	983.36
2001	15.34	51.05	2261	155.29	12055		19.08	16.49	892.69
2002	14.63	48.75	2404	170.31	12354	45100	22.66	19.96	1008.34
2003	15.54	95.10	2572	198.95	12566	50000	21.55	17.89	1134.82
2004	24.77	136.69	2528	235.10	12866	72000	17.75	21.89	1285.58
2005	14.45	152.53	2597	309.97	10764	66600	36.96	29.58	1295.66
2006	19.69	230.72	2827	363.02	69741	116000	52.11	38.00	1538.60
2007	21.74	245.76	2363	316.56	98474	249105	55.97	38.15	1812.31
2008	23.86	194.85	2314	342.44	100007	181950	62.36	41.88	1867.36
2009	50.31	246.60	2236	330.77	106997	64400	61.11	43.93	2654.32
2010	65.64	304.92	2072	399.57	108668	37100	66.40	48.05	3205.35
2011	75.18	337.63	2025	453.66	109980	77200	82.35	52.73	2850.29
2012	74.44	375.37	2016	527.69	112506	95886	74.82	53.36	2778.85
2013	75.99	522.43	1972	574.70	57076	143983	98.61	53.98	2488.69
2014	78.72	437.80	1980	517.28	12194	180019	93.00	54.23	2749.01
2015	90.63	475.96	1885	497.22		99295	93.21	45.76	2681.63
2016	98.35	607.09	1342	506.21		140881	67.30	26.94	2755.19
2017	72.88	273.42	1278	522.50		160104	55.29	4.60	2660.04
2018	70.60	97.89				2560	48.77	12.55	1362.41
2019	70.76	236.04					52.10	16.83	1472.22
2020	61.95	462.42					48.74	16.34	1026.38
2021	67.53	550.43					37.29	6.65	953.55

13-6　续表　　　　　　　　　　　　　　　　　　　　　　　　　　　　单位：万吨

年　份	纱	布（万米）	机制纸及纸板	卷　烟（万箱）	饮料酒（万千升）	多晶硅（吨）	锻压机械（吨）	汽　车起重机（吨）	装载机（辆）	压路机（台）
1949	…			0.86	0.02					
1952	0.03	129	…	2.73	0.15					
1957	0.04	291	0.23	2.47	0.30					
1962	0.10	493	0.40	2.60	0.35					
1965	0.41	796	0.36	6.89	0.31					
1970	0.84	1811	0.91	10.93	0.49					
1975	1.12	3474	1.12	12.00	0.90					
1978	1.68	5474	2.47	14.74	1.35					
1979	1.87	5873	2.56	16.72	1.64					
1980	2.11	7487	3.15	19.45	2.02					
1981	2.26	8604	3.35	22.26	2.51			321		362
1982	2.45	8860	4.19	26.23	2.67			245		485
1983	2.28	7979	4.85	23.03	2.82			256		413
1984	2.29	7307	5.69	26.04	2.54			244		520
1985	2.43	7350	6.48	26.10	2.84			325		730
1986	2.67	7954	8.61	30.12	3.23			414		957
1987	3.07	8981	11.62	31.02	3.88			382		1247
1988	3.54	11032	13.87	32.22	4.38			438		1224
1989	4.36	13504	15.31	33.00	4.96			428		858
1990	3.63	12112	16.44	33.50	4.99			419		802
1991	3.25	10769	17.66	34.00	5.66			496		993
1992	3.93	11938	18.83	34.00	6.85			696	723	1392
1993	3.65	12790	22.36	35.06	7.66			1067	1026	2281
1994	4.20	11673	32.13	33.09	9.80			1005	929	2183
1995	4.64	13883	71.60	34.00	11.42			683	1298	1897
1996	5.16	12807	69.65	34.02	13.85		14977	414	1358	1979
1997	5.48	9077	79.33	34.00	13.31		12329	480	1739	2066
1998	4.49	7361	44.67	34.50	13.18		9451	516	1706	2478
1999	5.70	7721	23.53	34.50	9.00		7392	710	1890	3110
2000	7.16	8196	32.65	34.40	8.50		11942	1087	1777	2466
2001	7.36	6954	28.41	36.50	14.47		12669	1586	2791	2832
2002	8.89	6315	43.52	37.80	14.43		13430	2961	3997	3816
2003	11.30	6884	48.88	40.00	16.69		16297	4664	8098	5825
2004	47.38	7231	58.74	55.20	42.16		12653	5264	10146	4724
2005	23.01	10551	48.91	57.57	20.28		19847	5368	9442	2434
2006	33.64	7800	69.62	57.45	21.50		24119	7298	8799	2697
2007	44.14	14832	129.81	60.48	27.26		30218	10349	11010	2025
2008	48.84	13016	99.11	56.68	27.99	1849	22668	12932	11623	2721
2009	61.75	16591	122.40	59.00	30.11	7318	16353	16053	9494	4675
2010	81.58	16056	105.54	60.94	45.73	17799		18623	15212	6874
2011	77.76	11064	79.13	64.01	52.37	29414		18695	23895	5070
2012	83.89	16966	123.11	64.41	66.23	37097		390261	19199	3604
2013	103.88	18059	38.34	68.46	68.02	50440		319676	18967	4460
2014	152.92	27015	44.40	71.73	64.00	66876		342894	11945	4048
2015	141.21	31490	27.58	66.50	58.85	74358		194941	7142	2721
2016	156.63	34119	38.66	70.30	58.14	69345		199038	8298	3379
2017	185.87	36141	32.31	71.38	59.40	74818		412681	13103	7063
2018	44.03	11238	14.30	73.30	58.06	63540		649366	16240	8258
2019	47.67	12114	36.95	75.70	16.47	41623		663869	21028	7338
2020	44.22	17218	44.07	72.07	18.39	42189		945806	22364	8796
2021	48.36	18380	43.76	74.15	14.10	47610		1139457	28078	11145

注：自 2012 年起，汽车起重机的单位由台改为吨。

13-7 主要工业产品产量

（2021年）

产品名称		产量	产品名称		产量
铁矿石成品矿		67.53	塑料树脂及共聚物（初级形态塑料）		35.67
配合饲料	（万吨）	124.27	轮胎外胎	（万条）	324.13
发酵酒精（商品量）	（万千升）	27.37	塑料制品	（万吨）	10.35
饮料酒（商品量）	（万千升）	14.10	#农业用薄膜		0.40
卷烟	（万箱）	74.15	水泥		953.55
纱	（万吨）	48.36	生铁		550.43
布	（万米）	18379.94	饮料		9.53
#棉布		6741	钢材	（万吨）	756.78
家用电冰箱	（万台）	44.02	#焊接钢管	（万吨）	6.03
丝（蚕丝）	（吨）	162.26	铝材		50.61
多晶硅		47610	起重机	（吨）	1139457
服装	（万件）	3780	矿山专用设备		28257
液体乳	（吨）	284197	人造板	（万立方米）	454.58
机制纸及纸板	（万吨）	43.76	装载机	（辆）	28078
合成氨	（万吨）	37.29	压路机（压实机械）	（台）	11145
农用化学肥料（农用氮、磷、钾化学肥料）	（万吨）	6.65	组合音响	（万台）	327.27
#氮肥	（万吨）	6.65	摩托车	（万辆）	28.99
化学农药		9.01	新能源汽车	（辆）	18079

主要统计指标解释

工业 指从事自然资源的开采，对采掘品和农产品进行加工和再加工的物质生产部门。具体包括：(1) 对自然资源的开采，如采矿、晒盐、森林采伐等（但不包括禽兽捕猎和水产捕捞）；(2) 对农副产品的加工、再加工，如粮油加工、食品加工、轧花、缫丝、纺织、制革等；(3) 对采掘品的加工、再加工，如炼铁、炼钢、化工生产、石油加工、机器制造、木材加工等，以及电力、自来水、煤气的生产和供应等；(4) 对工业品的修理、翻新，如机器设备的修理、交通运输工具（包括小卧车）的修理等。

1984 年以前农村的村及村以下办工业归属农业，1984 年以后划归工业。

国有企业 指企业全部资产归国家所有，并按《中华人民共和国企业法人登记管理条例》规定登记注册的非公司制的经济组织。不包括有限责任公司中的国有独资公司。

国有控股企业 包括：(1) 在企业的全部实收资本中，国有经济成分的出资人拥有的实收资本（股本）所占企业全部实收资本(股本)的比例大于 50% 的国有绝对控股。(2) 在企业的全部实收资本中，国有经济成分的出资人拥有的实收资本（股本）所占比例虽未大于 50%，但相对大于其他任何一方经济成分的出资人所占比例的国有相对控股；或者虽不大于其他经济成分，但根据协议规定拥有企业实际控制权的国有协议控股。(3) 投资双方各占 50%，且未明确由谁绝对控股的企业，若其中一方为国有经济成分的，一律按国有控股处理。

集体企业 指企业资产归集体所有，并按《中华人民共和国企业法人登记管理条例》规定登记注册的经济组织。

股份合作企业 指以合作制为基础，由企业职工共同出资入股，吸收一定比例的社会资产投资组建，实行自主经营，自负盈亏，共同劳动，民主管理，按劳分配与按股分红相结合的一种集体经济组织。

联营企业 指两个及两个以上相同或不同所有制性质的企业法人或事业单位法人，按自愿、平等、互利的原则，共同投资组成的经济组织。联营企业包括国有联营企业、集体联营企业、国有与集体联营企业和其他联营企业。

有限责任公司 指根据《中华人民共和国公司登记管理条例》规定登记注册，由两个以上，五十个以下的股东共同出资，每个股东以其所认缴的出资额对公司承担有限责任，公司以其全部资产对其债务承担责任的经济组织。有限责任公司包括国有独资公司以及其他有限责任公司。

股份有限公司 指根据《中华人民共和国公司登记管理条例》规定登记注册，其全部注册资本由等额股份构成并通过发行股票筹集资本，股东以其认购的股份对公司承担有限责任，公司以其全部资产对其债务承担责任的经济组织。

私营企业 指由自然人投资设立或由自然人控股，以雇佣劳动为基础的营利性经济组织。包括按照《公司法》《合伙企业法》《私营企业暂行条例》以及《个人独资企业法》规定登记注册的私营独资企业、私营合伙企业、私营有限责任公司、私营股份有限公司和个人独资企业。

与港澳台商合资经营企业 指港澳台地区投资者与内地的企业依照《中华人民共和国中外合资经营企业法》及有关法律的规定，按合同规定的比例投资设立，分享利润和分担风险的企业。

与港澳台商合作经营企业 指港澳台地区投资者与内地企业依照《中华人民共和国中外合作经营企业法》及有关法律的规定，依照合作合同的约定进行投资或提供条件设立，分配利润、分担风险和亏损的企业。

港澳台商独资经营企业 指依照《中华人民共和国外资企业法》及有关法律的规定，在内地由港澳台地区投资者全额投资设立的企业。

港澳台商投资股份有限公司 指根据国家有关规定，经商务部（原外经贸部）批准设立，并且其中港、澳、台商的股本占公司注册资本的比例达 25% 以上的股份有限公司。凡其中港、澳、台商的股本占公司注册资本的比例小于 25% 的，属于内资中的股份有限公司。

中外合资经营企业 指外国企业或外国人与中国内地企业依照《中华人民共和国中外合资经营企业法》及有关法律的规定，按合同规定的比例投资设立，分享利润和分担风险的企业。

中外合作经营企业 指外国企业或外国人与中国内地企业依照《中华人民共和国中外合作经营企业法》及有关法律的规定，依照合作合同的约定进行投资或提供条件设立，分配利润、分担风险和亏损的企业。

外资企业 指依照《中华人民共和国外资企业法》及有关法律的规定，在中国内地由外国投资者全额投资设立的企业。

外商投资股份有限公司 指根据国家有关规定，经商务部（原外经贸部）批准设立，并且其中外资的股本占公司注册资本的比例达 25% 以上的股份有限公司。凡其中外资股本占公司注册资本的比例小于 25% 的，属于内资中的股份有限公司。

轻工业 指主要提供生活消费品和制作手工工具的工业。按其所使用的原料不同，可分为两大类：(1) 以农产品为原料的轻工业是指直接或间接以农产品为基本原料的轻工业。主要包括食品制造、饮料制造、烟草加工、纺织、缝纫、皮革和毛皮制作，造纸以及印刷等工业；(2）以非农产品为原料的轻工业，是指以工业品为原料的轻工业。主要包括文教体育用品、化学药品制造、合成纤维制造、日用化学制品、日用玻璃制品、日用金属制品、手工工具制造、医疗器械制造、文化和办公用机械制造等工业。

重工业 是指为国民经济各部门提供物质技术基础的主要生产资料的工业。按其生产性质和产品用途，可以分为下列三类：(1）采掘（伐）工业，是指对自然资源的开采，包括石油开采、煤炭开采、金属矿开采、非金属矿开采和木材采伐等工业；(2）原材料工业，指向国民经济各部门提供基本材料、动力和燃料的工业。包括金属冶炼及加工、炼焦及焦炭化学、化工原料、水泥、人造板以及电力、石油和煤炭加工等工业；(3）加工工业，是指对工业原材料进行再加工制造的工业。包括装备国民经济各部门的机械设备制造工业、金属结构、水泥制品等工业，以及为农业提供的生产资料如化肥、农药等工业。

根据上述划分原则，修理业中以重工业产品为修理作业对象的划为重工业，反之划为轻工业。

资产总计 指企业过去的交易或者事项形成的、由企业拥有或者控制的、预期会给企业带来经济利益的资源。资产一般按流动性（资产的变现或耗用时间长短）分为流动资产和非流动资产。其中流动资产可分为货币资金、交易性金融资产、应收票据、应收账款、预付款项、其他应收款、存货等；非流动资产可分为长期股权投资、固定资产、无形资产及其他非流动资产等。根据会计“资产负债表”中“资产总计”项目的期末余额数填报。

流动资产合计 资产满足以下条件之一应归为流动资产：(1）预计在一个正常营业周期中变现、出售或耗用，主要包括存货、应收账款等；(2）主要为交易目的而持有；(3）预计在资产负债表日起一年内（含一年）变现；(4）自资产负债日起一年内，交换其他资产或清偿负债的能力不受限制的现金或现金等价物。包括货币资金、应收票据、应收账款、存货等项目。根据会计“资产负债表”中“流动资产合计”项目的期末余额数填报。

固定资产合计 指企业为生产商品、提供劳务、出租或经营管理而持有的，使用寿命超过一个会计年度的有形资产。包括使用期限超过一年的房屋、建筑物、机器、机械、运输工具以及其他与生产、经营有关的设备、器具、工具等。固定资产合计是时点指标，表示固定资产经过扣减折旧、减值准备等后的期末余额。根据会计“资产负债表”中“固定资产净额”项目的期末余额数填报。

负债合计 指企业过去的交易或者事项形成的，预期会导致经济利益流出企业的现时义务。负债一般按偿还期长短分为流动负债和非流动负债。根据会计“资产负债表”中“负债合计”项目的期末余额数填报。

销售费用 指企业在销售商品和材料、提供劳务的过程中发生的各种费用，包括保险费、包装费、展览费和广告费、商品维修费、预计产品质量保证损失、运输费、装卸费等以及为销售本企业商品而专设的销售机构（含销售网点、售后服务网点等）的职工薪酬、业务费、折旧费等经营费用。建筑业企业销售费用指企业从事施工生产活动过程中发生的各项费用，包括应由企业负担的运输费、装卸费、包装费、保险费、维修费、展览费、差旅费、广告费和其他经费。房地产企业销售费用指企业在从事主要经营业务过程中所发生的各项销售费用，包括转让、销售、结算和出租开发产品等。

管理费用 指企业为组织和管理企业生产经营所发生的费用，包括企业在筹建期间内发生的开办费、董事会和行政管理部门在企业经营管理中发生的，或者应当由企业统一负担的公司经费等。根据会计“利润表”中“管理费用”项目的本年累计数填报。

财务费用 指企业为筹集生产经营所需资金等而发生的筹资费用，包括企业生产经营期间发生的利息支出（减利息收入）、汇兑损失（减汇兑收益）以及相关的手续费等。根据会计“利润表”中“财务费用”项目的本年累计数填报。

平均用工人数 指报告期企业平均实际拥有的、参与本企业生产经营活动的人员数。

十四、建筑业

CONSTRUCTION

版面负责人：张　虹
编　　　辑：刘云祥

统计执法监督检查办法

第二十六条 统计执法监督检查机构具体负责查处统计违法行为，统计执法队接受所属统计机构委托开展有关执法检查工作。

第二十七条 对下列统计违法行为，县级以上人民政府统计机构应当依法立案：

（一）各地方、各部门、各单位及其负责人违反统计法律法规规章的；

（二）县级以上人民政府统计机构及其工作人员违反统计法律法规规章的；

（三）国家机关、企业事业单位和其他组织以及个体工商户等调查对象违反统计法律法规规章的；

（四）违反国家统计规则、政令的；

（五）违反涉外统计调查和民间统计调查有关法律法规规章的；

（六）其他按照法律法规规章规定应当立案的。

第二十八条 立案查处的统计违法行为，应当同时具备下列条件：

（一）有明确的行为人；

（二）有违反本办法第二十七条所列行为，依法应当追究法律责任；

（三）属于人民政府统计机构职责权限和管辖范围。

统计执法监督检查机构或者执法检查人员按照前款规定的条件，对拟立案的有关材料进行初步审查并提出初步处理意见，报送所属人民政府统计机构负责人批准后，予以立案查处。

第二十九条 立案查处的案件，一般案件执法检查人员不得少于 2 人，重大案件应当按规定组成执法检查组。

第三十条 执法检查人员应当合法、客观、全面地收集证据。收集证据过程中，执法检查人员应当及时制作《现场检查笔录》《调查笔录》等文书，并整理制作《证据登记表》。

案件证据应当与本案件有关联，包括书证、物证、电子数据、视听资料、证人证言、当事人陈述、鉴定结论和勘验笔录等以及其他可证明违法事实的材料。

14-1 建筑业企业主要经济指标

项目	2010	2011	2012	2013	2014	2015	2016	2017	2018	2019	2020	2021
企业个数（个）	364	347	389	443	413	430	455	529	551	600	728	934
# 国有及国有控股企业	45	48	36	41	39	35	34	33	24	26	26	29
# 内资企业	363	345	385	437	409	426	451	525	549	598	726	932
港、澳、台商投资企业	1	1	3	5	3	3	3	3	2	2	2	2
外商投资企业		1	1	1	1	1	1	1				
期末从业人数（人）	337490	403721	469181	476577	519304	496929	521047	545227	520933	469362	423843	487309
建筑业总产值（亿元）	535.72	648.07	881.66	1089.66	1321.04	1361.22	1390.66	1493.02	1554.63	1512.05	1559.53	1698.01
# 建筑工程	510.88	631.59	829.68	1020.97	1254.94	1299.00	133.90	143.72	1495.90	1430.69	1482.30	1595.67
安装工程	22.55	11.85	30.46	59.68	48.25	41.93	34.00	38.36	52.73	73.52	64.74	83.47
竣工产值	419.39	497.72	661.74	801.89	1069.93	1118.16	1164.20	1191.82	1155.36	1116.45	1076.97	1077.30
利润总额	24.50	28.33	36.32	58.61	58.55	51.92	52.63	62.79		51.06	72.83	63.85
税金总额	15.13	20.70	25.96	29.47	38.47	38.90	25.42	62.86		63.51	29.30	65.13
房屋建筑施工面积（万平方米）	4872.40	5517.02	7702.88	9578.95	11606.80	11718.43	11880.35	11642.81	10980.20	10029.50	9993.25	10649.29
# 本年新开工面积	3120.05	3145.48	4707.61	5115.57	4180.30	5373.14	5371.02	5036.01	4764.56	4008.83	4027.45	4400.85
房屋建筑竣工面积	2530.61	2584.80	3247.33	3853.46	5274.97	4970.80	4613.18	4355.87	3982.97	3668.38	3340.21	2849.14
房屋建筑面积竣工率（%）	51.90	46.90	42.20	40.02	45.45	42.42	38.83	37.41	36.30	36.58	33.42	26.75

14-2 建筑业总承包和专业承包生产经营情况

（2021 年）　　　　单位：千元

项目	单位个数（个）	签订的建筑合同额	上年结转建筑合同额	本年新签建筑合同额	直接从建设单位承揽工程完成的产值	自行完成施工产值	分包出去工程的产值
总　计	**934**	**252507108**	**86714937**	**165792171**	**159254179**	**158588416**	**665763**
按行业分							
房屋建筑业	574	184385539	68489320	115896219	119551846	119387332	164514
土木工程建筑业	211	54935566	15816096	39119470	30788164	30564088	224076
建筑安装业	53	6146379	1429698	4716681	4575311	4459378	115933
建筑装饰和其他建筑业	96	7039624	979823	6059801	4338858	4177618	161240
按登记注册类型分							
内资企业	932	252443591	86704047	165739544	159194664	158528901	665763
国有企业	29	18540942	6016688	12524254	13241919	13241919	
集体企业	10	4102771	890259	3212512	2493629	2493629	
有限责任公司	61	45559394	17247035	28312359	31216983	31194694	22289
股份有限公司	6	2751771	649954	2101817	2416754	2416754	
私营企业	823	181169270	61847256	119322014	109528702	108988121	540581
其他企业	3	319443	52855	266588	296677	193784	102893
港、澳、台商投资企业	2	63517	10890	52627	59515	59515	
与港澳台商合资经营企业	1	3245		3245	3245	3245	
与港澳台商合作经营企业	1	60272	10890	49382	56270	56270	
按企业控股情况分							
国有控股	57	50198200	19296869	30901331	33961801	33961801	
集体控股	22	16633706	4864613	11769093	13195073	13195073	
私人控股	848	181923178	62061672	119861506	110520939	109958069	562870
其他	7	3752024	491783	3260241	1576366	1473473	102893
按资质等级分							
施工总承包序列	709	237098745	83945372	153153373	147448871	147018591	430280
施工总承包序列特级工程	3	31865848	13497721	18368127	19841922	19841922	
施工总承包序列一级工程	52	84527790	33752438	50775352	53677069	53677069	
施工总承包序列二级工程	216	77794215	24367508	53426707	47102538	46949826	152712
施工总承包序列三级工程	438	42910892	12327705	30583187	26827342	26549774	277568
专业承包序列	225	15408363	2769565	12638798	11805308	11569825	235483
专业承包序列一级工程	46	7477575	1440163	6037412	5241330	5240490	840
专业承包序列二级工程	108	4783354	882225	3901129	4074623	4053907	20716
专业承包序列三级工程	62	2777246	306560	2470686	2253203	2039276	213927
专业承包序列不分等级工程	9	370188	140617	229571	236152	236152	

14-2 续表 1 （2021 年） 单位：千元

项 目	从建设单位以外承揽工程完成的产值	建筑业总产值	建筑工程产值	安装工程产值	其他建筑业产值	# 装饰装修产值	# 装配式建筑工程产值	# 在外省完成的产值
总 计	**11212182**	**169800598**	**162546907**	**8347383**	**1886508**	**3513297**	**2005806**	**52739164**
按行业分								
房屋建筑业	4292606	123679938	119307701	3500212	872025	1545177	737141	39825001
土木工程建筑业	2646222	33210310	29944953	2323199	942158	73390	55826	8137692
建筑安装业	405735	4865113	2801748	2060283	3082	4505	700	1014611
建筑装饰和其他建筑业	3867619	8045237	7512305	463689	69243	1890225	1212139	3761860
按登记注册类型分								
内资企业	11212182	169741083	159507192	8347383	1886508	3457027	2005806	52718238
国有企业	47113	13289032	12894072	394960		28017	104100	1010000
集体企业	129021	2622650	2558915	63735		274		187377
有限责任公司	872828	32067522	30512086	1406731	148705	208876	50979	15709988
股份有限公司	13093	2429847	2429797	50			2457	143000
私营企业	10150127	119138248	110918538	6481907	1737803	3219860	1848270	35667873
其他企业		193784	193784					
港、澳、台商投资企业		59515	59515			56270		20926
与港澳台商合资经营企业		3245	3245					51
与港澳台商合作经营企业		56270	56270			56270		20875
按企业控股情况分								
国有控股	378509	34340310	33262788	946230	131292	184206	104100	9694870
集体控股	605652	13800725	13311097	488378	1250	8974		7017602
私人控股	10228021	120186090	111519609	6912775	1753706	3307382	1901706	35882918
其他		1473473	1473213		260	12735		143774
按资质等级分								
施工总承包序列	8266638	155285229	151428305	5257359	1579765	1591592	605157	48803137
施工总承包序列特级工程	25461	19867383	19140142	600201	127040	435734		14698140
施工总承包序列一级工程	847303	54524372	57765826	2500623	218323	275781	285000	23573354
施工总承包序列二级工程	2724411	49674237	47971146	655872	1047219	434530	120097	5012211
施工总承包序列三级工程	4669463	31219237	29531391	1500663	187183	445547	200060	5519432
专业承包序列	2945544	14515369	11118602	3090024	306743	1921705	1400649	3936027
专业承包序列一级工程	1081203	6321693	4629823	1515872	175998	1342772	882070	2598037
专业承包序列二级工程	415935	4469842	3652945	708515	108382	546032	518579	1187703
专业承包序列三级工程	1358218	3397494	2555394	819737	22363	32901		76923
专业承包序列不分等级工程	90188	326340	280440	45900				73364

14-2 续表 2 （2021 年） 单位：千元

项　目	竣工产值	房屋施工面积（平方米）	房屋新开工面积（平方米）
总　计	**107729729**	**106492895**	**44008486**
按行业分			
房屋建筑业	81008823	101131855	41626786
土木工程建筑业	17921589	3664182	1737183
建筑安装业	2481437	1562396	563517
建筑装饰和其他建筑业	6317880	134462	81000
按登记注册类型分			
内资企业	107670214	106492895	44008486
国有企业	8955735	5805850	2616421
集体企业	2077902	2380846	1448121
有限责任公司	9776515	18798469	5949960
股份有限公司	1080956	853842	147170
私营企业	85677006	78585818	33846814
其他企业	102100	68070	
港、澳、台商投资企业	59515		
与港澳台商合资经营企业	3245		
与港澳台商合作经营企业	56270		
按企业控股情况分			
国有控股	14870733	19324706	6092023
集体控股	6166573	6711987	2979756
私人控股	86024009	79193654	34268245
其他	668414	1262548	668462
按资质等级分			
施工总承包序列	98910083	105439758	43516259
施工总承包序列特级工程	11851863	13032684	5220345
施工总承包序列一级工程	38522366	42761753	16434484
施工总承包序列二级工程	27750498	29466801	11655651
施工总承包序列三级工程	20785356	20178520	10205779
专业承包序列	8819646	1053137	492227
专业承包序列一级工程	3793358	281193	229265
专业承包序列二级工程	2831157	257238	66950
专业承包序列三级工程	2082497	464626	182374
专业承包序列不分等级工程	112634	50080	13638

14-3 建筑业总承包和专业承包从业人员情况

（2021年） 单位：人

项目	单位个数（个）	从事生产经营活动的平均人数	建筑从业人员期末人数	工程技术人员	现场施工人员
总计	**934**	**608487**	**487309**	**40889**	**349371**
按登记注册类型分					
内资企业	932	608274	487061	40839	349259
国有企业	29	38288	34260	2266	26466
集体企业	10	5928	1728	419	1351
有限责任公司	61	103170	89075	4916	40221
股份有限公司	6	8102	8575	430	5782
私营企业	823	451783	352754	32602	274976
其他企业	3	1003	669	206	463
港、澳、台商投资企业	2	213	248	50	112
与港澳台商合资经营企业	1	15	41	3	32
与港澳台商合作经营企业	1	198	207	47	80
按行业分					
房屋建筑业	574	470762	394364	25927	287179
土木工程建筑业	211	93411	55980	10538	39686
建筑安装业	53	17278	15567	1839	9628
建筑装饰和其他建筑业	96	27036	21398	2585	12878

14-4 建筑业总承包和专业承包财务状况

（2021 年） 单位：千元

项　目	单位数（个）	年初存货	流动资产	应收工程款	存货	资产	负债
总　计	**934**	**12741282**	**96191084**	**27254645**	**16150303**	**114386520**	**59041138**
按所有制类型分							
国有控股	59	2596015	33249755	7179129	2181345	38192365	26829260
集体控股	24	444660	4969936	2455777	605593	5463883	2437700
私人控股	851	9700607	57971393	17619739	13363365	70730272	29774178
其他							
按企业资质等级分							
施工总承包序列	709	11666007	85802852	23148574	14883850	102116205	52540653
施工总承包序列特级工程	3	1760144	9928932	3896023	1923217	11081193	6263218
施工总承包序列一级工程	53	2635729	19423757	6674495	4315330	21990195	8876620
施工总承包序列二级工程	215	5068373	39022570	7601351	5591247	47307190	26972099
施工总承包序列三级工程	438	2201761	17427593	4976705	3054056	21737627	10428716
专业承包序列	225	1075275	10388232	4106071	1266453	12270315	6500485
专业承包序列一级工程	47	457382	4488473	1765929	487987	5116845	2976158
专业承包序列二级工程	107	408111	3337005	1354678	465157	4048205	1817399
专业承包序列三级工程	62	188208	2415591	926900	280993	2822762	1560465
专业承包序列不分等级工程	9	21574	147163	58564	32316	282503	146463
按行业分							
建筑业	934	12741282	96191084	27254645	16150303	114386520	59041138
房屋建筑业	576	9487179	61306165	14734848	11807254	72260021	35909333
土木工程建筑业	211	2363802	28239940	9975618	3142334	34185220	19152157
建筑安装业	52	487054	3215084	1355948	715570	3757563	1926994
建筑装饰和其他建筑业	95	403247	3429895	1188231	485145	4183716	2052654
按登记注册类型分							
内资企业	932	12740709	96153876	27251415	16150284	114340438	59034573
国有企业	29	1103693	7112741	2512406	1182357	8717848	5051662
集体企业	11	45241	886926	351439	55347	938973	500706
有限责任公司	65	1958194	31690459	7306730	1833381	35404770	24914342
股份有限公司	7	71046	691914	242557	84874	1023677	127414
私营企业	819	9562535	55770663	16838283	12994325	68253376	28438842
其他企业	1		1173			1794	1607
港、澳、台商投资企业	2	573	37208	3230	19	46082	6565
与港澳台商合资经营企业	1	573	4245	3230	19	6375	1733
与港澳台商合作经营企业	1		32963			39707	4832

14-4　续表 1　（2021 年）　单位：千元

项　　目	营业收入	主　营 业务收入	营业成本	主　营 业务成本	税　金 及附加	主营业务 税金及附加	其　他 业务利润
总　计	**146306971**	**144679619**	**131709575**	**130309898**	**1357657**	**1263241**	**112049**
按所有制类型分							
国有控股	27447293	26835147	24776344	24194640	219656	213293	61231
集体控股	10624302	10593017	9688894	9607073	65312	63673	27479
私人控股	108235376	107251455	97244337	96508185	1072689	986275	23339
其他							
按企业资质等级分							
施工总承包序列	131539340	129995971	118422247	117189242	1241416	1157399	108712
施工总承包序列特级工程	17581189	17401951	16815813	16656029	76077	75352	38729
施工总承包序列一级工程	48497449	48175969	44028295	43773023	524577	520994	45722
施工总承包序列二级工程	38811724	38516875	34164206	33894972	340361	313026	22251
施工总承包序列三级工程	26648978	25901176	23413933	22865218	300401	248027	2010
专业承包序列	14767631	14683648	13287328	13120656	116241	105842	3337
专业承包序列一级工程	6807202	6775555	6244054	6155106	37677	37170	3235
专业承包序列二级工程	4693173	4667746	4161853	4139155	60433	52325	-10
专业承包序列三级工程	2952735	2944823	2613381	2572891	13975	13235	112
专业承包序列不分等级工程	314521	295524	268040	253504	4156	3112	
按行业分							
房屋建筑业	102440271	101652867	92327560	91712803	1061160	1001502	15787
土木工程建筑业	31596599	30808676	28639271	27963365	212887	187205	93924
建筑安装业	5186040	5175187	4684815	4617054	33280	32698	707
建筑装饰和其他建筑业	7084061	7042889	6057929	6016676	50330	41836	1631
按登记注册类型分							
内资企业	146283118	144676642	131688034	130307515	1357227	1263218	112049
国有企业	10405248	10374505	8698595	8672528	107357	104997	7904
集体企业	2257940	2257940	2098862	2098862	17230	17230	
有限责任公司	25213082	24569878	23558470	22888131	145104	134519	80806
股份有限公司	2853188	2853188	2568105	2568105	31158	31158	
私营企业	105550875	104618436	94762331	94078218	1056352	975288	23249
其他企业	2785	2695	1671	1671	26	26	90
港、澳、台商投资企业	23853	2977	21541	2383	430	23	
与港澳台商合资经营企业	2977	2977	2383	2383	23	23	
与港澳台商合作经营企业	20876		19158		407		

14-4　续表 2　　（2021 年）　　单位：千元

项　　目	销售费用	管理费用	财务费用	研发费用	利润总额	营业利润
总　计	**497857**	**6282944**	**697763**	**89048**	**6384772**	**6497759**
按所有制类型分						
国有控股	70677	1121120	146686	30395	825247	877717
集体控股	251	551270	7296		459022	455314
私人控股	426929	4610554	543781	58653	5100503	5164728
其他						
按企业资质等级分						
施工总承包序列	411467	5529973	650772	63590	5722774	5841274
施工总承包序列特级工程	315	584195	37683	52975	-59455	6922
施工总承包序列一级工程	152109	1789851	172646	4376	2325745	2325388
施工总承包序列二级工程	180355	1312727	213140		2144339	2199478
施工总承包序列三级工程	78688	1843200	227303	6239	1312145	1309486
专业承包序列	86390	752971	46991	25458	661998	656485
专业承包序列一级工程	12974	324274	21843	25450	197818	202298
专业承包序列二级工程	34703	178683	13147		278029	275053
专业承包序列三级工程	36181	235135	9025	8	163670	156692
专业承包序列不分等级工程	2532	14879	2976		22481	22442
按行业分						
房屋建筑业	304204	3772249	406123	34504	5014547	5023785
土木工程建筑业	142702	1590455	254413	30316	848168	949308
建筑安装业	18196	239036	12318	5356	279360	283342
建筑装饰和其他建筑业	32755	681204	24909	18872	242697	241324
按登记注册类型分						
内资企业	497779	6282475	697622	89048	6383159	6496134
国有企业	1630	367927	55892	80	673740	677527
集体企业	250	25873	481		117110	115269
有限责任公司	72384	1292374	118189	30315	410282	457500
股份有限公司	5	111257	3860		140905	140900
私营企业	422520	4485044	519200	58653	5040934	5104840
其他企业	990				188	98
港、澳、台商投资企业	78	469	141		1613	1625
与港澳台商合资经营企业		378			182	194
与港澳台商合作经营企业	78	91	141		1431	1431

主要统计指标解释

建筑业总产值（即自行完成施工产值） 指建筑业企业或附属施工单位自行完成的按工程进度计算的建筑安装生产总值。施工产值包括：

①建筑工程产值：指列入建筑工程预算内的各种工程价值。

②设备安装工程产值：指设备安装工程价值。

③房屋、构筑物修理产值：指房屋、构筑物修理所完成的价值，但不包括被修理房屋、构筑物本身的价值和生产设备的修理价值。

④非标准设备制造产值：指加工制造没有定型的、非标准的生产设备的加工费和原材料价值，不论是现场还是附属加工厂为本单位承建工程制造的非标准设备的价值，都应计算产值。

竣工产值 指在报告期内，按照设计所规定的工程内容全部完成，达到了设计规定的交工条件，经有关部门检查验收鉴定合格的单位工程价值之和。

房屋建筑施工面积 指在报告期内施工的全部房屋建筑面积。包括本期内新开工的、上期施工跨入本期继续施工、上期停建本期复工的房屋建筑面积；不包括上期开工后又停工，本期未施工的房屋建筑面积。

房屋建筑竣工面积 指在报告期内，按照设计所规定的工程内容全部完成，达到了设计规定的交工条件，经有关部门检查验收鉴定合格的房屋建筑面积。

住宅竣工面积 指房屋建筑竣工面积中供居住用的房屋建筑竣工面积。

工程结算收入 指企业（或单位）按工程的分部分项自行完成的建筑产品价值并已与甲方在报告期内办理结算手续的工程价款收入，以及向甲方收取的除工程价款以外的按规定列作营业收入的各种款项，如临时设施费、劳动保险费、施工机械调迁费等以及向甲方收取的各种索赔款。

工程结算利润 指已结算工程实现的利润，如为亏损以“–”号表示。其计算公式为：

工程结算利润 = 工程结算收入 – 工程结算成本 – 工程结算税金及附加

企业总收入 指与企业生产经营直接有关的各项收入，包括工程结算收入和其他业务收入，即：

企业总收入 = 工程结算收入 + 其他业务收入

十五、交通运输和邮电

TRANSPORTATION, POSTAL AND TELECOMMUNICATIONS SERVICES

版面负责人：马　萍
编　　　辑：李依睿

统计执法监督检查办法

第三十一条 调查结束后，执法检查组或者执法检查人员应当及时形成监督检查报告，报送所属人民政府统计机构负责人。

监督检查报告内容包括：立案依据、检查情况、违法事实、法律依据、违法性质、法律责任、酌定情形、处理意见等。

第三十二条 统计执法监督检查机构应当及时组织召开会议，对案件进行讨论审理，确定统计违法行为性质和处理决定，报统计机构负责人审查。对情节复杂或者重大违法行为给予较重的行政处罚，应当集体讨论决定。

在审理过程中发现统计违法事实不清、证据不足或者程序错误的，应当责成执法检查组或者执法检查人员及时补充或者重新调查。

第三十三条 统计违法案件审理终结，应当分别以下情况作出处理：

（一）违反统计法律法规规章证据不足，或者统计违法事实情节轻微，依法不应追究法律责任的，即行销案；

（二）违反统计法律法规规章事实清楚、证据确凿的，依法作出处理；

（三）违反统计法律法规规章和国家统计规则、政令，应当给予处分的，移送任免机关或者纪检监察机关处理；

（四）违反统计法律法规规章和国家统计规则、政令，被认定为统计严重失信的，按照国家有关规定进行公示和惩戒；

（五）涉嫌违反其他法律法规规定的，移交有关行政机关处理；

第三十四条 统计违法事实清楚、证据确凿，依法决定予以行政处罚的，应当在作出行政处罚决定前，制作《统计行政处罚决定告知书》，向处罚对象告知给予行政处罚的事实、理由、依据和处罚对象依法享有的权利。处罚对象对处罚决定进行陈述、申辩，提出不同意见时，统计执法监督检查机构应当认真听取。处罚对象提出新的事实、理由和证据，统计执法监督检查机构应当进行复核，复核成立的，予以采纳。

15-1 全社会客、货运量

年　份	全社会客运量（万人）	#铁路	公路	全社会货运量（万吨）	#铁路	公路	水运
1978	2030	636	1394	2608	1480	652	93
1979	2305	671	1634	3154	1555	681	89
1980	2724	712	2012	3252	1588	724	75
1981	2958	741	2217	3026	1468	703	59
1982	3174	806	2368	3230	1561	825	72
1983	3133	859	2274	3605	1642	894	71
1984	3358	943	2415	5428	1727	2314	100
1985	3590	967	2617	6280	1814	2643	326
1986	3570	964	2600	7866	1850	4264	335
1987	3602	1073	2528	6962	1944	2966	649
1988	3790	1166	2624	7022	2007	2996	550
1989	3471	985	2486	6394	2078	2673	330
1990	3156	800	2356	6073	2021	2115	350
1991	2962	809	2153	6189	2040	2789	351
1992	3766	846	2920	11069	2041	7289	611
1993	4288	852	3435	8832	2127	4475	780
1994	4652	839	3811	10350	2051	6760	564
1995	6071	852	5216	10859	2022	6717	1182
1996	8396	703	7691	8792	1981	5184	1170
1997	7552	764	6786	7851	1736	4396	754
1998	6863	807	6048	8573	1558	4608	514
1999	6647	827	5812	8884	1663	4367	655
2000	7255	802	6443	9669	1700	4788	565
2001	7411	793	6610	9785	1613	4906	605
2002	7544	758	6775	9907	1561	5004	611
2003	7056	755	6292	10066	1543	5052	620
2004	7391	775	6601	11348	1535	5225	662
2005	8099	878	7202	14022	1487	6114	889
2006	8688	946	7712	16459	1635	7494	1006
2007	10007	1074	8892	18480	1924	8678	1211
2008	21787	1218	20529	23852	2264	11508	1982
2009	24042	1263	22728	25708	2191	12577	2133
2010	27761	1770	25926	37227	9944	14758	2548
2011	23238	1879	21275	35772	5582	16829	2870
2012	24892	1627	23168	34851	1300	18697	3268
2013	16758	1832	14814	33926	1054	15455	4799
2014	17282	2093	15063	35659	944	16967	5015
2015	15660	2182	13347	36408	979	16909	5656
2016	15660	2295	13217	37896	697	17586	5801
2017	13662	2207	11013	40152	598	19485	6287
2018	12750	2535	9960	46819	4796	21164	6456
2019	12440	2705	9434	54108	5080	27576	6707
2020	8948	2056	6672	55316	5495	29299	6972
2021	6046	2266	3519	55232	5465	31424	4317

注：铁路货运量统计口径为发货量；2008 年及以后公路客货运量统计口径变化，与往年不可比（下同）。2013 年公路和水路等交通行业开展专项调查，统计口径调整，与往年不可比。公路水运运输量均为营业性数据。公路货运量 2019 年数据按 2019 年道路货运量专项调查数据测算，与往年不可比。

15-2 全社会客、货运周转量

年 份	全社会旅客周转量（万人公里）	#铁路	公路	全社会货物周转量（万吨公里）	#铁路	公路	水运
1978	249885	209321	40564	1461029	1211408	8148	4175
1979	280183	232768	47415	1945564	1257756	7108	4254
1980	328530	271097	27433	2035244	1306257	8292	5341
1981	354602	291774	62828	2014909	1313585	8012	6048
1982	396156	324347	71089	2153718	1427133	27578	27401
1983	446877	370740	76137	2443326	1550139	30261	29023
1984	524323	435110	89213	2769988	1659775	31759	39641
1985	636545	519962	116583	3972158	1885098	86866	60720
1986	700973	566359	134614	3357828	2028709	117208	64142
1987	761646	622238	139408	3513177	2166558	107961	159184
1988	863036	698324	164712	3757313	2292214	120665	157360
1989	811599	655742	155857	3692471	2411734	118930	75266
1990	731765	594649	137116	3646275	2440213	100950	85224
1991	765362	641282	124080	3640834	2448681	105308	129739
1992	876627	690096	186531	4104274	2616319	335316	247925
1993	952195	703043	249152	3982741	2585799	289800	294285
1994	975802	733088	241388	4387480	2751855	510032	357622
1995	1133265	722493	410772	4532499	2913515	418798	482039
1996	1255579	649085	606494	4351716	2881365	453610	303121
1997	1169395	672572	492123	4217829	2738316	374707	424301
1998	1124114	682681	433247	4347608	2616333	379284	262986
1999	1085420	750026	326643	4545083	2596163	315891	339687
2000	1245191	798664	436691	5144815	2932469	360929	290348
2001	1275512	798041	468827	5328880	2986021	380641	284023
2002	1320343	827071	482892	5442417	3133544	388254	288283
2003	1226127	777297	440100	5665478	3291712	380600	292100
2004	1433951	952020	466991	6287747	3387300	393350	313013
2005	910143	390075	500744	5472847	2043649	415973	322130
2006	983361	420286	533069	7882829	3247052	494458	370967
2007	1134788	477154	616228	9197322	3820996	576538	438112
2008	1894734	541130	1313499	10979772	4496224	1310599	595947
2009	2071224	560914	1459164	11297204	4351249	1435633	642617
2010	2525059	786149	1673070	27608783	19747916	1787616	781570
2011	2141370	891641	1165102	32106411	23393492	2173726	914555
2012	2153325	780924	1274989	15071042	5820209	2464381	1055362
2013	1796552	929866	805737	16143302	4717912	3686573	1545684
2014	3081596	1004496	809600	16141672	4225227	4057467	1695912
2015	1975600	1047125	796627	13037518	4381882	4279115	1944553

注：铁路客、货运周转量 2005 年以前为徐州铁路分局辖区数，2005 年及以后为徐州铁路段辖区数。自 2011 年起公路水路运输量数据为营业性数据。

15-3 主要年份运输线路长度

单位：公里

指标	1990	1995	2000	2005	2010	2015	2020	2021
民用航空								
民用航空线条数（条）	4	2	13	13	22	25	38	53
铁路								
铁路正线延展里程	465	465	711	736		672		
铁路营业里程	258	258	359	381		349		
公路线路里程								
按技术级别分类								
等级公路里程	2964	2930	2658	10167	14965	15396	15918	15859
高速				299	412	459	464	464
一级		435	634	732	1039	1195	1329	1343
二级	616	378	581	1273	1527	1539	1583	1593
三级	214	344	572	996	1195	1324	1593	1602
四级	1781	1507	871	6867	10792	10860	10950	10856
等外公路	353	266		739	1210	1116		
按行政级别分类								
国道	307	306	362	589	730	730	1024	1024
省道	515	518	466	703	735	862	850	876
县道	892	872	842	693	2309	2307	2465	2484
乡道	1049	1073	988	8921	5888	5885	6479	6436
内河航道通航里程	**534**	**540**	**639**	**1039**	**1039**	**1058**	**1058**	**1058**
输油管道里程								
管道条数（条）	3	3	8	14	28	35	32	33
延展长度	1252	1252	2375	4652	5891	6573	6626	7422

注：公路线路里程 2000 年以前为交通部门养管里程，2001 年及以后为全社会口径；2007 年开展县道网规划，将低级公路升级为县道；输油管道为中石化全公司口径；铁路里程为徐州市境内铁路线里程，上海铁路局徐州办事处已撤销，2018 年及以后不再统计相关线路长度数据；民用航空线条数 2019 年以后为民用航空通航城市数；2020 年及以后等外公路不再统计。

15-4　全社会交通运输量

（2021 年）

指　　标	客运量（万人次）	货运量（万吨）
全市合计	**6046**	**55232**
航空	261	1
铁路	2266	5465
公路	3519	31424
水运		4317
管道		14025
内河港口吞吐量		**4674**

15-5　市区全社会交通运输量

（2021 年）

指　　标	客运量（万人次）	货运量（万吨）
合计	**4786**	**10842**
航空	261	1
铁路	2266	5465
公路	2259	4097
水运		318
管道		961
内河港口吞吐量		**1949**

15-6 主要年份全社会民用车辆船舶数

指标	1990	1995	2000	2005	2010	2011	2012	2013
机动车总计（辆）	**105958**	**194285**	**497359**	**752002**	**1136878**	**1128630**	**1263934**	**1339294**
# 私人车辆拥有量	78370	139813	433885	701767	1050715	1031943	1161686	1232192
汽车	39949	78185	214713	308628	432612	526776	624472	684546
# 私人车辆拥有量	2872	7446	19412	262656	356532	441700	501796	591203
# 载客汽车	7674	17748	29031	78349	160323	220992	478173	532586
# 大（中）型	1390	1940	2574	8023	293120	383701	12768	12175
小（微）型	6282	15808	26457	70326	11865	12606	465405	520411
载货汽车	21773	39651	35666	36177	281255	371095	112214	121542
# 重（中）型	16109	27592	24086	20319	87464	101461	66632	73083
轻（微）型	5664	12059	11580	15858	53111	61868	45582	48459
其他汽车	10502	20786	150016	194102	34353	39593	34085	30418
摩托车	14361	48131	253357	438479	687361	581717	617291	630345
全挂车	5655	7446	2955	658	545	457	438	406
半挂车			4465	4234	16357	19677	21730	23996
运输船舶总计（艘）		**5751**	**6740**	**5428**	**4374**	**4356**	**4310**	**4272**
机动船数		3045	2176	655	806	931	1019	1146
# 货船		2705	1679	351	518	618	711	843
拖船		340	441	304	288	313	430	303
货船载重量（吨位）		146701	177780	54583	311516	524603	681650	873700
驳船数（艘）		2706	4564	4773	3568	3425	3291	3126
载重量（吨位）		223321	645466	1625614	1591410	1631804	1621674	1593750

15-6 续表

指标	2014	2015	2016	2017	2018	2019	2020	2021
机动车总计（辆）	**1402414**	**1402085**	**1366616**	**1438416**	**1590080**	**1735979**	**1889753**	**2060006**
# 私人车辆拥有量	1298413	1301094	1263543	1324326	1462882	1600740	1745710	1891990
汽车	756003	851541	1016085	1202546	1366429	1514027	1665419	1825790
# 私人车辆拥有量	664639	763005	926406	1102910	1255296	1395093	1539706	1687986
# 载客汽车	615452	722443	878035	1046296	1193084	1330262	1465467	1606519
# 大（中）型	10614	9837	9317	9382	9580	9342	9355	8977
小（微）型	604838	712606	868718	1036914	1183504	1320920	1456112	1597542
载货汽车	117598	109264	115728	132399	148145	158085	177939	193378
# 重（中）型	70304	64987	67511	77221	83895	86066	92454	101350
轻（微）型	47294	44277	48217	55178	64250	72019	81985	92028
其他汽车	22953	19834	22322	23851	25200	25680	25513	25893
摩托车	623305	526981	324023	204687	188326	185506	183850	191436
全挂车								
半挂车	23105	23562	26508	31183	35325	36446	40484	42780
运输船舶总计（艘）	**4084**	**4100**	**4154**	**3540**	**3457**	**3176**	**3140**	**3005**
机动船数	1186	1297	1315	1220	1381	1477	1486	1486
# 货船	857	958	977	896	1077	1166	1205	1213
拖船	329	339	338	324	304	309	279	273
货船载重量（吨位）	988815	1203100	1281040	1264295	1346792	1702030	1606366	1787668
驳船数（艘）	2898	2803	2839	2320	2076	1699	1654	1519
载重量（吨位）	1552199	1747641	1956416	1801938	1703981	1640839	1356376	1544607

注：2004 年以前载客汽车和载货汽车均未含专用（特种）车。2007 年起运输船舶按现有检验次数统计。

15-7 主要年份邮政电信情况

指标		1990	1995	2000	2005	2010	2015	2020	2021
邮电局总数	（处）	262	316	372	812		235	233	234
邮路总长度	（公里）	4002	5047	5368	5900	5753	10675	31944	40551
农村投递线路长度	（公里）	20477	21706	21961	21666	25495	26903	23176	21469
电话局用交换机总容量	（万门）	5.04	45.35	136.25	348.78	1131.70			
固定电话年末用户	（万户）	7.23	29.45	77.51	278.53	177.21	138.50	79.33	76.15
# 城市	（万户）	5.61	23.19	39.05	165.65	86.09	110.50		
移动电话年末用户			1.36	32.27	154.97	600.72	756.44	963.96	1003.78
互联网宽带接入用户数	（万户）				21.41	70.10	188.29	358.15	398.31
邮电业务总量	（亿元）	0.62	3.88	17.73	36.26	73.39	193.39	883.24	162.54
邮电业务收入	（亿元）			13.06	27.05	48.14	74.11	122.57	141.18
计费函件（不含广告）	（万件）	2463	2579	2289	2041	4728	1488.17	125.20	106.82
包　件	（万件）	26	71	39	49	26	13.21	11.79	9.42
汇　票	（万张）	97	108	96	71	1267	70.99	7.49	4.26
订销报刊累计	（万份）	10291	17075	16451	9116	10845	11014.99	10136.15	9538.55
集　邮	（万枚）	301	1257	4525	533		480.99	265.95	187.76
特快专递	（万件）	…	44	34	78	306	955.02	594.67	697.25

注：1995 年以前本地电话年末用户为年末电话机数（下同）；2005 年前电话局用交换机总容量为电信局一家数据，2006 年及以后为所有电信部门的数据（下同）；2006 年及以前邮电业务总量中电信业务总量为电信业务收入；2013 年及以后邮政方面数据为市邮政管理局全辖数（下同）；2019 年起不再统计城市固定电话用户数。

主要统计指标解释

铁路营业里程 又称营业长度，指办理客货运输业务的铁路正线总长度。凡是全线或部分建成双线及以上的线路，以第一线的实际长度计算；复线、站线、段管线、岔线和特殊用途线以及不计算运费的联络线都不计算营业里程。铁路营业里程是反映铁路运输业基础设施发展水平的重要指标，也是计算客货周转量、运输密度和机车车辆运用效率等指标的基础资料。

公路里程 指在一定时期内实际达到《公路工程技术标准 JTJO1-88》规定的等级公路，并经公路主管部门正式验收交付使用的公路里程数。它包括大中城市的郊区公路以及通过小城镇街道部分的公路里程，也包括桥梁、渡口的长度，但不包括大中城市的街道、厂矿、林区生产用道和农业生产用道的里程。两条或多条公路共同经由同一路段，只计算一次，不得重复计算里程长度。公路里程是反映公路建设发展规模的重要指标，也是计算运输网密度等指标的基础资料。

内河航道里程 也称“内河通航里程”，是反映内河水运网规模、水平和发展情况的主要指标，是指在一定时期内，能通航运输船舶及排筏的天然河流、湖泊水库、运河及通航渠道的长度。包括全年季节性通航累计三个月以上的航道，但不包括仅供零散流放竹、木排的河道。

输油（气）管道长度 也称“输油（气）里程”，是反映管道运输发展规模和水平的主要指标，是指油品（或天然气）的实际输送距离，一般按输油（气）管道的单线长度计算。若包括复线和备用线长度则称为输油（气）管道延展长度，是指管道铺设的实际长度。我们通常使用的是不包括复线的“输油（气）管道里程”。

货（客）运量 指在一定时期内，各运输部门实际运送的货（旅客）数量。是反映运输业为国民经济和人民生活服务的数量指标，也是制定和检查运输生产计划，研究运输发展规模和速度的重要指标。货运按吨计算，客运按人计算。货物不论运输距离长短，货物类别，均按实际重量统计；旅客不论行程远近或票价多少，均按一人一次作为客运量统计。半价票、小孩票也按一人统计。

货物（旅客）周转量 指在一定时期内，由各种运输工具运送的货物（旅客）数量与其相应运输距离的乘积之总和，是反映运输业生产总成果的重要指标，也是编制和检查运输生产计划，计算运输效率、劳动生产率以及核算运输单位成本的主要基础资料。通常以吨公里和人公里为计算单位。计算货物周转量通常按发出站与到达站之间的最短距离，也就是计费距离计算。

内河主要港口货物吞吐量 指由水运进出内河主要港区范围，并经过装卸的货物数量。吞吐量可以分为进口、出口，又可以分为国内贸易和对外贸易。货物吞吐量的货种分类及其主要流向流量，反映了港口在国内外物资交流和对外贸易运输中的地位和作用。

邮电业务总量 指以价值量形式表现的邮电通信企业为社会提供各类邮电通信服务的总数量。邮电业务量按专业分类包括函件、包件、汇票、报刊发行、邮政快件、特快专递，邮政储蓄、集邮、公众电报、用户电报、传真、长途电话、出租电路、无线寻呼、移动电话、分组交换数据通信、出租代维等。计算方法为各类产品乘以相应的平均单价（不变价）之和，再加上出租电路和设备、代用户维护电话交换机和线路等的服务收入。它综合反映了一定时期邮电业务发展的总成果，是研究邮电业务量构成和发展趋势的重要指标。计算公式为：

$$\begin{aligned}\text{邮电业务总量} &= \sum(\text{各类邮电业务量} \times \text{不变单价}) \\ &\quad + \text{出租代维及其他业务收入} \\ &= \text{邮政业务总量} + \text{电信业务总量}\end{aligned}$$

移动电话用户 是指通过移动电话交换机进入移动电话网、占用移动电话号码的电话用户。用户数量以报告期末在移动电话营业部门实际办理登记手续进入移动电话网的户数进行计算，一部移动电话统计为一户。

电话用户 指接入国家公众固定电话网，并按固定电话业务进行经营管理的电话用户。1997 年以前，电话用户分为市内电话用户和农村电话用户。从 1997 年起，电话用户数分组调整为以用户所在区域划分为“城市电话用户”和“乡村电话用户”，与过去的按市内电话和农村电话划分方法不同，而电话用户总数、电话机总部数统计范围不变。

城市电话用户 指直辖市、省辖市、地级市、县级市的市区、市郊区及县城（包括县人民政府所在地的县城关区或行政建制相当于县人民政府所在地的镇）范围内接入局用交换机的电话用户数，包括分布在农村地区的独立工矿区、林区、驻军等接入局用交换机的电话用户数。

十六、批发零售和住宿餐饮业

WHOLESALE, RETAIL AND ACCOMMDATIONS CATERING INDUSTRY

版面负责人：吕延婷

编　　　辑：郑　鹏

统计知识

统计执法监督检查办法

第三十五条 县级以上人民政府统计机构作出对法人或者其他组织 5 万元以上罚款，对个体工商户作出 2000 元以上罚款的行政处罚决定前，应当告知处罚对象有要求举行听证的权利。处罚对象要求听证的，作出处罚决定的统计机构应当依法组织听证。

处罚对象应当在收到《统计行政处罚决定告知书》3 日内向作出处罚决定的统计机构提出听证要求，作出处罚决定的统计机构应当在听证的 7 日前通知处罚对象举行听证的时间和地点。

听证由统计机构指定的非本案执法检查人员主持，处罚对象认为主持人与本案有直接利害关系的，有权申请回避。举行听证时，执法检查人员提出处罚对象违法的事实、证据和处罚建议，处罚对象进行申辩和质证。听证应当制作笔录，笔录应当交处罚对象审核无误后签字或者盖章。

听证结束后，统计机构依照本办法第三十三条作出处罚决定。

第三十六条 统计违法行为应当给予行政处罚的，依法作出处罚决定，制作《统计行政处罚决定书》。《统计行政处罚决定书》应当载明下列事项：

（一）处罚对象的名称或者姓名、地址；

（二）违反统计法律法规规章的事实和证据；

（三）统计行政处罚的种类和依据；

（四）统计行政处罚的履行方式和期限；

（五）不服统计行政处罚决定，申请行政复议或者提起行政诉讼的途径和期限；

（六）作出统计行政处罚决定的统计机构名称和作出决定的日期。

统计行政处罚决定书必须盖有作出统计行政处罚决定的统计机构的印章。

16-1 主要年份社会消费品零售总额

单位：万元

年份	社会消费品零售总额	按地区分			按行业分				
		市的零售额	县的零售额	县以下的零售额	批发零售贸易业	餐饮业	住宿业	制造业	其他行业
1949	9756		6521						
1952	11421		5531						
1957	22284		9574						
1962	28486		14124						
1965	29808		12426						
1970	34332		13706						
1975	57492		23318						
1978	77058		31480		64672	2955		6196	3235
1979	92351		37555		72497	4201		10787	4866
1980	109523		46069		85005	4626		14022	5870
1981	123791		52831		91751	5244		17841	8955
1982	138439		59336		105869	5455		15607	11508
1983	150638	64850	27128	58660	114633	6005		18157	11843
1984	176386	77927	31616	66843	130149	7393		25637	13207
1985	233620	106745	43967	82908	166598	12733		33341	20948
1986	266086	119792	52153	94141	188243	14597		36897	26349
1987	304226	137513	51646	115067	211763	17205		44859	30399
1988	370405	173147	66514	130744	255523	19743		56087	39052
1989	410589	202384	71509	136696	282528	20163		60085	47813
1990	422271	227011	59028	136232	285048	19888		58860	58475
1991	458294	255898	62850	139546	308487	22575		60204	67028
1992	500332	313996	47930	138406	323658	26251		70302	80121
1993	630132	396431	62112	171589	421659	31609		75688	101176
1994	891616	605436	75607	210573	577913	67146		86509	160048
1995	1176000	790888	107038	278074	744581	99884		112829	218706
1996	1443022	960114	125326	357582	910302	122359		142344	268017
1997	1587144	1039250	139797	408097	996392	138004		158401	294347
1998	1670963	1089481	159366	422116	1090676	150874		140843	288570
1999	1783569	1153559	175363	454647	1198854	180961		120650	283104
2000	1923562	1226494	184077	512991	1322600	217538		105332	278092
2001	2106155	1314302	214514	577339	1484550	233319		103925	284361
2002	2359400	1443768	248934	666698	1658933	272855		116694	310918
2003	2549333	1600636	249438	699259	2190101	323468			35764
2004	3626261	2256976	403917	965368	3154980	431070	13483		26728
2005	4142921	2586630	483718	1072573	3608492	473494	30739		30196
2006	4826128	3025146	563502	1237480	4131249	619258	42764		32857
2007	5720811	3604544	654338	1461929	4895655	719858	65306		39992
2008	7399251	4662620	857163	1879468	6195896	1029172	116622		57561
2009	8509073	5369172	989039	2150862	7178070	1198836	132167		
2010	10163827	8122723	2041104		9044632	1049200	69995		
2011	12200262	9729178	2471084		10856382	1231799	112081		
2012	14080457	11293641	2786816		12587243	1381216	111998		
2013	15989125	12821046	3168079		14278757	1583941	126427		
2014	22006399	13793585	8212814		20189567	1446082	370750		
2015	24773322	15462598	9310724		22757034	1609663	406625		
2016	27906690	17369198	10537492		25536511	1928373	441806		
2017	31327110	19479220	11847890		28710615	2141560	474935		
2018	33735224	15813694	17921530		30984357	2271078	479789		
2019	35331872	16556375	18775497		32466487	2598229	267156		
2020	32860868	15566837	17294031		30264500	2356462	239906		
2021	40380176	18611157	21769019		37109470	2974181	296524		

注：2003 年及以后按行业划分的批发零售贸易业中包括原制造业和其他行业中原农民对非农业居民的零售额；1992–2018 年数据根据“四经普”进行了调整。

16-2 市区社会消费品零售总额

单位：万元

年 份	社会消费品零售总额	按行业分				
		批发零售贸易业	餐饮业	住宿业	制造业	其他行业
1978	31480	25956	1373		2327	1824
1979	37555	30176	1786		3214	2379
1980	46069	34685	2398		5835	3151
1981	52831	39758	2683		6501	3889
1982	59336	46294	2709		5775	4558
1983	63751	50417	2741		5989	4604
1984	76175	57009	3099		10318	5749
1985	104827	73051	6071		14954	10751
1986	117965	82599	6462		15130	13774
1987	135320	97190	7038		14772	16320
1988	169583	120988	8250		19756	20589
1989	198822	141665	8326		19760	29071
1990	210156	148845	9103		16750	35458
1991	236824	165088	10795		17056	43885
1992	313996	213428	16627		21805	62136
1993	396431	269511	18329		25210	83381
1994	605436	401048	48638		21529	134221
1995	790888	499974	67576		42173	181165
1996	960114	600007	85907		47926	226274
1997	1039250	624898	97889		63913	252550
1998	1089481	663455	113377		63667	248982
1999	1153559	746934	131069		38081	237475
2000	1226494	837473	160403		16326	212292
2001	1314302	931874	158282		9721	214425
2002	1443768	1021392	179056		8679	234641
2003	1600636	1365068	211156			24412
2004	2256976	2001458	218874	11365		25279
2005	2586630	2262533	262738	34350		27009
2006	3025146	2633777	325815	33778		31776
2007	3604544	3157699	362535	53217		31093
2008	4662620	3965681	558663	79788		58488
2009	5369172	4625600	653964	89608		
2010	8122723	7425332	649205	48186		
2011	9729178	8876894	795117	57167		
2012	11293641	10196176	1026739	70726		
2013	12821046	11375801	1332595	112650		
2014	13793585	12655507	918944	219134		
2015	15462598	14244987	981016	236595		
2016	17369198	15929989	1173047	266162		
2017	19479220	17894543	1292984	291693		
2018	15813694	14501776	1080233	231685		
2019	16556375	15128071	1300978	127326		
2020	15566837					
2021	18611157					

16-3 限额以上批发和零售业、住宿和餐饮业基本情况

（2021年）

指　　标	法人企业数（个）	产业活动单位数（个）	其他行业及外省法人所属限额以上批零住餐产业活动单（个）	餐饮或零售营业面积（平方米）	年末从业人员（人）
总　计	**3321**	**2222**		**2218864**	**71917**
批发和零售业小计	**3321**	**2222**		**2218864**	**71917**
批发业	**1783**	**775**		**307490**	**30521**
#国有控股	66	238		137445	2009
按登记注册类型分					
内资企业	1770	775		304680	30409
国有企业	29	12		28919	2522
集体企业	1			2500	50
有限责任公司	100	13		30405	4476
股份有限公司	17	218		96496	3828
联营企业	1				2
私营企业	1615	532		145115	19481
#私营有限责任公司	1513	531		141659	18576
其他企业	5			1245	41
港、澳、台商投资企业	6				35
外商投资企业	7			2810	77
按国民经济行业分					
农、林、牧、渔产品批发	70	1		27504	956
食品、饮料及烟草制品批发	118	16		37282	4129
#米、面制品及食用油批发	20			9154	834
烟草制品批发	1	8			1087
纺织、服装及家庭用品批发	60	5		10865	1156
#纺织品、针织品及原料批发	10			130	75
文化、体育用品及器材批发	49	2		946	527
医药及医疗器材批发	125	457		33273	7150
矿产品、建材及化工产品批发	1021	260		145878	10324
#煤炭及制品批发	306	9		580	3281
石油及制品批发	24	224		108465	674
金属及金属矿批发	351	7		18925	2506
机械设备、五金交电及电子产品批发	270	34		50647	5086
#农业机械批发	26			19250	332
汽车及零配件批发	51	11		4565	796
其他未列明批发业	11			600	218
零售业	**1538**	**1447**		**1911374**	**41396**
#国有控股	12	101		67364	1829
按经济注册类型分					
内资企业	1523	1354		1740294	35303
国有企业	3			22460	201

16-3 续表 1　　（2021 年）

指　　标	法人企业数（个）	产业活动单位数（个）	其他行业及外省法人所属限额以上批零住餐产业活动单（个）	餐饮或零售营业面积（平方米）	年末从业人员（人）
集体企业	12	13		16165	374
股份合作企业	2			1200	69
有限责任公司	62	326		317843	4772
股份有限公司	6	10		69527	876
私营企业	1381	1005		1289174	28283
其他企业	57			23925	728
港、澳、台商投资企业	12	91		11561	5532
外商投资企业	3	2		28679	561
按国民经济行业分					
综合零售	98	366		565027	9332
#百货零售	39	42		232315	2243
超级市场零售	49	300		304005	6523
其他综合零售	2			10856	214
食品、饮料及烟草制品专门零售	102	117		55198	2104
纺织、服装及日用品专门零售	189	131		192753	7433
文化、体育用品及器材专门零售	102	19		53059	1340
#图书、报刊零售	9			24320	173
医药及医疗器材专门零售	48	673		67497	3336
汽车、摩托车、燃料及零配件专门零售	273	55		558924	7862
#汽车新车零售	197	47		497007	6863
家用电器及电子产品专门零售	160	76		171140	3416
#日用家电设备零售	36	12		44807	711
计算机、软件及辅助设备零售	33	1		5986	423
五金、家具及室内装修材料专门零售	145	4		71774	1431
#五金零售	52	1		18407	403
家具零售	12			32289	367
货摊、无店铺及其他零售业	421	6		176002	5142
按经营方式分					
独立门店	1097	504		1464129	26565
连锁总店（总部）	23	647		178711	7864
连锁门店	16	193		77424	1339
其他	402	103		191110	5628
按零售业态分					
百货商店	38	24		242553	2455
超级市场	56	120		124758	2998
大型超市	14	134		222398	4048
仓储会员店					
专业店	669	876		675100	14432
专卖店	267	193		406448	10798
住宿和餐饮业小计	**389**	**118**		**548110**	**12317**
住宿业	**141**	**15**		**236660**	**4497**
#国有控股	12	10		23628	929

16-3　续表 2　　　　　　　　　　（2021 年）

指　　标	法人企业数（个）	产业活动单位数（个）	其他行业及外省法人所属限额以上批零住餐产业活动单（个）	餐饮或零售营业面积（平方米）	年末从业人员（人）
按登记注册类型分					
内资企业	139	15		216893	4174
国有企业	6	1		12100	443
集体企业	2	0		1350	60
有限责任公司	16	9		44494	922
私营企业	114	5		158929	2709
其他内资					
按国民经济行业分					
旅游饭店	21	14		64865	1662
一般旅馆	118	1		99878	2815
按星级等级分					
一星	2			8680	30
二星	1			50	21
三星	7			11460	173
四星	6			42212	333
五星	4			36691	788
其他	121	15		137567	3152
按经营方式分					
# 独立门店	103	13		177437	3513
餐饮业	**248**	**103**		**311450**	**7820**
# 国有控股	8			24456	332
按登记注册类型分					
内资企业	245	103		304050	7645
国有企业	3			18861	64
集体企业	4			5280	137
有限责任公司	15	4		29345	628
股份有限公司	2	23		2292	142
私营企业	219	75		247812	6647
# 私营独资企业	18	11		45407	921
私营有限责任公司	198	61		201415	5663
其他内资	2	1		460	27
港澳台投资企业	3			7400	175
按国民经济行业分					
正餐服务	214	50		265033	6358
快餐服务	10	13		34634	584
饮料及冷饮服务	10	35		1715	239
其他餐饮业	4	3		2710	112
按经营方式分					
独立门店	227	88		287518	6130
连锁店总店（总部）					
连锁门店	4	4		5292	170
其他	17	11		18640	1520

16-4 限额以上批发和零售业商品销售、库存总额

（2021 年） 单位：万元

指 标	销售总额	批 发	零 售	年末库存总 额
总 计	**45320831**	**35855571**	**8964405**	**1846773**
批发业	**37652550**	**35552552**	**1606781**	**1214041**
#国有控股	12492629	11791807	700822	453731
按登记注册类型分				
内资企业	37435408	35343623	1601099	1212799
国有企业	2508340	2471641	36700	200053
集体企业	2537	2530	7	35
有限责任公司	10985636	10791168	193188	302105
#其他有限责任公司	9448781	9294737	152765	193064
股份有限公司	2107843	1467907	639936	92298
私营企业	21787544	20583217	723602	614448
#私营有限责任公司	21031957	19960890	692433	597330
港、澳、台商投资企业	122205	119675		63
外商投资企业	94937	89255	5682	1179
按国民经济行业分				
农、林、牧、渔产品批发	894948	777249	108899	83819
食品、饮料及烟草制品批发	2558611	2439109	112823	111849
#米、面制品及食用油批发	185033	174419	10614	14371
烟草制品批发	972668	972668		38593
纺织、服装及日用品批发	741703	627027	112892	36013
#纺织品、针织品及原料批发	28229	23657	4571	1433
医药及医疗器材批发	2401520	2203307	112750	125059
矿产品、建材及化工产品批发	21688994	20321911	979578	432802
#煤炭及制品批发	11094829	10832638	83546	147881
石油及制品批发	1242656	641421	601235	44403
机械设备、五金交电及电子产品批发	8243746	8112573	128186	398474
其他批发	552725	525414	27311	10451
零售业	**7668281**	**303019**	**7357624**	**632732**
#国有控股	355088	28315	326773	35581
按登记注册类型分				
内资企业	7213683	242884	6963161	546692
国有企业	10145		10145	2114
集体企业	69759	1517	68242	2394

16-4 续表 （2021年） 单位：万元

指　　标	销售总额	批 发	零 售	年末库存总　额
股份合作企业	5058		5058	155
有限责任公司	941461	7555	933906	98433
#其他有限责任公司	931020	7555	923465	97565
股份有限公司	403865	28315	375549	19236
私营企业	5664826	205387	5451802	423816
#私营有限责任公司	5436621	201409	5227574	415737
其他内资	118570	110	118460	544
港、澳、台商投资企业	396260	60135	336125	80953
外商投资企业	58338		58338	5087
按国民经济行业分				
综合零售	965869	2693	963128	113505
#百货零售	521775	1374	520354	22220
超级市场零售	402948	220	402728	90350
食品、饮料及烟草制品专门零售	490444	16523	466331	23830
纺织、服装及日用品专门零售	713600	72686	640914	112407
文化、体育用品及器材专门零售	190447	11467	178980	25685
#图书、报刊零售	32086	5445	26641	3713
医药及医疗器材专门零售	473387	28432	444955	39796
汽车、摩托车、燃料及零配件专门零售	2831351	18537	2812814	234533
#汽车新车零售	2549027	11636	2537391	225882
家用电器及电子产品专门零售	709741	110326	599414	35003
#日用家电零售	148085	7336	140750	12287
五金、家具及室内装修材料专门零售	309283	33001	276282	20077
货摊、无店铺及其他零售	984159	9353	974807	27897
按经营方式分				
独立门店	5584702	211396	5373249	471331
连锁总店（总部）	437083	52986	384097	93885
连锁门店	113430		113430	15226
其他	1533066	38636	1486849	52290
按零售业态分				
百货商店	480791	2640	478104	25816
超市	217171	2344	214828	22216
大型超市	315231	424	314808	73453
专业店	3336899	132195	3204694	223228
专卖店	2289963	142409	2139973	251013

16-5　限额以上住宿餐饮业经营情况

（2021 年）　　　　　　　　　　　　　　　　单位：万元

指　　标	营业额	客房收入	餐费收入	商品销售收入	其他收入	年末拥有客房数（间）	年末拥有床位数（个）	年末拥有餐位数（个）
总　计	**289244**	**85300**	**191165**	**7307**	**5472**	**16622**	**25806**	**82198**
住宿业	**105791**	**69735**	**30759**	**2859**	**2438**	**13165**	**20228**	**14660**
# 国有控股	22784	10497	10941	816	530	1547	2355	3643
按登记注册类型分								
内资企业	98551	66511	27360	2859	1821	12681	19525	12943
国有企业	7995	3199	4566	142	88	450	734	1560
集体企业	1157	492	592	21	51	70	93	176
有限责任公司	26112	13740	10563	782	1026	2564	3774	4237
# 其他有限责任公司	26112	13740	10563	782	1026	2564	3774	4237
股份有限公司								
私营企业	62832	48876	11401	1904	652	9587	14894	6950
# 私营有限责任公司	61871	48079	11375	1765	652	9426	14655	6925
其他内资								
按国民经济行业分								
旅游饭店	38042	18306	17489	1080	1167	3124	4725	6891
一般旅馆	32427	24141	6490	888	908	3848	6279	2528
按星级登记分								
一星	884	790	70	24		229	297	80
二星	221	220	0.2	0.1		90	118	15
三星	3246	2394	490	42	320	731	1268	450
四星	6585	3069	3192	136	187	903	1316	2842
五星	15845	6627	8490	57	671	1285	1865	2807
其他	79011	56635	18516	2601	1259	9927	15364	8466
餐饮业	**183453**	**15564**	**160407**	**4448**	**3035**	**3457**	**5578**	**67538**
# 国有控股	6606	1158	3299	216	1933	345	486	1579
按登记注册类型分								
内资企业	180332	14970	157944	4395	3023	3305	5388	66921
国有企业	3720	772	932	83	1933	266	397	929
集体企业	5555	1553	3991	10		30	100	1126
有限责任公司	9687	1361	8014	179	133	375	555	4095
# 其他有限责任公司	7737	1238	6236	129	133	351	531	3805
股份有限公司	5790	0	5784	1	5			403
私营企业	154746	11284	138388	4121	953	2634	4336	60038
# 私营独资企业	19966	970	18776	220	0	167	346	13172
私营有限责任公司	133343	10314	118204	3873	953	2467	3990	46066
其他内资	835		835	0.2				330
外商投资企业								
按国民经济行业分								
正餐服务	143871	15564	121331	3951	3026	3457	5578	63278
快餐服务	12330		12261	70				1242
其他餐饮服务	2056		2020	36				1042
按经营方式分								
独立经营	147796	12949	130772	3367	708	2885	4832	62926
连锁总店（总部）								
连锁门店	3225	942	2214	54	16	232	300	576
其他	32432	1674	27421	1027	2311	340	446	4036

16-6 亿元以上商品交易市场基本情况

（2021年）

指　　标	市场个数（个）	营业面积（平方米）	摊位总量（个）	已出租摊　位	出租率（%）	本期商品成交额（万元）
合　计	**25**	**1912876**	**28947**	**23669**	**81.8**	**4246284**
按经营环境分						
封闭式	22	1242876	24547	20283	82.6	3802984
其他	3	670000	4400	3386	77.0	443300
按经营方式分						
批发	14	1285874	20183	18247	90.4	3831144
零售	11	627002	8764	5422	61.9	415140
按市场类别分						
综合市场	5	678790	9094	7934	87.2	337444
生产资料综合市场	1	18790	5376	5376	100.0	142482
农产品综合市场	1	380000	900	860	95.6	121000
专业市场	20	1234086	19853	15735	79.3	3908840
生产资料市场	6	489484	3379	2280	67.5	781455
农用生产资料市场						
木材市场						
建材市场	1	260000	1050	872	83.0	273275
金属材料市场	2	78984	2089	1207	57.8	389075
农产品市场	4	236600	5071	3890	76.7	457872
干鲜果品市场	1	190000	2900	2280	78.6	307300
其他农产品市场	3	46600	2171	1610	74.2	150572
食品、饮料及烟酒市场	1	18000	82	82	100.0	10180
食品饮料市场	1	18000	82	82	100.0	10180
纺织、服装、鞋帽市场	3	202600	9477	7879	83.1	2458342
服装市场	2	182900	9111	7619	83.6	2434742
鞋帽市场	1	19700	366	260	71.0	23600
日用品及文化用品市场	1	5000	66	55	83.3	20405
电器、通讯器材、电子设备市场	1	2610	275	165	60.0	39231
计算机及辅助设备市场	1	2610	275	165	60.0	39231
家具、五金及装饰材料市场	3	259792	1303	1244	95.5	126355
家具市场	2	84792	353	294	83.3	36355
装饰材料市场	1	175000	950	950	100.0	90000
五金材料市场						
其他专业市场	1	20000	200	140	70.0	15000

16-7 限额以上批发零售业企业财务状况

（2021 年） 单位：万元

指标	年末资产负债				
	流动资产合计	#存货	固定资产原价	累计折旧	#本年折旧
总计	**12025532**	**1799498**	**1778945**	**607865**	**129900**
批发业	**9829610**	**1258343**	**1127538**	**361622**	**78061**
#国有控股	4040532	456123	378977	144033	17689
按登记注册类型分					
内资企业	9689023	1256269	1106468	358475	76874
国有企业	921882	184779	160740	62727	6869
集体企业	615	34	719	499	9
股份合作企业	8658	3283	2534	1275	77
联营企业	5050		0.2		
有限责任公司	3740529	307236	206079	45513	10232
股份有限公司	446006	106351	161251	69820	6683
私营企业	4561614	654115	571525	177764	52894
#私营有限责任公司	4380367	638081	535977	170175	50597
其他内资	4668	470	3620	878	111
港、澳、台商投资企业	105255	848	18229	2068	999
外商投资企业	35332	1226	2841	1078	188
按国民经济行业分					
农、林、牧、渔产品批发	222552	71826	89736	16254	2293
食品、饮料及烟草制品批发	858142	118496	270818	89686	14503
#米、面制品及食用油批发	230257	17127	131487	23695	6316
烟草制品批发	340051	38593	68413	43298	3106
纺织、服装及日用品批发	258493	35634	8717	2481	548
#纺织品、针织品及原料批发	16641	1804	769	186	70
医药及医疗器材批发	851273	122930	38700	15072	4277
矿产品、建材及化工产品批发	3955100	482016	571441	183318	38612
#煤炭及制品批发	1488560	160034	247977	66826	14441
金属及金属矿批发	1307770	166239	69453	20446	6275
机械设备、五金交电及电子产品批发	3436149	409347	105356	39382	12000
#农业机械批发	52713	13543	7194	2722	396
汽车及零配件批发	148718	38071	18622	4923	2807
其他机械设备及电子产品批发	3086797	330607	68134	27470	7642
其他批发	151837	9761	26543	10150	2848
按经营方式分					
独立门店	5010624	710168	842751	255320	51787
连锁总店（总部）	6271	1620	1172	198	108
连锁门店	5998	952	148	116	24
其他	4806717	545604	283467	105987	26141

16-7 续表 1　　（2021 年）　　单位：万元

指标	年末资产负债				
	流动资产合计	#存货	固定资产原价	累计折旧	#本年折旧
零售业	**2195922**	**541155**	**651408**	**246244**	**51839**
#国有控股	163001	33753	47316	19731	3074
按登记注册类型分					
内资企业	2009652	466563	575648	219544	47102
国有企业	7920	1901	5737	2302	117
集体企业	11715	2701	3377	1546	238
股份合作企业	559	47	659	638	14
联营企业					
有限责任公司	318877	56390	102251	48738	6310
股份有限公司	288404	18642	49622	14482	1869
私营企业	1368790	385267	381579	142367	35734
#私营有限责任公司	1276227	375662	347271	128015	33320
其他内资	13388	1615	32423	9471	2821
港、澳、台商投资企业	167479	68551	34427	18594	2346
外商投资企业	18791	6041	41333	8106	2391
按国民经济行业分					
综合零售	428384	49687	200068	87664	10998
#百货零售	229385	19407	101926	41182	4223
超级市场零售	188922	29665	91089	42863	6161
食品、饮料及烟草制品专门零售	110739	32961	24024	10159	1435
纺织、服装及日用品专门零售	231113	108493	73461	22978	7178
文化、体育用品及器材专门零售	80473	27980	16419	4880	1002
#图书、报刊零售	6401	3889	328	200	58
医药及医疗器材专门零售	193611	42254	40784	15249	1735
汽车、摩托车、燃料及零配件专门零售	660302	190167	148080	60471	18248
#汽车新车零售	585672	174554	128189	52691	16714
家用电器及电子产品专门零售	259151	41662	18836	8676	2091
#日用家电零售	93169	9816	2991	827	425
计算机、软件及辅助设备零售	18207	2591	3668	1177	287
五金、家具及室内装修材料专门零售	79826	19921	68149	20720	4076
#五金零售	25444	5256	8562	2806	496
家具零售	10525	2812	40283	8002	2614
货摊、无店铺及其他零售	152325	28029	61587	15448	5076
按经营方式分					
独立门店	1582865	393382	530240	200198	42363
连锁总店（总部）	225729	83604	24700	9473	1133
连锁门店	52113	11739	4216	2404	1907
其他	335215	52430	92253	34169	6436
按零售业态分					
超市	59307	15605	27439	8995	986
大型超市	146515	22909	101541	40477	6548
仓储会员店					
百货店	253733	16635	110675	45782	5495
专业店	923499	206083	260979	96603	20464
专卖店	594193	235686	90056	38045	12675

16-7 续表 2 （2021 年） 单位：万元

指 标	年末资产负债				
	资产总计	负债合计	所有者权益合计	实收资本	个人资本
总 计	**14664951**	**10803691**	**3776090**	**1934193**	**1002402**
批发业	**11683011**	**8638293**	**3004895**	**1396560**	**719059**
#国有控股	4673326	3552014	1121312	304180	5550
按登记注册类型分					
内资企业	11522627	8604824	2878512	1341453	717807
国有企业	1076420	589608	486811	49078	920
集体企业	835	333	502	225	0
股份合作企业	15642	3851	11791	9810	0
联营企业	5050	13	5038	5000	0
有限责任公司	4198556	3524010	674282	365265	48420
股份有限公司	717507	564674	152833	56908	6278
私营企业	5500624	3919247	1543510	854053	661526
#私营有限责任公司	5285953	3789636	1470055	811904	625964
其他内资	7993	3088	3746	1114	664
港、澳、台商投资企业	122609	10702	111374	46580	1126
外商投资企业	37775	22766	15009	8527	126
按国民经济行业分					
农、林、牧、渔产品批发	332691	197776	133585	61374	29571
食品、饮料及烟草制品批发	1189504	656056	525267	106905	33614
#米、面制品及食用油批发	427414	388303	39110	30097	3798
烟草制品批发	374435	29787	344648	2441	0
纺织、服装及日用品批发	272664	195095	77084	37439	32690
#纺织品、针织品及原料批发	17087	12820	4266	3945	3812
医药及医疗器材批发	900825	834130	60611	97054	40252
矿产品、建材及化工产品批发	4901377	3240666	1638719	706058	409281
#煤炭及制品批发	1881806	1163210	703280	232612	149986
金属及金属矿批发	1391194	992563	395488	250409	162171
机械设备、五金交电及电子产品批发	3722426	3274681	445995	295135	114755
#农业机械批发	64633	50415	14218	10037	3166
汽车及零配件批发	174477	143383	30943	20623	16150
其他机械设备及电子产品批发	3320370	2947167	372920	241886	74197
其他批发	252692	163877	88815	71335	40772
按经营方式分					
独立门店	6140810	4085972	2025572	825935	506000
连锁总店（总部）	7346	7188	158	600	500
连锁门店	6029	4683	1347	1300	1300
其他	5528826	4540450	977818	568725	211259

16-7 续表 3 （2021 年） 单位：万元

指　　标	年末资产负债				
	资产总计	负债合计	所有者权益合计	实收资本	个人资本
零售业	**2981940**	**2165398**	**771195**	**537634**	**283343**
#国有控股	204325	188105	16220	24547	4436
按登记注册类型分					
内资企业	2690314	1922096	722872	457611	272689
国有企业	12548	33735	-21187	1288	35
集体企业	14843	5311	9532	774	271
股份合作企业	897	762	135	96	95
联营企业					
有限责任公司	433720	350132	87207	56694	9400
股份有限公司	359817	276762	83055	48115	1400
私营企业	1828278	1241823	540739	345219	256552
#私营有限责任公司	1677560	1143327	488675	316550	230082
其他内资	40211	13570	23392	5426	4937
港、澳、台商投资企业	214772	170144	44629	52172	10654
外商投资企业	76854	73159	3694	27850	
按国民经济行业分					
综合零售	692096	584659	110727	92938	52621
#百货零售	373124	291772	81027	43215	20403
超级市场零售	300892	278345	26162	45080	29582
食品、饮料及烟草制品专门零售	166863	99197	36790	27745	13480
纺织、服装及日用品专门零售	300983	234316	60178	45448	20106
文化、体育用品及器材专门零售	99466	69395	30071	19660	15478
#图书、报刊零售	7078	5126	1953	856	466
医药及医疗器材专门零售	236802	197201	39600	15547	6337
汽车、摩托车、燃料及零配件专门零售	830662	570085	257803	159883	85932
#汽车新车零售	730875	505307	223242	141306	71610
家用电器及电子产品专门零售	293889	187142	105855	79583	28411
#日用家电零售	96179	61866	34313	36149	5082
计算机、软件及辅助设备零售	22153	11770	10383	5957	4572
五金、家具及室内装修材料专门零售	154081	107230	42039	49707	22888
#五金零售	40892	22013	17343	10185	9789
家具零售	53746	51036	2353	22734	603
货摊、无店铺及其他零售	207099	116173	88132	47122	38091
按经营方式分					
独立门店	2214201	1577413	596360	406105	235403
连锁总店（总部）	271096	245414	25682	60557	4121
连锁门店	67803	57905	989708	12964	4104
其他	428840	284666	139255	58007	39716
按零售业态分					
超市	100357	104231	-3878	15294	13417
大型超市	287112	251483	39288	59573	21624
仓储会员店					
百货店	386839	319226	67288	42507	18340
专业店	1219679	781826	394090	227677	116855
专卖店	702534	521065	177326	128344	66907

16-7 续表 4 （2021 年） 单位：万元

指　　　标	损益及分配					
	主营业务收　入	营业成本	税　金及附加	其　他业务利润	销售费用	管理费用
总　计	**40118342**	**37713523**	**207110**	**93498**	**1298880**	**503985**
批发业	**33312092**	**31619926**	**181252**	**57252**	**910538**	**339832**
#国有控股	11157007	10719061	124658	1912	107789	61609
按登记注册类型分						
内资企业	33118015	31433628	181068	57252	908690	339008
国有企业	2228550	1937439	119540	105	20471	38455
集体企业	2537	2442	14			30
股份合作企业	1332	1105	5	7	52	393
联营企业	8755	8700	3			1
有限责任公司	9874718	9494483	9426	3204	236274	68095
股份有限公司	1850478	1694590	4352	47357	212184	9317
私营企业	19131664	18268550	47493	6580	439385	222281
#私营有限责任公司	18545142	17693486	43664	6573	380641	213884
其他内资	19980	26318	236		324	436
港、澳、台商投资企业	105907	104233	81		476	251
外商投资企业	88170	82065	103		1372	573
按国民经济行业分						
农、林、牧、渔产品批发	816507	799391	900	258	7996	8108
食品、饮料及烟草制品批发	2305311	1960111	120540	107	50564	46830
#米、面制品及食用油批发	168850	155685	678	32	3719	4306
烟草制品批发	860768	600858	117393		14449	31516
纺织、服装及日用品批发	657939	576416	1701	2496	36399	29228
#纺织品、针织品及原料批发	25985	24106	35		781	420
医药及医疗器材批发	2083460	1642419	8575	49003	440857	63693
矿产品、建材及化工产品批发	18969748	18439040	39507	1550	272804	124487
#煤炭及制品批发	9712750	9396618	25648	99	127073	49836
金属及金属矿批发	5442838	5305157	6090	1094	52880	25463
机械设备、五金交电及电子产品批发	7428823	7230710	7246	2987	71832	51968
#农业机械批发	176851	168631	130	22	3200	2113
汽车及零配件批发	521866	503168	450	1203	8606	7266
其他机械设备及电子产品批发	6206380	6094787	5495	1706	51601	32081
其他批发	504247	453471	2341	302	18727	8288
按经营方式分						
独立门店	17962406	16983011	155775	5139	350556	217670
连锁总店（总部）	46231	41733	145		1711	2268
连锁门店	15543	14759	2		33	514
其他	15287912	14580423	25330	52114	558239	119380

16-7 续表 5　　（2021 年）　　单位：万元

指　　标	损益及分配					
	主营业务收　　入	营业成本	税　金及附加	其他业务利润	销售费用	管理费用
零售业	**6806250**	**6093597**	**25858**	**36246**	**388342**	**164154**
#国有控股	319921	288064	938	3781	20678	10856
按登记注册类型分						
内资企业	6394453	5776662	24679	35233	302769	150920
国有企业	9074	7904	28	1078	723	2524
集体企业	62865	52550	273		3893	2607
股份合作企业	4498	4017	11		41	298
联营企业						
有限责任公司	838898	726511	3360	1622	61889	21874
股份有限公司	346961	324754	892	3719	11701	11220
私营企业	5055311	4578560	18813	28508	221964	110119
#私营有限责任公司	4849740	4393260	18197	28508	213442	104905
其他内资	76845	82365	1302	305.5	2558	2278
港、澳、台商投资企业	354850	273170	647	1014	77438	5884
外商投资企业	56947	43765	532		8135	7349
按国民经济行业分						
综合零售	850568	701297	5373	4663	85809	35070
#百货零售	448521	365549	4361	558	28598	17743
超级市场零售	364362	302030	954	4044	51220	16495
食品、饮料及烟草制品专门零售	398798	399791	790	1300	18994	8478
纺织、服装及日用品专门零售	613024	510628	3915	2714	77445	15519
文化、体育用品及器材专门零售	174657	146376	1307	3	14410	5245
#图书、报刊零售	31850	23338	4	0.1	7518	796
医药及医疗器材专门零售	425042	378935	1491	2754	26041	12387
汽车、摩托车、燃料及零配件专门零售	2554507	2384896	6053	6328	85456	39586
#汽车新车零售	2299432	2158868	5175	6122	75925	33423
家用电器及电子产品专门零售	632443	587013	1161	1366	28420	13654
#日用家电零售	132197	123601	151		4939	2714
计算机、软件及辅助设备零售	89210	77250	323		5121	2292
五金、家具及室内装修材料专门零售	270302	244741	2065	710	8586	14107
#五金零售	115536	105297	453	620	1792	3072
家具零售	36178	27912	445		3328	7566
货摊、无店铺及其他零售	886908	739920	3704	16407	43181	20107
按经营方式分						
独立门店	4964281	4461146	20301	14620	251644	121481
连锁总店（总部）	393220	302765	869	1613	82213	14039
连锁门店	101646	88600	109	621	12911	2321
其他	1347103	1241086	4579	19394	41574	26313
按零售业态分						
超市	200699	169137	806	1011	19184	8145
大型超市	288738	236339	745	3318	43136	16574
仓储会员店						
百货店	408435	332880	4287	1351	22750	19378
专业店	2917318	2700930	11459	8375	121814	64523
专卖店	2007019	1845724	4900	5721	123794	33128

16-7 续表 6 （2021 年） 单位：万元

指标	损益及分配					工资、增值税	
	财务费用	#利息费用	营业利润	利润总额	所得税费用	应付职工薪酬	本年应交增值税
总计	**104620**	**43826**	**883770**	**937124**	**161054**	**520097**	**557662**
批发业	**71716**	**36207**	**679877**	**724502**	**122422**	**281829**	**456911**
#国有控股	18693	21451	194662	202391	50542	76269	79229
按登记注册类型分							
内资企业	71437	36203	674144	718658	122154	281207	456789
国有企业	-4608	1779	119447	124615	31003	41263	48898
集体企业			51	51	2	226	118
股份合作企业		1	-183	-326		172	3
联营企业	-1		50	50	13	9	7
有限责任公司	21440	19012	94353	99443	23405	58902	60331
股份有限公司	5253	2136	7569	9192	1876	68941	9627
私营企业	49214	13274	450697	483474	65848	111489	337537
#私营有限责任公司	47877	13167	415184	446728	59855	105973	320814
其他内资	139	1	2159	2159	7	207	268
港、澳、台商投资企业	8	4	2376	2376	40	185	215
外商投资企业	270		3357	3467	229	438	-93
按国民经济行业分							
农、林、牧、渔产品批发	1995	887	10084	14446	1330	5707	1527
食品、饮料及烟草制品批发	-3450	831	140094	142511	31158	50044	40581
#米、面制品及食用油批发	1402	191	4306	6274	1294	4876	1674
烟草制品批发	-8301		106884	106847	27311	32564	32494
纺织、服装及日用品批发	300	345	19233	21567	4002	8118	11827
#纺织品、针织品及原料批发	280	41	387	421	54	465	445
医药及医疗器材批发	7177	4411	35712	38468	9171	96977	47911
矿产品、建材及化工产品批发	51242	23416	363258	392903	58505	69492	280996
#煤炭及制品批发	29699	14927	211783	234722	39878	20671	121087
金属及金属矿批发	10014	3688	57039	57855	5876	14227	99112
机械设备、五金交电及电子产品批发	10794	4739	90560	92119	15640	41428	53062
#农业机械批发	137	116	2218	2212	92	1703	759
汽车及零配件批发	1247	149	-863	-790	631	4699	7488
其他机械设备及电子产品批发	7535	4067	77549	78999	14094	29900	35740
其他批发	2138	1177	9630	10707	1208	6380	17310
按经营方式分							
独立门店	47981	21340	485477	506532	90192	136696	292691
连锁总店（总部）	154		220	222	16	1794	397
连锁门店	2	3	233	237	8	179	441
其他	23579	14864	193947	217510	32206	143160	163382

16-7 续表 7 （2021 年） 单位：万元

指标	损益及分配					工资、增值税	
	财务费用	# 利息费用	营业利润	利润总额	所得税费用	应付职工薪酬	本年应交增值税
零售业	**32904**	**7619**	**203893**	**212623**	**38632**	**238268**	**100751**
# 国有控股	2591	119	683	874	1467	13637	7823
按登记注册类型分							
内资企业	30023	7131	204779	213258	36997	199863	94039
国有企业	-34		-1062	-1063	17	824	216
集体企业	35	29	3248	3243	513	2158	1259
股份合作企业	55		97	97	11	238	58
联营企业							
有限责任公司	4067	292	26131	30157	10126	30871	13094
股份有限公司	1579	3104	1742	1910	1169	9465	4490
私营企业	23076	3246	163543	167794	23879	151994	73327
# 私营有限责任公司	20547	3163	156121	160463	23236	144391	70065
其他内资	1245	459	11081	11121	1282	4313	1595
港、澳、台商投资企业	537	488	4089	4032	1384	36074	4423
外商投资企业	2344		-4975	-4667	251	2331	2290
按国民经济行业分							
综合零售	6936	3595	32172	33727	9200	51697	11869
# 百货零售	1799	3261	37610	37937	8440	16458	6856
超级市场零售	4480	263	-3249	-2026	659	32548	4390
食品、饮料及烟草制品专门零售	1310	172	9321	9568	1984	11079	5260
纺织、服装及日用品专门零售	2728	202	25086	29035	5643	40440	10894
文化、体育用品及器材专门零售	1113	88	4702	4717	639	6305	3580
# 图书、报刊零售	-30		427	435	10	1055	46
医药及医疗器材专门零售	3262	234	9418	9540	2175	19658	8914
汽车、摩托车、燃料及零配件专门零售	9211	2355	56030	58054	11434	54446	37023
# 汽车新车零售	8349	2256	42755	44691	9106	48995	33527
家用电器及电子产品专门零售	2774	273	4524	4469	2333	19867	7829
# 日用家电零售	513	36	706	544	76	3730	565
计算机、软件及辅助设备零售	465	50	4592	4664	542	2298	1564
五金、家具及室内装修材料专门零售	2956	37	9086	9628	2272	6179	5490
# 五金零售	176	15	5980	6217	861	2143	2582
家具零售	1904		-4444	-4315	312	844	353
货摊、无店铺及其他零售	2614	663	53555	53886	2951	28597	9892
按经营方式分							
独立门店	24075	6824	147660	154577	29533	156278	76696
连锁总店（总部）	1941	380	-7248	-6383	874	40867	5885
连锁门店	890	162	-2799	-2649	31	7484	1637
其他	5999	252	66280	67077	8195	33640	16533
按零售业态分							
超市	1517	194	2065	2877	379	14432	2201
大型超市	6140	63	-5533	-4672	830	23336	5283
仓储会员店							
百货店	804	3273	34609	34745	8278	14982	6521
专业店	14876	2430	84841	88617	16179	87322	49832
专卖店	6478	1301	35289	37185	8760	63186	24421

16-8 限额以上住宿餐饮业企业财务状况

（2021 年） 单位：万元

指标	年末资产负债				
	流动资产合计	#存货	固定资产原价	累计折旧	#本年折旧
总计	**161094**	**7023**	**207059**	**83950**	**14376**
住宿业	**71009**	**2310**	**140684**	**56735**	**9072**
#国有控股	16026	290	22073	16940	996
按登记注册类型分					
内资企业	60903	2159	106822	49647	6421
国有企业	3955	226	4750	2896	195
集体企业	1727	91	933	347	74
有限责任公司	16599	239	49669	30318	2183
股份有限公司					
私营企业	38509	1603	51382	16010	3956
其他企业					
按国民经济行业分					
旅游饭店	20565	520	74542	36463	2510
一般旅馆	50350	1771	65658	20222	6535
按星级等级分					
一星	102		118	33	20
二星	99		30	30	13
三星	1804	126	8571	5234	480
四星	1985	181	17010	8967	672
五星	3718	313	52457	18913	1567
其他	63303	1690	62498	23560	6319
餐饮业	**90085**	**4713**	**66376**	**27215**	**5304**
#国有控股	3528	165	5774	4966	146
按登记注册类型分					
内资企业	83476	4577	65745	27133	5222
国有企业	2112	118	5038	4705	68
集体企业	1608	196	4559	524	116
有限责任公司	5384	102	2952	1915	121
股份有限公司	4280	80	2707	2091	108
私营企业	69916	4082	50404	17898	4807
私营独资企业	3584	664	5173	2701	386
私营有限责任公司	66069	3407	44746	15097	4413
其他	176		85	1	1
按国民经济行业分					
正餐服务	78878	3579	54579	23943	4454
快餐服务	3624	718	3870	1880	343
其他餐饮服务	564	6	5626	431	223
按经营方式					
独立门店	75933	4234	62203	25522	4840
连锁总店（总部）					
连锁门店	6468	101	763	194	87
其他	7684	378	3410	1499	377

16-8 续表 1 （2021 年） 单位：万元

指 标	资产总计	负债合计	年末资产负债			主营业务收入
			所有者权益合计	实收资本	个人资本	
总 计	**382670**	**321305**	**62144**	**106764**	**31564**	**268237**
住宿业	**212216**	**174538**	**38035**	**62567**	**12033**	**99234**
# 国有控股	23860	20570	3290	4551		21813
按登记注册类型分						
内资企业	171956	147267	25047	38637	12033	92390
国有企业	7144	7425	-282	893		7337
集体企业	17057	15960	1097	1222		1095
有限责任公司	45136	35265	9871	9388	365	25155
股份有限公司						
私营企业	102494	88590	14262	27135	11668	58394
其他企业						
按国民经济行业分						
旅游饭店	64709	48907	15803	19851	868	36431
一般旅馆	146910	125470	21798	42409	10859	62372
按星级等级分						
一星	192	83	109	97	91	787
二星	99	93	6	6	6	196
三星	7389	6051	1338	3341	459	3033
四星	13929	25386	-11457	904	854	6113
五星	39692	30280	9412	15455		14978
其他	150915	112646	38628	42766	10624	74128
餐饮业	**170454**	**146766**	**24109**	**44197**	**19531**	**169003**
# 国有控股	5838	18249	-11991	1653	126	6260
按登记注册类型分						
内资企业	163079	145867	17633	32420	19531	166117
国有企业	4203	14221	-10018	1437		3503
集体企业	6797	1209	5589	5232	4692	5147
有限责任公司	6852	10262	-2990	1563	126	9280
股份有限公司	5651	2852	2799	1306		5458
私营企业	139314	117196	22120	22749	14712	141918
私营独资企业	7238	5635	1603	1734	1678	19497
私营有限责任公司	131139	111105	20034	20509	12531	121027
其他	261	128	133	133		810
按国民经济行业分						
正餐服务	148007	134126	14302	41042	18400	130533
快餐服务	6381	4582	1799	383	151	11962
其他餐饮服务	6530	444	6087	810	805	1938
按经营方式						
独立门店	125010	116497	8934	32583	18968	138129
连锁总店（总部）						
连锁门店	7461	739	6722	7078	10	1980
其他	37983	29530	8453	4527	553	27893

16-8　续表 2　（2021 年）　单位：万元

指　　标	损益及分配				
	营业成本	税金及附加	其他业务利　润	销售费用	管理费用
总　计	**174940**	**1296**	**727**	**52977**	**47366**
住宿业	**56569**	**552**	**211**	**22710**	**25730**
#国有控股	10436	68	177	5794	8668
按登记注册类型分					
内资企业	54977	544	175	19202	24076
国有企业	2388	6	121	2829	2620
集体企业	587	0.2		584	192
有限责任公司	11694	173	55	8769	8142
股份有限公司					
私营企业	40018	363	-2	6969	13067
其他企业					
按国民经济行业分					
旅游饭店	15088	178	157	13105	11282
一般旅馆	41150	366	54	9589	14412
按星级等级分					
一星	616	1		92	75
二星	160	2		1	138
三星	1606	40		466	1008
四星	4363	97	121	1686	1724
五星	3687	105	36.1	8181	5997
其他	46138	307	54	12283	16788
餐饮业	**118372**	**744**	**516**	**30267**	**21636**
#国有控股	4008	17		1557	2661
按登记注册类型分					
内资企业	116571	741	514	28638	20834
国有企业	2002	4		762	2256
集体企业	3917	19		741	175
有限责任公司	6651	60		1980	1397
股份有限公司	2211	10	387.4	2518	1443
私营企业	101016	647	126	22636	15562
私营独资企业	13709	48		3647	1279
私营有限责任公司	86622	595	126	18334	14127
其他	773				0.3
按国民经济行业分					
正餐服务	91033	678	514	22274	18988
快餐服务	7855	8		3482	472
其他餐饮服务	1285	4		348	213
按经营方式					
独立门店	92564	669	508	24513	18602
连锁总店（总部）					
连锁门店	1395	1	2	2007	402
其他	24413	74	5	3747	2633

16-8　续表 3　　（2021 年）　　单位：万元

指　　标	损益及分配					应付职工薪　酬
	财务费用	利息支出	营业利润	利润总额	所得税费用	
总　计	**5629**	**1904**	**-9513**	**-8737**	**841**	**59440**
住宿业	**2031**	**659**	**-7012**	**-6528**	**271**	**23466**
# 国有控股	119	4	-3022	-2974	25	6538
按登记注册类型分						
内资企业	1681	319	-6781	-6296	271	21417
国有企业	29	4	-375	-332	0	2898
集体企业	203	179	-269	-257	0	279
有限责任公司	420	0.1	-3815	-3740	74	6249
股份有限公司						
私营企业	1029	136	-2322	-1968	197	11688
其他企业						
按国民经济行业分						
旅游饭店	263	4	-3220	-2999	30	10833
一般旅馆	1768	655	-3881	-3619	222	12546
按星级等级分						
一星	0.3	0.3	33	42	2	146
二星	14		-120	-119	4	69
三星	96	37	-185	-163	38	906
四星	96	84	-1923	-1912	0.1	1823
五星	140		-3094	-3080	-3	5401
其他	1685	538	-1724	-1296	229	15121
餐饮业	**3598**	**1245**	**-2501**	**-2209**	**571**	**35974**
# 国有控股	319	-2	-2247	-1870	2	2149
按登记注册类型分						
内资企业	3591	1242	-1142	-927	570	34611
国有企业	312	-2	-1783	-1650		740
集体企业	89		207	210	19	591
有限责任公司	157	117	-1921	-1664	5	2826
股份有限公司	27		-355	-242		663
私营企业	3007	1127	2673	2381	546	29683
私营独资企业	204	0.3	622	630	42	3732
私营有限责任公司	2802	1126	2159	1826	503	25617
其他			37	37		108
按国民经济行业分						
正餐服务	3457	1233	-2952	-2804	509	29867
快餐服务	107	12	169	185	19	2219
其他餐饮服务	1		86	119	4	589
按经营方式						
独立门店	2462	144	-1074	-318	530	27744
连锁总店（总部）						
连锁门店	8		-826	-746		1355
其他	1128	1102	-600	-1145	41	6875

主要统计指标解释

社会消费品零售额 是指各种经济类型的批发零售贸易业、餐饮业、制造业和其他行业对城乡居民和社会集团的消费品零售额和农民对非农业居民的零售额总和。这个指标反映通过各种商品流通渠道向居民和社会集团供应生活消费品来满足他们生活需要的情况，是研究人民生活、社会消费品购买力、货币流通等问题的重要指标。

批发零售贸易业 是指专门从事批发和零售贸易活动的经济部门。

批发零售贸易业商品购销存总额 是指除个体经济以外的各种经济类型的独立核算批发零售贸易业法人企业以及其他独立核算法人企业和单位附营的各类批发零售贸易单位的商品购销存总额。

商品购进总额 指批发零售贸易业各企业（附营单位）从本企业（单位）以外的单位和个人购进（包括从国外直接进口）作为转卖或加工后转卖的商品。本指标由从生产者购进额、从批发零售贸易业购进额、进口额和其他购进额项目组成。这个指标反映批发零售贸易业从国内、国外市场上购进商品总量。

商品销售总额 指批发零售贸易业各企业（附营单位）对本企业（单位）以外的单位和个人出售（包括对国（境）外直接出口）的商品（包括售给本单位消费用的商品）。本指标由对生产经营单位批发额、对批发零售贸易业批发额、出口额和对居民和社会集团商品零售额项目组成。这个指标反映批发零售贸易业在国内市场上销售商品以及出口商品的总量。

期末库存 指批发零售贸易企业（附营单位）已取得所有权的全部商品。这个指标反映批发零售贸易企业的商品库存情况，对市场商品供应的保证程度。

资本金总额 是指批发零售贸易业、餐饮业企业在工商行政管理部门登记的注册资金。资本金按投资主体分为国家资本金、法人资本金、个人资本金和外商资本金等。

流动资产 指可以在一年内或者超过一年的一个营业周期内变现或者耗用的资产。包括货币资产、短期投资、应收票据、应收帐款、坏帐准备、应收帐款净额、预付帐款、其他应收款、存货、待转其他业务支出、待摊费用、待处理流动资产净损失、一年内到期的长期债券投资、其他流动资产等项。

商品销售收入 指批发零售贸易企业商品销售收入、接受其他单位委托代销商品的收入和餐饮企业的营业收入（包括餐费收入、冷热饮收入、服务收入和其他收入）。

商品销售成本 指批发零售贸易企业已销商品应负担的进货原价和餐饮企业的原材料成本，商品进价成本。

利润总额 指企业全年实现的利润。包括营业利润、投资净收益以及营业外收支净额。

十七、科技和教育

SCIENCE AND TECHNOLOGY, EDUCATION

版面负责人：唐子午　马　萍
编　　　辑：董志娟　李依睿

统计执法监督检查办法

第三十七条 县级以上人民政府统计机构应当在《统计行政处罚决定书》作出后7日内送达处罚对象。处罚对象应当在送达回执上签字盖章，并注明签收日期。处罚对象拒绝接收的，应当在其他人员见证下，由送达人员、见证人员在送达回执上签字并注明理由，将《统计行政处罚决定书》留置；处罚对象不能接收的，应当在其他人员见证下，由送达人员、见证人员在送达回执上签字并注明理由。

邮寄送达的，应当通过中国邮政挂号寄送。

第三十八条 统计行政处罚决定作出后，处罚对象应当在统计行政处罚决定的期限内予以履行。处罚对象对统计行政处罚决定不服，申请行政复议或者提起行政诉讼的，统计行政处罚不停止执行。

统计执法监督检查机构应当及时掌握统计行政处罚的执行情况。

第三十九条 立案查处的统计违法行为，应当在立案后3个月内处理完毕；因特殊情况需要延长办理期限的，应当按规定报经批准，但延长期限不得超过3个月。

第四十条 统计违法事实清楚并有法定依据，对法人或者其他组织予以警告或者警告并处1000元以下罚款行政处罚的，可以适用简易处罚程序，当场作出统计行政处罚决定。

第四十一条 统计违法行为处理决定执行后，应当及时结案。

结案应当撰写结案报告，报送所属人民政府统计机构负责人同意，予以结案。

第四十二条 县级以上人民政府统计机构在查处统计违法案件时，认为对有关国家工作人员应当给予处分处理的，应当按照有关规定提出处分处理建议，并将案件材料和处分处理建议移送具有管辖权的任免机关或者纪检机关、监察机关、组织（人事）部门。

17-1 主要年份科学技术事业情况

指　　　标	1985	1990	1995	2000	2005	2008	2009	2010
科学研究机构　（个）								
国有独立科研机构	21	28	26	30	25	24	23	20
民办科技型企业	3	76	139	460	896	1196	1498	1470
各类专业技术人员　（人）	**60726**	**125300**	**184010**	**228441**	**217572**	**248283**	**248915**	**271799**
# 中级职称以上人员	5992	32568	55036	87954	76264	102022	102682	113977
科学研究成果　（项）								
通过鉴定成果	48	61	55	192	131	152	186	203
# 达到国际水平	1	1	1	15	12	12	75	66
填补国内空白	3	12	18	37	96	54	32	52
达到省内先进水平	8	32	51	76	20	82	78	81
填补省内空白	10	2	47	17	3	4	1	4
专利申请受理量	38	143	456	474	2205	6839	6898	9927

17-1　续表

指　　　标	2011	2012	2013	2014	2015	2016	2017	2018	2019	2020	2021
科学研究机构　（个）											
国有独立科研机构	19	19	19	19	29	34	39	36	18	16	13
民办科技型企业	2534	4846	6546	7307	7912	9915	10279	10454	10708	11023	
各类专业技术人员　（人）	**396344**	**419953**	**436000**	**454900**	**441000**	**452500**	**478000**	**516500**	**567600**	**600000**	**625200**
# 中级职称以上人员	134448	149644	166000	180000	182000	190000	205000	227000	255400	278000	286600
科学研究成果　（项）											
通过鉴定成果	179	172	297	199	179	240					
# 达到国际水平	39	43	65	46	34	72					
填补国内空白	51	62	90	60	75	61					
达到省内先进水平		4	5	5	8	12					
填补省内空白				4							
专利申请受理量	14729	18014	23472	14014	12481	21511	18548	25951	33655	35133	

注：2013 年及以后各类专业技术人员数统计口径由全社会改为国有、集体单位（下同）；2017 年起，通过鉴定成果及其中项不再统计；2021 年起，民营科技企业工作不再开展；2021 年起，专利申请受理量不再统计。

17-2 规模以上工业企业科技机构情况

（2021年）

指标	机构数（个）	机构人员合计（人）	博士毕业	硕士毕业	机构经费支出（万元）	仪器和设备原价（万元）
总计	**323**	**10956**	**219**	**2029**	**680817**	**708303**
按企业规模分组						
大型	17	4777	49	1325	451894	557950
中型	41	2796	39	395	131290	73195
小型	256	3352	126	303	96535	76723
微型	9	31	5	6	1099	434
按隶属关系分组						
中央	3	546	9	90	31818	10041
地方	13	2424	16	1027	292668	539334
其他	307	7986	194	912	356332	158928
按登记注册类型分组						
内资企业	298	9300	212	1927	639884	686524
国有企业	1	65		10	1607	587
集体企业	2	15		2	314	336
股份合作企业						
联营企业						
国有联营企业						
集体联营企业						
国有与集体联营企业						
其他联营企业						
有限责任公司	30	3218	35	1179	416069	549134
国有独资公司	4	897	4	355	112315	510367
其他有限责任公司	26	2321	31	824	303755	38767
股份有限公司	12	1059	19	260	53999	21282
私营企业	253	4943	158	476	167893	115185
私营独资企业	1	8			3	14
私营合伙企业						
私营有限责任公司	243	4666	144	464	162598	112995
私营股份有限公司	9	269	14	12	5293	2176
其他企业						
港、澳、台商投资企业	11	1192	4	41	22462	9096
合资经营企业（港或澳、台资）	4	223	2	8	4934	2345
合作经营企业（港或澳、台资）						
港、澳、台商独资经营企业	7	969	2	33	17528	6751
港、澳、台商投资股份有限公司						
其他港澳台投资企业						
外商投资企业	14	464	3	61	18472	12683
中外合资经营企业	6	388		54	15538	6213
中外合作经营企业						
外资企业	7	47	2	3	1663	1745
外商投资股份有限公司	1	29	1	4	1271	4725
其他外商投资企业						

17-2 续表 （2021 年）

指　　标	机构数（个）	机构人员合计（人）	博士毕业	硕士毕业	机构经费支出（万元）	仪器和设备原价（万元）
按国民经济行业大类分组						
采矿业	2	481	7	79	30232	9266
煤炭开采和洗选业	1	475	7	78	30141	9254
石油和天然气开采业						
黑色金属矿采选业						
有色金属矿采选业	1	6		1	91	12
非金属矿采选业						
开采专业及辅助性活动						
其他采矿业						
制造业	318	10454	212	1946	649528	691335
农副食品加工业	17	242	9	43	10069	3005
食品制造业	8	141	2	12	2264	2829
酒、饮料和精制茶制造业	1	29	1	4	1271	4725
烟草制品业						
纺织业	23	1049	11	25	23714	4331
纺织服装、服饰业	2	43		1	131	77
皮革、毛皮、羽毛及其制品和制鞋业						
木材加工和木、竹、藤、棕、草制品业	12	116	6	5	1977	1798
家具制造业						
造纸和纸制品业	1				179	521
印刷和记录媒介复制业	1	4	1		170	32
文教、工美、体育和娱乐用品制造业	3	21	1	2	515	172
石油、煤炭及其他燃料加工业	1	11		1	189	424
化学原料和化学制品制造业	16	668	18	56	14989	9569
医药制造业	15	1388	16	332	74174	36764
化学纤维制造业	4	85	1	3	1990	1228
橡胶和塑料制品业	16	205	5	25	3382	2617
非金属矿物制品业	46	473	20	47	16882	11015
黑色金属冶炼和压延加工业	2	57	3	2	2515	1012
有色金属冶炼和压延加工业	5	146	10	15	5404	5477
金属制品业	19	293	4	17	11407	6291
通用设备制造业	26	1233	12	461	149854	19587
专用设备制造业	37	2025	28	624	248321	525175
汽车制造业	6	264		48	16079	6454
铁路、船舶、航空航天和其他运输设备制造业	6	292	1	3	6587	7644
电气机械和器材制造业	26	339	15	27	9759	8875
计算机、通信和其他电子设备制造业	13	723	9	55	15467	20680
仪器仪表制造业	8	350	14	68	11592	4221
其他制造业	2	21	1	4	341	171
废弃资源综合利用业	2	236	24	66	20308	6645
金属制品、机械和设备修理业						
电力、热力、燃气及水生产和供应业	3	21		4	1058	7701
电力、热力生产和供应业	2	12		4	632	163
燃气生产和供应业	1	9			425	7538
水的生产和供应业						
按经济成分分组						
公有经济	20	2863	21	1146	406815	544828
非公有经济	303	8093	198	883	274003	163475
按企业控股情况分组						
国有控股	16	2797	21	1138	405056	543277
集体控股	4	66		8	1759	1551
私人控股	285	6676	193	800	241034	149954
港澳台商控股	9	1146	3	34	21127	8119
外商控股	9	271	2	49	11842	5402
其他						

17-3 规模以上工业企业科技活动人员情况

（2021 年）　　　　单位：人

指　　标	科技活动人员	参加项目人员	管理和服务人员
总　计	**24320**	**22667**	**1653**
按企业规模分组			
大型	8416	7951	465
中型	5823	5497	326
小型	9866	9023	843
微型	215	196	19
按隶属关系分组			
中央	1630	1538	92
地方	3890	3718	172
其他	18800	17411	1389
按登记注册类型分组			
内资企业	21766	20204	1562
国有企业	98	91	7
集体企业	23	19	4
股份合作企业			
联营企业			
国有联营企业			
集体联营企业			
国有与集体联营企业			
其他联营企业			
有限责任公司	6633	6314	319
国有独资公司	1577	1509	68
其他有限责任公司	5056	4805	251
股份有限公司	2032	1909	123
私营企业	12980	11871	1109
私营独资企业	68	58	10
私营合伙企业			
私营有限责任公司	12096	11041	1055
私营股份有限公司	816	772	44
其他企业			
港、澳、台商投资企业	1229	1191	38
合资经营企业（港或澳、台资）	612	587	25
合作经营企业（港或澳、台资）			
港、澳、台商独资经营企业	555	545	10
港、澳、台商投资股份有限公司	62	59	3
其他港澳台投资企业			
外商投资企业	1325	1272	53
中外合资经营企业	1242	1194	48
中外合作经营企业			
外资企业	83	78	5
外商投资股份有限公司			
其他外商投资企业			

17-3 续表 （2021 年） 单位：人

指　　标	科技活动人员	参加项目人员	管理和服务人员
按国民经济行业大类分组			
采矿业	1629	1558	71
煤炭开采和洗选业	1596	1530	66
石油和天然气开采业			
黑色金属矿采选业	19	16	3
有色金属矿采选业	6	6	
非金属矿采选业	8	6	2
开采辅助活动			
其他采矿业			
制造业	22318	20772	1546
农副食品加工业	613	546	67
食品制造业	409	371	38
酒、饮料和精制茶制造业	35	34	1
烟草制品业			
纺织业	1026	958	68
纺织服装、服饰业	70	68	2
皮革、毛皮、羽毛及其制品和制鞋业	189	177	12
木材加工和木、竹、藤、棕、草制品业	544	505	39
家具制造业	121	110	11
造纸和纸制品业	30	28	2
印刷和记录媒介复制业	112	106	6
文教、工美、体育和娱乐用品制造业	83	76	7
石油加工、炼焦和核燃料加工业	439	406	33
化学原料和化学制品制造业	780	725	55
医药制造业	1544	1435	109
化学纤维制造业	165	155	10
橡胶和塑料制品业	890	840	50
非金属矿物制品业	1484	1356	128
黑色金属冶炼和压延加工业	617	470	147
有色金属冶炼和压延加工业	666	633	33
金属制品业	1086	999	87
通用设备制造业	2689	2522	167
专用设备制造业	3287	3127	160
汽车制造业	1468	1402	66
铁路、船舶、航空航天和其他运输设备制造业	649	623	26
电气机械和器材制造业	1111	1025	86
计算机、通信和其他电子设备制造业	1224	1155	69
仪器仪表制造业	781	736	45
其他制造业	16	15	1
废弃资源综合利用业	190	169	21
金属制品、机械和设备修理业			
电力、热力、燃气及水生产和供应业	373	337	36
电力、热力生产和供应业	321	302	19
燃气生产和供应业	18	15	3
水的生产和供应业	34	20	14
按经济成分分组			
公有经济	6249	5954	295
非公有经济	18071	16713	1358
按企业控股情况分组			
国有控股	6049	5778	271
集体控股	200	176	24
私人控股	16388	15080	1308
港澳台商控股	827	804	23
外商控股	856	829	27
其他			

17-4 规模以上工业企业 R&D 经费情况

（2021 年） 单位：万元

指标	R&D 经费内部支出合计	按支出类型分组			按资金来源分组			
		经常费支出	人员劳务费	资产性支出	政府资金	企业资金	境外资金	其他资金
总计	**1235256**	**1181496**	**307552**	**53760**	**5444**	**1214436**	**14015**	**1361**
按企业规模分组								
大型	593734	585697	139119	8037	603	580812	12319	
中型	292430	272540	85380	19890	1597	289824		1009
小型	341520	315729	81730	25791	3244	336227	1696	353
微型	7572	7530	1324	42		7572		
按隶属关系分组								
中央	37904	37553	8772	351		37904		
地方	370684	366631	91105	4052	644	357721	12319	
其他	826668	777312	207675	49357	4800	818811	1696	1361
按登记注册类型分组								
内资企业	1154750	1102492	277274	52258	5411	1134058	14015	1265
国有企业	2300	2300	1849			2300		
集体企业	508	401	145	107		508		
股份合作企业								
联营企业								
国有联营企业								
集体联营企业								
国有与集体联营企业								
其他联营企业								
有限责任公司	585864	579245	126251	6620	2299	573398	10167	
国有独资公司	167745	166827	38878	918	1063	156515	10167	
其他有限责任公司	418120	412418	87373	5702	1236	416884		
股份有限公司	99142	95487	34512	3655	135	95799	2152	1056
私营企业	466935	425059	114518	41877	2977	462053	1696	209
私营独资企业	4877	4877	625			4877		
私营合伙企业								
私营有限责任公司	432669	393433	104340	39236	1998	428766	1696	209
私营股份有限公司	29390	26749	9554	2641	979	28411		
其他企业								
港、澳、台商投资企业	22610	21488	10646	1122		22514		96
合资经营企业（港或澳、台资）	12012	11583	6693	428		12012		
合作经营企业（港或澳、台资）								
港、澳、台商独资经营企业	9334	8641	3331	693		9238		96
港、澳、台商投资股份有限公司	1264	1264	622			1264		
其他港澳台投资企业								
外商投资企业	57897	57516	19631	381	33	57864		
中外合资经营企业	55243	55071	18844	171		55243		
中外合作经营企业								
外资企业	2654	2444	787	210	33	2622		
外商投资股份有限公司								
其他外商投资企业								

17-4 续表 （2021年） 单位：万元

指标	R&D经费内部支出合计	按支出类型分组			按资金来源分组			
		经常费支出	人员劳务费	资产性支出	政府资金	企业资金	境外资金	其他资金
按国民经济行业大类分组								
采矿业	45259	44573	9750	685		45259		
煤炭开采和洗选业	42648	41979	9654	669		42648		
石油和天然气开采业								
黑色金属矿采选业	290	290	25			290		
有色金属矿采选业	190	173	27	17		190		
非金属矿采选业	2132	2132	45			2132		
开采辅助活动								
其他采矿业								
制造业	1181102	1128109	295835	52993	4535	1161191	14015	1361
农副食品加工业	41920	40099	5176	1821	181	40005	1637	96
食品制造业	4936	4497	2912	439	8	4928		
酒、饮料和精制茶制造业	699	356	111	344		699		
烟草制品业								
纺织业	11798	11365	6416	433	261	11519		18
纺织服装、服饰业	1064	980	360	84		1064		
皮革、毛皮、羽毛及其制品和制鞋业	4209	3995	2026	213		4209		
木材加工和木、竹、藤、棕、草制品业	20721	20378	3365	343	7	20656	59	
家具制造业	3870	3770	665	100	119	3751		
造纸和纸制品业	441	441	214			441		
印刷和记录媒介复制业	3895	3538	1313	357		3895		
文教、工美、体育和娱乐用品制造业	1046	888	471	158		1046		
石油加工、炼焦和核燃料加工业	7559	7559	3040			7559		
化学原料和化学制品制造业	23895	21338	8280	2558	1	23894		
医药制造业	86560	83655	22351	2905	163	84245	2152	
化学纤维制造业	5599	5565	1544	33	59	5539		
橡胶和塑料制品业	32723	29583	7584	3140	40	32670		14
非金属矿物制品业	28453	24562	11556	3891	26	28349		78
黑色金属冶炼和压延加工业	10509	9876	3964	633		10509		
有色金属冶炼和压延加工业	15384	14150	7107	1233	249	15134		
金属制品业	54181	47489	9851	6692	569	53612		
通用设备制造业	271595	262796	51590	8799	887	270708		
专用设备制造业	306706	297570	68678	9137	1000	295441	10167	98
汽车制造业	91157	88784	30381	2373		91157		
铁路、船舶、航空航天和其他运输设备制造业	20870	17684	5577	3186		20870		
电气机械和器材制造业	40343	38803	9241	1540	62	39273		1009
计算机、通信和其他电子设备制造业	45272	44631	17851	641	231	45041		
仪器仪表制造业	26025	25210	12425	815	567	25411		48
其他制造业	605	545	101	60		605		
废弃资源综合利用业	19069	18002	1690	1067	105	18964		
金属制品、机械和设备修理业								
电力、热力、燃气及水生产和供应业	8895	8814	1967	82	908	7987		
电力、热力生产和供应业	7813	7731	1680	82	908	6904		
燃气生产和供应业	743	743	108			743		
水的生产和供应业	340	340	180			340		
按经济成分分组								
公有经济	577048	570648	122755	6401	2299	564582	10167	
非公有经济	658208	610848	184797	47360	3144	649854	3848	1361
按企业控股情况分组								
国有控股	568060	562148	119589	5911	2266	555626	10167	
集体控股	8989	8499	3166	490	33	8956		
私人控股	616618	570256	166776	46362	3112	608393	3848	1265
港澳台商控股	14073	13306	5987	768		13977		96
外商控股	27516	27286	12034	230	33	27484		
其他								

17-5 规模以上工业企业新产品产出情况

（2021年） 单位：万元

指标	新产品开发项目数（项）	新产品开发经费支出	新产品销售收入	#出口
总计	**3101**	**1165147**	**14021201**	**1352427**
按企业规模分组				
大型	488	537506	8346659	951239
中型	703	263931	3103819	289314
小型	1824	355646	2546724	111875
微型	86	8064	24000	
按隶属关系分组				
中央	81	8622	307225	
地方	368	314460	4677898	398623
其他	2652	842065	9036079	953805
按登记注册类型分组				
内资企业	2735	1017037	12002617	1233933
国有企业	34	1915	1483	
集体企业	1	105	1412	
股份合作企业				
联营企业				
国有联营企业				
集体联营企业				
国有与集体联营企业				
其他联营企业				
有限责任公司	583	463527	7169699	831670
国有独资公司	158	132341	2037416	168099
其他有限责任公司	425	331186	5132283	663571
股份有限公司	215	81577	767782	113116
私营企业	1902	469913	4062243	289147
私营独资企业	15	5153	4123	
私营合伙企业				
私营有限责任公司	1805	442340	3734230	190683
私营股份有限公司	82	22420	323889	98464
其他企业				
港、澳、台商投资企业	168	86637	961135	25142
合资经营企业（港或澳、台资）	71	31483	299608	1171
合作经营企业（港或澳、台资）				
港、澳、台商独资经营企业	92	54195	661527	23971
港、澳、台商投资股份有限公司	5	959		
其他港澳台投资企业				
外商投资企业	198	61473	1057449	93353
中外合资经营企业	156	51993	1014426	89311
中外合作经营企业				
外资企业	30	8328	36504	4042
外商投资股份有限公司	12	1153	6518	
其他外商投资企业				

17-5 续表　　（2021年）　　单位：万元

指　标	新产品开发项目数（项）	新产品开发经费支出	新产品销售收入	#出口
按国民经济行业大类分组				
采矿业	45	16373	302732	
煤炭开采和洗选业	45	16373	302400	
石油和天然气开采业				
黑色金属矿采选业				
有色金属矿采选业			332	
非金属矿采选业				
开采辅助活动				
其他采矿业				
制造业	3039	1146637	13718470	1352427
农副食品加工业	82	30822	96675	
食品制造业	45	10778	40589	2235
酒、饮料和精制茶制造业	16	2603	6523	
烟草制品业				
纺织业	159	33989	380522	24031
纺织服装、服饰业	4	578	851	
皮革、毛皮、羽毛及其制品和制鞋业	8	3289		
木材加工和木、竹、藤、棕、草制品业	62	11972	30576	2435
家具制造业	16	3578	440	
造纸和纸制品业	4	950	6163	1205
印刷和记录媒介复制业	17	13107	19692	470
文教、工美、体育和娱乐用品制造业	17	951	3138	1032
石油加工、炼焦和核燃料加工业	11	11993		
化学原料和化学制品制造业	100	23259	489611	160811
医药制造业	183	71639	589247	88148
化学纤维制造业	14	5830	38235	
橡胶和塑料制品业	86	28272	323186	24534
非金属矿物制品业	188	52803	344785	21478
黑色金属冶炼和压延加工业	14	24844	76894	
有色金属冶炼和压延加工业	71	29670	453417	11416
金属制品业	178	48593	413503	34771
通用设备制造业	364	218171	3038973	550759
专用设备制造业	575	256286	3496727	273403
汽车制造业	143	66247	1228156	24815
铁路、船舶、航空航天和其他运输设备制造业	60	24576	390796	40819
电气机械和器材制造业	270	57233	466585	9976
计算机、通信和其他电子设备制造业	187	74139	1106703	58111
仪器仪表制造业	137	22954	141204	21822
其他制造业	1	341	187	
废弃资源综合利用业	27	17173	535094	159
金属制品、机械和设备修理业				
电力、热力、燃气及水生产和供应业	17	2136		
电力、热力生产和供应业	14	1808		
燃气生产和供应业	1	149		
水的生产和供应业	2	180		
按经济成分分组				
公有经济	574	462856	7035503	789523
非公有经济	2527	702290	6985698	562904
按企业控股情况分组				
国有控股	539	445364	7011849	789523
集体控股	35	17492	23654	
私人控股	2300	605325	5805504	524084
港澳台商控股	117	61067	674659	23971
外商控股	110	35898	505535	14849
其他				

17-6　规模以上工业企业自主知识产权保护情况

（2021年）

指　　标	专利申请数（件）	#发明专利	有效发明专利数（件）	#已被实施
总　计	**7196**	**2436**	**7498**	**3911**
按企业规模分组				
大型	1729	610	1987	1388
中型	1401	457	1609	887
小型	3944	1334	3798	1616
微型	122	35	104	20
按隶属关系分组				
中央	152	39	139	45
地方	1206	465	1592	1433
其他	5838	1932	5767	2433
按登记注册类型分组				
内资企业	6705	2218	6896	3583
国有企业	16	7	2	2
集体企业			1	1
股份合作企业				
联营企业				
国有联营企业				
集体联营企业				
国有与集体联营企业				
其他联营企业				
有限责任公司	2108	840	2516	1633
国有独资公司	700	282	558	461
其他有限责任公司	1408	558	1958	1172
股份有限公司	400	148	580	377
私营企业	4181	1223	3797	1570
私营独资企业	40	19	17	9
私营合伙企业				
私营有限责任公司	3920	1142	3615	1487
私营股份有限公司	221	62	165	74
其他企业				
港、澳、台商投资企业	128	49	154	117
合资经营企业(港或澳、台资)	58	34	78	67
合作经营企业(港或澳、台资)				
港、澳、台商独资经营企业	68	15	70	44
港、澳、台商投资股份有限公司	2		6	6
其他港澳台投资企业				
外商投资企业	363	169	448	211
中外合资经营企业	325	149	391	157
中外合作经营企业				
外资企业	33	15	56	53
外商投资股份有限公司	5	5	1	1
其他外商投资企业				

17-6 续表 （2021 年）

指　　标	专利申请数（件）	#发明专利	有效发明专利数（件）	#已被实施
按国民经济行业大类分组				
采矿业	122	25	27	
煤炭开采和洗选业	122	25	27	
石油和天然气开采业				
黑色金属矿采选业				
有色金属矿采选业				
非金属矿采选业				
开采辅助活动				
其他采矿业				
制造业	7037	2395	7424	3881
农副食品加工业	95	22	129	35
食品制造业	52	19	24	23
酒、饮料和精制茶制造业	5	5	1	1
烟草制品业				
纺织业	129	25	157	81
纺织服装、服饰业				
皮革、毛皮、羽毛及其制品和制鞋业	10	5	2	
木材加工和木、竹、藤、棕、草制品业	84	31	56	20
家具制造业	12	5	11	9
造纸和纸制品业	37	33	38	18
印刷和记录媒介复制业	56	14	86	54
文教、工美、体育和娱乐用品制造业	21	2	5	1
石油加工、炼焦和核燃料加工业	2	1	7	
化学原料和化学制品制造业	230	96	326	204
医药制造业	105	77	287	226
化学纤维制造业	17	9	18	17
橡胶和塑料制品业	248	58	185	35
非金属矿物制品业	248	95	293	188
黑色金属冶炼和压延加工业	29	26	16	13
有色金属冶炼和压延加工业	98	54	134	42
金属制品业	309	132	301	11
通用设备制造业	1056	319	1634	945
专用设备制造业	2098	809	1485	1043
汽车制造业	277	93	378	262
铁路、船舶、航空航天和其他运输设备制造业	402	35	399	96
电气机械和器材制造业	581	185	543	242
计算机、通信和其他电子设备制造业	488	148	453	141
仪器仪表制造业	273	77	418	155
其他制造业			1	1
废弃资源综合利用业	75	20	37	18
金属制品、机械和设备修理业				
电力、热力、燃气及水生产和供应业	37	16	47	30
电力、热力生产和供应业	35	15	47	30
燃气生产和供应业	2	1		
水的生产和供应业				
按经济成分分组				
公有经济	1936	779	2355	1595
非公有经济	5260	1657	5143	2316
按企业控股情况分组				
国有控股	1897	771	2311	1557
集体控股	39	8	44	38
私人控股	4987	1540	4779	2127
港澳台商控股	95	37	122	94
外商控股	178	80	242	95
其他				

17-7　规模以上工业企业技术改造、技术获取情况

（2021 年）　　单位：万元

指　　标	技术改造经费支出	购买境内技术经费支出	引进境外技术经费支出	引进境外技术的消化吸收经费支出
总　计	**198428**	**1256**	**4126**	**4**
按企业规模分组				
大型	146060		3094	
中型	39060	1051		
小型	13308	205	1032	4
微型				
按隶属关系分组				
中央	22226			
地方	85849			
其他	90352	1256	4126	4
按登记注册类型分组				
内资企业	164210	456	4050	4
国有企业				
集体企业				
股份合作企业				
联营企业				
国有联营企业				
集体联营企业				
国有与集体联营企业				
其他联营企业				
有限责任公司	125520	251		
国有独资公司	69709			
其他有限责任公司	55811	251		
股份有限公司	8688	20		
私营企业	30002	185	4050	4
私营独资企业				
私营合伙企业				
私营有限责任公司	28477	185	4050	4
私营股份有限公司	1525			
其他企业				
港、澳、台商投资企业	33247			
合资经营企业（港或澳、台资）	3519			
合作经营企业（港或澳、台资）				
港、澳、台商独资经营企业	29728			
港、澳、台商投资股份有限公司				
其他港澳台投资企业				
外商投资企业	970	800	76	
中外合资经营企业	926	800		
中外合作经营企业				
外资企业	45		76	
外商投资股份有限公司				
其他外商投资企业				

17-7 续表 （2021年） 单位：万元

指标	技术改造经费支出	购买境内技术经费支出	引进境外技术经费支出	引进境外技术的消化吸收经费支出
按国民经济行业大类分组				
采矿业	14638			
煤炭开采和洗选业	14638			
石油和天然气开采业				
黑色金属矿采选业				
有色金属矿采选业				
非金属矿采选业				
开采辅助活动				
其他采矿业				
制造业	166184	1256	4126	4
农副食品加工业	300			
食品制造业	244			
酒、饮料和精制茶制造业				
烟草制品业				
纺织业	7004	28	3	4
纺织服装、服饰业				
皮革、毛皮、羽毛及其制品和制鞋业				
木材加工和木、竹、藤、棕、草制品业	33			
家具制造业				
造纸和纸制品业	130			
印刷和记录媒介复制业	40			
文教、工美、体育和娱乐用品制造业				
石油加工、炼焦和核燃料加工业				
化学原料和化学制品制造业	3167			
医药制造业	3921		3094	
化学纤维制造业	697			
橡胶和塑料制品业	8523			
非金属矿物制品业	7002			
黑色金属冶炼和压延加工业	2142			
有色金属冶炼和压延加工业				
金属制品业	862			
通用设备制造业	69239	20		
专用设备制造业	36035	253	1029	
汽车制造业	300	800		
铁路、船舶、航空航天和其他运输设备制造业	200			
电气机械和器材制造业	18			
计算机、通信和其他电子设备制造业	23624			
仪器仪表制造业	33			
其他制造业	45			
废弃资源综合利用业	2627	155		
金属制品、机械和设备修理业				
电力、热力、燃气及水生产和供应业	17605			
电力、热力生产和供应业	17605			
燃气生产和供应业				
水的生产和供应业				
按经济成分分组				
公有经济	133809	251		
非公有经济	64618	1005	4126	4
按企业控股情况分组				
国有控股	133809	251		
集体控股				
私人控股	34546	205	4050	4
港澳台商控股	29728			
外商控股	345	800	76	
其他				

17-8 规模以上工业企业政府相关政策落实情况

（2021 年） 单位：万元

指　　标	来自政府部门的科技活动资金	研究开发费用加计扣除减免税	高新技术企业减免税
总　计	**584117**	**90662**	**126831**
按企业规模分组			
大型	313935	47684	82732
中型	160327	22181	30253
小型	108844	20541	13779
微型	1011	257	66
按隶属关系分组			
中央	6472	1521	136
地方	271895	51854	43732
其他	305750	37288	82963
按登记注册类型分组			
内资企业	543795	84053	94840
国有企业	1205	429	118
集体企业	133	13	
股份合作企业			
联营企业			
国有联营企业			
集体联营企业			
国有与集体联营企业			
其他联营企业			
有限责任公司	322884	54533	58953
国有独资公司	125146	24273	15709
其他有限责任公司	197738	30261	43244
股份有限公司	61559	9755	13236
私营企业	158012	19322	22533
私营独资企业	41	31	
私营合伙企业			
私营有限责任公司	143794	16952	19440
私营股份有限公司	14177	2340	3092
其他企业			
港、澳、台商投资企业	14374	2262	21779
合资经营企业（港或澳、台资）	4274	321	1143
合作经营企业（港或澳、台资）			
港、澳、台商独资经营企业	10101	1941	20636
港、澳、台商投资股份有限公司			
其他港澳台投资企业			
外商投资企业	25948	4348	10211
中外合资经营企业	24379	3924	10177
中外合作经营企业			
外资企业	1319	361	34
外商投资股份有限公司	250	63	
其他外商投资企业			

17-8　续表　　　　（2021年）　　　　单位：万元

指　　标	来自政府部门的科技活动资金	研究开发费用加计扣除减免税	高新技术企业减免税
按国民经济行业大类分组			
采矿业	8409	1693	18
煤炭开采和洗选业	8409	1693	18
石油和天然气开采业			
黑色金属矿采选业			
有色金属矿采选业			
非金属矿采选业			
开采辅助活动			
其他采矿业			
制造业	572795	88383	126813
农副食品加工业	1617	204	2
食品制造业	298	41	204
酒、饮料和精制茶制造业	424	63	
烟草制品业			
纺织业	9220	1235	3220
纺织服装、服饰业			
皮革、毛皮、羽毛及其制品和制鞋业	473	72	
木材加工和木、竹、藤、棕、草制品业	1484	352	139
家具制造业			
造纸和纸制品业			
印刷和记录媒介复制业			
文教、工美、体育和娱乐用品制造业	233	175	
石油加工、炼焦和核燃料加工业			
化学原料和化学制品制造业	17221	3072	6073
医药制造业	63773	9119	11854
化学纤维制造业	2956		
橡胶和塑料制品业	15314	2005	2478
非金属矿物制品业	15421	1937	3665
黑色金属冶炼和压延加工业	2514	372	1854
有色金属冶炼和压延加工业	4673	650	1094
金属制品业	12740	2149	1029
通用设备制造业	180564	26349	29498
专用设备制造业	136220	28874	32757
汽车制造业	43702	3556	6854
铁路、船舶、航空航天和其他运输设备制造业	5955	949	965
电气机械和器材制造业	22213	1591	1818
计算机、通信和其他电子设备制造业	18907	3324	19548
仪器仪表制造业	15409	2177	3763
其他制造业			
废弃资源综合利用业	1467	118	
金属制品、机械和设备修理业			
电力、热力、燃气及水生产和供应业	2913	586	
电力、热力生产和供应业	2529	516	
燃气生产和供应业	374	70	
水的生产和供应业	10		
按经济成分分组			
公有经济	315002	52578	53994
非公有经济	269115	38084	72837
按企业控股情况分组			
国有控股	313828	52424	53302
集体控股	1175	155	691
私人控股	239096	33524	43784
港澳台商控股	13361	2112	20762
外商控股	16657	2449	8291
其他			

17-9 主要年份各类学校数

单位：所

年份	普通高等学校	中等专业学校	技工学校	职业高中	普通中学	小学
1949		4			16	1803
1952		8			21	2641
1957		5			62	3109
1962	3	7			140	3773
1965	2	11			142	4390
1970	2	2			179	5183
1975	2	9			228	5113
1978	2	14	9		234	4260
1979	2	14	9		236	4115
1980	2	13	10		274	3446
1981	3	13	10		395	4316
1982	3	14	10		478	3964
1983	4	14	10		494	3822
1984	5	15	11	18	512	3674
1985	5	17	11	36	551	3618
1986	5	16	11	28	612	3490
1987	5	17	11	29	643	3413
1988	5	17	11	31	648	3472
1989	4	17	12	41	654	3441
1990	4	16	12	43	640	3409
1991	4	15	11	45	639	3408
1992	4	15	14	55	621	3391
1993	4	15	14	49	610	3390
1994	4	16	14	51	581	3347
1995	4	16	14	52	553	3338
1996	4	16	14	50	546	3305
1997	4	16	14	52	525	3288
1998	4	16	13	48	523	3250
1999	5	14	14	47	513	3147
2000	5	13	13	42	492	2902
2001	5	12	10	41	498	2710
2002	6	11	10	35	476	2333
2003	6	11	11	31	371	945
2004	7	11	11	28	366	908
2005	7	11	11	21	367	902
2006	7	12	8	25	369	907
2007	7	12	8	26	367	917
2008	7	12	8	25	357	899
2009	7	12	8	25	350	879
2010	7	11	8	21	331	871
2011	8	11	8	18	326	856
2012	9	10	8	9	321	860
2013	9	10	8	14	321	870
2014	9	14	6	14	319	906
2015	9	13	8	12	328	924
2016	10	14	8	10	337	928
2017	10	14	5	11	344	932
2018	10	13	6	11	353	924
2019	10	13	6	12	353	930
2020	10	13	6	12	355	917
2021	10	14	6	12	365	884

注：2006 年及以前职业高中为农职业中学口径（下同）。

17-10 主要年份各类学校在校学生数

单位：人

年份	普通高等学校	中等专业学校	技工学校	职业高中	普通中学	小学（万人）
1949		737			6679	14.31
1952		1645			13117	27.25
1957		2312			37302	40.85
1962	2797	2402			59064	44.14
1965	1027	1913			59971	67.94
1970					175039	61.87
1975	1455	2903			224829	103.54
1978	2080	2869	1826		459841	95.62
1979	2704	5063	2070		408046	98.81
1980	2585	6382	3510		362789	96.94
1981	5634	4573	2919		298335	95.27
1982	4260	4810	2859		289862	91.28
1983	6109	5606	2580		290956	91.98
1984	7173	6884	2716	6913	292253	90.41
1985	9955	8708	2915	10369	311015	88.01
1986	10486	8880	3659	13577	328873	85.69
1987	11410	9711	3454	14355	327280	83.44
1988	11886	10339	3609	11882	314401	81.65
1989	11783	11101	4151	12344	317647	81.92
1990	11586	11091	4898	14440	313758	84.77
1991	12507	11670	5086	17497	309649	89.90
1992	12962	12176	5918	20398	313487	93.66
1993	14238	12918	7639	20098	327372	97.07
1994	16354	16127	10211	20401	374698	103.31
1995	18590	24480	10971	22459	424685	110.34
1996	19720	36831	11181	24848	463226	118.08
1997	21162	43831	11793	24969	481154	127.42
1998	24763	45113	11970	22549	512475	130.99
1999	32236	42072	10133	19832	543390	129.32
2000	46091	34072	10317	19334	584255	126.06
2001	58730	29616	11362	21425	638488	119.84
2002	67863	31610	14175	21222	718597	109.43
2003	71811	33368	18500	21821	802270	96.28
2004	86858	40989	23117	27028	831882	83.06
2005	92666	51166	23000	40492	815113	72.24
2006	104140	59648	26900	65365	777895	64.62
2007	113774	59787	26086	72768	733413	58.75
2008	120094	62043	27421	56712	670459	53.72
2009	125676	57091	26922	57385	593875	51.79
2010	118828	57543	24553	60233	520662	53.02
2011	131747	39331	23936	53811	463610	57.10
2012	133631	47217	22005	45498	426055	62.85
2013	136313	48143	22707	47906	375213	66.18
2014	137239	47125	22221	46227	359258	75.40
2015	137631	43627	19540	45734	347417	84.13
2016	140825	42515	20311	37623	361022	90.54
2017	142630	41370	21006	35239	399373	94.02
2018	145496	52458	22942	29336	455654	95.58
2019	150774	54545	21446	30706	522980	94.67
2020	160910	56313	21459	30736	593766	91.69
2021	175460	45368	20529	51704	652878	87.81

注：2015 年及以后普通高等学校在校学生数不包含成人高等教育学生数。

17-11 各类学校专任教师数

单位：人

年 份	普通高等学校	中等专业学校	技工学校	职业高中	普通中学	小学
1978	423		83			
1979	444		184		16932	37511
1980	451		336			
1981	1178	591	364		15910	38804
1982	1441	686	398		15341	38004
1983	1512	813	419		14643	32669
1984	1740	843	444	270	14568	32295
1985	1803	984	444	528	15785	31831
1986	2073	1053	476	661	16859	33445
1987	2210	1173	441	759	17162	32519
1988	2135	1142	596	862	17668	32948
1989	2170	1114	659	890	18380	33787
1990	2086	1087	642	1047	19097	34520
1991	2065	1112	661	1144	19371	35723
1992	2020	1110	725	1377	19502	36367
1993	2037	1083	677	1348	19741	36499
1994	2028	1074	848	1440	20416	37915
1995	2160	1102	845	1575	21642	38649
1996	2045	1165	843	1688	22987	39911
1997	2117	1204	762	1983	24222	40670
1998	2244	1270	951	2053	24944	42305
1999	2681	1242	820	1965	26165	44577
2000	2883	1236	801	1816	27658	45798
2001	3198	1357	807	1586	29200	46575
2002	3635	1133	587	1461	32131	44837
2003	4061	1041	680	1575	34232	41806
2004	4686	1114	789	1431	35744	39864
2005	5298	1251	785	1718	37644	39156
2006	5586	1456	711	2185	38821	38719
2007	6203	1693	966	2375	39686	38350
2008	6433	1766	957	2556	39514	36999
2009	6670	1959	1005	2489	39112	36553
2010	6257	1926	987	2524	38379	33991
2011	7015	1808	1047	2279	37714	33517
2012	7418	1642	1147	2557	37179	35419
2013	7596	1704	1161	2487	34591	36511
2014	7734	1834	1187	2395	34013	38210
2015	7879	2537	1074	1856	33673	40445
2016	8217	2139	1351	1874	33695	42716
2017	8366	2077	1329	1798	34781	44606
2018	8569	2631	1407	2160	36253	47692
2019	8815	2053	1420	1946	39269	50731
2020	9219	2021	1315	2094	43469	51010
2021	9037	2536	1199	2400	48809	51872

17-12 每一专任教师平均负担在校学生数

单位：人

年份	普通高等学校	中等专业学校	技工学校	职业高中	普通中学	小学
1978	4.9		22.0			
1979	6.1		11.3			
1980	5.7		10.4		21.4	25.8
1981	4.8	7.7	8.0		18.8	24.6
1982	3.0	7.0	7.2		18.9	24.0
1983	4.0	6.9	6.2		19.9	28.2
1984	4.1	8.2	6.1	25.6	20.1	28.0
1985	5.5	8.8	6.6	19.6	19.7	27.6
1986	5.1	8.4	7.7	20.5	19.5	25.6
1987	5.2	8.3	7.8	18.9	19.1	25.7
1988	5.6	9.1	16.1	13.8	17.8	24.8
1989	5.4	10.0	6.3	13.9	17.3	24.2
1990	5.6	10.2	7.6	13.8	16.4	24.6
1991	6.1	10.5	7.7	15.3	16.0	25.2
1992	6.4	11.0	8.2	14.8	16.1	25.8
1993	7.0	11.9	11.3	15.0	16.6	26.6
1994	8.1	15.0	12.0	14.2	18.4	27.2
1995	8.6	22.2	13.0	14.3	19.6	28.5
1996	9.6	31.6	13.3	14.7	20.2	29.6
1997	10.0	36.4	15.5	12.6	19.9	31.3
1998	11.0	35.5	12.6	11.0	20.5	31.0
1999	12.1	33.9	12.4	10.1	20.8	29.0
2000	16.0	27.6	12.9	10.6	21.1	27.5
2001	18.4	21.8	14.1	13.5	21.9	25.7
2002	18.7	27.9	24.1	14.5	22.4	24.4
2003	17.7	32.1	27.2	13.9	23.4	23.0
2004	18.5	36.8	29.3	18.9	23.3	20.8
2005	17.5	40.9	29.3	23.6	21.7	18.4
2006	18.6	41.0	37.8	26.6	20.0	16.7
2007	18.3	35.3	27.0	30.6	18.5	15.3
2008	18.7	35.1	28.7	22.2	17.0	14.5
2009	18.8	29.1	26.8	23.1	15.2	14.2
2010	19.0	29.9	24.9	23.9	13.6	15.6
2011	18.8	21.8	22.9	23.6	12.3	17.0
2012	18.0	28.8	19.2	17.8	11.5	17.7
2013	17.9	28.3	14.9	19.3	10.8	18.1
2014	17.6	25.7	18.7	19.3	10.6	19.7
2015	20.6	17.2	18.2	24.6	10.3	20.8
2016	17.1	19.9	15.0	20.1	10.7	21.2
2017	21.4	20.5	15.8	19.6	11.5	21.1
2018	17.0	19.9	16.3	13.6	12.6	20.0
2019	17.1	26.6	15.1	15.8	13.3	18.7
2020	17.5	27.5	16.3	14.7	13.7	18.0
2021	19.4	17.9	17.1	21.5	13.4	16.9

17-13　各级各类教育事业

（2021 年）　　单位：人

指　　标	学校数（所）	毕业生数	招生数	在　校学生数	教职工数	# 专任教师
基础教育合计	**2774**	**459723**	**465810**	**1880132**	**149968**	**124717**
学前教育	1160	119492	98116	344581	41517	23479
小学	884	166788	132285	878116	47706	51872
普通中学	365	172842	234732	652878	60121	48809
初中	273	135533	164733	478366	39109	34589
高中	92	37309	69999	174512	21012	14220
中等职业教育	**26**	**25100**	**38865**	**97072**	**5711**	**4936**
调整后中职业学校	3	4805	4327	12569	823	733
普通中专学校	9	6629	10321	25182	1695	1335
成人中专学校	2	223	425	1006	225	159
职业高中学校	12	11548	22313	51704	2758	2400
中等技工学校	**6**	**5266**	**5482**	**20529**	**1557**	**1199**
普通高等学校	**10**	**69214**	**88490**	**247520**	**13133**	**9037**

17-14　普通高等学校和中等专业学校基本情况

（2021年）　　单位：人

指　　标	毕业生数	招生数	在　校 学生数	教职工数	#专任教师
普通高等学校	**69214**	**88490**	**247520**	**13133**	**9037**
中国矿业大学	18103	18861	57153	3410	2145
徐州医科大学	6425	7454	24140	1474	912
江苏师范大学	12624	14549	38893	2626	1716
徐州工程学院	8375	9512	30574	1630	1321
九州职业技术学院	2275	4474	10364	267	208
徐州工业职业技术学院	4847	8339	19510	719	528
中国矿业大学徐海学院	2078	2190	8829	320	169
徐州医科大学华方学院					
徐州幼儿师范高等专科学校	1785	2698	6226	373	286
徐州生物工程职业技术学院	922	3146	6953	484	387
江苏师范大学科文学院	2660	3204	11120	423	230
江苏建筑职业技术学院	7601	10590	25629	905	760
江苏安全技术职业学院	1519	3473	8129	502	375
中等职业教育学校	**25100**	**38865**	**97072**	**5711**	**4936**
#江苏省徐州医药高等职业学校	1402	1330	4147	271	255
江苏省徐州财经高等职业技术学校	1713	1764	5016	291	256
徐州经贸高等职业学校	1690	1233	3406	261	222
江苏省徐州市中等专业学校	417	577	2500	151	135
徐州体育运动学校	141	175	484	144	78
江苏模特艺术学校	387	449	1237	237	193
运河高等师范学校	291	280	836	168	104
徐州高等师范学校	311	386	1019	196	180

17-15　各阶段教育入学、升学情况

（2021 年）　　单位：%

地　　区	入学率		升学率 / 毕业率	
	小学阶段入学率	初中阶段入学率	小学毕业生升学率	初中毕业生毕业率
全　市	100	100	100	100
市　区	100	100	100	100
丰　县	100	100	100	100
沛　县	100	100	100	100
铜山区	100	100	100	100
睢宁县	100	100	100	100
新沂市	100	100	100	100
邳州市	100	100	100	100

主要统计指标解释

自然科学技术人员 指已取得科学技术职称，或大学、中专的理、工、农、医科系毕业，以及国民经济各部门从工作实践中提拔，从事理、工、农、医等自然科学技术的研究、教学、生产的专业人员和在机关、企业、事业中从事科学技术业务管理工作的专业人员。

工程技术人员 指在国民经济各行业从事工程技术工作的自然科学技术专业人员，包括：高级工程师、工程师、助理工程师、技术员和未评定职称的技术人员。

农业技术人员 指在国民经济各行业从事农业技术工作的自然科学技术专业人员，包括：高级农艺师、农艺师、助理农艺师、技术员和未评定职称的技术人员。

科学研究人员 指在国民经济各行业从事科学技术活动的自然科学技术专业人员，包括：正副研究员、助理研究员、研究实习员、技术员和未评定职称的技术人员。

十八、卫生和社会服务

PUBLIC HEALTH AND SOCIAL SERVICES

版面负责人：马　萍
编　　　辑：李依睿

统计执法监督检查办法

第四十三条 立案查处和执法检查的典型、严重统计违法案件，应当按照有关规定予以曝光。

对具有严重统计造假弄虚作假情形的，应当依法认定为统计上严重失信，按照有关规定予以公示和惩戒。

第五章 法律责任

第四十四条 县级以上人民政府统计机构负责人、执法检查人员及其相关人员在统计执法监督检查中有下列行为之一的，由统计机构予以通报，由任免机关或者纪检监察机关给予处分：

（一）包庇、纵容统计违法行为；

（二）瞒案不报，压案不查；

（三）未按规定受理、核查、处理统计违法举报；

（四）未按法定权限、程序和要求开展统计执法监督检查，造成不良后果；

（五）违反保密规定，泄露举报人或者案情；

（六）滥用职权，徇私舞弊；

（七）其他违纪违法行为。

第四十五条 县级以上人民政府统计机构负责人、执法检查人员及其相关人员在统计执法监督检查中，违反有关纪律的，依纪依法给予处分。

第四十六条 县级以上人民政府统计机构负责人、执法检查人员及其相关人员泄露在检查过程中知悉的国家秘密、商业秘密、个人信息资料和能够识别或者推断单个调查对象身份的资料，依纪依法给予处分。

第六章 附 则

第四十七条 本办法自公布之日起施行。

18-1 卫生机构数

单位：个

年份	总计	医院卫生院	#医院	疗养院、所	门诊部、所
1978	652				
1979	683				
1980	858				
1981	952				
1982	969	231	35	1	678
1983	1004	232	42	1	712
1984	1027	233	43	1	734
1985	1053	237	48	1	753
1986	1030	236	47	1	731
1987	1024	234	47	1	727
1988	1023	228	47	1	732
1989	1042	229	47	1	751
1990	1058	228	46	1	767
1991	1088	228	46	1	798
1992	1049	228	46	1	759
1993	1051	228	46	1	761
1994	1051	231	46	1	758
1995	1052	231	46	1	758
1996	1052	231	45	1	757
1997	1053	232	42	1	757
1998	1261	233	43	1	966
1999	954	275	43	1	456
2000	993	274	42	1	473
2001	1071	211	43	1	449
2002	1047	226	113		778
2003	1120	229	116	1	847
2004	1344	232	119	1	926
2005	1384	230	119	1	1105
2006	1327	227	116	1	917
2007	1483	238	117	1	921
2008	1116	251	108	1	732
2009	1169	268	102	1	828
2010	1213	256	99	1	864
2011	1365	266	108	1	1009
2012	1311	274	114	1	948
2013	4454	277	118	1	815
2014	4620	281	122	1	835
2015	4601	283	124	1	983
2016	4584	291	131	1	971
2017	4509	296	135	1	935
2018	4599	322	161	1	1029
2019	4594	339	177		1109
2020	4552	336	177		1156
2021	4580	341	182		1233

18-1 续表

单位：个

年份	专科防治所、站	疾病预防控制中心(防疫站)	妇幼保健院、所、站	药品检验所、站	医学研究机构	其他卫生机构
1978						
1979						
1980						
1981						
1982		14				
1983	4	15	10	7	2	17
1984	4	15	10	7	2	17
1985	9	15	12	7	2	13
1986	10	15	12	7	2	12
1987	10	14	12	7	2	13
1988	10	14	12	7	2	13
1989	9	14	12	7	2	13
1990	10	14	12	7	2	13
1991	10	15	12	7	2	12
1992	10	14	12	7	2	13
1993	9	14	13	7	2	7
1994	8	14	14	7	2	7
1995	8	14	14	7	2	8
1996	9	14	13	7	3	8
1997	9	14	13	7	3	8
1998	8	14	13	7	3	8
1999	8	14	14	7	3	9
2000	8	14	14	7	3	9
2001	8	14	14		3	9
2002	8	14	13		3	5
2003	6	14	14		3	6
2004		14	14		3	154
2005		14	14		3	17
2006		14	14		3	151
2007		14	13		3	293
2008		14	13		3	102
2009		14	13		3	42
2010		13	12		3	64
2011		13	12		3	61
2012	1	13	12		3	925
2013	1	13	12		3	5
2014	1	13	12		3	7
2015	1	12	12		3	6
2016	1	11	13		3	7
2017	2	11	13		3	6
2018	2	11	14		3	6
2019	2	12	14		3	8
2020	3	12	13		3	10
2021	3	12	13		3	11

注：1998 年以后门诊部所中包括个体开业，2009 年包括卫生所、医务室、社区卫生服务站等；2001 年以前医院为县及县以上医院数；2008-2012 年村卫生室不再作为卫生机构统计。

18-2 卫生机构人员数

单位：人

年份	总计	卫生技术人员	#执业（助理）医师	中医类别	临床类别	口腔类别	公共卫生类别	#注册护士	每千人口医生数
1978		15690	4857						0.9
1979		16477	4982						0.8
1980		17095	5765						0.8
1981	22581	17696	6542					2888	1.0
1982	23956	18539	7203	574				3496	1.1
1983	25237	19267	7635	1079				4298	1.1
1984	25885	19694	7671	1085				4366	1.1
1985	27354	20602	7881	1080				4603	1.1
1986	28234	21295	8097	1094				4799	1.1
1987	28710	21337	8023	1017				4917	1.1
1988	29477	22381	8804	1176				5438	1.2
1989	30960	23615	9598	1158				6430	1.3
1990	32029	24427	9888	1169				6914	1.2
1991	33771	25818	10298	1108				7289	1.3
1992	35051	26825	10216	1062				7351	1.2
1993	36383	27895	10488	1101				7617	1.3
1994	37741	28928	10891	1074				7881	1.3
1995	38533	29380	11204	1082				8167	1.3
1996	39027	29771	11525	1046				8277	1.3
1997	40472	31125	12025	1044				8424	1.4
1998	40454	31188	11756	986				8350	1.3
1999	39411	30394	11349	933				8421	1.3
2000	39366	30481	11622	925				8720	1.3
2001	39099	30275	11635	963				8863	1.3
2002	36997	29282	11396						1.3
2003	35369	28030	10692					8421	1.2
2004	36163	28297	10480					8479	1.1
2005	35809	28284	10494	721				8574	1.1
2006	36174	28922	10532	723				8677	1.2
2007	38048	29668	11137					9329	1.2
2008	38746	30396	11557					9985	1.2
2009	39408	30821	11613					10801	1.0
2010	41238	32368	12165					11961	1.0
2011	43623	34543	12273	80				13411	1.4
2012	47429	38091	13167	1250	12014	544	649	15909	1.5
2013	51601	43573	14578	1448	13389	666	672	17859	1.9
2014	67552	47007	17518	1558	14527	708	725	19687	2.3
2015	71316	51567	20172	1863	16608	766	935	21355	2.3
2016	75957	55523	21836	1965	18101	857	913	24349	2.5
2017	77117	57537	22870	2209	18754	965	942	25334	2.6
2018	87602	67412	25776	3121	21141	1158	941	31719	2.9
2019	90967	70767	28042	2864	22927	1276	975	32166	3.2
2020	92711	73219	29840	3462	23940	1425	1013	33067	3.3
2021	94047	74867	29122	3391	23314	1532	885	34527	3.2

18-3　卫生机构床位数

单位：张

年　份	总　计	医　院 卫生院	#医院	疗养院	门诊部、所	其　他 卫生机构	每千人口 医　院 病床位数
1978	11325						
1979	11971						
1980	12299						
1981	13392						
1982	13644						
1983	14067	12167	7185	200	1550	150	1.8
1984	15046	13133	8109	200	1473	240	1.9
1985	15432	13269	8608	200	1762	200	1.9
1986	15771	13653	8925	200	1718	200	1.9
1987	16147	13845	9107	200	1802	300	1.9
1988	16809	14390	9549	200	1919	300	1.9
1989	17004	14483	9609	200	1921	400	1.9
1990	17303	14660	9630	200	2043	400	1.8
1991	17557	15059	10186	200	1898	400	1.8
1992	18100	15490	10459	200	1987	400	1.9
1993	18747	15813	10668	200	2310	400	1.9
1994	18650	15686	10791	200	2310	400	1.9
1995	18596	15647	10783	200	2310	400	1.8
1996	18733	15814	10883	200	2310	370	1.8
1997	18700	15751	10713	200	2310	400	1.8
1998	18637	15703	10645	200	2310	400	1.8
1999	17992	17368	10621	200		400	2.0
2000	17736	17091	10562	200			1.9
2001	17505	16964	10417	200		317	1.9
2002	18210	18210	13944				2.0
2003	18487	17961	13650	200		326	2.0
2004	18792	18252	13905	200		340	2.1
2005	19888	19287	14647	200	5	104	2.2
2006	20264	19749	14975	40		475	2.2
2007	21488	20238	15737	40		1210	2.3
2008	24430	23248	17614	40		1142	2.6
2009	26600	25081	18852	40	28	1451	2.8
2010	30500	27783	21496	40	130	2547	2.9
2011	32960	30283	23119	40	148	2601	2.7
2012	38489	35703	27091	40	60	2686	3.2
2013	43138	40179	30829	40	57	40	3.3
2014	46213	43175	33532	40	21	40	3.9
2015	47949	44550	34552	40	20	40	4.0
2016	52247	48926	38223	40	40	40	4.4
2017	55589	51444	39764	40		40	4.5
2018	58588	54265	41553	40		40	4.7
2019	60988	56683	43616		16		4.9
2020	59392	54704	41628		16		4.6
2021	61191	56230	42962		42		6.8

18-4 卫生机构、床位、人员数

（2021年）

机构类别	机构数（个）	床位数（张）	诊疗人数（万人）	入院人数（万人）	工作人员数（人）	#卫生技术人员	执业医师数
总 计	**4580**	**61191**	**5928.47**	**190.09**	**94047**	**74867**	**22047**
医院合计	182	42962	2035.08	138.89	51559	42873	13140
综合医院	96	27113	1392.00	96.66	31914	27117	8439
中医医院	17	5749	307.07	18.62	8086	6632	2054
中西医结合医院	2	103	1.32	0.20	101	91	25
专科医院	57	8892	331.48	22.76	10851	8642	2564
#口腔医院	9	141	40.45	0.13	787	609	263
耳鼻喉科医院	1	88	1.96	0.06	84	66	20
肿瘤医院	1	1300	43.25	5.11	1674	1396	498
儿童医院	1	1030	89.43	6.02	1741	1424	393
精神病医院	7	1460	28.25	2.23	1281	977	254
传染病医院	1	384	9.38	0.41	403	322	85
皮肤病医院	1	80	5.04	0.06	83	59	14
职业病医院	1	55	4.59	0.09	24	18	12
康复医院	5	841	9.67	1.08	756	632	162
美容医院	4	80	2.52	0.16	195	159	48
其他专科医院	26	3433	96.94	7.41	3823	2980	815
疗养院							
社区卫生服务中心	52	3307	448.56	6.77	5191	4371	1178
卫生院	159	13268	1369.74	39.75	18460	15494	3630
门诊部、所	1233	42	475.37	0.30	5867	5253	2370
#私营门诊部、所	886	17	340.99	0.02	3876	3526	1615
急救中心（站）	5	5	10.35		140	75	18
采供血机构	1				169	114	3
妇幼保健院（所、站）	13	1192	76.99	4.10	1903	1564	514
妇幼保健院	5	1159	71.24	4.07	1575	1330	398
妇幼保健所	7	33	5.75	0.03	256	201	103
疾病预防控制中心（防疫站）	12				797	598	237
卫生监督所	11				297	266	0
医学科学研究机构	3				105	73	50
其他卫生机构	8				286	148	48

18-4 续表　　（2021 年）

机构类别	执业助理医师数	注册护士	药剂人员	技师	其他	其他技术人员（人）	管理人员（人）	工勤人员（人）
总　计	**7075**	**34527**	**3521**	**4216**	**3219**	**4977**	**4436**	**7105**
医院合计	798	22782	2018	2734	1401	2737	2931	4052
综合医院	472	14584	1182	1532	908	1795	1559	2025
中医医院	146	3219	467	493	253	528	513	576
中西医结合医院	2	58	3	2	1	4	10	3
专科医院	163	4642	352	688	233	380	801	1275
# 口腔医院	22	289	13	12	10	14	91	90
耳鼻喉科医院	3	34	4	2	3	0	12	6
肿瘤医院		718	53	102	25	29	97	152
儿童医院	6	800	63	137	25		40	277
精神病医院	31	557	53	52	30	109	48	185
传染病医院	1	188	26	22		28	14	48
皮肤病医院	2	37	4	2		6	9	15
职业病医院		2	2	2			6	
康复医院	4	280	31	154	1	24	50	58
美容医院	5	97	6	3		3	20	14
其他专科医院	89	1640	97	200	139	167	414	430
疗养院								
社区卫生服务中心	557	1861	316	282	177	281	160	465
卫生院	3326	5890	794	792	1062	1020	459	1765
门诊部、所	321	2109	195	103	155	221	297	207
# 私营门诊部、所	203	1418	126	55	109	114	191	115
急救中心（站）	15	31	2		9	19	15	31
采供血机构		74		34	3	14	2	39
妇幼保健院（所、站）	53	735	71	122	69	167	91	115
# 妇幼保健院	40	683	66	98	45	138	44	92
妇幼保健所	10	41	5	21	21	18	19	19
疾病预防控制中心（防疫站）	16	32	17	87	207	104	64	49
卫生监督所					8	9	11	17
医学科学研究机构	2	5	1	11	4	15	14	8
其他卫生机构	1	71	3	23	2	58	32	57

18-5 市区卫生机构、床位、人员数

指标	2019	2020	2021
卫生机构数 （个）	**2857**	**2885**	**2951**
医院	138	133	137
#疗养院、所			
卫生院	88	88	88
门诊部、所	820	860	934
专科防治所、站	2	2	2
疾病预防控制中心	9	9	9
妇幼保健院（所、站）	10	10	10
卫生监督所	8	8	8
医学科学研究机构	3	3	3
急救站和采供血机构	4	4	4
病床数 （张）	**45849**	**44031**	**45347**
医院	35161	33288	34466
#疗养院、所			
卫生院	6859	6963	7018
卫生机构人员 （人）	**67156**	**68350**	**69932**
卫生技术人员	52884	54472	56041
执业医师	16064	16883	17077
执业助理医师	4138	4529	3913
注册护士	24817	25349	26635
药剂人员	2396	2468	2629
技师	2166	2285	3177
其他卫生技术人员	3058	2958	2422
其他技术人员	2943	2971	3692
管理人员	2894	3096	3651
工勤人员	5104	4998	5111

18-6 医院诊疗基本情况

（2021 年）

指标	县及县以上医院合计	非营利性	营利性	乡（镇）卫生院合计
诊疗人次 （万人次）	2035.08	1807.81	227.27	1369.74
#门、急诊	2016.30	1795.66	220.64	1342.32
入院人数 （人）	1388901	125	14	40
每百门急诊的入院人数 （人）	6.00	6.00	6.00	2.00
病床周转次数 （次）	34.10	35.70	24.20	30.70
病床工作日 （日）	291.80	282.10	203.90	236.80
病床使用率 （%）	79.94	77.30	55.85	64.89
出院者平均住院日 （日）	8.30	8.20	7.40	7.10

18−7　城市（市区）前十位疾病死亡原因和构成

（2020 年）

顺位	合计		男性		女性	
	死因	占死亡总数（%）	死因	占死亡总数（%）	死因	占死亡总数（%）
	十种死因合计	**96.24**	**十种死因合计**	**97.40**	**十种死因合计**	94.73
1	脑血管病	25.67	肿瘤	26.58	脑血管病	26.82
2	心脏病	23.88	脑血管病	24.77	心脏病	25.71
3	肿瘤	23.55	心脏病	22.46	肿瘤	19.64
4	呼吸系统疾病	7.99	损伤和中毒	8.27	呼吸系统疾病	7.70
5	损伤和中毒	7.34	呼吸系统疾病	8.21	损伤和中毒	6.15
6	内分泌，营养和代谢疾病	3.85	内分泌，营养和代谢疾病	2.94	内分泌，营养和代谢疾病	5.02
7	消化系统疾病	1.78	消化系统疾病	2.01	消化系统疾病	1.49
8	神经系统疾病	1.09	神经系统疾病	0.90	神经系统疾病	1.32
9	泌尿生殖系统疾病	0.68	泌尿生殖系统疾病	0.74	泌尿生殖系统疾病	0.61
10	传染病和寄生虫病	0.41	传染病和寄生虫病	0.51	传染病和寄生虫病	0.27

18−8　城市（市区）前十位疾病死亡原因和构成

（2021 年）

顺位	合计		男性		女性	
	死因	占死亡总数（%）	死因	占死亡总数（%）	死因	占死亡总数（%）
	十种死因合计	**96.07**	**十种死因合计**	**97.45**	**十种死因合计**	**94.29**
1	脑血管病	25.34	肿瘤	27.98	脑血管病	26.38
2	心脏病	24.84	脑血管病	24.53	心脏病	26.09
3	肿瘤	23.46	心脏病	21.43	肿瘤	20.75
4	呼吸系统疾病	7.91	损伤和中毒	8.39	呼吸系统疾病	7.27
5	损伤和中毒	7.01	呼吸系统疾病	7.83	损伤和中毒	5.96
6	内分泌，营养和代谢疾病	3.79	内分泌，营养和代谢疾病	3.22	内分泌，营养和代谢疾病	4.53
7	消化系统疾病	1.56	消化系统疾病	1.75	消化系统疾病	1.32
8	神经系统疾病	0.95	神经系统疾病	0.86	神经系统疾病	1.06
9	泌尿生殖系统疾病	0.70	泌尿生殖系统疾病	0.81	泌尿生殖系统疾病	0.56
10	传染病和寄生虫病	0.52	传染病和寄生虫病	0.64	传染病和寄生虫病	0.37

18-9 主要年份民政事业发展情况

指　　标		2000	2005	2010	2015	2020	2021
民政事业、企业情况							
收养类单位数	（个）	368	230	250	260	283	266
职工人数	（人）	1812	1416	2458	3473	4570	4356
社会福利企业单位数	（个）	297	196	117	84		
职工人数	（人）	14824	7430	10952	6246		
优抚安置单位数	（个）	18	20	22	22	92	7
职工人数	（人）	280	199	314	257	457	142
救助类单位数	（个）	2	2	3	10		
职工人数	（人）	76	65	72	110		
殡仪服务事业单位数	（个）	11	19	20	27	21	21
职工人数	（人）	335	405	486	501	476	164
彩票募捐单位数	（个）	8	10	8	8	8	8
职工人数	（人）	45	67	76	81	80	70
社区服务单位数	（个）	30	40	84	4169	4548	4566
职工人数	（人）	655	321	519	30408	28854	28685
老龄事业单位数	（个）			11	9		
职工人数	（人）			62	60		
婚姻登记服务单位	（个）			4	6	5	5
职工人数	（人）			67	96	50	50
优抚对象优待抚恤情况							
享受定期抚恤金人数	（人）	3506	2873	2143	977	5695	5786
# 城镇			377	272	177	654	638
# 烈属		2271	2065	1349	424	188	169
享受定期补助人数	（人）	16491	14027	21550	47757	32783	35847
# 在乡复员军人		12937	9301	8784	3130	1089	912
优待优抚对象户数	（户）	34696	31597	21404	63633	43575	43183
社会救济情况							
城镇居民最低生活保障人数	（人）	7496	49437	43193	27327	13195	11593
# 失业人员		1154	9959	9573	10412		
城镇居民最低生活保障家庭数	（户）		18460	18729	13905	7241	6473
农村居民最低生活保障人数	（人）	30136	122710	231938	155694	112122	107352
农村居民最低生活保障家庭数	（户）		65051	116162	82112	56074	54102
城镇临时救济人次数	（人次）	19578	7206	199	1224	12063	7627
农村临时救济人次数	（人次）	187629	152990	796	6569		
农村定期救济人数	（人）	4227	33413	4524			
农村五保供养户数	（户）		25289	42580	33656	30328	28609
城镇社区服务情况							
城镇社区服务设施数	（个）	1033	2872	3462	4169	1383	1352
城镇社区服务从业人员	（人）	7767	45409	5561	30408	28828	28685
城镇便民、利民服务网点数	（个）	4809	7255	11756	7658		
社会团体机构情况							
年末实有社团数	（个）	721	1061	1727	7122	3861	3921
# 地级社团机构数		274	333	400	512	639	652

注：2007 年及以后社会救济城镇低保失业人员为登记失业人员、彩票募捐单位数为福利彩票发行单位数；2016 年起城乡临时救济人次数改为城乡临时救助人次数，且临时救助不分城镇农村；2017 年起不再统计社会福利企业单位数和职工人数；2018 年起不再统计救助类单位数和职工人数、老龄事业单位数和职工人数以及城镇便民、利民服务网点数；2021 年起，优抚安置单位数及职工人数口径改变，与往年不可比。

18-10 社会福利事业基本情况

（2021 年）

指标	院数（个）	年末职工人数（人）	年末床位（张）	年末在院人员（人）
总计	**207**	**3914**	**47325**	**16061**
社会福利院	1	86		354
社会福利医院	1	208	520	527
农村五保供养服务机构	109	1621	24330	7479
养老公寓等各类养老机构	96	1999	22475	7701

18-11 主要年份自然灾害情况

指标	1990	1995	2000	2005	2010	2015	2020	2021
受灾面积（千公顷）	**383.43**	**303.98**	**463.18**	**48.19**	**412.06**	**65.74**	**77.48**	**9.15**
# 旱灾	88.93	54.88	359.45		319.35			
水灾	249.43	22.52	26.50	19.42	57.95		70.04	7.25
风雹灾	27.13	133.67	54.57	4.67	34.58	40.86	7.44	1.9
霜冻	7.47	34.33	22.66		0.18	24.88		
病虫	60.43	28.49						
成灾面积（千公顷）	**317.05**	**235.20**	**256.01**	**31.13**	**235.16**	**33.15**	**31.37**	**1.49**
# 旱灾	32.39	45.87	188.57		184.76			
水灾	205.88	17.54	19.67	12.93	33.41		28.41	1.14
风雹灾	21.69	103.36	33.77	2.64	16.96	22.21	2.96	0.35
霜冻	5.53	25.67	14.00		0.03	10.94		
病虫	54.54	19.06						
因灾损失情况								
经济损失总值（万元）		86146	18448	155890	249142	82976	42861	1013
死亡人口（人）	22	8	7		1		1	
减产粮食（万吨）	39.03	35.95	52.07	22.65				
死亡大牲畜（头）	893	424	4	15				
倒塌房屋（间）	45814	5289	2841	6972	386	174	27	4
损坏房屋（间）	52870	15521	6498	24183	2627	724	352	132
成灾人口（万人）	**353.58**	**238.83**	**370.96**	**139.66**	**611.85**	**72.93**	**69.82**	**3.99**
因灾缺粮人口（万人）	123.33	123.64	119.82	65.12	49.84			
因灾缺粮数量（吨）	67360	81778	51168	13681	29905			
得到国家救济人次数（人次）	**1087266**	**764550**	**328076**	**96080**	**498400**	**102678**	**60336**	**23655**

18-12 职工基本养老保险情况

单位：人

年份	在职职工人数	企业	事业、机关	其他	离休、退休退职人员数	企业	事业、机关	其他
1987	377943	377943			65317	65317		
1988	500278	500278			82466	82466		
1989	576379	572999		3380	93430	93430		
1990	580996	574437		6559	95435	95435		
1991	635907	626848		9059	100668	100668		
1992	593063	592998		65	105992	105992		
1993	464939	464939			97979	97979		
1994	606073	605999		74	119593	119593		
1995	601093	601020		73	121249	121249		
1996	588555	588482		73	128265	128265		
1997	779430	589567	189790	73	168099	135144	32955	
1998	759978	567398	191890	690	180354	143652	36702	
1999	745830	573526	168664	3640	184275	151910	32307	58
2000	691112	558247	121154	11711	188876	161900	26733	243
2001	692144	535201	112134	44809	193605	170241	23195	169
2002	673307	498608	87419	87280	200480	181011	19217	252
2003	661950	471888	64099	125963	207514	190284	16455	775
2004	633583	410727	55236	167620	217615	199374	15991	2250
2005	654863	602574	52289		227905	211607	16298	
2006	713907	661822	52085		237805	221466	16339	
2007	769214	714570	54644		259488	240812	18676	
2008	824778	770052	54726		273659	254314	19345	
2009	886247	832302	53945		287908	268259	19649	
2010	928684	875018	53666		300249	280125	20124	
2011	1005339	951248	54091		313181	292477	20704	
2012	1015065	539611	64686	475454	312400	268869	31891	43531
2013	1081964	560531	64696	521433	521433	322510	28224	50068
2014	1142559	578912	54253	563647	348609	288718	21682	59891
2015	1164834	594646	63441	570188	364916	294873	33215	70034
2016	1238177	616418	61939	559820	413964	300700	34461	78803
2017	1344829	633675	158527	552627	474083	307433	78249	88401
2018	1425545	676816	166568	582161	515330	319103	95002	101225
2019	1522540	736748	167848	617944	537577	329256	98809	109512
2020	1578010	792852	178393	606765	560906	339221	103164	118521
2021	1394048	864006	184675	345367	572757	334121	107658	130973

注：省一体化上线后城镇职工基本养老保险参保人数统计口径调整，因此 2021 年参保人数有所下降。

18-13 城乡居民基本养老保险基本情况

年 份	基金积累（万元）	当年保费收入（万元）	当年参保人数（万人）	总参保人数（万人）	当年领取人数（万人）
1992	610	570	3.24	3.24	0.01
1993	1668	1090	8.52	11.76	0.04
1994	4014	2163	14.32	26.08	0.10
1995	9051	3556	18.16	44.24	0.11
1996	11660	1558	16.89	61.13	0.13
1997	13238	1327	7.47	68.60	0.14
1998	14367	670	1.35	69.95	0.15
1999	14899	322	0.60	70.55	0.18
2000	14960	180	0.20	70.75	0.20
2001	14963	165	0.16	70.91	0.23
2002	15160	162	0.56	71.47	0.36
2003	15375	149	0.14	71.61	0.56
2004	15625	236	0.25	71.86	0.70
2005	15887	385	0.18	72.04	0.86
2006	17041	1290	0.38	72.03	1.03
2007	20155	3154	0.18	73.22	1.25
2008	22517	3012	4.68	77.33	1.40
2009	30314	8646	28.80	95.69	1.92
2010	80886	52488	119.67	215.37	88.21
2011	123331	35626	5.31	220.69	97.32
2012	161707	35415		203.38	107.29
2013	196674	33621	208.52	327.03	118.51
2014	229825	33342	198.87	317.31	118.44
2015	279490	49155	193.86	318.03	124.17
2016	363006	79833	194.70	322.02	127.32
2017	435696	76447	193.08	322.54	129.46
2018	510517	77229	191.14	326.01	134.87
2019	583540	77520	196.87	331.30	134.43
2020	870231	296422	199.15	332.03	132.88
2021	1125036	278864	196.83	331.34	134.51

注：2011 年以前为农村养老保险口径。

18-14 婚姻登记和离婚情况

年　份	登记结婚（对）	初婚（人）	再婚（人）	离婚数（对）	结婚离婚比（%）
1985	52770	104502	1038	669	1.27
1986	49855	98120	1590	419	0.84
1987	61529	121365	1653	571	0.93
1988	55849	110225	1473	652	1.17
1989	54392	106673	2111	665	1.22
1990	68904	135874	1934	442	0.64
1991	64793	127810	1777	495	0.76
1992	64821	127488	2154	646	1.00
1993	58176	114149	2203	907	1.56
1994	66369	130332	2406	877	1.32
1995	65505	127837	2173	1056	1.61
1996	57001	111626	2376	862	1.51
1997	54954	107133	2775	1196	2.18
1998	56604	109832	3376	1699	3.00
1999	55743	108213	3273	1424	2.55
2000	55664	106774	4438	1514	2.72
2001	48820	93764	3708	1729	3.54
2002	45622	87011	4113	3459	7.58
2003	46016	88199	3695	2342	5.09
2004	51629	96765	6493	5051	9.80
2005	53419	98829	8009	6085	11.39
2006	62626	118172	7080	7131	11.39
2007	68003	127551	8455	8658	12.73
2008	78814	149336	8292	9614	12.20
2009	93612	172923	14301	10261	10.96
2010	101907	193626	10188	11101	10.89
2011	117345	214029	20661	12820	10.93
2012	127280	240760	13800	14269	11.21
2013	119843	221051	18635	17802	14.85
2014	107098	190617	23579	18952	17.70
2015	98203	167832	28582	21889	22.29
2016	98590	163391	33789	25186	25.55
2017	87555	140659	34447	37349	42.66
2018	82394	127150	37628	28688	34.82
2019	68737	101199	36263	30545	44.44
2020	57421	81590	33252	27146	47.28
2021	54231	77600	18800	16126	29.74

主要统计指标解释

医院 指名称为医院，设有固定床位、能收容病人住院并 能为病人提供医疗、护理服务的医疗机构。包括县及县以上医院、农村乡卫生院、其他医院三部分。按所属性质分为卫生部门、工业及其他部门，集体经济单位三类。其中县及县以上医院按业务性质分为综合医院和专科医院。

卫生技术人员 指包括执业（助理）医师、注册护士、药师（士）、检验及影像技师（士）、卫生监督员和见习医（药、护、技）师（士）等卫生专业人员。不包括从事管理工作的卫生技术人员（如院长、副院长、党委书记等）。

注册护士 指取得注册护士证书且实际从事护理工作的人员，不含取得护士执业证书但实际从事管理工作的人员。

卫生机构床位 指年底固定实有床位数，包括正规床、简易床、监护床、超过半年加床、正在消毒和修理床位、因扩建或大修而停用床位。不包括产科新生儿床、接产室待产床、库存床、观察床、临时加床和病人家属陪侍床。

执业（助理）医师 指取得医师执业证书且实际从事临床工作的人员，不含取得医师执业证书但实际从事管理工作的人员。

工作人员 指在医疗卫生机构工作并由单位支付工资的人员。包括在编及合同制人员、返聘和临聘本单位半年以上人员（如护士、医师等），不包括离退休人员、退职人员、离开本单位仍保留劳动关系人员、返聘和临聘本单位不足半年人员。多点执业医师一律计入第1执业单位在岗职工数，不再计入第2、3执业单位在岗职工数。

工勤人员 指承担技能操作和维护、后勤保障、服务等职责的工作人员。工勤技能人员分为技术工和普通工。技术工包括护理员（工）、药剂员（工）、检验员、收费员、挂号员等，不包括实验员、技术员、研究实习员（计入其他技术人员），经济员、会计员和统计员（计入管理人员）。

管理人员 指担负领导职责任务的工作人员。包括从事医疗服务、公共卫生、医学科研与教学等业务管理工作人员；主要从事党政、人事、财务、信息、安全保卫等行政管理工作人员。

十九、文化和体育

CULTURE AND SPORTS

版面负责人：马　萍
编　　　辑：李依睿

国家统计局关于印发《企业统计信用管理办法》的通知

国统字〔2019〕33 号

各省、自治区、直辖市统计局，新疆生产建设兵团统计局，国家统计局各调查总队，各司级行政单位、在京直属事业单位、出版社：

《企业统计信用管理办法》已经 2019 年 3 月 13 日国家统计局第 3 次常务会议审议通过，现印发给你们，请认真贯彻执行。

附件：《企业统计信用管理办法》

国家统计局

2019 年 3 月 20 日

企业统计信用管理办法

第一条 为贯彻落实中央《关于深化统计管理体制改革提高统计数据真实性的意见》《统计违纪违法责任人处分处理建议办法》文件的要求，推进统计领域诚信建设，引导企业依法统计、诚信统计，提高统计数据真实性，根据《中华人民共和国统计法》《中华人民共和国统计法实施条例》《社会信用体系建设规划纲要（2014–2020 年）》《国务院关于建立完善守信联合激励和失信联合惩戒制度加快推进社会诚信建设的指导意见》及其他有关规定，制定本办法。

第二条 本办法所称企业统计信用管理，是指县级以上人民政府统计机构对企业统计信用信息开展的采集、认定、公示和共享等管理活动。

企业统计信用信息是指县级以上人民政府统计机构在统计调查、业务管理和执法检查等履职过程中获取或制作的企业信息，具体是指：

（一）企业基本信息，包括企业名称、地址、统一社会信用代码、法定代表人或主要负责人；

（二）遵守统计法律法规规章和国家有关规定情况；

（三）提供统计工作的组织、人员和工作条件保障情况；

（四）执行统计调查制度情况；

（五）依法提供统计资料及其质量情况；

（六）统计违法行为及处理情况；

（七）其他与统计信用相关的信息。

第三条 本办法适用于承担法定的政府统计资料报送义务的企业。

19-1 文化事业情况

单位：个

年份	公办文化馆站	公共图书馆	公共图书馆藏书（千册）	博物馆	新华书店	电影放映单位	#电影院影剧院	电影观众人数（万人次）
1982	105	7		1	9	640	57	20436
1983	105	7		2	7	690		22886
1984	112	7	1022	2	7	877	62	25755
1985	112	7	1085	4	7	919	58	20157
1986	101	7	1036	4	7	903	56	21078
1987	101	7	1079	5	7	892	55	22545
1988	101	7	1097	6	7	777	54	
1989	101	7	1128	8	7	781	54	17437
1990	101	7	1182	8	10	767	62	17802
1991	118	7	1240	9	7	641	75	16496
1992	113	7	1375	9	7	579	80	10317
1993	113	7	1398	9	14	567	77	2251
1994	125	7	1432	9	14	553	70	382
1995	113	7	1464	10	7	408	76	1092
1996	113	7	1476	10	7	433	94	1243
1997	113	7	1473	10	7	445	126	1296
1998	113	7	1509	10	7	324	132	1676
1999	113	7	1520	10	7	327	132	832
2000	85	7	1565	10	7	310	103	608
2001	86	7	1587	10	7	196	95	438
2002	86	7	1639	10	7	196	94	366
2003	114	7	1501	10	7	192	90	324
2004	127	7	1533	11	7	96	96	382
2005	127	7	1533	11	7	57	57	425
2006	125	7	1518	13	7	21	8	50
2007	125	7	1542	11	7	24	9	34
2008	126	7	1626	14	7	22	6	30
2009	130	7	1691	16	68	6	4	77
2010	157	7	2698	17	68	6		79
2011	157	8	2416	21	68	6	6	81
2012	157	8	6935	21	68	6	6	81
2013	158	8	8186	21	68	18	6	89
2014	158	8	5304	21	68	22	6	91
2015	158	8	5544	21	68	29	6	311
2016	158	8	3296	21	68	35	1	538
2017	158	8	3725	21	68	45	1	765
2018	169	8	3865	21	68	49	1	810
2019	165	8	4037	18	68	54		940
2020	175	12	4475	18	63	56		328
2021	177	12	5363	18	65	68		684

注：2009 年及以后新华书店为全社会口径，与往年不可比。

19-2 主要年份广播、电视事业情况

指　　标	1990	1995	2000	2005	2010	2015	2020	2021
广播电视台 （座）	**1**	**8**	**1**	**7**	**8**	**8**	**8**	**8**
广播事业								
发射台及转播台（中波）（座）	1	2	2	2	2	2	2	2
发射机功率（中波）（部 / 千瓦）	3/21	4/22	4/31	2/31	5/65	2/36	10/132	10/132
节目 （套）	2	10	9	9	10	11	13	11
平均每日播音时间 （小时）	18	92	97	139	189	189	167	168
广播人口覆盖率 （%）	93	88.3	100	100	100	100	100	100
制作节目时间 （小时）	1323	8235	20754	32913	50415	45847	45254	47586
# 新闻节目	193	1249	1317	4125	7075	4903	5147	4689
文艺节目	379	3869	9595	5427	28159	29816	19420	26456
教育节目	183	26	96		1126	1092	1103	460
电视事业								
发射台及转播台 （座）	6	1	8		8	8	8	8
发射机功率（全部）（部 / 千瓦）	20/19.55	28/50.20	30/53.25		33/60.55	33/60.56	16/13.2	16/13.2
节目 （套）	1	8	8	10	11	11	11	11
平均每周播出时间 （小时）	83	444	572	1019	1134	189	228	222
电视人口覆盖率 （%）	77	99.3	98.7	100	100	100	100	100
制作节目时间 （小时）	307	3509	3694	13696	11160	19605	4818	2409
# 新闻节目	75	387	555	2827	3196	2720	1132	830
文艺节目	62	485	518	2242	2051	2383	922	870
教育节目		13	9		639	1501	551	480
有线电视用户 （万户）		12.66	25.52	80.70	218.11	264.79	79.33	65.1
有线电视入户率 （%）					78.30	95.31	32.30	26.22
县级广播电视台 （座）			6	6	7	7	7	7
数字电视用户 （万户）					43.80	156.42	102.35	91.8

注：1998 年及以后广播电台、电视台数根据省广播电视厅要求只统计地市级，县级电台、电视台合并统计为广播电视台。

19-3 主要年份体育事业基本情况

指　　标	1990	1995	2000	2005	2010	2015	2020	2021
体育设施　（所）								
体育场	1	1	7	2	13	41	26	46
体育馆	1	1		1	12	15	36	22
游泳馆		1	3	2	9	27	52	80
体育教育								
体育运动学校　（所）	1	1	1	1	1	1	1	1
普通业余体校　（所）	6	6	12	14	1	12	5	4
在校学生数　（人）	350	680	1506	2603	1617	1709	2394	1967
体育系统职工人数　（人）	**289**	**295**	**411**		**352**	**575**	**575**	**553**
注册运动员			1556	2612	3555	2431	2470	2478
专职教练员	82	79	130	206	49	109	150	135
专职文化教师	31	42	46	204	89	65	53	37
科技人员	2	2	6	8	2	10	1	0
医务人员	4	4	2	8	1	3	3	4
管理人员	83	79	141	264	123	142	101	172
其他	87	89	86	216	88	246	267	142
等级运动员　（人）	**135**	**200**	**1120**		**110**	**159**	**146**	**213**
# 一级	5	50	65		6	47	42	37
二级	130	150	320	329	104	112	104	176
等级裁判员　（人）	**44**	**72**	**1106**		**448**	**1966**	**1215**	**2158**
# 一级	6	17	162		54	714	1090	491
二级	38	25	295	190	394	1246	125	1646
三级		30	638			6		
各级体委举办运动会情况								
运动会次数　（次）	65	85	110			15	5	
参加运动会的运动员人数（万人）	0.60	0.96	12.00			0.40	4.65	
获国内外奖章　（牌）								
金质奖章（牌）　（枚）	5	7		11	104	21	54.5	89.5
银质奖章（牌）　（枚）	2	5			66	8	39	87
铜质奖章（牌）　（枚）	6	4			98.5	10	34	73
体彩情况								
体育彩票销售点个数　（个）					1000	1118	1000	953
年从业人员数　（人）					2000	2200	2000	1800
体育彩票发行额　（万元）					1149		1218	934
体彩全年销售额　（亿元）					5.36	9.02	10.22	8.33
百万以上大奖个数　（个）					6		8	4

注：一、二级运动员 2001 年以后为当年新晋升数；2007、2008 年奖章数为省级以上比赛奖牌数（含国际性比赛）；2008 年部分指标由于统计口径变化，数据相应调整。等级裁判员为当年新增数；2013 年数据依照全国第六次体育场地普查数据。

主要统计指标解释

公共图书馆 文化部门举办的面向社会服务的独立的图书馆。不包括文化馆的图书室。

电视人口覆盖率 指电视覆盖人口与总人口的比率。电视覆盖人口是指能够用普通电视接收机、室外天线在离地面四米高处，在晚上收看电视，并且收视效果能达到图像基本稳定、清晰，能看清人物的形象、动作的地区内的人口数。计算公式为：

$$\text{电视人口覆盖率}(\%)=\frac{\text{年末电视覆盖人口数}}{\text{年末总人口数}}\times 100\%$$

广播人口覆盖率 指广播覆盖人口与总人口的比率。广播覆盖（或中波覆盖）人口是指能够用普通收音机在中午收听中波广播节目，并且收听效果能达到听清完整的节目内容的地区的人口数，包括只能收听外省中波广播的人口数在内。计算公式为：

$$\text{广播人口覆盖率}(\%)=\frac{\text{年末广播覆盖人口数}}{\text{年末总人口数}}\times 100\%$$

等级运动员人数 指经考核正式批准授予等级运动员称号的人数。运动员等级分为国际级运动健将、运动健将、一级运动员、二级运动员、三级运动员、少年级运动员。

等级裁判员人数 指经考核正式批准授予等级裁判员称号的人数。裁判员等级分为国际裁判、国家级裁判、一级裁判、二级裁判、三级裁判。

体育场 指有400米跑道（中心含足球场），有固定道牙，跑道6条以上，并有固定看台的室外田径场地。以看台容纳观众人数分：甲级25000人以上，乙级15000–25000人，丙级5000–15000人，丁级5000人以下。

体育馆 指有固定看台，可供篮球、排球、羽毛球、乒乓球、体操等项目比赛活动用的室内运动场地。以看台容纳观众人数分：甲级6000人以上，乙级4000–6000人，丙级2000–4000人，丁级2000人以下。

二十、公共管理及其他

PUBLIC MANAGEMENT AND OTHERS

版面负责人：马 萍

编　　　辑：李依睿

统计知识

企业统计信用管理办法

第四条 企业统计信用管理应当遵循真实准确、客观公正的原则。

第五条 国家统计局负责全国企业统计信用管理工作，建立全国统一的企业统计信用信息管理系统，指导、监督全国企业统计信用管理工作。

省级统计机构负责建立健全本行政区域企业统计信用信息管理制度，组织、规范和监督本行政区域企业统计信用信息的采集、认定、公示和共享等工作。

市级、县级统计机构应当按照本办法以及省级统计机构的部署，负责采集并及时更新由其组织实施的统计调查活动中的企业统计信用信息，认定企业统计信用状况，依法依规公示企业统计失信情况。

国家统计局派出调查机构负责其组织实施的统计调查活动中所涉企业统计信用管理工作，及时将负责采集、认定的企业统计信用状况与所在地有关部门共享。

第六条 企业统计信用状况分为统计守信企业、统计信用异常企业、统计一般失信企业和统计严重失信企业，实施分类、动态管理。

第七条 企业统计信用状况的认定实行谁认定、谁公示、谁负责的原则。

国家统计局、省级统计机构可以根据统计执法检查、统计数据核查等方式获取的企业统计信用信息，直接认定企业的统计信用状况。

第八条 同时具备下列条件的企业，为统计守信企业：

（一）为履行法定的统计资料报送义务提供组织、人员和工作条件保障；

（二）按照国家有关规定设置原始记录、统计台账，建立健全统计资料的审核、签署、交接、归档等管理制度；

（三）执行统计调查制度，真实、准确、完整、及时地提供统计调查所需资料；

（四）积极配合统计执法检查和统计数据核查；

（五）未被其他部门列入联合惩戒失信名单，未发现有任何违反统计法律法规和统计调查制度的行为。

20-1 主要年份律师、公证、调解工作情况

单位：件

项目		1990	1995	2000	2005	2010	2015	2020	2021
律师工作									
律师事务所	（个）	14	36	44	59	86	116	164	181
律师	（人）	151	224	543	736	999	1462	2715	2881
# 专职律师		123	143	247	650	976	1381	2103	2217
# 女性		27	31	31	93	164	362	706	841
兼职律师		7	52	25	15	23	30	33	34
聘任担任常年法律顾问的单位	（处）	507	1659	1494	1347	1664	4668	3677	3535
民事诉讼代理		784	1755	4026	6045	9483	38432	55268	60568
# 经济诉讼代理		348	1157	2065	1712	4306	16545		
刑事辩护		1281	1145	1850	1662	2320	3569	4883	6452
行政诉讼代理		22	103	242	102	518	40	1717	1961
非诉讼法律事务		159	1269	1107	1154	2232	24589	2255	3220
涉外法律事务		29	3	5	11			5	1
解答法律咨询		7748	15459	32156	45350	25210	99989	6543	3101
代写法律事务文书		1192	2577	3132	5195	2930	2451	1026	1688
公证工作									
公证处	（个）	8	10	12	12	13	15	11	11
公证人员	（人）	59	56	76	87	111	132	106	153
# 公证员		30	38	52	50	56	60	60	52
公证员助理		13	7	24	30	28	40	46	50
办理公证文书		20702	23006	44501	60805	58572	30912	33457	49622
人民调解工作									
专职司法助理人员	（人）	215	183	182	388				
人民调解委员会	（个）	4648	4595	4800	3212	3 185	3211	3100	3149
调解人员	（人）	94920	116844	98456	73216	35494	10224	10537	10601
调解民事纠纷		32719	31160	25562	16449	32621	30809	144568	170465

注：调解人员 2008 年及以后不包括调解信息员；2019 年起不再统计经济诉讼代理数。

20-2 国内外公证文书分类

（2021年）

分　类	办证件数（件）
合计	**49622**
合同（协议）	2302
继承	6988
#小额继承	2647
委托	9336
声明	7698
赠与	10
遗嘱	131
现场监督	178
婚姻状况、亲属关系、收养关系	766
出生、生存、死亡	1049
身份、经历、学历、学位、职务、职称	127
有无违法犯罪记录	1572
公司章程	0
保全证据	2661
证书、执照	5240
签名、印鉴	795
文本相符	6311
赋予强制执行效力	4011
执行证书	1
抵押登记	29
提存	6
保管	1
其他	410

20-3　主要年份调解民间纠纷分类

分　类	1995	2000	2010	2015	2020	2021
合计　（件）	**31160**	**25562**	**32621**	**35898**	**144568**	**170465**
婚姻家庭	10805	10143	8860	10072	25946	29025
婚姻	4136	3870		10072		
继承	1179	1327				
赡养扶养	2892	2466				
其他	2598	2480				
房屋、宅基地	4815	2706	3703	3232	7571	7803
合同	2848	3039	2003	1548	3250	5152
工地承包			2696	1360	4779	4955
邻里	6169	3548	8877	12313	66627	73412
损害赔偿	1832	2225	3562	3485	7415	8763
其他	4691	3901	2920	3888	28980	41355

20-4　政治协商会议徐州市委员会历届委员人数

届次	委员总数（人）	中国共产党代表（人）	占代表总数比重（%）	少数民族代表（人）	占代表总数比重（%）
一届（1955年7月）	83	6	7.2	1	1.2
二届（1957年5月）	130	10	7.7	2	1.5
三届（1959年12月）	170	12	7.1	5	2.9
四届（1961年5月）	190	12	6.3	5	2.6
五届（1963年11月）	190	12	6.3	4	2.1
六届（1966年2月）	210	12	5.7	5	2.4
七届（1981年4月）	357	18	5.0	10	2.8
八届（1983年12月）	456	21	4.6	11	2.4
九届（1988年1月）	461	20	4.3	11	2.4
十届（1993年3月）	459	22	4.8	13	2.8
十一届（1998年1月）	460	26	5.7	13	2.8
十二届（2003年1月）	480	21	4.4	8	1.7
十三届（2008年1月）	558	24	4.3	8	1.4
十四届（2012年6月）	576	23	4.0	11	1.9
十五届（2017年2月）	574	29	5.1	12	2.1

20-5 妇联组织情况

单位：个

年份	各级妇联总计	#镇、街道级	基层妇代会总计	#农村	机关及事业单位妇委会数	各类妇女联谊组织数
1988	229	218				
1989	236	218			7	
1990	236	218			7	
1991	236	218			7	1
1992	236	218			7	1
1993	236	218	3775	3429	7	1
1994	236	217	3775	3429	7	1
1995	238	217	3778	3429	10	2
1996	233	221	3820	3440	10	2
1997	230	218	3754	3430	11	2
1998	231	219	4101	3430	71	6
1999	235	223	4097	3430	71	6
2000	169	157	3527	3062	71	6
2001	176	164	2727	2255	72	6
2002	176	164	2727	2255	76	6
2003	181	169	2616	2264	92	6
2004	174	162	2617	2295	92	6
2005	166	154	2842	2295	393	322
2006	164	152	2980	2294	396	216
2007	167	155	2853	2262	290	234
2008	167	155	2619	2271	320	30
2009	167	155	2776	2257	281	23
2010	167	155	1649	2250	316	13
2011	167	155	2672	2318	282	43
2012	168	156	2678	2238	320	70
2013	168	156	2678	2234	320	70
2014	173	161	2690	2192	313	70
2015	173	161	2696	2192	379	145
2016	175	163	2181	2079	404	2331
2017	175	163	2692	2267	430	2369
2018	175	163	2692	2267	430	2387
2019	177	165	2736	2018	596	1133
2020	178	166	2756	2013	602	1312
2021	181	169	2762	2013	418	1312

20-6　交通事故发生情况

年　　份	交通事故发生数（起）	交通事故死伤人数（人）	#死亡人数	每十万人交通事故发　生　数（起）	每起交通事故死伤人数（人）
1984	518	520	156	7.4	1.0
1985	541	501	156	7.6	0.9
1986	529	576	199	7.4	1.1
1987	1999	1631	448	27.5	0.8
1988	1382	787	342	18.6	0.6
1989	1139	825	291	15.0	0.7
1990	1104	887	235	13.7	0.8
1991	1374	1071	289	16.8	0.8
1992	1436	1316	320	17.4	0.9
1993	1475	1398	337	17.8	0.9
1994	1601	1365	339	19.1	0.9
1995	1383	1396	351	16.3	1.0
1996	1107	1167	319	12.9	1.1
1997	1094	1253	319	12.6	1.1
1998	1063	1271	360	12.1	1.2
1999	775	1095	326	8.8	1.4
2000	3557	3700	773	39.7	1.0
2001	2099	2407	518	23.3	1.1
2002	1730	2100	459	19.2	1.2
2003	1569	1993	458	17.3	1.3
2004	1506	1824	521	16.5	1.2
2005	1289	1619	487	13.9	1.3
2006	1123	1431	448	12.0	1.3
2007	1007	1336	373	10.7	1.3
2008	1038	1425	374	11.0	1.4
2009	969	1343	371	10.1	1.4
2010	852	1140	357	8.8	1.3
2011	733	994	364	8.6	1.4
2012	839	1084	350	9.8	1.3
2013	914	1154	348	10.7	1.3
2014	913	1154	348	10.6	1.3
2015	912	1152	347	10.5	1.3
2016	900	1136	341	10.4	1.3
2017	902	1135	344	10.3	1.3
2018	894	1135	342	10.1	1.3
2019	886	1126	337	10.0	1.3
2020	798	979	299	8.8	1.2
2021	744	905	287	8.2	1.2

20-7 主要年份火灾事故发生情况

年　份	火灾发生数（起）	火灾死伤人数（人）	#死亡人数	直接经济损失（万元）	平均每起火灾损失（元）
1985	118	35	11	47.72	4044
1990	284	21	5	205.80	7246
1991	142	19	7	122.40	8620
1992	162	24	6	223.04	13768
1993	108	81	23	192.45	17819
1994	140	53	20	271.71	19408
1995	185	75	13	345.42	18671
1996	204	34	8	394.36	19331
1997	903	33	15	449.65	4980
1998	841	55	23	307.41	3655
1999	799	60	11	289.74	3626
2000	477	54	10	293.10	6144
2001	540	32	11	217.59	4029
2002	656	35	15	185.83	2833
2003	671	19	8	381.82	5690
2004	821	38	15	368.34	4486
2005	1102	29	17	460.84	4181
2006	883	17	11	322.06	3647
2007	1123	20	17	408.91	3641
2008	1033	9	6	342.31	3314
2009	896	11	7	572.56	6390
2010	856	10	7	448.95	5245
2011	763	9	9	387.80	5083
2012	717	10	7	565.36	7885
2013	2141	18	10	1480.43	6914
2014	2157	23	14	2425.38	11244
2015	2417	23	14	2081.34	8611
2016	1954	5	5	1459.10	7467
2017	1838	7	5	1777.42	9670
2018	1180	9	6	1617.04	13703
2019	1083	5	5	1803.08	16648
2020	896	5	1	1431.00	15971
2021	6090	5	5	4545.48	7464

20-8 火灾事故发生情况

（2021 年）

项　目	合　计	按事故发生程度分			按事故发生地区分
		特大	重大	一般	#市区
火灾发生数（起）	6090			6090	3180
死伤人数（人）	5			5	2
#死亡人数	5			5	2
直接经济损失（万元）	4545 .48			4545 .48	2157.91
平均每起火灾损失（元）	7464			7464	6786

主要统计指标解释

律师 指受聘参加法律顾问处工作，担任法律顾问、刑（民）事代理人、刑事辩护人，办理非诉讼事件、解答法律询问、代定法律事务文书等主要从事律师业务的专职法律工作者和兼职律师。

公证人员 指在国家公证机关依法办理公证事务的司法人员。包括公证员、助理公证员和在公证处工作的其他人员。

办理公证文书 指公证处在一定时期内办结的公证文书件数。公证文书系按司法部门规定或批准的格式制作。包括国内公证和涉外公证两部分。其中国内公证分为经济合同公证和民事法律关系公证两大类。

调解人员 在人民调解委员会担负调解民间一般民事纠纷和轻微违法行为所引起的纠纷的工作人员。包括调解委员会的委员和调解小组的调解员。

调解民间纠纷 指调解委员会依照法律规定，根据自愿原则，用说服教育的方法调解民间发生的有关民事权利和义务的争执，促成当事双方达到协议的谅解，解决纠纷。包括婚姻家庭纠纷，财产权益纠纷等。不包括法院受理调解的民事案件数。

二十一、县(市)社会经济(1978-2021)

SOCIAL ECONOMIC OF COUNTIES (CITIES) (1978–2021)

版面负责人：马　萍　王　楠　唐子午
顾元林　丁　磊　张　虹
吕延婷　柳　震　徐　勇
编　　辑：蒋　磊　徐向忠　闫礼建
董志娟　魏安山　杜秀侠
秦伟伟　宋　蕊　王海龙
高惠媛　曹　慧　冯颖存
李银浩　陈露露

统计知识

企业统计信用管理办法

第九条 有下列情形之一的企业，为统计信用异常企业：

（一）未按照法定的统计资料报送义务提供组织、人员和工作条件保障；

（二）未按照国家有关规定设置原始记录、统计台账，未建立健全统计资料的审核、签署、交接、归档等管理制度；

（三）迟报统计资料；

（四）统计资料报送异常且不能做出合理解释；

（五）通过登记的住所或者经营场所无法联系。

第十条 有下列情形之一的企业，为统计一般失信企业：

（一）提供不真实统计资料；

（二）拒绝、阻碍统计调查、统计检查；

（三）多次迟报统计资料；

（四）被统计机构行政处罚后，一年内未按照《企业信息公示暂行条例》自行公示。

第十一条 有下列情形之一的企业，为统计严重失信企业：

（一）编造虚假统计数据；

（二）提供不真实统计资料，拒报或者故意迟报统计资料，属于《统计违纪违法责任人处分处理建议办法》规定的情节严重或者情节特别严重统计造假、弄虚作假违法行为；

（三）拒绝、阻碍统计调查、统计检查，情节严重；

（四）转移、隐匿、篡改、毁弃或者拒绝提供原始记录和凭证、统计台账、统计调查表及其他相关证明和资料；

（五）拒绝答复或者不如实答复统计检查查询书；

（六）有其他严重统计违法行为，应当受到行政处罚。

21-1 历年地区生产总值

（当年价格） 单位：亿元

年 份	丰 县	沛 县	睢宁县	新沂市	邳州市	贾汪区	铜山区
1978	1.72	2.04	2.12	2.21	2.42		2.07
1979	1.99	2.24	2.21	2.24	2.82		2.66
1980	2.32	2.54	2.69	2.38	3.11		2.73
1981	2.42	2.80	2.91	2.62	3.23		3.14
1982	3.04	3.39	3.41	2.82	3.73		3.79
1983	3.53	3.78	3.61	3.55	4.93		4.57
1984	4.14	4.85	4.90	4.27	5.69		5.27
1985	3.87	5.88	5.30	5.02	6.46		6.16
1986	4.48	6.36	5.58	5.80	7.99		7.19
1987	4.86	7.11	5.70	6.85	8.94		8.75
1988	5.37	8.96	6.26	8.46	11.29		9.67
1989	7.06	8.59	6.88	9.49	12.04		11.23
1990	7.51	9.37	8.49	10.10	13.55		12.13
1991	9.28	13.18	9.46	11.42	14.70		13.53
1992	9.77	15.56	11.45	12.69	17.10		16.38
1993	12.42	20.16	15.28	18.85	20.75		21.79
1994	14.61	27.27	22.07	28.50	29.79	17.76	32.37
1995	16.36	36.23	29.53	32.51	34.59	27.00	45.67
1996	17.13	42.99	32.59	36.50	38.94	27.54	50.37
1997	17.91	46.12	30.29	39.51	44.48	28.43	55.55
1998	19.47	51.59	32.69	43.30	50.71	31.15	60.70
1999	22.78	56.36	34.31	44.53	55.96	33.42	64.65
2000	26.28	60.15	36.61	38.91	62.68	36.91	70.91
2001	30.40	68.00	41.35	43.66	69.05	34.79	77.75
2002	34.91	76.41	47.03	47.96	76.46	34.26	86.21
2003	40.50	86.57	53.20	54.24	88.07	39.30	99.00
2004	48.89	104.75	54.04	64.55	102.26	47.64	117.39
2005	57.94	125.22	64.26	83.02	128.93	55.23	147.69
2006	68.58	150.82	78.12	103.83	161.98	65.90	181.08
2007	81.08	179.50	95.58	129.32	198.55	80.64	229.31
2008	102.43	218.89	129.93	168.66	257.13	92.98	290.58
2009	120.15	249.98	151.15	195.53	298.46	108.60	338.11
2010	184.10	289.09	200.96	242.47	362.00	135.79	456.90
2011	233.82	361.33	253.45	302.97	443.48	170.26	563.35
2012	280.09	413.36	303.76	352.02	507.34	192.91	639.41
2013	311.14	482.81	370.76	414.41	603.35	220.55	727.81
2014	338.25	541.23	421.78	476.06	676.26	246.96	824.70
2015	366.82	580.20	453.84	510.33	722.92	261.30	889.03
2016	400.94	636.86	496.74	561.96	792.34	284.89	962.50
2017	438.83	722.53	557.20	633.96	867.39	324.23	1071.91
2018	451.17	731.02	574.59	651.31	906.53	331.96	1087.89
2019	460.88	769.17	602.33	676.52	944.11	346.68	1163.56
2020	482.08	792.61	617.19	691.19	997.07	358.93	1139.23
2021	538.05	926.36	675.81	781.43	1108.22	400.49	1281.10

注：1993–2004 年是根据 2004 年第一次经济普查调整修订数据；2006–2008 年数据是根据第二次全国经济普查调整修订数据；2010–2018 年数据是根据第四次全国经济普查调整修订数据；2019 年调整为最终核实数。

21-2 历年地区生产总值指数

（按可比价格计算、以1978年为100）

年 份	丰 县	沛 县	睢宁县	新沂市	邳州市	铜山区
1978	100.0	100.0	100.0	100.0	100.0	100.0
1979	99.0	95.5	90.8	89.5	99.9	110.3
1980	114.1	107.5	109.2	93.8	108.5	113.7
1981	117.5	117.6	115.8	101.1	110.1	128.3
1982	140.8	138.1	129.6	105.9	122.6	150.4
1983	161.0	151.6	134.8	129.7	159.3	181.0
1984	181.9	188.0	174.3	151.6	175.9	200.2
1985	158.6	210.8	173.2	165.0	189.4	209.6
1986	170.4	219.0	178.9	180.5	215.1	226.2
1987	171.9	228.4	173.1	195.7	224.0	256.3
1988	167.7	254.6	169.6	221.8	241.7	289.7
1989	199.1	221.2	169.8	240.8	238.1	249.8
1990	202.1	224.3	195.9	254.7	248.8	261.3
1991	241.7	304.8	212.9	277.1	269.7	283.8
1992	245.3	347.5	249.7	312.3	308.0	359.3
1993	274.5	376.0	283.9	360.7	363.7	395.6
1994	326.4	418.9	343.5	445.8	432.1	447.0
1995	378.0	517.8	401.6	465.9	523.7	596.3
1996	408.6	577.3	425.6	515.3	573.5	647.6
1997	455.6	665.6	435.9	563.7	543.1	736.3
1998	506.2	752.1	471.6	635.3	608.8	832.8
1999	569.5	843.1	509.3	688.7	679.4	934.4
2000	632.1	936.7	547.0	739.7	754.8	1047.5
2001	704.8	1041.6	618.1	828.5	841.6	1153.3
2002	787.3	1172.8	685.5	927.1	943.4	1287.1
2003	866.0	1322.9	760.9	1043.0	1069.8	1455.7
2004	976.0	1504.1	858.3	1185.9	1227.1	1669.7
2005	1107.8	1729.7	974.2	1361.4	1422.2	1928.5
2006	1275.1	2006.5	1120.3	1575.1	1659.7	2250.6
2007	1469.9	2321.0	1290.7	1816.0	1920.2	2604.9
2008	1678.6	2664.5	1474.0	2077.5	2204.4	2993.0
2009	1916.9	3056.2	1690.7	2385.0	2532.9	3439.0
2010	2183.8	3508.5	1937.5	2740.1	2904.7	3941.0
2011	2476.7	4003.3	2204.8	3136.0	3314.3	4504.6
2012	2816.0	4559.8	2506.9	3578.2	3781.6	5148.8
2013	3182.1	5138.9	2835.3	4505.5	4273.2	5807.6
2014	3551.2	5724.7	3175.5	5028.1	4773.2	6481.3
2015	3920.5	6325.8	3508.9	5561.1	5269.6	7135.9
2016	4230.2	6901.4	3807.2	6083.8	5727.9	7706.8
2017	4540.6	7493.8	4100.3	6610.1	6209.6	8258.1
2018	4676.9	7763.5	4280.7	6894.3	6426.9	8547.1
2019	4793.8	8159.5	4503.3	7245.9	6703.3	9145.4
2020	4942.4	8477.7	4629.4	7470.5	6964.7	9410.6
2021	5411.9	9232.2	5032.2	8225.1	7626.4	10323.4

21-3 历年地区生产总值指数

（按可比价格计算、以上年为100）

年份	丰县	沛县	睢宁县	新沂市	邳州市	贾汪区	铜山区
1978							
1979	99.0	95.5	90.8	89.5	99.9		110.3
1980	115.3	112.6	120.3	104.8	108.6		103.1
1981	103.0	109.4	106.0	107.8	101.5		112.8
1982	119.8	117.4	111.9	104.7	111.4		117.2
1983	114.3	109.8	104.0	122.5	129.9		120.3
1984	113.0	124.0	129.3	116.9	110.4		110.6
1985	87.2	112.1	99.4	108.8	107.7		104.7
1986	107.4	103.9	103.3	109.4	113.6		107.9
1987	100.9	104.3	96.8	108.4	104.1		113.3
1988	97.6	111.5	98.0	113.3	107.9		113.0
1989	118.7	86.9	100.1	108.6	98.5		86.2
1990	101.5	101.4	115.4	106.5	104.5		104.6
1991	119.6	135.9	108.7	113.0	108.4		108.6
1992	101.5	114.0	117.3	111.1	114.2		126.6
1993	111.9	108.2	113.7	122.7	118.1		110.1
1994	118.9	111.4	121.0	123.6	118.8	150.8	113.0
1995	115.8	123.6	116.9	104.5	121.2	152.0	133.4
1996	108.1	111.5	106.0	110.6	109.5	124.3	108.6
1997	111.5	115.3	102.4	109.4	89.9	107.4	113.7
1998	111.1	113.0	108.2	112.7	112.1	112.1	113.1
1999	112.5	112.1	108.0	108.4	111.6	103.7	112.2
2000	111.0	111.1	107.4	107.4	111.1	111.6	112.1
2001	111.5	111.2	113.0	112.0	111.5	108.1	110.1
2002	111.7	112.6	110.9	111.9	112.1	112.1	111.6
2003	110.0	112.8	111.0	112.5	113.4	112.7	113.1
2004	112.7	113.7	112.8	113.7	114.7	114.1	114.7
2005	113.5	115.0	113.5	114.8	115.9	115.0	115.5
2006	115.1	116.0	115.0	115.7	121.2	115.9	116.7
2007	115.3	115.7	115.2	115.3	115.7	115.6	115.7
2008	114.2	114.8	114.2	114.4	114.9	114.5	114.9
2009	114.2	114.7	114.7	114.8	135.5	114.5	114.9
2010	113.9	114.8	114.6	114.9	114.7	114.7	114.6
2011	113.4	114.1	113.8	114.4	114.1	113.8	114.3
2012	113.7	113.9	113.7	114.1	114.1	113.8	114.3
2013	113.0	112.7	113.1	113.2	113.0	112.6	112.8
2014	111.6	111.4	112.0	111.6	111.7	109.3	111.6
2015	110.4	110.5	110.5	110.6	110.4	109.0	110.1
2016	107.9	109.1	108.5	109.4	108.7	108.5	108.0
2017	107.3	108.6	107.7	108.6	108.4	108.8	107.2
2018	103.0	103.6	104.4	104.3	103.5	104.2	103.5
2019	102.5	105.1	105.2	105.1	104.3	105.0	107.0
2020	103.1	103.9	102.8	103.1	103.9	103.1	102.9
2021	109.5	108.9	108.7	110.1	109.5	108.0	109.7

21-4 历年人均地区生产总值

（当年价格） 单位：元

年 份	丰县	沛县	睢宁县	新沂市	邳州市	贾汪区	铜山区
1978	215	254	224	310	213		234
1979	246	274	232	313	246		299
1980	284	307	280	330	269		306
1981	294	332	300	359	277		347
1982	363	292	347	381	315		411
1983	417	429	364	474	410		488
1984	486	546	490	562	367		557
1985	451	660	526	653	524		645
1986	518	700	550	746	641		750
1987	557	777	557	872	707		903
1988	608	951	603	1058	874		975
1989	785	879	649	1248	913		1113
1990	805	916	767	1289	985		1147
1991	960	1241	817	1398	1025		1217
1992	997	1445	973	1612	1234		1464
1993	1250	1846	1287	2094	1415		1938
1994	1451	2299	1845	3150	2013	3688	2862
1995	1611	2880	2447	3577	2320	4600	4003
1996	1677	3169	2679	3941	2598	5721	4387
1997	1718	3427	2471	4177	2960	5876	4819
1998	1845	3834	2647	4515	3375	6379	5221
1999	2149	4263	2776	4718	3691	6791	5529
2000	2403	4776	2917	4075	4066	7476	6044
2001	2770	5465	3221	4511	4429	7008	6592
2002	3179	6302	3648	4949	4888	6936	7293
2003	3698	7328	4108	5646	5774	8457	8379
2004	4811	8991	4130	6723	6892	10252	9926
2005	5745	10928	4856	9001	8766	12048	13207
2006	6784	13091	6616	11038	10903	14764	16303
2007	7994	15789	8193	13941	13542	18292	20789
2008	10226	19402	11285	18439	17531	21226	26603
2009	12130	22322	13328	21480	20616	24957	31289
2010	18895	25618	18578	26499	24953	31400	38832
2011	24383	31965	24295	32821	30474	39471	47554
2012	29489	37410	28961	37950	34991	44573	53637
2013	33000	44464	35197	44455	41721	50789	60487
2014	36007	50296	39811	50772	46761	56649	69131
2015	39159	54351	42640	54100	49889	59630	75495
2016	42845	59951	46433	59213	54550	64638	80879
2017	46789	68244	51719	66349	59537	72951	88493
2018	48033	69456	53073	67700	62102	74024	88764
2019	49098	73591	55463	69957	64618	76827	94479
2020	51474	76216	56730	71293	68192	79244	101184
2021	57800	89634	62369	80942	76307	88505	113887

21-5 历年年末总人口

单位：万人

年　份	丰县	沛县	睢宁县	新沂市	邳州市	贾汪区	铜山区
1978	80.53	81.07	95.06	71.53	114.30		135.85
1979	81.10	82.03	95.71	71.85	114.92		136.27
1980	81.78	83.46	96.22	72.38	115.81		137.36
1981	83.00	85.64	97.56	73.38	117.58		139.90
1982	84.21	87.43	98.95	74.48	119.51		142.58
1983	84.94	88.88	99.74	75.22	120.89		143.99
1984	85.50	88.59	100.48	76.31	122.79		145.73
1985	86.13	89.66	101.07	77.25	124.07		146.90
1986	86.68	90.93	101.96	78.28	125.51		147.97
1987	87.62	92.20	102.96	79.38	127.47		150.68
1988	89.08	96.18	104.84	80.69	130.89		154.90
1989	90.78	99.28	107.03	82.36	132.96		160.13
1990	95.78	105.36	114.40	88.37	142.22		170.35
1991	97.61	107.16	117.23	89.44	144.71		172.16
1992	98.51	108.15	118.26	89.74	146.06		172.38
1993	99.39	109.29	119.15	90.33	147.32		173.29
1994	100.67	111.84	120.09	90.62	148.59	48.15	128.56
1995	101.51	112.66	121.21	91.13	149.60	48.08	129.90
1996	102.14	113.32	122.12	94.10	150.11	48.14	130.30
1997	104.28	113.62	123.08	95.05	150.45	48.61	131.34
1998	105.57	115.16	124.25	96.15	150.02	49.36	132.77
1999	106.04	115.79	122.96	94.59	152.74	49.05	133.00
2000	109.38	118.13	128.06	96.34	155.59	49.69	128.34
2001	109.74	118.48	128.71	97.22	156.25	49.58	128.90
2002	109.80	118.92	129.09	96.58	156.56	49.21	128.94
2003	109.51	119.50	129.93	95.55	158.04	48.93	128.80
2004	110.24	120.34	131.76	96.48	161.43	48.56	129.19
2005	111.03	120.48	132.89	97.47	163.96	48.47	119.60
2006	112.11	121.74	134.04	99.06	165.46	48.64	120.72
2007	113.30	123.59	132.89	99.11	168.66	48.35	120.47
2008	114.03	123.80	132.51	100.31	169.70	48.59	122.11
2009	114.58	125.81	132.91	101.95	171.93	49.18	124.21
2010	116.49	127.94	133.12	104.01	178.62	50.55	129.27
2011	115.08	127.12	135.46	104.70	178.63	50.51	131.07
2012	116.62	128.66	137.35	107.15	179.86	51.10	134.51
2013	118.23	128.91	140.74	109.66	182.95	50.93	137.06
2014	120.05	130.63	143.58	111.89	185.89	51.76	131.56
2015	120.67	130.92	144.28	112.66	187.49	52.07	131.36
2016	121.41	130.74	144.16	113.56	193.87	52.57	132.26
2017	120.97	129.92	144.00	112.93	193.76	52.12	132.07
2018	121.48	129.81	144.10	113.21	194.36	52.27	133.15
2019	121.02	129.05	141.79	112.32	194.13	51.79	133.31
2020	120.43	128.63	141.09	111.63	192.02	51.54	132.75
2021	119.60	127.68	139.98	110.30	191.78	51.37	122.82

21-6 历年年末农业人口

单位：万人

年　份	丰县	沛县	睢宁县	新沂市	邳州市	贾汪区	铜山区
1978	78.34	76.75	92.61	68.32	111.00		132.80
1979	78.77	77.47	93.08	68.45	111.23		133.36
1980	79.32	78.39	93.45	68.85	112.03		134.26
1981	80.39	79.99	94.61	69.69	113.56		136.72
1982	81.40	81.42	95.74	70.66	115.27		139.37
1983	81.98	82.04	96.45	71.22	116.55		140.96
1984	82.29	81.39	96.95	72.01	118.15		142.46
1985	82.28	81.39	97.13	72.49	118.85		143.21
1986	82.64	82.12	97.90	73.27	120.38		143.88
1987	83.13	82.80	98.59	74.26	122.01		145.43
1988	83.61	85.46	98.90	74.88	123.42		145.78
1989	84.68	87.23	99.98	75.10	124.39		148.35
1990	89.28	92.58	106.85	80.56	132.65		156.87
1991	90.74	92.83	109.39	81.11	134.64		156.98
1992	91.28	93.41	110.19	81.06	135.39		155.94
1993	91.78	94.01	110.64	80.98	136.11		155.17
1994	92.77	95.73	111.30	80.90	136.69	34.03	116.63
1995	93.12	95.89	111.74	80.68	136.36	33.53	116.09
1996	93.22	95.88	112.30	82.85	135.79	32.49	115.72
1997	94.82	95.57	112.93	83.21	135.14	32.59	115.94
1998	95.62	96.11	113.70	83.40	134.10	32.78	117.04
1999	95.75	95.95	112.04	81.24	135.60	32.38	116.88
2000	94.02	96.88	111.56	77.95	121.74	32.44	111.68
2001	93.62	97.27	111.67	76.27	120.89	31.54	110.92
2002	93.48	97.42	111.68	75.92	121.32	31.27	110.85
2003	90.54	87.09	113.29	75.80	124.46		101.09
2004	88.15	87.56	110.86	76.35	121.62	28.72	101.00
2005	88.40	87.48	109.91	77.14	121.72	27.47	94.56
2006	89.47	88.69	110.95	78.13	122.92	27.84	95.92
2007	90.20	94.09	109.99	79.70	125.60	26.84	91.06
2008	80.75	93.64	110.26	80.89	126.45	26.40	91.82
2009	65.10	81.04	110.68	82.30	127.49	26.87	85.55
2010	65.22	79.67	100.83	43.69	129.62	24.69	83.65
2011	50.45	54.62	60.95	46.11	68.45	17.76	52.69
2012	50.49	52.54	60.03	43.88	47.43	19.76	51.87
2013	49.20	52.01	55.02	41.94	47.16	15.90	24.96
2014	48.63	53.69	55.32	42.53	47.08	16.89	21.70
2015	72.30	67.38	55.80	61.02	88.82	23.17	64.87
2016	72.77	61.77	55.18	61.38	91.68	21.86	65.41
2017	72.07	60.09	54.91	59.55	90.41	21.01	64.47
2018	68.26	58.01	54.61	55.99	89.53	21.07	64.43
2019	67.29	57.77	53.66	55.58	89.24	20.92	59.89
2020	60.43	57.70	53.00	52.07	87.81	20.85	59.64
2021	59.93	55.85	52.54	51.22	87.04	20.78	57.53

注：2015 年起，城乡人口划分与往年不可比。

21-7 历年人口出生率

单位：‰

年 份	丰 县	沛 县	睢宁县	新沂市	邳州市	贾汪区	铜山区
1978	18.96	19.40	15.36	16.94	14.67		15.94
1979	13.03	15.91	12.35	12.34	11.93		13.58
1980	17.51	25.44	17.35	15.19	17.48		22.86
1981	16.88	19.30	14.19	18.08	16.79		21.51
1982	15.41	17.87	14.64	17.58	18.05		20.46
1983	13.44	12.81	12.05	14.46	15.63		16.46
1984	12.52	16.54	11.71	15.99	15.28		14.42
1985	11.79	11.50	9.99	14.91	12.86		12.50
1986	13.25	13.34	11.14	16.98	13.72		13.48
1987	15.89	15.08	12.02	16.30	15.33		16.52
1988	19.13	44.33	13.18	19.01	22.87		25.48
1989	21.83	31.63	15.49	19.22	18.90		31.69
1990	19.77	23.92	17.19	18.90	18.50		28.08
1991	21.24	19.90	26.21	16.72	20.93		18.31
1992	13.20	13.29	14.08	11.52	12.77		12.22
1993	13.78	15.92	10.76	10.08	11.26		12.37
1994	16.73	22.94	10.78	9.26	10.96	10.25	14.20
1995	12.67	10.68	9.90	8.29	8.75	10.18	10.75
1996	10.64	9.28	10.85	12.57	7.92	10.10	8.88
1997	23.83	8.28	10.74	9.03	7.77	9.10	13.83
1998	13.64	9.60	8.88	8.23	9.67	7.78	13.54
1999	9.49	7.73	7.49	8.00	8.44	8.20	8.32
2000	35.54	24.04	18.66	13.15	15.28	8.10	13.86
2001	7.74	8.17	6.96	8.10	8.47	6.67	7.85
2002	7.31	7.17	7.04	6.65	9.59	6.36	8.72
2003	6.45	8.92	13.76	6.91	13.18	6.60	8.85
2004	15.74	11.69	19.10	15.70	22.63	8.32	9.18
2005	13.07	9.23	14.01	15.32	19.52	9.96	14.50
2006	15.24	15.58	15.03	16.50	17.92	8.02	14.68
2007	20.13	21.01	14.67	22.31	32.02	14.40	18.86
2008	17.09	18.93	13.85	21.24	23.21	10.30	20.62
2009	17.34	19.14	14.30	16.24	30.79	18.70	20.67
2010	26.31	24.14	15.69	23.33	26.77	41.20	18.09
2011	19.17	18.51	25.46	20.70	9.13	12.40	26.52
2012	21.96	19.75	21.26	25.64	15.78	17.30	23.79
2013	20.44	20.75	26.43	25.69	18.46	20.90	24.69
2014	21.55	20.45	25.67	23.61	18.30	21.60	19.05
2015	14.07	14.71	16.05	18.03	14.30	14.80	14.74
2016	12.71	14.04	12.88	13.21	37.68	13.00	13.60
2017	14.48	18.39	16.17	14.92	14.85	15.60	15.37
2018	13.10	13.16	13.87	14.78	13.61	13.30	12.83
2019	10.07	9.99	10.77	10.01	9.86	10.04	10.19
2020	10.42	10.68	11.16	9.85	9.60	9.71	10.29
2021	7.71	7.48	8.09	6.88	7.21	7.20	7.76

注：各县（市、区）出生人口中包含往年补报出生人口（下同）。

21-8 历年人口自然增长率

单位：‰

年 份	丰县	沛县	睢宁县	新沂市	邳州市	贾汪区	铜山区
1978	13.44	14.30	9.50	10.82	9.11		10.35
1979	7.55	11.13	6.60	6.36	6.52		8.16
1980	11.53	17.81	9.61	8.65	11.07		15.24
1981	11.76	14.10	9.05	11.86	11.88		15.00
1982	10.71	13.13	9.54	12.50	13.12		15.66
1983	8.55	7.72	7.16	9.38	11.13		11.59
1984	7.09	11.01	6.31	10.98	10.75		9.23
1985	6.62	6.81	5.20	9.96	8.31		7.29
1986	8.08	8.74	6.63	11.93	9.17		8.47
1987	10.76	10.73	7.49	11.36	11.06		11.38
1988	13.77	39.92	8.80	13.80	18.23		20.19
1989	16.48	27.40	11.28	14.38	14.61		27.02
1990	15.14	19.70	12.51	13.70	14.27		23.08
1991	17.07	15.42	20.70	11.60	15.66		13.00
1992	8.16	8.65	8.67	6.36	7.34		6.60
1993	8.93	11.42	5.20	4.79	5.94		6.93
1994	11.43	18.14	5.44	4.06	5.55	6.23	8.44
1995	7.83	6.42	5.02	3.42	3.63	5.68	5.97
1996	5.82	4.90	5.67	8.25	2.46	5.45	2.96
1997	19.26	4.42	5.55	4.93	2.84	4.60	7.81
1998	9.09	6.17	3.82	3.52	5.47	3.23	8.04
1999	5.69	4.80	3.22	4.18	5.04	3.93	2.86
2000	30.15	18.83	14.38	9.06	11.18	3.80	7.50
2001	4.37	4.29	4.03	4.99	5.32	2.24	4.14
2002	3.51	4.27	4.18	0.68	5.71	3.44	4.63
2003	2.85	5.47	10.06	4.67	9.29	3.22	2.97
2004	10.18	6.84	14.54	11.13	17.91	3.49	4.32
2005	10.58	5.92	12.22	13.91	17.33	3.77	11.83
2006	10.82	12.64	12.40	14.86	11.60	4.32	10.66
2007	11.82	14.06	-6.91	1.37	17.24	-1.20	-2.70
2008	7.01	1.66	-2.16	11.50	9.56	8.60	11.93
2009	5.54	15.37	2.85	14.97	17.57	16.50	16.11
2010	17.19	16.66	5.89	17.79	21.40	31.60	2.84
2011	11.59	13.53	20.80	12.32	-3.36	7.60	20.97
2012	18.85	14.49	14.48	22.78	8.51	5.79	19.98
2013	13.97	16.17	25.13	23.69	15.78	5.30	21.24
2014	16.32	18.33	21.97	21.95	16.14	5.67	15.77
2015	8.76	7.77	10.98	10.72	10.21	5.93	6.14
2016	9.22	9.20	2.88	11.77	35.71	5.61	10.30
2017	3.37	0.61	5.79	-0.05	3.78	5.42	3.01
2018	8.51	6.97	8.48	8.35	8.49	4.58	8.82
2019	4.72	5.24	2.35	4.37	5.48	5.40	3.26
2020	1.90	4.19	3.56	-0.51	-6.00	0.05	-0.76
2021	1.04	1.79	0.91	-5.82	4.09	1.13	1.37

注：2007年及以后死亡人口中含有往年未销户人口。

21-9 历年从业人员

单位：万人

年　份	丰县	沛县	睢宁县	新沂市	邳州市	贾汪区	铜山区
1978	34.29	32.05	40.84	29.23	45.71		57.76
1979	31.55	31.76	40.14	29.59	45.20		57.82
1980	32.83	34.16	41.92	30.15	46.46		59.44
1981	34.33	36.01	43.22	30.45	47.78		61.67
1982	35.75	38.04	44.42	32.74	50.07		62.54
1983	36.00	39.20	44.83	32.37	51.67		64.85
1984	38.19	41.00	46.10	34.02	53.93		68.5
1985	39.44	41.72	48.16	34.37	56.64		70.57
1986	39.98	43.2	49.64	36.18	57.70		72.07
1987	41.69	43.83	52.21	37.06	60.27		72.48
1988	43.18	46.23	53.25	38.46	63.87		75.02
1989	44.02	47.28	54.45	40.58	65.20		77.43
1990	46.85	49.73	57.42	42.66	69.25		80.08
1991	47.98	50.97	59.21	42.76	73.44		81.50
1992	48.65	51.39	58.40	43.12	74.17		82.72
1993	49.49	49.25	60.03	43.78	74.98		81.91
1994	50.34	49.81	59.55	46.18	75.89	16.26	61.46
1995	50.75	48.46	60.95	47.23	76.59	17.05	58.56
1996	51.22	49.64	61.28	47.74	77.50	15.73	58.67
1997	51.60	51.42	61.14	48.41	77.99	15.49	59.47
1998	50.93	51.45	61.28	47.10	77.72	14.76	58.22
1999	51.69	50.24	62.73	45.86	78.83	14.67	58.01
2000	52.03	55.75	63.62	44.79	73.71		55.60
2001	54.01	55.21	61.92	44.68	73.05	16.42	54.10
2002	54.02	52.73	57.15	41.37	70.88	14.29	52.44
2003	53.77	51.74	52.69	39.82	71.03	14.20	50.23
2004	53.43	51.85	52.91	42.30	71.13	14.77	52.51
2005	58.09	56.39	66.72	48.65	78.77	16.16	52.48
2006	58.74	57.52	68.38	48.67	80.73	17.72	54.37
2007	58.97	58.55	71.12	50.47	82.55	18.96	59.13
2008	59.71	57.01	72.85	50.10	84.93	19.56	62.28
2009	61.30	58.18	73.32	52.43	87.41	19.80	64.69
2010	56.32	63.00	56.96	53.70	76.86	21.23	74.60
2011	55.54	61.38	57.11	53.72	76.10	21.24	75.14
2012	54.21	58.88	56.56	53.26	74.72	21.02	75.65
2013	53.49	57.95	56.41	53.23	74.02	21.01	76.68
2014	52.82	56.68	55.93	53.04	73.43	20.92	74.91
2015	52.33	55.79	55.65	53.04	72.79	20.97	75.34
2016	51.72	54.78	55.03	52.53	71.18	20.77	76.66
2017	51.64	54.35	55.26	52.79	71.17	20.94	78.09
2018	51.57	53.79	55.40	53.07	70.89	21.09	78.54
2019	51.44	53.40	55.50	53.25	70.92	21.18	78.92
2020	50.81	52.77	55.14	52.94	70.21	21.13	79.12
2021	49.61	52.49	54.85	51.68	69.82	21.59	70.80

注：2010-2020 年数据为根据第七次全国人口普查调整修订数据。

21-10 历年在岗职工人数

单位：万人

年 份	丰县	沛县	睢宁县	新沂市	邳州市	贾汪区	铜山区
1978	2.72	3.46	3.30	3.11	3.89		4.44
1979	2.72	2.86	3.31	3.23	3.68		4.02
1980	2.95	3.66	3.73	3.58	3.76		4.58
1981	3.21	3.86	3.89	3.55	3.89		4.82
1982	3.29	4.04	3.86	3.61	3.99		5.03
1983	3.29	4.00	3.97	3.53	3.97		5.04
1984	3.61	4.37	4.00	4.12	5.02		5.52
1985	3.77	4.52	4.28	4.06	4.62		5.39
1986	3.71	4.97	4.48	4.27	4.73		5.56
1987	3.86	4.90	4.83	4.41	5.13		5.68
1988	4.25	5.41	5.21	4.70	6.40		5.84
1989	4.32	5.14	5.15	4.86	5.99		5.92
1990	4.73	5.24	5.14	4.91	6.14		6.14
1991	4.84	5.55	5.42	4.86	6.41		6.46
1992	4.80	5.79	5.44	4.91	6.44		6.69
1993	5.00	6.15	5.10	5.47	6.81		7.16
1994	5.15	6.05	5.39	5.56	7.00	1.55	6.49
1995	5.22	6.04	5.45	5.87	6.89	1.63	7.00
1996	4.99	6.53	5.63	5.99	7.36	1.78	7.53
1997	5.03	6.32	5.56	6.03	7.42	1.85	7.51
1998	3.86	5.61	4.65	5.14	6.64	1.61	7.11
1999	3.76	5.40	4.48	5.12	6.70	1.74	6.76
2000	3.80	5.06	4.31	4.94	6.41		6.41
2001	3.41	4.84	4.03	4.94	6.27	1.48	6.03
2002	3.28	4.44	3.58	4.73	5.93	1.37	5.46
2003	3.13	4.44	3.41	4.77	5.56	1.31	5.17
2004	3.03	4.03	3.44	4.88	5.17	1.30	5.04
2005	3.11	4.14	3.51	4.90	5.24	1.31	4.82
2006	3.25	4.17	3.66	5.11	5.36	1.35	5.17
2007	3.62	4.12	3.73	4.86	5.44	1.40	5.25
2008	3.67	4.07	3.84	4.97	5.85	1.41	5.63
2009	3.76	4.04	4.06	4.89	6.15	1.47	5.39
2010	3.84	3.99	4.16	4.95	6.23	1.38	5.48
2011	3.99	3.85	4.34	5.29	6.47	1.40	5.52
2012	4.07	4.05	4.54	5.73	6.38	1.24	5.70
2013	8.11	11.38	7.69	7.85	11.66	2.98	18.39
2014	8.26	11.46	8.14	8.25	10.94	3.27	17.21
2015	8.49	11.79	7.62	9.02	10.08	3.11	16.64
2016	8.37	12.44	7.64	8.68	9.95	3.02	14.99
2017	8.22	10.27	6.92	8.84	10.34	3.39	14.88
2018	6.11	9.69	6.04	6.72	9.32	3.11	11.04
2019	5.50	8.33	6.83	4.96	10.03	2.80	6.11
2020	5.35	7.59	6.91	4.06	9.22	3.34	6.99
2021	5.17	8.53	8.01	4.15	9.62	3.00	6.68

21-11 历年乡村劳动力

单位：万人

年 份	丰 县	沛 县	睢宁县	新沂市	邳州市	贾汪区	铜山区
1978	31.57	28.59	37.54	26.12	41.82		53.32
1979	28.79	28.81	36.82	26.36	41.49		53.80
1980	29.84	30.36	38.00	23.54	42.69		54.86
1981	31.02	31.92	39.21	26.81	43.88		56.85
1982	32.43	33.96	40.53	29.10	46.06		57.51
1983	32.68	35.14	40.80	28.80	46.69		59.81
1984	34.55	36.52	41.99	29.83	48.88		62.98
1985	35.64	37.14	43.77	30.17	51.98		65.18
1986	36.24	38.13	45.04	31.78	52.92		66.51
1987	37.79	33.80	47.24	32.55	55.08		66.81
1988	38.89	40.73	47.95	33.66	57.40		69.18
1989	39.65	41.91	49.20	34.74	59.13		71.51
1990	42.07	44.27	52.15	36.78	63.04		73.94
1991	43.02	45.21	53.64	37.79	66.95		75.04
1992	43.76	45.35	52.78	37.90	67.63		75.87
1993	44.26	42.65	54.73	37.63	67.98		74.71
1994	44.96	43.06	53.90	39.66	68.63	13.85	54.86
1995	45.19	41.80	55.18	39.96	69.01	14.04	51.46
1996	45.85	42.33	55.11	40.03	69.44	13.68	51.00
1997	46.43	44.21	57.54	41.46	71.06	13.28	51.93
1998	46.62	44.34	58.26	41.51	71.06	12.39	51.13
1999	46.48	42.43	56.71	39.35	70.01	12.39	50.41
2000	46.59	47.84	57.68	38.16	66.55	13.26	48.33
2001	49.04	47.79	56.29	37.61	65.64	14.25	47.62
2002	49.90	48.73	59.33	38.33	69.56	12.09	48.73
2003	50.87	49.61	60.18	38.31	68.66	12.30	46.87
2004	51.50	50.24	61.48	39.55	70.30	12.78	50.37
2005	53.24	49.99	61.64	40.36	68.75	14.26	45.83
2006	53.48	50.40	62.76	40.37	68.76	15.17	46.73
2007	51.38	49.74	63.96	40.40	69.76	15.49	49.91
2008	51.53	47.26	64.38	40.36	69.71	15.46	51.46
2009	52.00	47.61	63.66	41.72	69.70	15.52	52.62
2010	52.81	49.46	62.83	43.43	69.50	15.87	54.41
2011	54.36	49.64	60.87	43.71	67.65	17.52	55.42
2012	55.77	52.33	62.11	47.46	72.40	17.21	58.63
2013	54.14	49.89	59.28	46.63	68.22	18.04	55.42
2014	53.18	48.94	59.97	45.46	67.02	18.04	51.65
2015	53.21	49.25	59.83	44.38	66.22	18.55	52.20
2016	53.11	49.57	59.72	44.42	65.49	18.72	52.77
2017	53.07	50.02	59.66	44.56	64.13	18.82	52.41
2018	52.85	50.70	59.60	44.52	62.94	18.92	52.00
2019	52.51	50.21	59.53	44.51	62.71	16.58	51.71
2020	51.89	49.91	58.28	42.75	62.54	16.58	51.22
2021	51.71	49.83	57.92	43.54	62.43	16.59	50.31

21-12 历年固定资产投资

单位：万元

年 份	丰县	沛县	睢宁县	新沂市	邳州市	贾汪区	铜山区
1978	846	381	257	721	927		932
1979	830	575	468	1040	1036		1394
1980	654	795	1054	810	844		1817
1981	456	552	577	726	613		1226
1982	811	956	637	846	1134		2377
1983	640	1255	538	1137	1485		2114
1984	572	2036	863	946	1530		1871
1985	1016	1917	1034	1609	2983		4021
1986	5058	8509	6564	16901	6136		30918
1987	6794	9879	8976	18966	26902		26961
1988	8435	11978	10496	23567	14313		31727
1989	6587	11901	8836	24988	30930		35441
1990	9373	12345	10194	30595	15335		38817
1991	14560	16841	11899	34845	17397		52059
1992	19873	19901	15199	36754	41934		71959
1993	30578	30026	45751	46133	55851		94013
1994	46867	42717	62722	66874	84525	35000	141040
1995	63137	79776	82607	92935	88830	66739	190435
1996	80677	94540	91157	94616	163509	78205	238234
1997	86698	113573	84216	91756	116662	62705	239240
1998	96895	112588	76037	129451	137538	70814	211505
1999	109440	144693	102185	155269	165504	70912	214600
2000	125324	159146	110264	129970	195998	81796	229307
2001	142671	175018	132805	173082	227638	82596	260666
2002	172107	208096	175419	197020	258616	92730	295093
2003	247625	310271	240029	236778	383732	252984	395956
2004	323756	480920	301340	461986	523462	416019	537958
2005	310470	607311	325584	608550	950910	450516	717791
2006	413310	750129	402385	785000	1082000	556147	1050982
2007	505000	1001518	508178	922500	1465814	660000	1469954
2008	516480	1138254	617000	1184300	1816780	707172	1819519
2009	650120	1586504	1058325	1583500	2602000	857895	2397838
2010	901750	2140020	1345338	2101912	3349981	1179434	3351370
2011	1039371	2372031	1247240	2207210	3213528	1277740	3473398
2012	1273340	2923210	1532206	2706367	3938766	1565452	4267923
2013	1449732	3312973	1747941	3075835	4490608	1786438	4869369
2014	1801402	4090561	2185526	3862929	5459584	2167180	5665406
2015	2158322	4870889	2697732	4736939	6526898	2196470	6755075
2016	2511004	5603481	3204884	5500480	7631214	2506192	7834538
2017	2797603	6244538	3599716	5965297	8370098	2792942	8660972

注：2011 年起不再统计全社会固定资产投资，统计口径改为 500 万元以上固定资产投资。

21-13 历年财政收入

单位：万元

年份	丰县	沛县	睢宁县	新沂市	邳州市	贾汪区	铜山区
1978	1326	1612	1839	1491	1625		1831
1979	962	1417	1538	1377	1498		1611
1980	1003	1322	1604	1546	1608		1818
1981	1014	1400	1879	1617	1615		2251
1982	1341	1751	1820	1800	2123		3609
1983	1441	2008	2029	1736	2156		4025
1984	1503	2132	2285	1954	2489		4841
1985	1852	2829	2692	2375	2941		5401
1986	2195	2944	2960	2622	3400		6336
1987	2509	3517	3275	3045	3726		6316
1988	2853	4465	3778	3819	4264		7737
1989	2483	4552	3769	3434	3927		11609
1990	2831	5227	3879	3721	4309		12021
1991	3004	5928	3672	4151	4375		12122
1992	3570	6579	3886	4431	4963		12551
1993	5331	9350	5212	7367	7462		16627
1994	7851	13335	7574	10702	11575	7176	18225
1995	12054	18003	11252	12468	15183	10015	23454
1996	14308	21534	14002	15125	19222	12312	30026
1997	15559	26208	14259	16772	22055	13924	34911
1998	16586	28004	15360	18204	24271	14577	38507
1999	17620	30039	16906	19410	26726	13828	43062
2000	17886	33018	16330	20605	29060	14105	48118
2001	18508	36320	18008	24463	34442	13983	55685
2002	19662	44582	21137	27284	42168	15617	62452
2003	25318	50609	26139	33342	56998	20080	76398
2004	27724	63601	29502	40227	80058	30080	92668
2005	35221	85008	35016	50576	95826	40018	116500
2006	49318	120271	47073	75278	131022	52503	156800
2007	59755	157645	55122	89561	150777	82409	185086
2008	81671	203279	78109	114918	188589	101039	236725
2009	122515	261124	115424	153260	253046	141561	295654
2010	169252	353923	183819	236023	307900	167873	387417
2011	252468	481652	282610	346516	463876	185994	568925
2012	305518	539131	337728	404448	525325	227118	663088
2013	365891	579056	406591	457312	583166	265655	778290
2014	438794	649830	482701	529191	653571	280164	859746
2015	513049	705687	560283	584543	731382	290626	950743
2016	433177	700806	554716	620801	735946	294530	856028
2017	349195	715508	553491	639803	772925	296148	893843
2018	456426	788639	617761	859784	820426	335739	946621
2019	474222	729350	633102	600052	668767	361562	870442
2020	487519	751464	634589	618653	682992	321928	835934
2021	552820	836088	714724	749192	770935	391085	896538

注：2007 年及以后财政收入及支出中不包括基金性收入和支出，与往年不可比（下同）。

21-14 历年财政支出

单位：万元

年份	丰县	沛县	睢宁县	新沂市	邳州市	贾汪区	铜山区
1978	1590	1314	1680	1447	1684		2088
1979	2018	1675	1840	1531	2237		2529
1980	1667	1709	1973	1479	2125		2315
1981	1693	1724	1951	1522	2160		2174
1982	1896	2182	2127	2016	2371		3082
1983	2429	2554	2629	2256	2858		3416
1984	2840	3802	2738	2531	3153		3706
1985	2742	3950	2940	2682	3488		4536
1986	3653	5073	4067	3538	4495		5628
1987	4290	5118	4199	3975	4661		6212
1988	5181	6501	5170	5187	5465		7952
1989	5924	7687	6605	6168	6678		10851
1990	6896	8989	7252	6811	7556		13543
1991	7614	9556	7886	7771	8476		15276
1992	7586	9506	8056	8303	9014		15621
1993	10265	13261	10324	10355	10811		16591
1994	12891	13324	12675	11454	14275	5208	16611
1995	16217	18621	16013	14375	16403	6955	20332
1996	20248	21725	19392	17820	21464	9206	27532
1997	24032	25682	21162	19223	24898	10736	32493
1998	26558	27162	23762	21683	29529	11203	35526
1999	26651	29588	26580	24986	34094	11744	39390
2000	29667	31180	26386	28064	36627	13835	40284
2001	35393	36889	33568	34858	42889	14614	44391
2002	37866	45020	39808	39122	49543	17929	50338
2003	45639	53456	46134	48682	66217	21490	62569
2004	55325	67373	54676	58307	84928	26188	78394
2005	72979	88488	77545	79123	113430	32266	107780
2006	91672	116118	96865	99903	143508	41172	145418
2007	116415	168273	117449	113104	173183	56281	162830
2008	157929	203316	167227	157278	237026	72450	224738
2009	208700	271959	217116	221451	311689	98782	285893
2010	276883	360103	284511	303498	411118	112987	382972
2011	403976	507852	423914	431830	534465	161476	521982
2012	476067	611756	482555	547278	679840	281543	616370
2013	541357	672191	571385	617017	777384	317449	824175
2014	627100	731506	675628	684991	886240	313385	945903
2015	747200	923535	788948	825003	1034275	318864	1077401
2016	709000	948558	802093	918229	1100768	329475	1080029
2017	650058	890877	831154	930036	1105205	350062	1119644
2018	700000	1033358	871916	994996	1207673	378208	1198133
2019	732000	1079818	927865	901963	1173578	419233	1174165
2020	825711	1208536	1008676	964761	1262755	445266	1282868
2021	820806	1278510	1035365	1030671	1270585	458712	1203634

21-15 历年常用耕地面积

（年底数） 单位：千公顷

年 份	丰县	沛县	睢宁县	新沂市	邳州市	贾汪区	铜山区
1978	89.29	83.81	103.04	84.12	118.23		159.38
1979	89.07	83.64	102.47	84.04	117.75		158.77
1980	88.30	83.03	102.43	83.76	117.66		157.90
1981	87.80	82.87	102.27	83.73	117.60		157.07
1982	87.76	82.73	102.22	83.55	117.57		156.29
1983	88.00	82.67	102.00	83.33	117.33		156.00
1984	88.03	82.46	102.08	83.49	117.23		155.15
1985	88.01	81.19	102.03	83.48	117.01		154.73
1986	88.01	81.12	102.03	83.35	116.53		151.88
1987	87.93	80.86	101.95	83.21	116.32		151.32
1988	87.81	80.77	101.91	82.54	115.79		150.63
1989	87.63	80.73	101.89	82.32	115.73		149.94
1990	87.61	80.62	101.82	82.15	114.83		148.89
1991	87.51	80.45	101.25	82.10	114.67		148.33
1992	86.01	80.38	100.79	81.63	114.16		147.53
1993	86.00	80.20	100.52	81.55	112.86		146.79
1994	85.85	79.97	100.09	81.42	112.45	26.93	115.52
1995	85.85	77.97	99.92	81.07	111.88	26.84	115.38
1996	85.68	77.91	99.62	80.47	111.44	25.99	115.15
1997	76.65	77.44	100.79	79.37	122.66	33.89	117.47
1998	76.60	77.03	100.67	80.65	122.83	32.43	117.40
1999	76.64	77.05	100.63	80.14	122.48	33.98	117.66
2000	76.70	77.22	100.63	80.57	121.37	32.93	115.99
2001	76.25	77.13	100.10	79.90	121.16	32.24	116.05
2002	76.41	76.93	100.05	79.85	121.17	31.99	116.31
2003	76.10	76.72	100.08	79.70	112.70	32.00	113.19
2004	76.09	76.56	100.08	79.57	111.84	31.68	108.97
2005	76.28	76.44	100.08	79.37	111.39	31.68	109.43
2006	75.34	75.92	99.84	79.02	112.38	31.63	109.31
2007	75.51	75.80	99.76	79.00	111.79	31.60	109.37
2008	75.72	75.48	100.00	78.76	110.68	31.56	106.52
2009	75.67	73.57	99.40	78.64	111.86	31.75	105.10
2010	75.67	75.51	97.46	78.43	111.96	32.43	109.52
2011	79.58	81.09	103.47	80.41	116.31	32.37	106.53
2012	79.75	80.92	103.41	80.23	116.33	32.43	107.02
2013	79.57	80.90	103.30	80.30	116.30	32.31	106.91
2014	79.57	81.20	103.42	80.33	116.32	39.55	106.85
2015	79.52	81.30	103.49	80.16	116.60	32.25	106.81
2016	79.49	81.57	103.39	80.22	116.42	31.86	106.50
2017	80.31	81.54	103.92	80.32	116.58	31.79	106.07
2018	81.03	81.74	105.32	80.35	116.64	31.76	106.10
2019	78.81	81.60	102.29	74.16	100.54	29.18	95.76
2020	78.34	81.28	102.16	73.78	100.31	28.97	102.65

21-16 历年农业机械总动力

（年底数） 单位：万千瓦

年 份	丰 县	沛 县	睢宁县	新沂市	邳州市	贾汪区	铜山区
1978	12.44	12.95	11.44	10.47	13.70		23.21
1979	12.86	14.47	12.64	14.28	14.87		26.21
1980	15.96	15.65	14.10	15.65	16.74		29.45
1981	16.77	17.27	16.04	17.15	18.35		30.82
1982	18.95	19.29	18.84	18.47	22.39		35.35
1983	20.59	21.80	20.18	20.05	25.99		40.13
1984	24.02	23.91	21.56	19.99	29.12		49.46
1985	25.74	24.32	22.93	19.91	30.07		56.19
1986	27.61	25.54	25.00	21.27	34.61		60.61
1987	30.40	28.50	26.84	22.76	36.96		72.00
1988	32.50	29.16	28.11	23.23	38.18		86.62
1989	34.39	27.70	26.25	23.44	39.96		93.14
1990	30.27	34.42	25.27	23.15	39.81		93.52
1991	30.49	34.29	25.19	22.34	40.40		72.86
1992	28.09	33.17	24.79	22.66	36.61		65.23
1993	29.56	32.81	25.59	22.73	34.90		63.29
1994	29.51	32.73	25.89	23.66	33.58	16.21	39.84
1995	30.34	34.52	23.55	24.74	29.72	19.58	36.93
1996	31.80	35.32	24.55	25.02	31.54	23.31	36.37
1997	44.92	40.34	26.98	29.97	38.24	26.13	54.86
1998	47.90	41.96	29.92	32.61	41.47	26.46	58.19
1999	50.58	43.30	31.33	36.55	46.83	27.33	72.20
2000	57.51	65.59	45.85	41.18	57.97	28.24	70.67
2001	58.11	67.20	48.66	43.09	65.02	28.34	71.06
2002	57.81	68.52	50.93	44.58	70.80	28.87	73.14
2003	59.37	69.07	53.43	46.42	75.55	28.19	73.85
2004	59.98	70.25	55.83	46.62	78.06	29.17	73.95
2005	60.44	74.62	60.02	49.76	83.15	28.16	67.30
2006	61.66	78.44	65.01	53.91	88.34	31.99	70.46
2007	62.13	79.94	66.99	56.71	94.46	32.57	71.50
2008	66.25	82.31	82.07	60.40	96.80	33.03	91.90
2009	69.13	84.10	86.26	65.84	101.40	34.16	93.90
2010	69.93	85.65	89.37	69.03	104.10	34.16	96.20
2011	73.80	89.13	96.96	72.61	111.13	34.27	98.79
2012	76.77	92.41	103.00	77.18	116.04	35.90	98.76
2013	77.83	95.94	106.30	81.13	113.25	38.10	98.92
2014	80.27	97.80	111.80	94.93	116.02	41.98	199.44
2015	81.73	100.09	117.99	105.08	117.34	44.57	102.63
2016	82.84	102.08	122.05	115.86	118.52	43.74	111.65
2017	83.05	103.60	123.06	121.99	127.91	45.55	113.50
2018	83.93	104.60	120.65	124.03	128.44	45.00	116.10
2019	87.56	105.50	122.78	127.73	129.13	45.00	118.03
2020	94.34	107.30	124.10	130.27	130.02	44.57	120.45
2021	101.89	109.00	118.15	131.34	130.69	44.74	118.25

21-17 历年农林牧渔业总产值

（当年价格）　　单位：万元

年 份	丰县	沛县	睢宁县	新沂市	邳州市	贾汪区	铜山区
1978	15810	18382	18356	18265	24491		31848
1979	20724	19705	18880	18612	28479		42217
1980	23182	21854	23603	18598	31461		37976
1981	24163	24754	26421	21157	34168		37987
1982	29770	27695	33934	26418	38514		47763
1983	35419	33163	35885	33330	43581		60996
1984	43388	40732	47968	37414	55344		66347
1985	41474	42583	49402	41786	59884		75225
1986	45200	55998	51449	50860	76645		85209
1987	52613	62592	51600	63375	83140		94380
1988	64426	73268	54879	78355	110264		146023
1989	69328	73819	66570	87884	110596		147659
1990	78230	91721	80470	94180	128027		163381
1991	91766	93687	89271	104601	135059		175889
1992	91465	91402	102009	119878	142777		209745
1993	131067	122049	135878	154151	171199		257302
1994	180928	197257	217635	213544	292885	69207	320311
1995	239818	247827	269129	256031	384102	81524	399924
1996	280443	324758	317969	293759	461242	103763	454553
1997	256802	333973	296479	285292	426967	83755	384232
1998	266865	348366	282536	303556	450727	45715	401055
1999	279736	354591	278597	312216	459072	87041	381167
2000	300605	363461	273376	321307	486340	98383	400294
2001	320867	381637	289274	339682	516544	93765	431471
2002	342465	405504	314341	360180	552480	96946	460307
2003	366826	422362	325021	308914	580636	97560	405606
2004	414977	483373	399044	380824	599434	109816	478627
2005	355373	566218	389692	414548	695374	114731	464871
2006	395859	594072	413557	446353	779016	132053	501253
2007	437125	651825	442820	507574	830250	146082	541433
2008	530887	673930	519253	503328	882368	148287	599778
2009	580693	751617	665887	615434	991811	175664	670996
2010	649355	903156	787066	694783	1100101	206611	684373
2011	775231	1090245	950728	806247	1327479	249013	856960
2012	886899	1207167	1046895	916229	1494402	280359	981564
2013	1027733	1352225	1182998	1028666	1628505	359550	1152242
2014	1232193	1501940	1342580	1175475	1873621	359550	1286776
2015	1371308	1618628	1463121	1281589	2054161	433675	1452086
2016	1479144	1738438	1586230	1360946	2233015	433675	1546741
2017	1628580	1921838	1754373	1500399	2474180	508770	1703707
2018	1442060	1841669	1644565	1504480	2417489	459718	1605059
2019	1526127	1958335	1785858	1584550	2590244	491825	1718028
2020	1620759	2059622	1847749	1673529	2753637	528554	1842809
2021	1680168	2138142	1912666	1742754	2877117	544222	1922767

21-18 历年粮食产量

单位：万吨

年 份	丰县	沛县	睢宁县	新沂市	邳州市	贾汪区	铜山区
1978	24.82	29.08	30.57	31.47	36.94		51.50
1979	28.59	33.87	32.04	36.83	41.14		60.73
1980	30.81	32.71	37.69	38.98	44.22		63.44
1981	31.30	35.49	45.39	41.40	49.93		69.80
1982	35.09	36.30	52.62	45.55	53.33		68.95
1983	42.13	49.79	57.79	55.16	65.35		95.67
1984	49.19	56.51	64.08	58.77	71.22		103.18
1985	49.41	48.94	62.97	54.68	67.14		94.84
1986	51.27	55.30	66.17	57.32	72.59		105.80
1987	45.11	54.20	68.25	58.89	74.99		100.12
1988	38.92	52.38	59.29	52.50	71.34		94.04
1989	43.55	55.97	68.58	54.27	75.44		104.71
1990	43.72	55.69	67.29	51.54	71.20		107.60
1991	48.70	55.82	66.88	55.30	74.62		108.48
1992	46.11	55.63	68.27	55.47	79.67		111.70
1993	50.15	59.30	60.79	54.54	74.86		105.65
1994	46.64	52.62	61.02	50.61	70.92	20.34	72.63
1995	51.24	58.58	63.66	54.20	76.10	21.64	76.75
1996	52.24	62.25	69.76	54.29	78.25	22.50	79.94
1997	53.44	62.50	73.80	56.55	81.10	22.72	82.56
1998	44.19	51.91	64.62	49.79	73.00	23.04	75.87
1999	54.93	56.89	73.62	50.74	75.66	21.28	81.88
2000	40.34	45.60	53.92	39.00	64.57	16.89	56.63
2001	38.25	44.43	51.53	37.55	65.30	16.00	54.17
2002	38.06	45.22	49.49	37.69	60.38	15.54	48.88
2003	23.83	36.22	39.70	25.74	36.80	10.62	33.28
2004	43.17	47.35	58.48	35.07	62.03	16.64	51.32
2005	38.08	48.19	53.68	36.80	60.65	18.17	53.30
2006	42.77	48.03	65.47	41.98	60.30	20.11	61.58
2007	40.03	46.29	61.34	49.12	66.11	18.87	65.43
2008	43.91	51.76	74.67	52.94	69.93	22.78	65.43
2009	49.43	55.62	84.29	59.93	73.75	23.94	71.37
2010	46.01	58.11	85.31	62.67	75.88	24.37	79.20
2011	51.10	59.89	88.51	63.58	79.50	23.51	81.61
2012	52.89	61.17	91.62	65.68	82.77	24.31	84.22
2013	51.76	58.99	85.03	62.68	78.74	22.83	83.33
2014	53.49	60.71	90.98	65.97	80.85	23.52	78.94
2015	52.99	61.63	92.03	65.95	80.64	23.43	79.32
2016	52.54	60.27	92.78	66.06	80.75	23.43	79.37
2017	55.29	62.32	93.92	69.62	82.34	23.24	81.08
2018	55.18	63.12	93.74	70.44	80.69	22.73	84.03
2019	60.73	65.78	93.40	71.49	84.53	22.67	89.20
2020	60.76	66.23	93.80	71.96	84.87	22.71	89.54
2021	60.82	66.28	94.18	71.99	85.04	22.73	89.52

注：2006 年数据根据农普资料进行了调整。

21-19　历年棉花产量

单位：万吨

年　份	丰县	沛县	睢宁县	新沂市	邳州市	贾汪区	铜山区
1978	0.25	0.37	0.64	0.07	0.41		0.73
1979	0.32	0.31	0.41	0.01	0.35		0.60
1980	0.71	0.73	1.00	0.01	0.79		1.22
1981	0.63	0.75	0.93	0.01	0.75		1.26
1982	1.15	1.07	0.94		0.80		1.73
1983	1.43	1.25	1.28		1.04		2.33
1984	2.33	1.40	1.68		1.36		2.56
1985	1.45	1.04	1.06		1.53		1.97
1986	1.77	0.77	0.76		1.31		1.63
1987	2.05	1.09	0.85		1.56		1.94
1988	1.94	1.18	1.15	0.04	1.97		2.55
1989	1.25	0.30	0.72	0.03	1.16		1.23
1990	1.62	0.42	0.84	0.01	1.18		1.51
1991	1.98	0.86	1.05		1.70		2.36
1992	1.00	0.41	0.98		1.26		1.81
1993	1.12	0.55	0.60		0.78		1.74
1994	0.80	0.32	0.71		1.10	0.26	1.04
1995	1.01	0.55	0.85		1.69	0.28	1.54
1996	0.90	0.61	0.68		1.17	0.32	1.25
1997	0.80	0.40	0.68		1.20	0.33	0.86
1998	0.71	0.23	0.57		1.07	0.30	1.02
1999	0.36	0.09	0.39		0.70	0.28	0.71
2000	1.53	0.26	0.62		1.12	0.32	1.24
2001	1.66	0.47	1.02		1.80	0.41	1.43
2002	1.71	0.49	1.10		1.51	0.39	1.16
2003	1.45	0.31	0.58		1.03	0.26	0.78
2004	2.31	1.02	0.99		1.95	0.43	1.65
2005	0.95	0.39	0.62		1.04	0.31	0.84
2006	1.05	0.31	0.37		0.78	0.25	0.54
2007	1.60	0.52	0.34		0.86	0.09	0.63
2008	1.68	0.45	0.25		0.86	0.12	0.81
2009	1.61	0.42	0.14		0.77	0.09	0.80
2010	1.10	0.34	0.21		0.68	0.11	0.79
2011	1.30	0.38	0.17		0.70	0.12	0.71
2012	1.54	0.39	0.15		0.74	0.12	0.74
2013	1.62	0.46	0.16		0.58	0.10	0.70
2014	1.69	0.16	0.14		0.52	0.07	0.63
2015	1.58	0.17	0.11		0.17	0.07	0.47
2016	1.02	0.40	0.09		0.07	0.07	0.39
2017	1.13	0.29	0.05		0.06	0.04	0.32
2018	0.56	0.22	0.05		0.04	0.03	0.13
2019	1.04	0.06	0.05		0.03	…	0.03
2020	0.66	0.04					
2021	0.57	0.02					

21-20 历年油料产量

单位：万吨

年 份	丰县	沛县	睢宁县	新沂市	邳州市	贾汪区	铜山区
1978	0.11	0.08	0.19	0.73	0.12		0.35
1979	0.17	0.12	0.29	0.99	0.18		0.32
1980	0.28	0.23	0.44	1.37	0.33		0.50
1981	0.41	0.24	0.96	2.20	0.56		0.67
1982	0.44	0.21	2.63	2.67	0.77		0.83
1983	0.27	0.11	1.86	2.49	0.43		0.53
1984	0.30	0.26	1.69	1.92	0.41		0.52
1985	0.79	0.74	3.67	3.09	0.79		1.41
1986	1.00	0.78	3.75	3.05	0.76		1.29
1987	0.68	0.61	4.53	2.71	0.80		1.28
1988	0.36	0.46	0.61	2.67	0.31		0.40
1989	0.44	0.47	0.87	2.34	0.38		0.50
1990	0.51	0.57	0.62	2.08	0.41		0.57
1991	0.49	0.60	1.18	2.53	0.82		0.70
1992	0.50	0.43	0.97	2.21	0.75		0.66
1993	0.62	0.50	1.44	3.14	0.57		0.86
1994	0.68	0.40	2.15	4.04	1.33	0.27	0.45
1995	0.63	0.55	1.42	3.91	1.22	0.26	0.35
1996	0.68	0.70	0.96	2.75	0.70	0.27	0.32
1997	0.86	0.75	1.22	3.83	0.58	0.26	0.36
1998	1.18	1.01	2.11	4.03	0.61	0.37	0.23
1999	1.73	1.07	3.43	5.79	0.78	0.42	1.00
2000	2.68	1.44	5.28	7.65	1.21	0.52	1.40
2001	3.50	1.46	4.83	8.78	2.54	0.67	1.13
2002	2.20	1.60	5.52	9.09	1.92	0.47	1.42
2003	1.12	0.86	3.01	2.78	1.09	0.53	0.93
2004	1.56	0.81	4.73	8.67	1.97	0.38	1.78
2005	0.60	0.62	3.33	8.43	1.62	0.48	1.19
2006	0.70	0.68	2.20	6.11	1.33	0.36	0.95
2007	0.68	0.35	1.75	5.76	1.60	0.13	0.96
2008	0.62	0.36	1.95	5.40	1.47	0.17	0.73
2009	0.61	0.40	2.06	7.04	1.49	0.15	0.68
2010	0.51	0.24	1.60	7.44	1.48	0.16	0.64
2011	0.47	0.20	1.58	6.57	1.76	0.19	0.68
2012	0.47	0.20	1.66	5.83	1.63	0.15	0.69
2013	0.45	0.27	1.46	5.51	1.50	0.21	0.56
2014	0.48	0.26	1.49	6.23	1.47	0.16	0.49
2015	0.51	0.28	2.04	6.26	1.42	0.15	0.51
2016	0.44	0.24	3.07	7.54	1.40	0.16	0.56
2017	0.43	0.38	3.14	6.70	1.39	0.18	0.56
2018	0.42	0.29	3.03	6.90	1.02	0.18	0.44
2019	0.47	0.39	3.53	7.09	1.02	0.17	0.46
2020	0.58	0.36	2.13	6.77	1.02	0.17	0.47
2021	0.62	0.33	2.96	6.03	1.00	0.18	0.48

21-21　历年肉类总产量

单位：万吨

年　份	丰 县	沛 县	睢宁县	新沂市	邳州市	贾汪区	铜山区
1978							
1979							
1980							
1981							
1982							
1983							
1984							
1985	1.71	1.83	2.53	2.39	2.81		2.65
1986	1.79	1.70	2.88	2.40	2.36		2.86
1987	2.52	1.68	2.72	2.49	3.01		3.58
1988	2.78	2.27	3.25	2.72	3.05		4.33
1989	2.83	2.27	3.17	2.58	3.38		4.48
1990	3.03	2.61	3.56	2.86	4.13		5.12
1991	3.66	2.86	3.65	2.90	4.54		5.37
1992	3.98	2.96	4.14	3.16	5.10		6.09
1993	4.45	3.49	4.99	3.64	5.30		7.32
1994	4.55	3.81	6.17	4.93	6.23	0.98	6.56
1995	5.03	4.67	7.25	5.32	7.67	1.23	8.15
1996	7.48	6.32	8.92	5.15	8.98	1.52	9.16
1997	3.14	5.19	6.06	5.29	6.20	1.78	4.78
1998	4.76	5.67	4.82	5.58	7.26	0.98	4.55
1999	4.35	5.49	4.06	5.01	6.84	1.19	5.06
2000	4.56	6.30	3.97	6.20	7.45	1.01	5.63
2001	5.10	6.87	4.36	6.89	8.06	1.04	5.79
2002	5.23	6.94	5.32	6.11	8.26	1.34	6.03
2003	5.60	6.94	5.34	6.30	8.81	1.43	6.61
2004	5.63	7.15	6.22	6.30	9.38	1.49	6.82
2005	6.32	8.17	7.06	6.86	10.17	1.42	6.40
2006	4.29	11.36	6.43	7.34	10.56	1.54	7.14
2007	4.23	9.90	5.48	5.89	8.83	1.55	6.42
2008	7.86	11.94	7.22	7.80	13.36	1.42	7.30
2009	10.57	12.67	9.24	9.88	17.48	1.59	8.74
2010	12.01	17.61	11.04	12.70	20.42	2.04	10.23
2011	13.32	19.54	12.91	12.63	19.55	2.32	11.49
2012	15.14	19.49	15.57	14.92	20.43	2.77	12.47
2013	16.19	18.55	14.34	13.28	20.62	2.75	11.09
2014	15.93	18.96	14.93	13.89	21.08	3.05	10.59
2015	16.72	19.38	14.17	12.91	20.68	3.13	10.41
2016	13.85	17.55	12.15	11.68	19.93	2.78	9.89
2017	13.80	17.62	10.39	10.33	16.86	2.82	9.75
2018	6.52	13.54	8.83	10.87	15.78	2.87	9.95
2019	3.96	10.94	7.70	7.84	12.10	2.76	8.99
2020	4.30	11.58	6.92	8.35	14.26	2.37	9.00
2021	4.94	10.99	10.90	9.79	14.70	2.05	10.34

21-22 历年邮电业务总量

单位：万元

年份	丰县	沛县	睢宁县	新沂市	邳州市	铜山区
1978	53	66	65	67	72	72
1979	56	74	70	78	73	70
1980	63	79	76	84	82	80
1981	68	88	82	97	94	89
1982	69	92	82	101	97	95
1983	74	100	87	106	99	107
1984	81	113	98	110	114	107
1985	93	130	112	126	128	122
1986	97	148	119	148	142	128
1987	108	165	138	162	163	128
1988	131	199	176	199	216	153
1989	139	213	193	217	222	172
1990	325	483	430	477	480	206
1991	386	529	544	543	596	593
1992	511	763	752	840	829	774
1993	722	1207	1008	1259	1227	1154
1994	1356	1750	1598	1834	2090	1398
1995	2200	2594	2575	3405	3354	2335
1996	2994	3779	3464	4087	4463	3735
1997	4520	5628	5169	5614	6272	4880
1998	5851	6986	6756	7227	8534	1084
1999	6981	9140	8144	8275	10724	1164
2000	10487	14645	10763	13269	17517	1638
2001	10308	12875	11297	11784	16573	2010
2002	10742	13486	11767	11986	16611	2488
2003	12905	15924	13946	14313	19077	9207
2004	6234	8340	7227	7245	10789	11043
2005	7235	9905	8630	9111	12756	5233
2006	10181	13059	11904	11399	16508	14502
2007	26922	37403	33023	33868	49353	45696
2008	30719	38781	37780	39634	56284	58462
2009	40988	51202	46782	44708	59252	46242
2010	56228	69137	60394	60718	79485	58455
2011	42916	55635	49128	50933	65536	55410
2012	51983	64783	57971	57155	74320	
2013	153394	192013	183881	166383	235569	
2014	149084	186814	188957	171454	227140	
2015	165129	200653	205099	188432	240449	
2016	193859	222595	269623	249448	299179	
2017	142061	164419	202066	223788	222121	
2018	338921	398492	480852	503071	491694	
2019	576631	672766	784463	755526	859352	
2020	705183	817395	927163	914643	1075366	
2021	115543	149302	167992	215468	161409	206703

注：2006年及以前邮电业务总量中电信业务总量以电信业务收入代替。

21-23 历年年末固定电话用户

单位：户

年 份	丰县	沛县	睢宁县	新沂市	邳州市	贾汪区	铜山区
1978	992	2044	1517	1391	1716		
1979	1110	2130	1563	1483	1809		
1980	1186	2130	1674	1705	1881		
1981	1250	2162	1729	1774	1898		
1982	1229	2237	1799	2132	1863		
1983	1152	2374	1815	2253	1917		
1984	1224	2500	1907	2508	2076		
1985	1353	2744	2028	2833	2310		
1986	1462	3122	2167	2965	2348		
1987	1547	3579	2304	3288	2611		
1988	1800	4141	2625	3650	2946		
1989	1961	5059	3189	4060	3418		
1990	2256	6011	3659	4316	3791		
1991	2848	6767	4779	4953	4502		
1992	3133	8601	5393	7452	5845		
1993	3627	11141	6763	9206	7883		
1994	6910	16834	10704	11529	11767	9505	
1995	12173	22799	16219	20675	22594	9385	
1996	21588	33719	29817	39309	34371	13748	
1997	36893	53963	40811	54080	48738	18203	
1998	49871	70380	61097	75566	82685	26400	
1999	44267	59464	52052	58453	70343	23787	
2000	65944	81326	73890	80146	100162	45229	
2001	94810	106240	106927	98699	134368	59900	
2002	124422	140187	134598	129540	175820	71880	
2003	165988	187204	177939	168802	229143	68421	198979
2004	208672	239275	228993	209109	293284	75000	282600
2005	239468	275750	273883	257232	353097	78000	295707
2006	248726	288165	298558	266937	372969	78000	270251
2007	242158	235777	297598	270527	353257	111700	272056
2008	220611	230571	270364	237400	312135	77000	241018
2009	145540	167392	199079	160805	202749	56100	180008
2010	137603	157466	188348	150520	190971	45500	173708
2011	140462	197216	187160	207733	221426	61480	239038
2012	100803	146045	155666	132020	154129	56751	161416
2013	100036	146919	155292	133787	157783	55048	170089
2014	88545	146269	146843	120367	144323	55680	154977
2015	82152	113449	128151	100704	130520	46674	133088
2016	79027	99583	115086	91685	113514	46357	121435
2017	72952	90954	110607	85811	108390	46708	113004
2018	65510	75410	91041	75910	91781	37756	93262
2019	62283	72876	87369	73860	90118	34755	93089
2020	57842	66430	76617	69451	83913	34424	85219
2021	56128	62917	73224	67316	80312	32927	80047

21-24 历年社会消费品零售总额

单位：万元

年 份	丰 县	沛 县	睢宁县	新沂市	邳州市	铜山区
1978	5581	6587	7448	6594	7799	11569
1979	6981	8136	9037	7842	10096	12704
1980	8962	9357	10741	8968	12282	13144
1981	10167	10934	11616	10625	13140	14478
1982	11883	12036	12343	12169	14186	16486
1983	12191	13541	13945	13490	15083	18637
1984	14000	16071	16575	14216	17547	21802
1985	18465	19762	21199	18869	22883	27613
1986	20579	22168	23307	22833	26869	32365
1987	23555	26658	25849	25821	29582	37441
1988	28620	31213	30628	30630	35904	43827
1989	31599	33343	31893	31650	38837	44445
1990	32267	32521	31685	32118	40060	42464
1991	32403	34096	31180	32383	41918	49490
1992	34137	34653	32052	33724	45431	51984
1993	39286	48316	37241	40875	52642	65149
1994	54753	62427	52309	59092	69494	65539
1995	76628	87384	65071	78931	88684	87294
1996	96019	109143	75347	95041	116576	115137
1997	109373	123898	80597	106335	130511	134922
1998	119663	133896	79174	114572	135925	141444
1999	127942	143384	81994	124354	149811	157831
2000	139713	162239	85449	136286	169796	170837
2001	159646	180726	97083	153277	197733	189870
2002	182908	201892	134289	172292	225800	211192
2003	181997	200709	151811	192980	257637	207374
2004	201488	367907	247115	241684	313187	297601
2005	228558	419797	280748	274815	358288	337518
2006	265589	488739	326122	319740	418897	392774
2007	309891	574359	381643	375052	494230	461524
2008	395049	740453	485889	480608	653838	607362
2009	453699	852994	558360	552357	753088	701373
2010	540425	978458	668732	651335	896320	925358
2011	655798	1169794	809290	788659	1072387	1095131
2012	735686	1334827	914236	891817	1223647	1249094
2013	836334	1517445	1041135	1012947	1392273	1421227
2014	1237639	2014108	1463688	1422767	2074610	1994499
2015	1400816	2281676	1665468	1614628	2348136	2259462
2016	1584990	2577104	1884438	1831753	2659207	2540728
2017	1780776	2898009	2117179	2061649	2990277	2857107
2018	2760870	4365553	4447178	3023899	3323671	4365581
2019	2884611	4561391	4673957	3173780	3481758	4571503
2020	2600477	4276304	4222921	2867510	3326820	4130353
2021	3189484	5634031	5175189	3683317	4086998	4654043

注：1992-2018 年数据根据第四次经济普查数据进行修订。

21-25 历年进出口总额

单位：万美元

年　份	丰县	沛县	睢宁县	新沂市	邳州市	贾汪区	铜山区
1978							
1979							
1980							
1981							
1982							
1983							
1984							
1985							
1986							
1987							
1988							
1989							
1990		8	6	30			
1991		10	8	20			
1992	34	13	8	0			
1993	85	14	10	54	23		338
1994	42	23	11	65	322		31
1995	27	300	28	331	311		249
1996	197	762	45	901	961		1375
1997	653	1150	231	1365	706		3683
1998	965	1276	87	1625	733		3667
1999	370	2803	89	620	674	142	2490
2000	431	479	194	1898	864	174	2260
2001	317	220	267	2060	1193	340	2945
2002	341	285	530	2066	2988	570	4098
2003	637	395	560	3286	4718	782	5129
2004	1078	648	789	5362	10183	1290	6710
2005	1474	1172	3207	5640	14823	1513	6240
2006	2820	1789	6819	9105	25423	1675	6733
2007	3200	2726	10968	11948	35162	2120	10892
2008	4035	3975	8499	17029	40221	2617	13642
2009	3796	4579	5697	17334	41446	8470	10242
2010	7272	8611	20323	25099	66931	14317	15351
2011	11144	28753	35640	28306	101286	27316	32847
2012	17117	37646	72170	42985	144313	40450	56047
2013	18257	26715	71846	52246	73142	27834	77734
2014	16556	34851	47506	42862	87554	18222	86207
2015	9983	31786	55620	40540	94725	12220	60458
2016	14581	33040	73116	45808	103161	30646	37207
2017	157143	325279	363090	454582	791845	68076	495313
2018	538336	451804	510284	818996	1012360	335528	941432
2019	666725	525806	565028	921116	1277787	374191	1170437
2020	699197	960947	662799	1093022	1295346	380675	1323875
2021	741990	808212	789026	1351399	1494140	480409	1401248

注：自 2017 年起进出口总额为人民币口径，单位万元。

21-26 历年出口总额

单位：万美元

年 份	丰 县	沛 县	睢宁县	新沂市	邳州市	贾汪区	铜山区
1978							
1979							
1980							
1981							
1982							
1983							
1984							
1985							
1986							
1987							
1988							
1989							
1990		8	6	30			
1991		10	8	20			
1992	34	13	8	0			
1993	85	14	10	54	23		338
1994	42	23	11	65	322	485	31
1995	27	300	28	241	311	229	249
1996	197	762	45	870	961	577	1375
1997	653	1150	231	1295	706	1093	2697
1998	965	1276	67	1592	733	1200	3099
1999	370	2803	55	435	674	142	1448
2000	431	479	180	1429	864	174	1743
2001	317	211	162	950	1193	183	2310
2002	341	285	224	1429	2988	488	3268
2003	637	395	402	2252	4718	626	3911
2004	910	648	321	3531	10183	961	5411
2005	1305	595	1067	4107	14745	1096	4852
2006	2299	1298	1837	4680	25323	1358	5084
2007	3061	2685	1718	6952	33854	1982	8599
2008	3796	3542	1393	13060	37504	2500	10484
2009	3270	3634	1381	9906	39032	6934	7572
2010	6405	8238	10492	15449	64123	9033	11810
2011	10392	28383	22524	22546	97937	10798	27458
2012	17078	36914	48893	25074	140206	13871	51791
2013	17128	25933	47421	38851	65695	13191	71981
2014	16205	33596	29202	22758	72499	13144	73789
2015	9945	31210	40938	20847	82024	11177	50571
2016	12611	31502	61370	29846	91605	29989	30257
2017	113165	314621	295680	344643	727233	36728	446144
2018	246950	431338	448447	734003	953841	320590	895590
2019	588591	493489	460856	785370	1154879	371208	1078504
2020	643624	748198	626020	876668	1210444	378537	1160224
2021	690757	705812	686494	1005355	1350010	433655	1268252

注：自 2017 年起出口总额为人民币口径，单位万元。

21-27 历年实际使用外资

单位：万美元

年 份	丰县	沛县	睢宁县	新沂市	邳州市	贾汪区	铜山区
1978							
1979							
1980							
1981							
1982							
1983							
1984							
1985							
1986							
1987							
1988							
1989							
1990		58			10		
1991		61		143			19
1992	531	62	29	44	52		154
1993		142	127	528	150		
1994	112	330	47	711	265	20	552
1995	23	316	659	1067	70	262	1734
1996	520	878	604	608	820	453	1544
1997	42	632	253	717	118	767	878
1998	426	759	91	762	280	881	1294
1999	377	821	10	143	15	633	1624
2000	3477	5240	1164	453	464	777	3448
2001	1843	1345	881	913	784	118	2360
2002	1518	1840	1242	1828	2586	811	2458
2003	2129	3110	1750	1945	4030	1497	3817
2004	701	2037	1998	2859	4811	2771	3254
2005	453	793	1698	914	3337	1000	3709
2006	669	1813	385	1197	3940	520	3006
2007	119	955	1310	1930	3910	1941	4279
2008	482	2394	1134	1326	3012	1700	6073
2009	1098	1981	2667	2604	6653	2816	8080
2010	3548	8186	5351	4214	4227	5073	5013
2011	4240	10677	10472	6599	16734	7336	16287
2012	6889	17022	12932	18450	17991	7071	10225
2013	13288	9444	11177	6240	25193	5574	20099
2014	10016	7174	12239	3390	18803	4102	22040
2015	5093	8306	10609	661	18802	416	6524
2016	4121	13038	11068	9993	18344	7263	14924
2017	7332	17282	9899	17281	20308	7842	22732
2018	8019	19424	13688	27169	23352	21423	36301
2019	8825	18571	14937	34001	26625	10042	29430
2020	10719	20037	14724	20822	29320	6981	25837
2021	15040	22607	14768	23120	32385	7444	31584

21-28 历年金融机构存款余额

（年底数） 单位：万元

年份	丰县	沛县	睢宁县	新沂市	邳州市	铜山区
1978	1837	3136	1444	2316	3106	5345
1979	2399	3284		3120	3100	4902
1980	2875	4200		4069	1961	9832
1981	5022	6940	4877	5027	6553	14116
1982	5088	7023	4838	6008	6372	20008
1983	6797	10208	6141	7317	8638	22421
1984	8901	14301	8842	8902	13061	29211
1985	9533	15979	8953	7778	12967	27026
1986	14755	23518	13134	13392	18106	36338
1987	21314	31463	15096	16638	23157	42162
1988	33930	50916	26576	24604	38244	101302
1989	41592	54235	30909	28825	45297	101385
1990	45540	72942	30578	37086	51235	130105
1991	58389	91595	43924	44799	63715	163671
1992	68038	109118	56667	53151	76573	191854
1993	82111	138413	69903	65805	98074	235212
1994	101203	177476	89463	84266	133823	227397
1995	126259	228300	108597	114259	170289	299449
1996	160051	282481	129704	144377	212096	397126
1997	184294	334381	155819	172473	265491	466258
1998	202842	375402	176429	189829	290241	479798
1999	214309	399968	195967	200851	327727	447114
2000	234947	435149	232361	211738	376325	
2001	267706	515503	277154	238487	416461	
2002	313444	591085	328267	286770	465173	
2003	342292	650666	376152	339602	531812	782659
2004	381379	766597	450926	401685	640338	1005189
2005	464517	894761	541638	459154	714438	1227538
2006	579389	1022218	648257	542146	832182	1448235
2007	685879	1160059	748577	634831	965045	1673637
2008	818346	1449307	874589	762853	1117426	2102891
2009	1012609	1802697	1203225	1022393	1412470	2713274
2010	1237618	2105658	1552054	1367829	1777676	3500298
2011	1456157	2464859	1868564	1580320	2053286	3757705
2012	1744220	2929076	2155969	1800078	2514837	
2013	2058711	3231849	2446515	2181317	2976061	
2014	2398365	3365344	2827866	2353682	3463384	
2015	2973594	3788786	3299813	2658207	4117882	
2016	3541443	4541010	4018965	3869686	5253351	
2017	3833062	5125386	4841221	4444041	6018152	
2018	4409677	5545112	5585677	4709802	6440412	
2019	4878736	6006997	5961607	5095014	6955325	
2020	5690462	6655215	6681164	5734984	7784238	
2021	6168054	7187247	7184304	6082125	8495814	

21-29 历年金融机构贷款余额

（年底数）　　单位：万元

年份	丰县	沛县	睢宁县	新沂市	邳州市	铜山区
1978	5797	5147	7513	6539	7389	7531
1979	6557	6056		9046	8416	507
1980	8608	8320		11117	5693	11041
1981	10657	10164	14950	12047	12502	14552
1982	11838	11047	16873	12806	13666	18971
1983	14961	14973	18659	15731	17608	23631
1984	22800	20272	26554	20597	23621	33537
1985	23955	21811	26556	21967	24260	30849
1986	23619	25493	30139	25202	28473	34318
1987	30051	34615	35710	27659	35065	43078
1988	40078	42129	42454	33682	45529	72414
1989	42760	48419	45644	39567	51291	30092
1990	54344	60156	48158	47492	63296	97147
1991	68054	75465	65786	60662	78020	122990
1992	71953	87955	72499	70518	82859	137975
1993	83172	104424	81590	82763	93846	165564
1994	101478	123824	101536	99263	119778	172538
1995	122433	156109	119301	116298	146597	229780
1996	139456	199805	127800	144036	165083	288921
1997	162500	270044	154744	194145	210939	340406
1998	177176	290329	174750	214116	228154	389318
1999	185233	300287	169663	211732	232973	356499
2000	172863	290188	143036	192087	221341	
2001	186201	302386	158528	200594	358097	
2002	186511	317655	175184	208252	416690	
2003	196355	378965	193408	243692	461613	541456
2004	180528	372238	201152	269633	500891	586723
2005	190997	344037	217166	275663	495003	630614
2006	245075	357974	271389	353228	567831	721496
2007	238736	347166	312390	435818	619833	873131
2008	289367	346410	369949	539993	679753	990968
2009	466892	520922	593081	842694	975664	1471172
2010	638501	706312	808866	1067845	1241637	2075650
2011	848770	892845	982607	1304818	1498377	2426655
2012	966398	1087704	1172305	1571333	1889226	
2013	1146818	1417916	1392059	1862149	2260353	
2014	1280908	1573277	1693980	2020852	2713875	
2015	1474972	1873874	1926127	2218496	3195690	
2016	1773131	2225951	2243856	2463821	3661281	
2017	2118672	2690136	2816990	2800329	4275196	
2018	2404360	3155727	3282101	3328841	4881429	
2019	2785774	3682800	3854604	3830482	5458747	
2020	3641227	4551584	4638024	4748113	6700424	
2021	4596609	5607172	5817930	5976727	7886082	

21-30 历年各类专业技术人员

单位：万人

年 份	丰 县	沛 县	睢宁县	新沂市	邳州市	贾汪区	铜山区
1978	0.24	0.21	0.16	0.18	0.25		0.32
1979	0.27	0.24	0.18	0.20	0.27		0.35
1980	0.29	0.27	0.21	0.23	0.30		0.39
1981	0.32	0.30	0.24	0.26	0.33		0.43
1982	0.36	0.33	0.27	0.29	0.36		0.47
1983	0.39	0.38	0.30	0.32	0.39		0.52
1984	0.43	0.42	0.34	0.36	0.43		0.57
1985	0.44	0.44	0.41	0.31	0.51		0.65
1986	0.45	0.49	0.44	0.38	0.50		0.68
1987	0.55	0.51	0.52	0.45	0.57		0.77
1988	0.65	0.63	0.63	0.53	0.66		0.79
1989	0.78	0.81	0.87	0.66	0.84		0.93
1990	0.82	0.82	0.91	0.68	0.89		0.98
1991	0.97	0.94	0.92	0.72	0.99		1.08
1992	1.00	0.93	0.98	0.77	0.85		1.18
1993	1.01	1.04	1.04	0.86	1.08		1.29
1994	1.01	1.16	1.04	0.88	1.12	0.68	1.12
1995	1.18	1.50	1.29	1.00	1.28	0.77	1.57
1996	1.40	1.56	1.43	1.43	1.29	0.86	1.70
1997	1.53	1.81	1.65	1.58	1.77	0.47	1.76
1998	1.58	2.00	1.79	1.69	2.05	0.52	1.83
1999	1.62	2.05	1.81	1.74	2.23	0.54	1.87
2000	1.67	2.16	1.86	1.91	2.39	0.60	1.95
2001	1.67	2.06	1.88	1.89	2.57	0.64	1.93
2002	1.71	2.04	1.76	1.94	2.46	0.69	1.86
2003	1.63	2.05	1.80	1.77	2.38	0.75	1.87
2004	1.40	2.87	1.80	1.65	2.10	0.80	1.88
2005	1.51	1.92	1.79	2.09	2.60	0.84	2.13
2006	1.83	3.30	1.83	2.57	3.29	0.89	2.59
2007	1.84	3.31	1.84	2.58	3.30	0.94	2.59
2008	2.27	2.51	2.60	3.39	2.55	0.98	2.25
2009	2.27	2.52	2.61	3.40	2.56	1.03	2.25
2010	2.53	2.74	2.74	3.76	2.79	1.08	2.65
2011	3.17	3.98	3.98	3.84	4.52	1.10	4.77
2012	3.29	4.08	4.09	3.96	4.71	1.15	4.88
2013	3.54	4.28	4.32	4.17	5.10	1.20	5.13
2014	3.83	4.45	4.50	4.35	5.38	1.24	5.86
2015	4.00	4.68	4.60	4.90	5.40	1.28	4.60
2016	4.13	4.92	4.72	5.03	5.60	1.34	4.73
2017	4.90	5.22	5.02	5.29	6.10	1.38	5.57
2018	5.30	5.61	5.42	5.70	6.55	1.45	5.93
2019	5.20	6.02	5.85	5.62	6.80	1.54	6.33
2020	5.31	6.38	6.12	5.76	7.20	1.65	5.96
2021	3.82	6.19	7.06	6.18	6.41	3.38	7.35

注：2013 年及以后各类专业技术人员口径调整，仅含国有、集体口径，不再是全社会口径。

21-31 历年普通中学在校学生

单位：万人

年　份	丰县	沛县	睢宁县	新沂市	邳州市	贾汪区	铜山区
1978	9.57	5.64	5.54	4.21	6.52		7.31
1979	8.45	5.28	5.00	4.02	5.48		6.34
1980	7.69	4.32	4.61	3.80	4.40		5.74
1981	4.28	4.18	3.88	3.16	3.60		5.45
1982	4.05	3.75	3.52	3.09	3.51		5.45
1983	3.73	3.61	3.39	3.13	4.01		5.71
1984	3.71	3.65	3.57	3.06	4.08		6.18
1985	4.00	3.88	3.95	3.47	4.44		6.77
1986	4.16	4.16	4.24	3.57	5.31		6.98
1987	4.16	4.28	4.11	3.43	5.18		6.90
1988	3.94	4.32	3.84	3.31	5.10		6.73
1989	3.90	4.50	3.82	3.23	5.15		6.96
1990	3.69	4.15	3.72	3.02	5.15		7.45
1991	3.20	3.79	3.48	3.22	5.50		7.71
1992	3.31	3.89	3.61	3.38	5.51		7.74
1993	3.41	4.20	3.76	3.51	5.84		7.89
1994	4.06	5.49	4.20	3.57	6.73	1.75	6.56
1995	4.72	6.30	4.85	3.95	7.80	2.35	7.29
1996	5.28	7.05	5.66	4.49	7.67	2.55	8.18
1997	5.84	7.00	6.10	5.15	7.08	2.68	8.76
1998	6.25	7.22	6.73	5.70	7.67	2.74	9.53
1999	6.65	7.65	7.23	6.14	8.96	2.61	9.04
2000	7.14	8.06	7.82	5.89	10.85	2.38	8.21
2001	7.59	8.51	8.94	7.72	12.15	3.03	8.21
2002	8.20	9.45	10.24	8.84	13.94	3.63	9.53
2003	8.83	10.69	11.62	9.71	15.86	3.50	11.30
2004	9.42	11.49	12.62	9.97	15.80	4.28	11.92
2005	9.69	11.78	12.54	9.48	15.18	3.91	10.26
2006	10.17	11.34	12.21	8.83	13.94	3.37	10.29
2007	10.47	10.63	11.55	7.93	12.64	3.19	9.60
2008	10.12	9.93	10.95	6.93	11.27	2.92	8.28
2009	8.99	8.57	10.00	5.78	10.02	2.64	7.01
2010	7.94	7.17	8.95	4.72	9.00	2.31	5.85
2011	6.72	5.97	8.34	4.08	8.20	2.09	4.68
2012	5.80	5.25	7.42	3.85	7.94	1.90	4.35
2013	4.87	3.94	6.29	3.40	7.04	1.71	4.23
2014	4.45	3.72	5.73	3.20	6.87	1.59	4.12
2015	4.18	3.58	5.05	3.13	6.90	1.56	4.12
2016	4.27	3.74	4.72	3.58	7.49	1.51	4.37
2017	4.38	4.16	4.79	4.52	8.58	1.61	5.17
2018	4.69	4.92	5.17	5.73	9.91	1.85	5.70
2019	5.10	5.83	5.82	6.94	11.40	2.17	6.65
2020	5.85	6.79	6.61	7.98	12.77	2.55	7.48
2021	6.38	7.54	7.42	8.62	13.97	2.90	7.91

21-32 历年小学在校学生

单位：万人

年 份	丰 县	沛 县	睢宁县	新沂市	邳州市	贾汪区	铜山区
1978	8.85	13.91	14.47	12.32	16.60		21.36
1979	9.72	13.61	14.57	12.34	18.80		21.67
1980	9.99	12.86	14.11	12.50	17.17		22.34
1981	12.75	12.67	12.96	11.61	16.29		21.26
1982	12.09	12.15	12.59	10.68	15.52		20.58
1983	11.97	11.82	13.21	10.55	16.82		19.96
1984	11.67	11.59	12.45	10.27	16.84		19.65
1985	11.29	11.14	12.23	9.72	16.38		19.63
1986	10.92	10.82	12.15	9.32	16.10		18.67
1987	10.57	11.18	11.84	9.28	15.53		17.41
1988	10.38	11.48	11.50	9.10	14.51		16.93
1989	10.55	11.75	11.30	9.21	14.30		16.84
1990	10.40	12.66	12.19	9.58	15.03		16.87
1991	11.35	14.01	13.15	10.00	15.45		17.80
1992	11.56	14.31	13.78	10.59	16.51		18.73
1993	11.76	14.34	13.90	11.41	17.61		19.56
1994	12.30	14.79	15.05	12.46	19.09	5.33	15.04
1995	12.73	15.32	16.43	13.51	21.12	5.65	15.94
1996	13.24	15.94	17.50	14.72	24.18	5.93	16.51
1997	13.86	16.69	19.13	15.79	27.42	6.37	17.46
1998	14.38	17.41	20.29	16.00	27.95	6.49	17.98
1999	14.56	17.96	20.33	14.89	27.29	6.32	17.77
2000	14.69	17.82	20.17	13.92	25.05	6.35	18.29
2001	14.90	17.68	19.32	12.89	22.25	5.92	17.16
2002	14.55	16.46	17.96	11.43	19.39	5.18	15.51
2003	13.53	14.73	16.04	9.60	16.15	4.32	13.37
2004	12.24	12.70	13.95	7.97	13.47	3.65	11.01
2005	10.83	10.59	12.27	7.00	11.78	3.31	8.09
2006	9.63	8.73	10.97	6.21	11.21	3.07	6.89
2007	8.32	7.42	9.88	5.78	10.70	3.10	5.90
2008	7.11	6.78	8.62	4.96	10.68	2.94	5.36
2009	6.43	6.37	7.60	4.88	11.17	2.83	5.22
2010	6.34	6.53	7.19	5.37	11.87	2.73	5.53
2011	6.50	6.98	7.54	6.25	12.82	2.69	6.30
2012	6.81	7.70	7.85	7.44	14.18	2.92	7.31
2013	7.02	7.75	7.24	8.55	14.58	2.98	8.56
2014	7.81	8.96	8.17	10.09	16.53	3.36	10.09
2015	8.52	10.02	9.44	11.42	18.19	3.91	11.57
2016	8.93	10.76	10.26	12.21	19.18	3.99	12.70
2017	9.33	11.36	10.82	12.32	19.32	4.54	13.30
2018	9.50	11.52	11.31	12.07	19.08	4.64	13.00
2019	9.46	11.34	11.63	11.45	18.22	4.60	12.91
2020	9.12	11.01	11.50	10.76	16.86	4.47	12.53
2021	8.71	10.51	11.03	10.07	15.36	4.29	11.16

21-33 历年卫生机构数

单位：个

年 份	丰县	沛县	睢宁县	新沂市	邳州市	贾汪区	铜山区
1978	50	28	15	51	44		46
1979	50	28	15	51	46		46
1980	51	57	58	62	70		98
1981	59	66	69	67	76		102
1982	64	66	69	65	76		105
1983	64	71	71	77	74		96
1984	67	70	72	76	73		96
1985	71	70	74	77	73		101
1986	74	70	73	62	72		96
1987	74	70	74	62	73		92
1988	74	70	66	63	73		102
1989	74	79	70	69	77		102
1990	74	79	70	65	77		111
1991	74	79	72	65	77		149
1992	74	77	72	68	78		132
1993	82	109	72	68	82		144
1994	82	109	71	68	82	13	123
1995	82	109	71	68	82	21	123
1996	82	109	69	67	83	21	123
1997	82	109	69	67	84	21	123
1998	94	169	67	67	86	20	136
1999	86	69	56	47	86	19	61
2000	85	80	68	50	111	19	72
2001	91	89	56	40	101	19	65
2002	85	102	30	46	94	18	73
2003	152	125	22	51	91	58	71
2004	192	217	29	50	149	99	66
2005	192	192	29	60	149	20	63
2006	159	192	29	62	149	20	64
2007	154	188	28	187	149	22	63
2008	144	67	27	61	96	22	63
2009	177	66	37	60	138	17	63
2010	194	70	51	64	136	19	90
2011	530	487	647	440	807	18	498
2012	521	506	629	439	778	17	497
2013	515	598	623	447	739	208	515
2014	559	613	650	468	773	182	511
2015	558	608	608	480	767	216	511
2016	554	612	596	483	768	240	507
2017	550	614	597	478	773	211	470
2018	551	624	594	459	779	208	526
2019	563	623	551	478	743	208	539
2020	576	632	459	479	766	206	564
2021	578	580	471	481	762	206	557

注：2011 年及以后卫生机构数包括村卫生室。

21-34 历年卫生技术人员

单位：万人

年份	丰县	沛县	睢宁县	新沂市	邳州市	贾汪区	铜山区
1978	0.11	0.12	0.14	0.12	0.14		0.14
1979	0.10	0.13	0.14	0.12	0.18		0.14
1980	0.10	0.13	0.14	0.13	0.16		0.13
1981	0.10	0.13	0.14	0.13	0.12		0.15
1982	0.11	0.13	0.14	0.13	0.15		0.15
1983	0.11	0.13	0.14	0.14	0.14		0.15
1984	0.11	0.13	0.14	0.14	0.15		0.17
1985	0.12	0.14	0.14	0.14	0.16		0.19
1986	0.12	0.15	0.14	0.15	0.17		0.20
1987	0.12	0.15	0.15	0.14	0.17		0.20
1988	0.14	0.16	0.15	0.14	0.18		0.23
1989	0.14	0.18	0.16	0.16	0.18		0.24
1990	0.15	0.19	0.17	0.16	0.18		0.26
1991	0.16	0.21	0.18	0.17	0.20		0.29
1992	0.17	0.21	0.19	0.18	0.23		0.31
1993	0.18	0.33	0.19	0.19	0.24		0.32
1994	0.18	0.35	0.19	0.20	0.29	0.07	0.26
1995	0.19	0.36	0.19	0.20	0.31	0.13	0.27
1996	0.19	0.37	0.19	0.20	0.34	0.15	0.27
1997	0.19	0.38	0.21	0.21	0.40	0.15	0.28
1998	0.19	0.39	0.21	0.22	0.40	0.16	0.28
1999	0.19	0.38	0.21	0.22	0.43	0.16	0.28
2000	0.19	0.37	0.20	0.22	0.47	0.17	0.28
2001	0.20	0.37	0.20	0.22	0.48	0.16	0.27
2002	0.18	0.35	0.19	0.21	0.48	0.16	0.27
2003	0.19	0.33	0.19	0.16	0.47	0.13	0.28
2004	0.20	0.34	0.19	0.18	0.48	0.13	0.27
2005	0.18	0.31	0.19	0.21	0.46	0.19	0.26
2006	0.19	0.32	0.19	0.22	0.47	0.12	0.27
2007	0.20	0.33	0.19	0.22	0.48	0.16	0.25
2008	0.22	0.32	0.20	0.23	0.47	0.23	0.25
2009	0.22	0.32	0.19	0.24	0.47	0.21	0.26
2010	0.22	0.34	0.22	0.27	0.46	0.22	0.28
2011	0.23	0.36	0.24	0.29	0.53	0.21	0.29
2012	0.34	0.38	0.28	0.34	0.56	0.21	0.30
2013	0.38	0.43	0.31	0.37	0.56	0.20	0.33
2014	0.39	0.47	0.34	0.41	0.63	0.21	0.36
2015	0.42	0.49	0.46	0.46	0.69	0.22	0.38
2016	0.46	0.54	0.49	0.48	0.72	0.22	0.41
2017	0.46	0.55	0.49	0.50	0.79	0.27	0.41
2018	0.50	0.59	0.49	0.54	1.01	0.35	0.71
2019	0.52	0.64	0.63	0.64	0.96	0.35	0.77
2020	0.54	0.67	0.66	0.66	0.99	0.36	0.82
2021	0.57	0.64	0.68	0.63	1.00	0.35	0.81

21-35 历年医疗卫生机构床位数

单位：万张

年 份	丰县	沛县	睢宁县	新沂市	邳州市	贾汪区	铜山区
1978	0.06	0.10	0.11	0.10	0.10		0.15
1979	0.06	0.11	0.12	0.11	0.11		0.15
1980	0.06	0.11	0.12	0.11	0.10		0.15
1981	0.08	0.11	0.12	0.11	0.10		0.15
1982	0.08	0.11	0.13	0.11	0.10		0.15
1983	0.08	0.11	0.13	0.11	0.09		0.15
1984	0.08	0.11	0.11	0.11	0.10		0.15
1985	0.08	0.10	0.11	0.12	0.10		0.16
1986	0.08	0.12	0.11	0.12	0.10		0.16
1987	0.09	0.11	0.11	0.11	0.10		0.16
1988	0.10	0.11	0.11	0.12	0.10		0.17
1989	0.10	0.11	0.11	0.12	0.10		0.17
1990	0.10	0.11	0.11	0.13	0.10		0.17
1991	0.10	0.12	0.12	0.13	0.10		0.17
1992	0.11	0.13	0.12	0.12	0.11		0.18
1993	0.10	0.17	0.12	0.12	0.13		0.18
1994	0.11	0.17	0.11	0.11	0.12	0.04	0.15
1995	0.10	0.17	0.11	0.12	0.13	0.11	0.15
1996	0.10	0.17	0.12	0.12	0.12	0.11	0.15
1997	0.10	0.17	0.11	0.11	0.12	0.12	0.14
1998	0.11	0.17	0.12	0.11	0.13	0.12	0.15
1999	0.10	0.20	0.11	0.12	0.15	0.13	0.14
2000	0.10	0.20	0.11	0.12	0.16	0.13	0.14
2001	0.10	0.20	0.11	0.13	0.15	0.13	0.14
2002	0.10	0.19	0.12	0.12	0.14	0.13	0.14
2003	0.10	0.19	0.12	0.12	0.15	0.09	0.13
2004	0.11	0.19	0.12	0.12	0.15	0.10	0.14
2005	0.11	0.20	0.12	0.13	0.15	0.13	0.14
2006	0.11	0.21	0.12	0.14	0.15	0.12	0.15
2007	0.11	0.23	0.12	0.15	0.18	0.13	0.14
2008	0.15	0.25	0.13	0.14	0.19	0.18	0.16
2009	0.18	0.26	0.15	0.18	0.21	0.17	0.17
2010	0.20	0.29	0.18	0.17	0.25	0.17	0.21
2011	0.23	0.32	0.24	0.17	0.32	0.17	0.24
2012	0.33	0.38	0.29	0.25	0.41	0.17	0.27
2013	0.36	0.41	0.35	0.28	0.45	0.21	0.28
2014	0.40	0.45	0.36	0.31	0.49	0.23	0.28
2015	0.40	0.45	0.39	0.31	0.54	0.23	0.30
2016	0.41	0.49	0.45	0.35	0.57	0.24	0.34
2017	0.41	0.52	0.46	0.39	0.63	0.29	0.36
2018	0.39	0.56	0.45	0.38	0.75	0.26	0.57
2019	0.40	0.58	0.53	0.44	0.80	0.26	0.63
2020	0.42	0.60	0.51	0.46	0.81	0.26	0.62
2021	0.43	0.62	0.54	0.44	0.81	0.26	0.59

21-36 历年职工平均工资

单位：元

年份	丰县	沛县	睢宁县	新沂市	邳州市	贾汪区	铜山区
1978	403	381	364	472	471		442
1979	503	454	451	496	501		464
1980	584	547	551	564	565		598
1981	609	548	541	571	587		581
1982	640	596	578	621	625		608
1983	635	606	576	641	634		616
1984	870	902	786	971	861		936
1985	943	1101	914	995	941		960
1986	1106	1072	1079	1106	1124		1134
1987	1164	1141	1132	1217	1174		1160
1988	1541	1487	1355	1517	1590		1416
1989	1558	1520	1551	1549	1480		1568
1990	1691	1647	1700	1787	1653		1751
1991	1725	1837	1742	1928	1777		1838
1992	2159	2118	2042	2243	2047		1961
1993	2676	2328	2328	2638	2506		2339
1994	3422	3081	3203	3841	3755	3448	3464
1995	4071	3890	3964	4580	3964	4145	4442
1996	4789	4411	4416	5151	5035	5126	5379
1997	4719	5111	4193	5024	4832	5109	5997
1998	5625	6108	5148	5974	5972	5078	6678
1999	6264	6687	5476	6533	6382	6158	7260
2000	6669	7234	5693	7047	7002	7142	7862
2001	7200	7765	5868	7519	7560	8137	8441
2002	7568	8202	7331	7998	8085	9225	9012
2003	8254	8838	8242	8313	8659	10375	9708
2004	9455	9950	8987	9525	9485	12230	10938
2005	11220	11950	10658	11659	11625	14836	13235
2006	12530	13688	11984	13423	13412	16952	15604
2007	14406	16128	13825	15855	15746	19037	18725
2008	17389	18688	17136	18483	18722	21329	21845
2009	20791	22166	20694	22156	22168	24096	25393
2010	24090	25786	22993	26061	26130	29131	30525
2011	29872	30713	26606	31986	30633	33409	36726
2012	34189	35433	31094	35337	35535	39463	40977
2013	35951	44659	34836	38647	40092	45046	44758
2014	41980	46251	37683	45212	42793	51844	46321
2015	45126	48454	44057	48540	50108	52703	49664
2016	49302	52247	45877	51464	55182	57833	51606
2017	53797	59005	52687	54632	56692	60760	55218
2018	58041	65322	58485	59490	59371	64649	60296
2019	67301	70948	64908	66028	60001	74751	85458
2020	68143	76612	69204	68519	63826	79376	95854
2021	73394	83563	75778	75808	71642	86881	108686

21-37 历年城乡居民储蓄存款余额

（年底数） 单位：万元

年　份	丰县	沛县	睢宁县	新沂市	邳州市	铜山区
1978	586	624	539	632	734	1 507
1979	1336	898	777	1101	937	2432
1980	1615	1810	1512	1649	1603	3539
1981	2382	2559	2133	2130	2326	4856
1982	2958	3404	2539	2681	3036	7008
1983	4103	5190	3434	3964	4214	12165
1984	6131	7736	5428	4794	6706	17268
1985	8368	10594	6057	5823	7973	21242
1986	12708	16225	8861	8585	12290	30893
1987	16501	23200	11992	11733	16771	41731
1988	21174	32136	15390	14500	22296	52867
1989	25950	41532	19006	18521	26550	70538
1990	34202	56573	25825	25157	35367	94683
1991	43926	72169	32366	31235	44820	117328
1992	49950	86495	41025	37116	55914	139644
1993	66718	113260	55765	47034	76298	178720
1994	80922	142420	76328	63093	103133	167956
1995	99477	184149	90917	87749	136143	223857
1996	123305	232008	107658	108385	169884	275204
1997	147178	278504	126611	125355	201070	313763
1998	165461	314558	147203	136191	220552	344175
1999	177192	347884	161323	140484	244637	322766
2000	198535	374997	190522	159261	274035	
2001	229579	416814	227229	186972	313571	
2002	264249	474533	268767	222142	345541	
2003	289921	535110	308658	261334	402443	660774
2004	330664	611413	372365	310294	492403	778962
2005	395565	710275	457046	362101	583793	896873
2006	479684	786261	532538	404096	648887	1030057
2007	544418	863847	592255	463567	736551	1197030
2008	659610	1065308	719016	559798	890588	1526967
2009	764610	1222173	857904	611631	1030206	1509486
2010	924204	1439169	1065322	710413	1195898	
2011	1038767	1615171	1281978	978517	1355304	1946720
2012	1292601	1918117	1525560	1240984	1677574	
2013	1560756	2214804	1807558	1398079	2082612	
2014	1902973	2523432	2142900	1690732	2544222	
2015	2251179	2893774	2516866	1926070	3021499	
2016	2517502	3243499	2856726	2178744	3613507	
2017	2690210	3457738	3115436	2465755	3924299	
2018	2924224	3681271	3381521	2673487	4172362	
2019	3410495	4115754	3809902	3007344	4748539	
2020	3870095	4539196	4285017	3343200	5295138	
2021	4267167	4974058	4777456	3790753	5828429	

注：2015 年起居民储蓄调整为住户存款，与往年不可比。

21-38 历年农民人均可支配收入

单位：元

年份	丰县	沛县	睢宁县	新沂市	邳州市	贾汪区	铜山区
1978	84	131	54	72	55		120
1979	121	149	56	77	64		176
1980	117	170	74	163	76		205
1981	129	193	109	199	92		268
1982	144	215	164	282	123		342
1983	307	373	325	308	257		377
1984	419	425	379	424	345		478
1985	422	428	316	356	345		412
1986	412	451	378	426	427		522
1987	454	498	369	443	476		567
1988	462	578	460	535	576		646
1989	491	682	448	624	639		785
1990	504	613	519	610	648		832
1991	595	739	559	729	783		873
1992	669	758	638	760	815		982
1993	777	919	761	890	893		1142
1994	1067	1170	1022	1291	1259	1479	1451
1995	1545	1751	1513	1764	1706	2029	2038
1996	2162	2362	2121	2301	2360	2781	2770
1997	2561	2852	2427	2643	2604	3180	3202
1998	2807	3109	2551	2857	2847	3424	3428
1999	3003	3241	2661	3016	3001	3578	3590
2000	3129	3365	2664	2814	3121	3612	3748
2001	3034	3544	2850	2959	3295	3395	3943
2002	3479	3735	3050	3123	3475	3581	3780
2003	3611	3880	3163	3231	3613	3709	3930
2004	4027	4325	3465	3613	4004	4135	4402
2005	4026	4550	3845	4025	4477	4605	4920
2006	4537	5143	4314	4516	5088	5204	5591
2007	5104	5831	4849	5076	5770	5896	6340
2008	5724	6593	5452	5698	6526	6657	7167
2009	6369	7342	6077	6340	7267	7410	7988
2010	7258	8378	7022	7231	8331	7956	9173
2011	8642	10001	8384	8634	9931	9443	10934
2012	9783	11351	9541	9808	11282	10680	12421
2013	10957	12725	10686	10979	12635	11898	13924
2014	11757	13249	11600	12140	12846	13207	15100
2015	12850	14441	12656	13281	14028	14371	16459
2016	14026	15791	13822	14526	15321	15690	17970
2017	15335	17269	15130	15886	16725	17127	19634
2018	16725	18799	16546	17325	18207	18703	21395
2019	18273	20496	18029	18876	19896	20413	23415
2020	19510	21899	19240	20197	21277	21766	25003
2021	21735	24461	21449	22560	23809	24291	27878

注：2013 年及之前为农民人均纯收入，自 2014 年起为农民人均可支配收入。

21-39 历年农民人均消费支出

单位：元

年份	丰县	沛县	睢宁县	新沂市	邳州市	贾汪区	铜山区
1978	71			65			109
1979	85			71			148
1980	116			148			160
1981	175			177			221
1982	211			225			239
1983	253	210	247	289	223		272
1984	294	272	278	350	247		311
1985	363	343	269	347	285		353
1986	398	362	334	424	353		390
1987	418	415	370	400	448		443
1988	500	511	386	450	447		544
1989	585	611	423	590	598		622
1990	565	510	425	537	550		575
1991	663	622	497	530	603		536
1992	526	579	546	512	684		582
1993	594	955	499	606	679		690
1994	864	938	891	1039	992		927
1995	917	1227	1073	1361	1192		1040
1996	1455	1699	1325	1344	1467	1742	1610
1997	1605	1714	1555	1393	1311	2326	1943
1998	1586	1576	1466	1538	1227	2887	1258
1999	1685	1603	1286	1496	1258	2696	1459
2000	1468	1741	1429	1358	1583	3510	1384
2001	1596	1913	1395	1453	1381	2551	1582
2002	1912	2296	1588	1552	1311	2178	1674
2003	1933	2510	1648	1915	1361	2208	1881
2004	2230	2110	1861	1862	1257	2484	2200
2005	3082	3282	2567	2501	2630	3038	2961
2006	3118	3666	2932	3145	3027	3259	3515
2007	3461	4695	3432	3565	3528	3678	4311
2008	4085	5318	3746	3756	4218	4328	4807
2009	4695	5814	4079	3951	4761	4798	4957
2010	5306	6572	4436	4651	4937	5441	5513
2011	6288	7587	4987	5766	5188	5996	6496
2012	7095	8558	5616	6481	5866	6925	7149
2013	8325	7207	6190	7141	6969	6186	7858
2014	7641	8682	7292	8201	7990	6947	8066
2015	8296	9473	8054	9025	8674	7594	8927
2016	9277	10573	9064	10101	9699	8599	10000
2017	10032	11491	9884	11015	10580	9449	11024
2018	10696	12263	10625	11781	11353	10124	11756
2019	11496	13170	11391	12699	12202	10867	12665
2020	11171	12796	11098	12301	11833	10526	12303
2021	14203	16165	14062	15619	14898	13275	16775

注：2013 年及之前为农民人均生活消费支出，自 2014 年起为农民人均消费支出。

21-40 县（市）社会经济主要指标

（2021年）

指标		丰县	沛县	睢宁县	新沂市	邳州市	贾汪区	铜山区
人口、就业及土地面积								
年末户籍人口	（万人）	119.60	127.68	139.98	110.30	191.78	51.37	122.82
年平均人口（户籍）		120.01	128.15	140.53	110.96	191.90	51.45	122.95
当年出生人口	（人）	9258	9585	11376	7636	13827	3704	9538
当年死亡人口		8011	7289	10103	14091	5974	3124	7859
年末户籍户数	（万户）	32.80	37.78	32.85	30.51	48.00	13.36	32.62
从业人员	（万人）	49.61	52.49	54.85	51.68	69.82	21.59	70.80
第一产业		12.38	12.83	13.59	12.70	17.13	3.88	11.89
第二产业		18.39	19.85	20.41	18.69	25.42	8.61	27.75
第三产业		18.84	19.81	20.85	20.29	27.27	9.10	31.16
年末城镇单位从业人员	（人）	53554	88431	82201	45467	98779	30554	67946
按国民经济行业分								
第一产业（农林牧渔业）		63	7880		145	96	44	52
第二产业		21585	42093	33385	22532	50157	13808	24141
第三产业		31906	38458	48816	22790	48525	16702	43753
按登记注册类型分								
# 国有单位		31116	66234	58595	30981	79745	20084	50699
城镇集体单位		16432	5677	3026	399	2693	312	2013
港澳台商投资单位		1314	331	10710	559	1605	209	842
外商投资单位		133	138	333	737	3164	455	921
在岗职工人数		51696	85312	80064	41502	96152	29960	66797
在岗职工平均人数		49991	84531	71891	41402	91155	29269	66349
行政区域土地面积	（平方公里）	1450	1806	1769	1592	2085	612	1857
综合经济								
地区生产总值	（亿元）	538.05	926.36	675.81	781.43	1108.22	400.49	1281.10
第一产业		99.55	123.36	113.28	93.17	165.03	31.65	106.19
第二产业		194.09	390.61	271.28	297.87	444.84	179.84	637.83
# 工业		162.62	289.93	208.62	247.88	385.75	165.60	556.78
第三产业		244.40	412.39	291.26	390.39	498.35	189.00	537.09
人均地区生产总值（按常住人口计算）		57800	89634	62369	80942	76307	88505	113887
地区生产总值指数（上年=100）		109.5	108.9	108.7	110.1	109.5	108.0	109.7
第一产业		103.9	103.4	103.6	104.0	104.3	103.2	104.3
第二产业		110.1	106.6	111.0	106.9	108.6	109.9	110.1
# 工业		113.6	107.9	116.2	111.4	109.4	112.6	112.2
第三产业		111.5	112.7	108.7	114.2	112.2	107.1	110.4
人均地区生产总值指数		110.2	109.6	109.1	110.5	110.2	108.1	109.8

21-40 续表 1 （2021 年）

指　　标		丰　县	沛　县	睢宁县	新沂市	邳州市	贾汪区	铜山区
商品房销售								
商品房销售面积	（万平方米）	122.27	147.76	182.66	140.14	291.66	147.07	201.75
# 住宅		114.19	136.81	176.58	134.11	284.45	144.41	174.77
财政、金融、保险								
财政总收入	（亿元）	55.28	83.61	71.47	74.92	77.09	39.11	89.65
一般公共预算收入		33.02	50.74	42.69	43.71	47.34	25.24	56.07
# 税收收入		29.12	42.76	35.48	36.88	37.96	21.11	47.50
# 增值税		16.96	23.69	20.94	17.44	18.50	8.33	18.44
企业所得税（40%）		1.99	3.76	2.24	4.51	4.82	2.72	6.92
个人所得税（40%）		0.84	1.45	1.83	3.82	1.48	0.57	2.02
一般公共预算支出		82.08	127.85	103.54	103.07	127.06	45.87	120.36
# 一般公共服务		5.57	10.47	7.10	6.48	10.24	4.65	10.26
科学技术		1.64	2.63	1.95	2.44	2.17	0.97	4.20
教育		16.12	25.48	18.54	22.27	29.49	13.07	23.97
文化体育与传媒		0.49	2.60	1.08	2.24	3.67	1.29	0.98
社会保障和就业		12.73	16.23	16.93	11.73	20.38	5.16	16.78
医疗卫生		9.31	11.34	11.43	9.37	13.81	3.30	9.46
节能环保		1.43	3.30	1.32	2.73	1.21	0.95	1.18
城乡社区事务		9.34	21.85	18.60	17.10	12.85	3.38	9.84
农林水事务		11.74	18.02	13.84	10.63	14.08	6.03	19.63
交通运输		1.54	2.17	3.27	3.01	2.97	0.86	2.73
住房保障		3.77	1.61	1.83	6.75	3.59	1.45	7.96
年末金融机构各项存款余额		616.81	718.72	718.43	608.21	849.58		
# 住户存款		426.72	497.41	477.75	379.08	582.84		
年末金融机构各项贷款余额		459.66	560.72	581.79	597.67	788.61		
保费收入		15.83	22.03	16.85	14.95	19.02	7.64	20.87
财产险		6.37	6.25	7.67	6.28	9.04	2.12	7.69
人寿险		9.46	15.78	9.17	8.67	9.98	5.52	13.18
赔款和给付		4.89	6.59	5.79	4.77	6.98	2.34	
财产险		3.44	3.90	4.51	3.78	5.40	1.51	
人寿险		1.45	2.69	1.28	0.99	1.59	0.83	
农业								
乡村户数	（万户）	24.85	23.97	24.71	19.16	31.59	10.59	27.71
乡村人口数	（万人）	96.11	93.57	101.35	75.58	119.02	40.23	98.91
乡村从业人数		51.71	49.83	57.92	43.54	62.43	16.59	50.31
# 农林牧渔业		19.04	15.42	21.00	15.85	18.00	5.22	17.31

21-40　续表 2　　（2021 年）

指　　标	丰　县	沛　县	睢宁县	新沂市	邳州市	贾汪区	铜山区
农林牧渔业总产值（当年价）（万元）	1680168	2138142	1912666	1742754	2877117	544222	1922767
农业	1301568	1343070	1152613	800456	1906088	362887	1196746
林业	11156	18181	40309	47054	44554	7829	45097
牧业	274596	467320	527652	375500	560859	110338	449495
渔业	23492	153301	86902	410807	184128	36050	146914
农林牧渔服务业	69356	156270	105190	108937	181488	27118	84515
农作物总播种面积　（千公顷）	155.04	158.26	187.94	192.78	233.86	48.14	186.05
# 粮食作物	99.94	99.85	146.40	106.12	127.13	36.54	133.81
粮食总产量　（万吨）	60.82	66.28	94.18	71.99	85.04	22.73	89.52
油料产量	0.62	0.33	2.96	6.03	1.00	0.18	0.48
棉花产量	0.57	0.02					
肉类总产量	4.94	10.99	10.90	9.79	14.70	2.05	10.34
# 猪肉	2.63	3.43	6.36	5.66	7.74	1.40	6.12
牛肉	0.13	0.15	0.18	0.17	0.06	0.12	0.18
羊肉	0.30	0.25	0.35	0.18	0.20	0.12	0.14
水产品产量（万吨）	0.30	2.50	2.51	4.28	2.39	0.71	2.76
规模以上工业、建筑业							
规模以上工业企业单位数　（个）	251	362	280	328	416	186	377
内资企业	239	355	264	310	394	178	367
港澳台商投资企业	7	5	12	10	6	4	3
外商投资企业	5	2	4	8	16	4	7
建筑企业单位数　（个）	73	155	66	93	101	38	102
建筑企业期末从业人员　（万人）	39166	103022	50577	52528	78062	5489	81460
建筑业总产值　（亿元）	141.91	432.09	292.80	132.42	181.07	19.85	172.49

21-40 续表 3 （2021 年）

指标	丰县	沛县	睢宁县	新沂市	邳州市	贾汪区	铜山区
交通运输、邮电通信、电力							
公路里程（公里）	2028	2538	2258	2172	3348	964	2267
#等级公路	2028	2538	2258	2172	3348	964	2267
#高速公路	33	34	64	108	43	42	132
公路客运量（万人）	43	76	122	65	540	394	21
公路货运量（万吨）	2646	3830	3358	5333	5220	1900	5039
民用汽车拥有量（辆）	173033	186891	194366	141992	219265	91677	276978
#私人汽车拥有量	165909	175118	182589	132876	211222	86310	259143
邮电业务总量（亿元）	11.55	14.93	16.80	21.55	16.14	8.07	20.67
#邮政业务总量	3.57	5.01	6.03	9.98	5.73	2.20	10.29
邮政业务收入	2.71	3.46	8.21	5.50	4.16	2.26	10.61
电信业务收入	6.69	8.30	9.03	9.70	8.67	5.00	8.57
固定电话用户（万户）	5.61	6.29	7.32	6.73	8.03	3.29	8.00
移动电话年末用户	90.00	106.66	106.18	98.12	139.06	49.15	125.11
互联网宽带接入用户	37.81	42.07	41.40	40.52	51.57	19.36	45.05
全社会用电量（亿千瓦时）	28.81	57.73	30.10	40.78	40.76	26.18	50.16
#工业用电	15.90	42.44	13.11	26.36	21.27	18.58	28.17
城乡居民生活用电	7.14	8.09	8.14	6.78	10.09	3.47	10.46
批发零售贸易、外经							
社会消费品零售总额（亿元）	318.95	563.40	517.52	368.33	408.70	168.36	465.40
进出口总额（亿元）	74.20	80.82	78.90	135.14	149.41	48.04	140.11
#出口总额	69.08	70.58	68.65	100.54	135.00	43.37	126.83
外商投资项目个数（个）	11	30	23	19	26	20	21
协议注册外资（亿美元）	4.63	18.10	6.20	6.66	16.41	5.15	10.61
实际使用外资	1.50	2.26	1.48	2.31	3.24	0.74	3.16

注：此表中的公路客货运量为营业性口径，下同。

21-40 续表 4

（2021 年）

指　　标	丰　县	沛　县	睢宁县	新沂市	邳州市	贾汪区	铜山区
市政公用事业、环境保护（城市）							
供水综合生产能力（包括自备水源）（万立方米/日）	20	30	15	25	20		
供水总量（万立方米）	2229	2758	3141	3840	2303	285	2015
公共汽（电）车运营车辆数（辆）	441	564	450	498	343	92	97
公共汽（电）车客运总量（万人次）	651	584	260	913	1227	132	137
出租汽车数（辆）	302	626	597	458	536		
供气总量（人工煤气、天然气）（万立方米）	3606	4587	2392	9937	11630	7810	18323
# 家庭用量	1487	3912	869	1536	2766	785	1332
液化石油气供气总量（吨）	1875	1291	4980	6204	1722	2253	14519
# 家庭用量	1280	1277	4960	5200	1658	2253	805
道路面积（万平方米）	631	934	558	735	686	443	208
排水管道长度（公里）	432	840	344	714	782	319	194
绿化覆盖面积（公顷）	1850	2442	2286	2585	2407		
# 建成区绿化覆盖面积	1445	2218	1490	1709	2191		
绿地面积	1660	2361	1912	2217	2208		
公园绿地面积	407	595	484	460	669		
污水处理厂数（座）	1	3	2	2	2	1	2
生活垃圾无害化处理率（%）	100	100	100	100	100	100	100
污水处理厂集中处理率	93.8	93.4	92.0	96.0	94.1	94.0	95.0
自然保护区面积（公顷）				22591	4230	3942	14930
工业废水排放量（万吨）	216	621	203	421	108	680	225
工业废气排放量（亿立方米）	118.48	410.59	30.88	769.07	591.21	790.32	1922.75
工业二氧化硫排放量（吨）	469	704	123	2138	799	1031	2972
工业氮氧化物排放量	1117	1138	179	2754	1203	2640	5013
工业烟（粉）尘排放量	405	1106	109	1376	963	1775	910
一般工业固体废物综合利用率（%）	99.4	98.4	99.2	99.8	98.0	100.0	100.0

21-40　续表 5　（2021 年）

指　　标	丰　县	沛　县	睢宁县	新沂市	邳州市	贾汪区	铜山区
教育、科技、卫生							
学校总数（个）	129	154	123	164	267	67	166
# 中等职业教育学校	1	2	2	1	2	1	2
普通中学	39	46	47	40	59	18	41
小学	89	106	74	123	206	48	123
在校学生总数（万人）	15.57	18.98	19.77	19.52	30.13	7.48	20.10
# 中等职业教育学校	0.47	0.93	1.33	0.83	0.80	0.29	1.04
普通中学	6.38	7.54	7.42	8.62	13.97	2.90	7.91
小学	8.71	10.51	11.03	10.07	15.36	4.29	11.16
专任教师总数（人）	12085	15356	14825	14846	25578	6131	13551
# 中等职业教育学校	312	433	453	343	344	117	489
普通中学	4613	5621	4915	6447	11473	2244	4922
小学	5008	6228	6271	6050	10065	2516	5437
幼儿园数（个）	139	144	150	123	156	66	122
在园幼儿数（万人）	3.69	4.22	4.58	3.70	5.11	1.69	4.27
各类专业技术人员数（万人）	3.82	6.19	7.06	6.18	6.41	3.38	7.35
专利申请授权量	4671	3140	3971	4403	5232	2455	6316
# 发明	231	266	249	667	598	215	852

21-40 续表 6

（2021 年）

指 标	丰 县	沛 县	睢宁县	新沂市	邳州市	贾汪区	铜山区
剧场、影剧院数（个）	4	6	7	6	5	3	5
公共图书馆	1	1	1	1	1	1	1
公共图书馆图书总藏量（千册、千件）	240	845	447	545	687	256	375
卫生机构数（个）	578	580	471	481	762	206	557
# 医院	10	20	15	17	19	6	18
卫生院	22	25	24	20	32	10	24
卫生机构床位数（张）	4294	6194	5356	4367	8070	2616	5857
# 医院	1965	3713	2818	2809	4739	1570	3686
卫生院	1863	2314	2073	1215	2736	991	2016
卫生技术人员（人）	5674	6374	6778	6280	9999	3502	8148
# 执业（助理）医师	2753	2675	2704	2557	3822	1213	3372
注册护士	2098	2750	3044	2782	4490	1698	3595
人民生活							
在岗职工工资总额（亿元）	36.69	70.64	54.48	31.39	65.31	25.43	72.11
在岗职工平均工资（元）	73394	83563	75778	75808	71642	86881	108686
全体居民人均可支配收入	27546	32242	27579	29686	32742	33125	37757
工资性收入	16341	17877	12244	16384	17879	22894	23970
经营净收入	6521	7212	10517	6431	7560	6793	7807
财产净收入	1052	1769	1923	1874	1773	772	1605
转移净收入	3631	5383	2896	4997	5530	2666	4375
人均生活消费支出	18505	20088	16220	19356	18501	19634	24219
食品烟酒	5515	5851	4839	5684	5476	5708	6944
衣着	1516	1670	1409	1976	1390	1858	2332
居住	3289	4078	3615	4063	3875	3435	3089
生活用品及服务	1526	1483	1009	1604	1401	1824	1595
交通通信	2259	2870	1819	2250	2554	2468	3715
教育文化娱乐	2976	2198	2270	2517	2197	2564	4553
医疗保健	1023	1487	1045	927	1208	1219	1616
其他用品和服务	401	452	213	335	402	558	375
人均现住房建筑面积（平方米）	57.0	56.7	63.6	59.2	64.7	49.1	55.5
城镇居民人均可支配收入（元）	33459	39558	33788	36255	41055	40266	45959
工资性收入	22563	23097	16870	21758	24188	30760	30184
经营净收入	3986	5878	11024	5530	6047	5795	6818
财产净收入	1722	3152	3499	3092	3070	945	2509
转移净收入	5188	7430	2396	5875	7751	2766	6448

21–40 续表 7 （2021 年）

指　　标	丰　县	沛　县	睢宁县	新沂市	邳州市	贾汪区	铜山区
人均生活消费支出	22884	23776	18405	22800	21855	24774	30401
食品烟酒	6755	6831	5488	6615	6419	7190	8753
衣着	2034	2034	1786	2368	1669	2416	3202
居住	3925	5058	4228	5195	5014	4235	3292
生活用品及服务	1984	1685	1098	1990	1704	2278	2149
交通通信	2631	3180	1947	2475	2693	3229	4647
教育文化娱乐	3792	2628	2593	2980	2425	3345	5951
医疗保健	1151	1777	1007	782	1374	1287	1856
其他用品和服务	612	583	259	395	557	794	550
人均现住房建筑面积（平方米）	48.0	55.1	62.7	55.8	69.3	46.2	53.7
农村居民人均可支配收入（元）	21735	24461	21449	22560	23809	24291	27878
工资性收入	10227	12325	7677	10554	11100	13163	16486
经营净收入	9013	8631	10016	7409	9186	8028	8999
财产净收入	393	298	367	552	380	558	515
转移净收入	2102	3206	3389	4045	3145	2542	1877
人均生活消费支出	14203	16165	14062	15619	14898	13275	16775
食品烟酒	4296	4808	4199	4675	4463	3876	4764
衣着	1006	1283	1037	1550	1090	1168	1285
居住	2665	3035	3010	2835	2650	2445	2845
生活用品及服务	1076	1268	921	1185	1075	1262	929
交通通信	1894	2539	1693	2005	2404	1525	2591
教育文化娱乐	2175	1739	1951	2015	1952	1598	2869
医疗保健	898	1180	1083	1085	1029	1135	1327
其他用品和服务	193	312	168	269	235	267	165
人均现住房建筑面积（平方米）	65.0	58.3	64.6	63.0	59.8	54.9	57.3
城乡居民基本养老保险参保人数（万人）	46.17	45.21	50.39	38.41	66.44		48.97
城镇职工基本养老保险参保人数	11.81	14.48	15.47	13.29	17.09		15.68
城镇职工基本医疗保险参保人数	102.71	110.82	125.31	97.74	162.68	38.23	123.06
城乡居民基本医疗保险参保人数	94.47	100.45	113.79	86.77	149.32	38.23	110.57
失业保险参保人数	5.13	7.37	5.70	5.00	7.43		6.80
工伤保险参保人数	6.77	10.34	11.00	7.92	8.97		
生育保险参保人数	5.41	7.72	7.52	7.48	8.42		9.37
提供住宿的各类社会服务机构数（个）	18	28	26	20	29	33	64
提供住宿的各类社会服务机构床位数 张）	5103	6456	5690	4375	7489	3128	5287

二十二、乡镇基本情况

BASIC CONDITIONS OF COUNTRY AND TOWN

版面负责人：顾元林

编　　　辑：秦伟伟　杜秀侠

统计知识

企业统计信用管理办法

第十二条 认定机构将企业认定为统计信用异常、统计一般失信、统计严重失信等的，应当作出认定决定。认定决定包括企业名称、统一社会信用代码、认定日期、认定事由、作出认定决定机构。

第十三条 认定机构应当自作出认定决定之日起 10 个工作日内，书面向被认定为统计信用异常、统计一般失信、统计严重失信的企业告知所被认定的事实、理由、依据以及享有陈述、申辩的权力。

通过登记的住所或者经营场所无法联系的企业，可以通过邮寄信函的方式与企业联系。经向企业登记的住所或者经营场所两次邮寄无人签收的，视为通过登记的住所或者经营场所无法取得联系。两次邮寄间隔时间不得少于 15 日，不得超过 30 日。

第十四条 认定机构应当自作出统计一般失信和统计严重失信决定之日起 20 个工作日内向社会公示。公示信息包括企业名称、地址、统一社会信用代码、法定代表人或者主要负责人、统计违法行为、依法处理情况等。

公示企业信用信息不得涉及国家秘密，不得危害国家安全和社会公共利益。

第十五条 国家统计局在其网站建立统计失信企业信息公示专栏，并与“信用中国”网站和国家企业信用信息公示系统联通，向社会公示统计一般失信和统计严重失信企业信息。

省级统计机构在其网站建立统计失信企业信息公示专栏，公示职责范围内统计一般失信和统计严重失信企业信息，并链接到国家统计局网站统计失信企业信息公示专栏。

市级、县级统计机构应当按照法定职责分工，在本级或者上级统计机构网站向社会公示统计一般失信和统计严重失信企业信息，同时加载到省级统计机构失信企业信息公示专栏。

22-1 分镇主要经济指标

（2021 年）

乡 镇	乡镇行政区域面积（公顷）	居委会数（个）	村委会数（个）	户籍户数（户）	户籍人口（人）
贾汪区					
大泉街道	3765	2	5	13935	46749
大吴街道	3840	7	5	14217	52963
潘安湖街道	3030	2	6	7927	29254
青山泉镇	6647	5	11	11279	42469
紫庄镇	6668	4	15	17210	69180
塔山镇	9468	3	20	18047	78588
汴塘镇	10080		17	13851	58756
江庄镇	7496		11	9102	35930
徐州经济技术开发区					
大黄山街道	4300	7	12	15725	56466
大庙街道	6663	3	15	19637	77468
徐庄镇	13259		22	23022	76678
丰 县					
凤城街道	8773	12	11	18901	71881
孙楼街道	6608		19	18373	59802
首羡镇	12864		33	24727	94380
顺河镇	9404		22	14597	57794
常店镇	8187		27	19794	70131
欢口镇	10751		27	24343	98794
师寨镇	8518		28	16530	66774
华山镇	10100		25	24102	85620
梁寨镇	8680		20	17619	67526
范楼镇	11873		31	21784	81128
宋楼镇	12214		32	25169	93937
大沙河镇	8631		19	17764	60219
王沟镇	12955	3	31	27976	105353
赵庄镇	9100	3	18	18963	73128
沛 县					
沛城街道	6240	25	7	56138	162527
大屯街道	5430	15	10	19063	64900
汉源街道	3403	14	3	11289	45675
汉兴街道	5310	19		13335	48170
龙固镇	5302	14	9	18978	68862
杨屯镇	5165	12	9	15964	62035
胡寨镇	4594	4	11	10345	41214
魏庙镇	6202	3	14	17833	61558
五段镇	4977	2	14	13687	50725
张庄镇	11200	8	24	26527	94130
张寨镇	10634	3	26	23342	93054
敬安镇	9600	8	18	19237	67140
河口镇	8257	2	16	17393	60586
栖山镇	8951	4	18	18897	65926
鹿楼镇	12540	2	22	20414	75743
朱寨镇	7900	2	20	19881	67265
安国镇	10294	8	23	24271	96747

22-1 续表 1 （2021 年）

乡 镇	乡镇行政区域面积（公顷）	居委会数（个）	村委会数（个）	户籍户数（户）	户籍人口（人）
铜山区					
沿湖街道	3400		4	3784	13109
新区街道	6450	5	7	14850	54110
三堡街道	3540	4	2	6969	24630
何桥镇	7400		15	14752	52897
黄集镇	8340		18	16807	65447
马坡镇	6900	4	12	12668	52345
郑集镇	6710		10	11936	49103
柳新镇	9606		19	20471	78827
刘集镇	8360		15	18443	68881
大彭镇	7600	1	14	18391	67767
汉王镇	6393		9	12103	47623
棠张镇	8060		17	15043	58235
张集镇	14800	1	18	21383	82753
房村镇	13600		20	20075	79653
伊庄镇	8565		15	12950	49544
单集镇	13210		21	17074	69197
利国镇	7769		13	17414	60464
大许镇	12917		23	19921	85890
茅村镇	8324		13	19455	74647
柳泉镇	10520	1	17	16463	63449
睢宁县					
睢城街道	10242	28		52401	209856
金城街道	6398	13		11740	53687
睢河街道	4261	11	1	10835	45921
王集镇	13152	6	22	19340	82531
双沟镇	9530	4	16	14783	63480
岚山镇	11850	3	17	19840	78648
李集镇	6298	4	11	13293	57260
桃园镇	9489	4	21	16698	74049
官山镇	12499	8	16	20734	87464
高作镇	4171	5	8	9153	38739
沙集镇	6518	4	13	13952	60369
凌城镇	9365	6	19	17658	80158
邱集镇	14079	5	28	25260	110979
古邳镇	10666	6	20	18448	76935
姚集镇	16780	7	29	23237	103452
魏集镇	13000	6	20	17323	72128
梁集镇	12134	6	11	14931	62448
庆安镇	11571	6	16	17595	71034

22-1 续表 2 （2021 年）

乡　镇	乡镇行政区域面积（公顷）	居委会数（个）	村委会数（个）	户籍户数（户）	户籍人口（人）
新沂市					
北沟街道	4164	5	7	14638	53022
墨河街道	7281	2	10	15048	58010
唐店街道	5953	1	9	12983	43106
钟吾街道	6534	1	9	14700	52679
瓦窑镇	6203		12	10233	40829
港头镇	6810		11	12603	45212
合沟镇	6734		20	14807	60385
草桥镇	10122	1	16	18849	70443
窑湾镇	11636	1	21	17965	64156
棋盘镇	15770		26	22864	81496
马陵山镇	9528		16	14038	55679
新店镇	11199		15	13752	51535
邵店镇	5849		14	10012	38935
时集镇	13887		18	14107	56132
高流镇	12189		14	14468	63535
阿湖镇	12527		18	16399	64671
双塘镇	9484		14	9822	40907
邳州市					
东湖街道	2720	7	3	22624	83468
运河街道	8411	19	12	73782	254436
戴圩街道	8000	5	19	17409	80020
炮车街道	5700	3	12	18388	61281
邳城镇	9293	1	22	20179	84852
官湖镇	8906		27	26973	116733
四户镇	8106		17	13367	63176
宿羊山镇	9614	1	24	17545	80504
八义集镇	12263	1	25	19833	80969
土山镇	7015		21	14231	56246
碾庄镇	12151	1	27	22706	100765
港上镇	6181	3	19	15503	72060
邹庄镇	7351	1	16	13220	69204
占城镇	7920		18	13453	47403
新河镇	11275		19	14389	58813
八路镇	7043		14	11163	43896
铁富镇	12754		30	30159	126500
岔河镇	7085		12	10955	50536
陈楼镇	4423		17	12365	52186
邢楼镇	9684		18	14625	58849
戴庄镇	7455		16	12215	56195
车辐山镇	9469		16	13915	61827
燕子埠镇	7701		16	7995	36288
赵墩镇	12081	1	27	21854	94919
议堂镇	5775	3	12	9008	37063

22-1 续表 3 （2021 年）

乡 镇	一般公共预算收入（万元）	一般公共预算支出（万元）	年末资产总额（万元）	年末债务总额（万元）
贾汪区				
大泉街道	22659	3358	24342	70638
大吴街道	18760	3460	58097	88436
潘安湖街道	20906	7704	7434	5629
青山泉镇	9765	8980	1840	220
紫庄镇	5122	1714	6476	8995
塔山镇	4242	5457	4369	17823
汴塘镇	2781	1758	15849	3488
江庄镇	17618	1841	30749	70583
徐州经济技术开发区				
大黄山街道	33422	14700	8906	1868
大庙街道	36658	14235	5066	5066
徐庄镇	8151	18239	2723	544
丰 县				
凤城街道	33721	30506	12065	9470
孙楼街道	13483	8924	16251	
首羡镇	10143	6839	4856	20122
顺河镇	12317	9470	14494	8689
常店镇	13119	12458	6227	
欢口镇	14587	9128	7521	305
师寨镇	10186	9392	26501	470
华山镇	14338	7120	9541	3513
梁寨镇	14884	11170	28320	25946
范楼镇	15108	15108	14986	13231
宋楼镇	17418	14356	12103	16131
大沙河镇	11307	9240	23238	23906
王沟镇	10944	7359	29685	30204
赵庄镇	9687	6544	2464	4317
沛 县				
沛城街道	28774	36343	2972	2304
大屯街道	31256	35349	10194	10194
汉源街道	5531	5531	7694	
汉兴街道	509	505	2082	15960
龙固镇	16117	21395	10129	1126
杨屯镇	24441	23414	22807	
胡寨镇	6772	8344	1612	
魏庙镇	6365	9371	21310	531
五段镇	12041	5398	1452	1035
张庄镇	9291	9447	30866	1656
张寨镇	8471	11710	6028	17779
敬安镇	25256	32433	10420	7315
河口镇	7667	8171	6491	3408
栖山镇	5997	7537	15459	9855
鹿楼镇	11238	11238	27160	16823
朱寨镇	11087	12736	5364	12479
安国镇	21917	25450	19003	19003

22-1 续表 4 （2021 年）

乡 镇	一般公共预算收入（万元）	一般公共预算支出（万元）	年末资产总额（万元）	年末债务总额（万元）
铜山区				
沿湖街道	3862	3066	1520	1472
新区街道	13802	18166	10852	6567
三堡街道	19775	13153	17148	17091
何桥镇	3152	4628	6327	2076
黄集镇	3647	4496	3904	3718
马坡镇	3043	3755	7170	7450
郑集镇	5768	4961	13013	13129
柳新镇	23564	7301	29807	19554
刘集镇	6820	4963	5968	5592
大彭镇	10120	8146	5646	3247
汉王镇	22837	11427	19875	11588
棠张镇	11073	6705	13600	6705
张集镇	8924	6865	17268	14900
房村镇	4295	5660	17357	17349
伊庄镇	4892	4898	3327	13557
单集镇	4220	6267	13067	13067
利国镇	31560	9421	88711	86687
大许镇	3677	5076	5856	3384
茅村镇	11019	7810	51917	51911
柳泉镇	15055	15003	10104	11876
睢宁县				
睢城街道	68660	24157	44583	
金城街道		1505	311	59
睢河街道	36894	30145	19215	12158
王集镇	6249	1273	2341	11872
双沟镇	25275	23566	8766	5843
岚山镇	9972	7092	6480	3085
李集镇	13978	13978	19870	7987
桃园镇	5842	5842	16569	15537
官山镇	12747	12747	4073	4276
高作镇	13728	8304	23056	18093
沙集镇	14184	13380	28917	16434
凌城镇	14284	13796	12749	12849
邱集镇	5990	7416	4508	4256
古邳镇	9744	9744	11792	6052
姚集镇	8796	8796	32862	24697
魏集镇	7886	10422	12941	616
梁集镇	8183	8183	9309	6204
庆安镇	9900	6920	2212	5620

22-1 续表 5 （2021 年）

乡　镇	一般公共预算收入（万元）	一般公共预算支出（万元）	年末资产总额（万元）	年末债务总额（万元）
新沂市				
北沟街道	15304	15301	472	6133
墨河街道	3031	9663	2029	2970
唐店街道	8608	6070	9337	2625
钟吾街道	34492	15715	51322	17049
瓦窑镇	9289	9289	24518	12318
港头镇	6279	4110	19942	34359
合沟镇	3879	3200	6941	5263
草桥镇	5840	5286	1200	697
窑湾镇	9995	5368	20179	
棋盘镇	9286	9286	3864	
马陵山镇	5690	4320	4084	1863
新店镇	8300	8300	4960	1792
邵店镇	4346	2540	4916	
时集镇	9945	6936	3920	
高流镇	8275	6325	21575	100
阿湖镇	7880	5579	8680	7477
双塘镇	8702	5401	6067	5034
邳州市				
东湖街道	6046	4083	5012	13048
运河街道	83561	15959	75820	1941
戴圩街道	64339	40159	3980	2190
炮车街道	33561	73007	7020	5665
邳城镇	9145	3284	6354	2854
官湖镇	30851	25405	13888	5289
四户镇	3009	4232	1862	450
宿羊山镇	6872	8835	12425	5175
八义集镇	3424	4903	4150	60
土山镇	8773	10056	617	4631
碾庄镇	44860	44753	5020	2754
港上镇	3208	6227	3035	3107
邹庄镇	2957	4058	1218	542
占城镇	2103	4230	2051	2130
新河镇	3661	5689	12473	12976
八路镇	3787	5271	1674	1152
铁富镇	8173	10295	18500	7480
岔河镇	7244	6653	3734	1290
陈楼镇	4433	4261	4686	3449
邢楼镇	3116	4863	4452	
戴庄镇	3473	4580	5430	260
车辐山镇	3837	10104	3228	
燕子埠镇	5052	7810	1720	1590
赵墩镇	10904	7673	4478	768
议堂镇	10679	6381	15261	9965

22-1　续表 6　　　　（2021 年）

乡　　镇	企业个数（个）	企业从业人员（人）	工业企业单位数（个）	#规模以上工业企业单位数
贾汪区				
大泉街道	607	8250	40	3
大吴街道	336	22317	218	15
潘安湖街道	54	3535	15	6
青山泉镇	252	22586	136	27
紫庄镇	319	9420	186	8
塔山镇	275	6524	146	10
汴塘镇	296	4335	158	3
江庄镇	340	6410	45	9
徐州经济技术开发区				
大黄山街道	155	21000	85	46
大庙街道	293	18762	210	51
徐庄镇	617	6733	95	16
丰　县				
凤城街道	1580	48850	998	62
孙楼街道	1378	19798	1028	19
首羡镇	920	10248	691	6
顺河镇	841	30248	638	15
常店镇	975	21615	368	32
欢口镇	1253	14397	876	14
师寨镇	723	19526	619	5
华山镇	2480	22380	1302	15
梁寨镇	1158	15186	493	5
范楼镇	740	15230	600	7
宋楼镇	2009	33090	1112	24
大沙河镇	838	15597	758	5
王沟镇	375	5312	182	15
赵庄镇	894	20098	538	10
沛　县				
沛城街道	1923	32691	328	7
大屯街道	830	47440	486	39
汉源街道	376	3386	20	1
汉兴街道	81	4063	47	
龙固镇	462	18756	261	42
杨屯镇	756	24389	701	47
胡寨镇	418	6854	104	3
魏庙镇	368	10561	162	8
五段镇	849	7373	648	9
张庄镇	635	16564	152	16
张寨镇	218	5537	72	6
敬安镇	1288	19692	531	7
河口镇	593	11106	314	8
栖山镇	423	7360	289	7
鹿楼镇	921	15873	44	15
朱寨镇	711	10436	111	15
安国镇	198	6683	164	34

22-1 续表 7 （2021 年）

乡 镇	企业个数（个）	企业从业人员（人）	工业企业单位数（个）	#规模以上工业企业单位数
铜山区				
沿湖街道	201	2386	6	2
新区街道	1696	39975	465	65
三堡街道	328	10210	147	19
何桥镇	230	7394	29	1
黄集镇	230	3965	94	5
马坡镇	300	9250	210	7
郑集镇	680	20125	129	9
柳新镇	895	20946	252	33
刘集镇	430	6485	89	25
大彭镇	985	12350	389	31
汉王镇	620	13000	25	1
棠张镇	651	15660	448	18
张集镇	1225	26899	659	31
房村镇	835	9105	312	7
伊庄镇	245	4566	75	
单集镇	807	6612	89	5
利国镇	631	13942	89	14
大许镇	443	13026	116	8
茅村镇	1340	22275	318	28
柳泉镇	529	19010	403	21
睢宁县				
睢城街道	3225	96596	838	25
金城街道	1084	23284	190	60
睢河街道	1006	19254	266	26
王集镇	187	16418	102	7
双沟镇	620	6140	79	28
岚山镇	216	7440	156	8
李集镇	463	13895	242	14
桃园镇	336	11972	172	17
官山镇	356	5372	145	7
高作镇	468	5247	285	6
沙集镇	3536	35104	826	16
凌城镇	712	9132	138	10
邱集镇	280	4058	199	9
古邳镇	491	8035	201	9
姚集镇	355	5502	169	7
魏集镇	1028	9704	401	9
梁集镇	271	6809	136	6
庆安镇	218	31925	132	22

22-1 续表 8 （2021 年）

乡　　镇	企业个数（个）	企　　业 从业人员（人）	工业企业 单位数（个）	#规模以上 工业企业 单位数
新沂市				
北沟街道	1453	25284	287	41
墨河街道	862	20736	186	72
唐店街道	328	10285	45	9
钟吾街道	1178	7120	99	16
瓦窑镇	926	9232	283	15
港头镇	348	6639	55	6
合沟镇	601	7114	186	13
草桥镇	969	24624	214	21
窑湾镇	1631	19236	163	11
棋盘镇	672	9917	308	14
马陵山镇	959	12395	156	7
新店镇	455	3886	56	7
邵店镇	421	5854	58	8
时集镇	1185	12036	158	13
高流镇	354	4426	47	16
阿湖镇	1418	18752	455	18
双塘镇	1112	20065	321	22
邳州市				
东湖街道	311	7534	7	
运河街道	4348	74276	618	7
戴圩街道	524	23852	486	35
炮车街道	1693	40622	251	53
邳城镇	22	2452	15	9
官湖镇	1476	33655	1032	96
四户镇	189	3632	95	4
宿羊山镇	561	12056	284	11
八义集镇	2236	21363	689	5
土山镇	379	12591	196	21
碾庄镇	2125	25867	438	27
港上镇	62	1649	31	7
邹庄镇	152	4745	68	4
占城镇	102	2952	61	1
新河镇	317	5721	48	8
八路镇	266	27368	182	5
铁富镇	1455	28850	186	25
岔河镇	361	6037	237	13
陈楼镇	1410	15542	638	14
邢楼镇	136	5862	92	2
戴庄镇	188	4650	10	4
车辐山镇	431	13031	175	6
燕子埠镇	115	1769	102	6
赵墩镇	249	16349	156	30
议堂镇	250	7780	225	19

22-1 续表 9 （2021 年）

乡 镇	建筑业企业单位数（个）	住宿餐饮业企业个数（个）	限上社会消费品零售总额（万元）	商品交易市场个数（个）
贾汪区				
大泉街道	4	15	19244	2
大吴街道	3		4830	3
潘安湖街道		1	1504	1
青山泉镇	1	1	1508	1
紫庄镇	1	1	15750	2
塔山镇	7	1	20126	5
汴塘镇	4	1	2729	3
江庄镇	3	35	17280	2
徐州经济技术开发区				
大黄山街道	4	2	67005	1
大庙街道	9	3		2
徐庄镇	11		18736	5
丰 县				
凤城街道	11	13	174026	4
孙楼街道	2	1	122981	1
首羡镇	5	7	25184	6
顺河镇	8	2	43100	5
常店镇	14	2	49379	3
欢口镇	4	5	129132	4
师寨镇	6	4	16248	2
华山镇	22	119	68211	4
梁寨镇	5	16	28107	4
范楼镇		31	7407	3
宋楼镇	4		54562	4
大沙河镇	2	78	36472	2
王沟镇			33889	2
赵庄镇	2	5	138506	2
沛 县				
沛城街道	53	39	436138	6
大屯街道	6	6	510650	9
汉源街道		7	19261	1
汉兴街道			2765	2
龙固镇	9	2	169652	1
杨屯镇	5	3	112869	2
胡寨镇	3		14128	1
魏庙镇	2	2	6338	6
五段镇	4	9	220881	2
张庄镇	13	2	206226	3
张寨镇	5	2	27306	4
敬安镇	1	2	208892	3
河口镇	4		69217	2
栖山镇	1	2	159900	3
鹿楼镇	1	2	116164	2
朱寨镇		2	131206	4
安国镇	2	18	147564	3

22-1 续表 10 （2021 年）

乡 镇	建筑业企业单位数（个）	住宿餐饮业企业个数（个）	限上社会消费品零售总额（万元）	商品交易市场个数（个）
铜山区				
沿湖街道	4		4356	1
新区街道	24	14	651399	
三堡街道	9	2	162150	4
何桥镇	36	2	68392	3
黄集镇	6	5	157449	4
马坡镇	12	2	51180	3
郑集镇	7	6	9050	2
柳新镇	4	16	159850	6
刘集镇	5	1	2368	4
大彭镇	38	4	7606	4
汉王镇	47	16	12093	2
棠张镇	5	9	81560	3
张集镇	5	4	7479	2
房村镇	27	85	6409	6
伊庄镇	7	3	69589	6
单集镇	56	4	6012	4
利国镇	1	15	189458	2
大许镇	5	11	33502	4
茅村镇	10	25	82292	2
柳泉镇	1	24	107631	3
睢宁县				
睢城街道	46	159	56981	15
金城街道	16	11	88843	2
睢河街道	20	12	41269	1
王集镇			34771	9
双沟镇	2	8	36032	3
岚山镇	4		9600	8
李集镇		5	14754	9
桃园镇	7	8	22592	5
官山镇	36		4120	4
高作镇			9899	1
沙集镇	17	26	36085	2
凌城镇	6	1	19837	3
邱集镇		15	785	5
古邳镇	4	93	9291	3
姚集镇	4	29	3302	6
魏集镇	19		66685	3
梁集镇	4	1	4567	13
庆安镇		35	41562	2

22-1　续表 11　　（2021 年）

乡　镇	建筑业企业单位数（个）	住宿餐饮业企业个数（个）	限上社会消费品零售总额（万元）	商品交易市场个数（个）
新沂市				
北沟街道	11	17	203542	3
墨河街道	5	16	72835	3
唐店街道	4	36	70124	4
钟吾街道	245	123	233202	2
瓦窑镇	12	4	5416	5
港头镇	1	10	15341	4
合沟镇	9	39	53961	4
草桥镇	12	6	268270	6
窑湾镇	5	54	47533	6
棋盘镇	3	5	19879	8
马陵山镇	18	6	14563	2
新店镇	13	18	23562	3
邵店镇	3	6	56173	2
时集镇	4	6	34650	3
高流镇	10	6	39854	6
阿湖镇	8	12	19062	6
双塘镇	15	9	18166	6
邳州市				
东湖街道	51	21	147419	5
运河街道	96	68	135296	24
戴圩街道	17	2	37990	3
炮车街道	5	10	32053	3
邳城镇	2	5	12140	2
官湖镇	6	2	54738	6
四户镇		10	6012	7
宿羊山镇	10	44	115391	5
八义集镇	2	4	69048	6
土山镇	4	7	36073	6
碾庄镇	3	7	32405	5
港上镇	1	11	64149	4
邹庄镇	1	29	11693	6
占城镇	1	2	6256	4
新河镇	5	12	6430	2
八路镇	2	2	9355	3
铁富镇	3	15	462200	9
岔河镇	41	5	17927	4
陈楼镇	1	1	26791	5
邢楼镇	1		5862	8
戴庄镇	1	3	21200	3
车辐山镇		13	20358	2
燕子埠镇		3	4539	3
赵墩镇	4	5	15221	6
议堂镇		2	26780	1

22-1　续表 12　　　　（2021 年）

乡　　镇	50 平方米以上超市个数（个）	幼儿园、托儿所个数（个）	小学校数（所）	小学专任教师数（人）	小学在校学生数（人）	图书馆、文化站个数（个）	剧场、影剧院个数（个）	体育场馆个数（个）
贾汪区								
大泉街道	23	12	3	479	9645	7	1	1
大吴街道	39	18	7	293	5943	1	1	1
潘安湖街道	32	7	3	152	1884	9		
青山泉镇	38	9	3	238	3326	1	1	1
紫庄镇	106	14	7	221	5165	1		
塔山镇	165	17	8	346	5218	2		
汴塘镇	48	17	7	287	4210	1		
江庄镇	130	7	5	150	1832	1	1	
徐州经济技术开发区								
大黄山街道	45	7	3	220	4000	11		
大庙街道	41	10	8	613	7531	1		1
徐庄镇	156	15	10	425	5302	1		1
丰 县								
凤城街道	100	6	5	230	13880	1		
孙楼街道	130	7	2	92	1106	3		
首羡镇	135	11	4	276	3460	1		1
顺河镇	141	6	5	203	2262	1		2
常店镇	151	9	6	152	1966	1		2
欢口镇	136	10	9	278	6583	2	1	2
师寨镇	130	6	5	187	3216	1		
华山镇	252	7	7	278	4876	1	1	1
梁寨镇	126	11	9	286	3519	2	1	1
范楼镇	219	11	9	290	4295	1		
宋楼镇	210	12	8	276	5655	1		
大沙河镇	131	5	2	167	2536	1	1	8
王沟镇	185	6	7	307	3126	1		
赵庄镇	146	9	7	212	2470	1		2
沛 县								
沛城街道	152	26	9	1447	25869	1	2	2
大屯街道	98	48	4	207	3511		3	1
汉源街道	56	13	4	523	9911	1	2	
汉兴街道	56	8	3	429	7638			
龙固镇	118	25	7	211	3718			
杨屯镇	72	8	5	268	5787	1	1	1
胡寨镇	38	3	5	144	2150			
魏庙镇	30	20	5	218	3175	1		1
五段镇	47	5	6	238	4226	1	1	1
张庄镇	106	13	15	346	5882		1	
张寨镇	143	29	9	385	4874	1		
敬安镇	126	13	6	233	4123			
河口镇	116	5	7	204	3379			
栖山镇	63	9	8	212	3358	1		
鹿楼镇	169	9	10	230	3768	2		
朱寨镇	41	7	5	218	2579	1		
安国镇	139	7	8	341	5814	1		

22-1　续表 13　　（2021 年）

乡　镇	50平方米以上超市个数（个）	幼儿园、托儿所个数（个）	小学校数（所）	小学专任教师数（人）	小学在校学生数（人）	图书馆、文化站个数（个）	剧场、影剧院个数（个）	体育场馆个数（个）
铜山区								
沿湖街道	7	2	1	59	1080	1		1
新区街道	60	15	4	182	5402	7		4
三堡街道	46	6	3	152	2881	1		
何桥镇	104	8	7	215	3541	1		3
黄集镇	149	12	8	237	5065	3		2
马坡镇	56	7	8	238	4041	1		
郑集镇	30	10	5	260	5800	10		
柳新镇	48	29	10	273	6480	1		
刘集镇	97	12	10	252	6194	1		1
大彭镇	59	10	7	283	5681	1		2
汉王镇	83	18	5	162	3339	1		
棠张镇	111	11	8	130	5688	1	1	1
张集镇	150	27	18	328	7200	1		
房村镇	120	29	6	306	4064	1		3
伊庄镇	62	15	5	200	3008	15		1
单集镇	131	10	10	234	4355	1		
利国镇	8	10	7	305	5879	5		1
大许镇	60	15	12	344	8591	1		4
茅村镇	106	14	8	302	6116			1
柳泉镇	80	15	6	252	5008	1	1	3
睢宁县								
睢城街道	453	59	10	1341	26625		4	
金城街道	77	14	4	355	7765			
睢河街道	159	10	5	463	10533	1	2	1
王集镇	75	9	4	272	6323	1		
双沟镇	52	5	3	263	4681	1	2	2
岚山镇	86	8	9	266	3086	1		
李集镇	36	7	5	273	6222	1	1	1
桃园镇	93	12	6	91	3432	2		1
官山镇	112	13	4	225	5386	1		
高作镇	43	3	2	110	1720	1		1
沙集镇	98	6	2	148	2049	1		
凌城镇	182	4	5	220	4300	1		1
邱集镇	170	5	4	268	4978	1		
古邳镇	66	5	4	156	2320	1	1	1
姚集镇	152	10	6	213	4012	1	1	1
魏集镇	92	11	5	213	2022	1		
梁集镇	85	8	3	186	1990	1	1	1
庆安镇	72	26	12	380	4865	1		1

22-1 续表 14 （2021 年）

乡 镇	50平方米以上超市个数（个）	幼儿园、托儿所个数（个）	小学校数（所）	小学专任教师数（人）	小学在校学生数（人）	图书馆、文化站个数（个）	剧场、影剧院个数（个）	体育场馆个数（个）
新沂市								
北沟街道	71	6	4	360	5712			
墨河街道	63	5	8	202	2589	1		
唐店街道	71	2	3	173	3750	1		1
钟吾街道	262	6	5	56	2123			1
瓦窑镇	73	5	4	232	3688		1	
港头镇	46	5	5	224	3357			1
合沟镇	46	13	8	236	3884	1		
草桥镇	265	9	9	224	4359	1	1	1
窑湾镇	234	7	7	245	3382	1		
棋盘镇	131	5	10	343	5735	1	1	1
马陵山镇	216	8	7	326	4400		1	
新店镇	117	8	8	197	3450	1	1	1
邵店镇	68	6	5	142	2691	1	1	1
时集镇	118	4	8	310	4466			
高流镇	85	13	13	321	4245	1		
阿湖镇	136	9	7	242	4839	1		
双塘镇	69	8	6	218	3212	1		
邳州市								
东湖街道	37	19	7	585	17781	8	2	1
运河街道	252	47	17	1328	35349	6	3	4
戴圩街道	78	11	8	395	6152	9		
炮车街道	6	20	6	246	5183	1		2
邳城镇	120	14	11	145	3921			
官湖镇	390	20	12	501	9265	1		1
四户镇	72	15	7	223	5262	1		
宿羊山镇	118	5	9	530	7092	1	1	1
八义集镇	66	12	12	380	4509	19	1	1
土山镇	258	5	6	313	4053	1	1	2
碾庄镇	135	26	16	416	9625	1		1
港上镇	82	3	8	239	5436	2		
邹庄镇	48	12	9	267	4357	1		1
占城镇	58	8	6	161	2907	1		
新河镇	55	14	8	198	4827	1	1	1
八路镇	64	14	6	142	2023	1		
铁富镇	310	29	26	605	15100	1		3
岔河镇	74	7	7	178	4253	1	1	1
陈楼镇	226	8	8	220	3169	1		
邢楼镇	126	15	9	431	4638	1		
戴庄镇	52	12	9	268	6160	1		1
车辐山镇	103	22	7	343	4746	18		
燕子埠镇	115	19	6	173	3608			
赵墩镇	110	11	12	524	12833	1		
议堂镇	55	5	5	170	1869	1		

22-1 续表 15 （2021 年）

乡　　镇	医疗卫生机构个数（个）	医疗卫生机构床位数（张）	执业（助理）医师数（人）
贾汪区			
大泉街道	9	160	70
大吴街道	4	132	130
潘安湖街道	8	11	19
青山泉镇	16	239	141
紫庄镇	24	120	101
塔山镇	25	120	71
汴塘镇	21	205	62
江庄镇	15	70	45
徐州经济技术开发区			
大黄山街道	9	65	27
大庙街道	17	400	139
徐庄镇	28	90	56
丰 县			
凤城街道	40	151	152
孙楼街道	23	241	82
首羡镇	35	167	115
顺河镇	24	300	136
常店镇	32	228	119
欢口镇	30	232	130
师寨镇	30	150	129
华山镇	29	192	46
梁寨镇	30	228	118
范楼镇	40	139	83
宋楼镇	36	232	159
大沙河镇	21	166	71
王沟镇	33	150	119
赵庄镇	46	115	104
沛 县			
沛城街道	47	2038	1648
大屯街道	29	367	238
汉源街道	18	165	132
汉兴街道	18	236	43
龙固镇	23	301	62
杨屯镇	19	185	73
胡寨镇	17	145	53
魏庙镇	19	163	42
五段镇	18	200	118
张庄镇	33	165	86
张寨镇	35	308	139
敬安镇	26	320	63
河口镇	26	252	141
栖山镇	26	265	119
鹿楼镇	31	292	128
朱寨镇	27	261	88
安国镇	32	378	146

22-1　续表 16　　　　　　　　　　（2021 年）

乡　　镇	医疗卫生机构个数（个）	医疗卫生机构床位数（张）	执业（助理）医师数（人）
铜山区			
沿湖街道	4	50	12
新区街道	14	15	29
三堡街道	6	50	29
何桥镇	21	120	60
黄集镇	21	82	87
马坡镇	14	90	63
郑集镇	17	350	62
柳新镇	20	94	108
刘集镇	22	87	68
大彭镇	20	170	47
汉王镇	11	100	77
棠张镇	23	80	68
张集镇	25	210	130
房村镇	48	125	71
伊庄镇	17	66	46
单集镇	30	160	82
利国镇	15	120	65
大许镇	31	320	165
茅村镇	19	101	97
柳泉镇	17	65	51
睢宁县			
睢城街道	72	1298	999
金城街道	17	218	114
睢河街道	14	240	53
王集镇	30	260	105
双沟镇	14	150	50
岚山镇	46	105	88
李集镇	14	150	53
桃园镇	23	120	59
官山镇	32	175	57
高作镇	19	260	74
沙集镇	17	76	51
凌城镇	29	175	159
邱集镇	36	325	115
古邳镇	24	332	92
姚集镇	40	470	83
魏集镇	35	145	65
梁集镇	29	336	152
庆安镇	39	475	220

22-1　续表 17　　（2021 年）

乡　镇	医疗卫生机构个数（个）	医疗卫生机构床位数（张）	执业（助理）医师数（人）
新沂市			
北沟街道	11	213	179
墨河街道	12	97	42
唐店街道	15	94	86
钟吾街道	11	41	23
瓦窑镇	14	93	73
港头镇	12	90	54
合沟镇	21	50	48
草桥镇	18	243	120
窑湾镇	26	120	51
棋盘镇	35	345	210
马陵山镇	18	106	75
新店镇	16	146	61
邵店镇	15	118	68
时集镇	20	80	70
高流镇	17	40	39
阿湖镇	24	109	53
双塘镇	16	41	42
邳州市			
东湖街道	18	455	122
运河街道	34	1198	2143
戴圩街道	29	815	40
炮车街道	16	181	95
邳城镇	25	240	58
官湖镇	39	440	203
四户镇	18	60	42
宿羊山镇	34	294	165
八义集镇	31	312	275
土山镇	23	409	236
碾庄镇	29	375	283
港上镇	22	42	60
邹庄镇	25	78	87
占城镇	21	125	92
新河镇	19	104	117
八路镇	15	183	39
铁富镇	35	405	140
岔河镇	15	200	36
陈楼镇	19	78	141
邢楼镇	18	136	75
戴庄镇	15	70	34
车辐山镇	17	143	76
燕子埠镇	16	58	34
赵墩镇	32	129	75
议堂镇	18	150	70

22-1 续表 18 （2021 年）

乡 镇	自来水用水户数（户）	金融机构网点数（个）	公园及休闲健身广场个数（个）
贾汪区			
大泉街道	18414	8	7
大吴街道	14206	5	7
潘安湖街道	7062	2	10
青山泉镇	11208	4	10
紫庄镇	15112	4	1
塔山镇	16094	6	
汴塘镇	13647	3	
江庄镇	8995	3	
徐州经济技术开发区			
大黄山街道	15725	3	1
大庙街道	19561	6	18
徐庄镇	22530	5	45
丰 县			
凤城街道	18350	5	2
孙楼街道	13372	2	1
首羡镇	14876	6	1
顺河镇	12696	2	1
常店镇	13250	3	10
欢口镇	21998	6	4
师寨镇	15438	4	2
华山镇	22047	4	4
梁寨镇	14991	4	3
范楼镇	17153	4	2
宋楼镇	21660	4	1
大沙河镇	14512	4	2
王沟镇	21078	4	1
赵庄镇	16592	3	3
沛 县			
沛城街道	48726	29	5
大屯街道	17810	6	6
汉源街道	21386	5	3
汉兴街道	11092	2	2
龙固镇	11261	3	10
杨屯镇	15589	4	1
胡寨镇	9550	2	5
魏庙镇	12735	4	1
五段镇	11280	2	3
张庄镇	21676	5	1
张寨镇	18592	5	1
敬安镇	15735	3	
河口镇	11463	3	2
栖山镇	15260	5	1
鹿楼镇	15372	3	3
朱寨镇	13495	5	
安国镇	20854	5	1

22-1　续表 19　　（2021 年）

乡　镇	自来水用水户数（户）	金融机构网点数（个）	公园及休闲健身广场个数（个）
铜山区			
沿湖街道	3785		
新区街道	13510	2	1
三堡街道	7505	4	1
何桥镇	12120	3	
黄集镇	14702	3	
马坡镇	11262		
郑集镇	11258	4	6
柳新镇	19710	6	2
刘集镇	16029	5	
大彭镇	17513	3	
汉王镇	12551	3	2
棠张镇	13954	4	2
张集镇	16055	3	
房村镇	18333	4	5
伊庄镇	10900	3	
单集镇	14455	4	
利国镇	19023		9
大许镇	13599	3	
茅村镇	22434	6	10
柳泉镇	16463	4	
睢宁县			
睢城街道	60897	46	8
金城街道	13560	3	3
睢河街道	25196	4	5
王集镇	14987	4	2
双沟镇	15600	3	6
岚山镇	16134	6	20
李集镇	11826	3	3
桃园镇	13668	5	2
官山镇	18265	4	1
高作镇	8957	2	1
沙集镇	12203	5	2
凌城镇	14625	3	2
邱集镇	22120	4	1
古邳镇	13958	3	1
姚集镇	19551	4	2
魏集镇	14339	5	1
梁集镇	10987	4	1
庆安镇	13680	4	1

22-1 续表 20 （2021 年）

乡 镇	自来水用水户数（户）	金融机构网点数（个）	公园及休闲健身广场个数（个）
新沂市			
北沟街道	11441	5	1
墨河街道	13921	2	9
唐店街道	11985	2	1
钟吾街道	12678	1	
瓦窑镇	9413	2	2
港头镇	9987	2	1
合沟镇	14521	3	4
草桥镇	16597	4	9
窑湾镇	13798	5	2
棋盘镇	18729	5	9
马陵山镇	12625	3	3
新店镇	12235	4	3
邵店镇	9356	3	2
时集镇	13215	5	4
高流镇	14838	4	1
阿湖镇	14314	4	2
双塘镇	9752	3	4
邳州市			
东湖街道	6347	6	3
运河街道	75358	86	3
戴圩街道	19580	8	6
炮车街道	14011	3	2
邳城镇	10140	3	3
官湖镇	25224	6	3
四户镇	12321	2	
宿羊山镇	15772	5	1
八义集镇	15489	5	2
土山镇	12148	5	4
碾庄镇	13755	6	4
港上镇	11025	4	4
邹庄镇	4761	3	1
占城镇	9163	2	2
新河镇	12591	4	
八路镇	6337	2	2
铁富镇	13400	8	2
岔河镇	8680	2	4
陈楼镇	11062	5	1
邢楼镇	10429	2	2
戴庄镇	10250	2	2
车辐山镇	12821	2	1
燕子埠镇	6528	2	
赵墩镇	14496	5	1
议堂镇	8170	4	1

22-2　分镇主要经济指标排序（2021年）
行政区域面积

排序	乡　　镇	绝对量（公顷）	排序	乡　　镇	绝对量（公顷）	排序	乡　　镇	绝对量（公顷）
1	睢宁县姚集镇	16780	43	沛县敬安镇	9600	85	新沂市合沟镇	6734
2	新沂市棋盘镇	15770	44	睢宁县双沟镇	9530	86	铜山区郑集镇	6710
3	铜山区张集镇	14800	45	新沂市马陵山镇	9528	87	贾汪区紫庄镇	6668
4	睢宁县邱集镇	14079	46	睢宁县桃园镇	9489	88	开发区大庙街道	6663
5	新沂市时集镇	13887	47	新沂市双塘镇	9484	89	贾汪区青山泉镇	6647
6	铜山区房村镇	13600	48	邳州市车辐山镇	9469	90	丰县孙楼街道	6608
7	开发区徐庄镇	13259	49	贾汪区塔山镇	9468	91	新沂市钟吾街道	6534
8	铜山区单集镇	13210	50	丰县顺河镇	9404	92	睢宁县沙集镇	6518
9	睢宁县王集镇	13152	51	睢宁县凌城镇	9365	93	铜山区新区街道	6450
10	睢宁县魏集镇	13000	52	邳州市邳城镇	9293	94	睢宁县金城街道	6398
11	丰县王沟镇	12955	53	丰县赵庄镇	9100	95	铜山区汉王镇	6393
12	铜山区大许镇	12917	54	沛县栖山镇	8951	96	睢宁县李集镇	6298
13	丰县首羡镇	12864	55	邳州市官湖镇	8906	97	沛县沛城街道	6240
14	邳州市铁富镇	12754	56	丰县凤城街道	8773	98	新沂市瓦窑镇	6203
15	沛县鹿楼镇	12540	57	丰县梁寨镇	8680	99	沛县魏庙镇	6202
16	新沂市阿湖镇	12527	58	大沙河镇	8631	100	邳州市港上镇	6181
17	睢宁县官山镇	12499	59	铜山区伊庄镇	8565	101	新沂市唐店街道	5953
18	邳州市八义集镇	12263	60	丰县师寨镇	8518	102	新沂市邵店镇	5849
19	丰县宋楼镇	12214	61	邳州市运河街道	8411	103	邳州市议堂镇	5775
20	新沂市高流镇	12189	62	铜山区刘集镇	8360	104	邳州市炮车街道	5700
21	邳州市碾庄镇	12151	63	铜山区黄集镇	8340	105	沛县大屯街道	5430
22	睢宁县梁集镇	12134	64	铜山区茅村镇	8324	106	沛县汉兴街道	5310
23	邳州市赵墩镇	12081	65	沛县河口镇	8257	107	沛县龙固镇	5302
24	丰县范楼镇	11873	66	丰县常店镇	8187	108	沛县杨屯镇	5165
25	睢宁县岚山镇	11850	67	邳州市四户镇	8106	109	沛县五段镇	4977
26	新沂市窑湾镇	11636	68	铜山区棠张镇	8060	110	沛县胡寨镇	4594
27	睢宁县庆安镇	11571	69	邳州市戴圩街道	8000	111	邳州市陈楼镇	4423
28	邳州市新河镇	11275	70	邳州市占城镇	7920	112	开发区大黄山街道	4300
29	沛县张庄镇	11200	71	沛县朱寨镇	7900	113	睢宁县睢河街道	4261
30	新沂市新店镇	11199	72	铜山区利国镇	7769	114	睢宁县高作镇	4171
31	睢宁县欢口镇	10751	73	邳州市燕子埠镇	7701	115	新沂市北沟街道	4164
32	睢宁县古邳镇	10666	74	铜山区大彭镇	7600	116	贾汪区大吴街道	3840
33	沛县张寨镇	10634	75	贾汪区江庄镇	7496	117	贾汪区大泉街道	3765
34	铜山区柳泉镇	10520	76	邳州市戴庄镇	7455	118	铜山区三堡街道	3540
35	沛县安国镇	10294	77	铜山区何桥镇	7400	119	沛县汉源街道	3403
36	睢宁县睢城街道	10242	78	邳州市邹庄镇	7351	120	铜山区沿湖街道	3400
37	新沂市草桥镇	10122	79	新沂市墨河街道	7281	121	贾汪区潘安湖街道	3030
38	丰县华山镇	10100	80	邳州市岔河镇	7085	122	邳州市东湖街道	2720
39	贾汪区汴塘镇	10080	81	邳州市八路镇	7043			
40	邳州市邢楼镇	9684	82	邳州市土山镇	7015			
41	邳州市宿羊山镇	9614	83	铜山区马坡镇	6900			
42	铜山区柳新镇	9606	84	新沂市港头镇	6810			

22-2　续表 1

财政总收入

排序	乡　　镇	绝对量（万元）	排序	乡　　镇	绝对量（万元）	排序	乡　　镇	绝对量（万元）
1	丰县凤城街道	189879	43	铜山区棠张镇	19961	85	新沂市草桥镇	10520
2	新沂市瓦窑镇	174352	44	邳州市议堂镇	19476	86	新沂市马陵山镇	10455
3	邳州市运河街道	124798	45	丰县师寨镇	19469	87	新沂市新店镇	10400
4	邳州市戴圩街道	124771	46	铜山区茅村镇	19185	88	铜山区郑集镇	10236
5	睢宁县睢城街道	112577	47	沛县五段镇	18752	89	丰县首羡镇	10143
6	邳州市碾庄镇	81621	48	丰县赵庄镇	18494	90	睢宁县庆安镇	10020
7	开发区大庙街道	64600	49	邳州市赵墩镇	18451	91	界王曲青山泉镇	9982
8	沛县大屯街道	60423	50	新沂市窑湾镇	18434	92	邳州市东湖街道	9793
9	铜山区利国镇	57097	51	铜山区大彭镇	18431	93	贾汪区紫庄镇	9278
10	开发区大黄山街道	56822	52	睢宁县岚山镇	18286	94	铜山区伊庄镇	9237
11	邳州市炮车街道	56331	53	睢宁县李集镇	18283	95	贾汪区塔山镇	8812
12	邳州市官湖镇	54695	54	睢宁县古邳镇	18276	96	铜山区单集镇	8467
13	新沂市钟吾街道	52433	55	新沂市时集镇	18255	97	邳州市燕子埠镇	8427
14	沛县敬安镇	48542	56	睢宁县姚集镇	17189	98	沛县胡寨镇	8384
15	沛县杨屯镇	44309	57	邳州市邳城镇	16926	99	新沂市邵店镇	8277
16	铜山区柳新镇	43097	58	沛县张庄镇	16832	100	睢宁县王集镇	8118
17	沛县龙固镇	41886	59	铜山区张集镇	16593	101	铜山区房村镇	7663
18	沛县安国镇	37864	60	邳州市土山镇	16027	102	铜山区沿湖街道	7537
19	沛县沛城街道	37237	61	新沂市双塘镇	16010	103	邳州市陈楼镇	7423
20	睢宁县睢河街道	36894	62	沛县张寨镇	15716	104	新沂市墨河街道	7339
21	睢宁县双沟镇	36275	63	新沂市唐店街道	15326	105	铜山区黄集镇	7209
22	贾汪区江庄镇	34406	64	新沂市高流镇	15274	106	邳州市车辐山镇	7090
23	铜山区三堡街道	33158	65	丰县范楼镇	15108	107	铜山区大许镇	6727
24	丰县宋楼镇	33127	66	邳州市铁富镇	14792	108	邳州市八路镇	6671
25	贾汪区潘安湖街道	31469	67	沛县河口镇	14364	109	邳州市新河镇	6580
26	新沂市北沟街道	31447	68	睢宁县魏集镇	14293	110	邳州市八义集镇	6311
27	铜山区汉王镇	28910	69	新沂市阿湖镇	14288	111	铜山区何桥镇	5973
28	丰县梁寨镇	28163	70	丰县王沟镇	14254	112	邳州市邢楼镇	5973
29	丰县欢口镇	27611	71	开发区徐庄镇	14154	113	沛县汉源街道	5912
30	睢宁县凌城镇	26262	72	新沂市合沟镇	13941	114	邳州市戴庄镇	5772
31	睢宁县高作镇	25998	73	铜山区新区街道	13802	115	铜山区马坡镇	5679
32	贾汪区大泉街道	25736	74	睢宁县官山镇	12747	116	邳州市港上镇	5530
33	丰县孙楼街道	24441	75	铜山区刘集镇	12700	117	邳州市四户镇	5399
34	铜山区柳泉镇	24221	76	邳州市岔河镇	12186	118	邳州市邹庄镇	5281
35	丰县华山镇	23898	77	沛县魏庙镇	11916	119	邳州市占城镇	3843
36	贾汪区大吴街道	23863	78	新沂市棋盘镇	11844	120	贾汪区汴塘镇	2781
37	丰县顺河镇	23675	79	新沂市港头镇	11717	121	沛县汉兴街道	512
38	丰县大沙河镇	22116	80	邳州市宿羊山镇	11432	122	睢宁县金城街道	
39	丰县常店镇	21842	81	睢宁县桃园镇	10902			
40	沛县鹿楼镇	20935	82	沛县栖山镇	10865			
41	沛县朱寨镇	20325	83	睢宁县邱集镇	10830			
42	睢宁县沙集镇	19973	84	睢宁县梁集镇	10699			

江苏省市、县主要经济指标（2021年） 附录一

MAJOR ECONOMIC INDICATORS OF CITIES AND COUNTIES OF JIANGSU（2021）

版面负责人：马　萍

编　　　辑：蒋　磊

企业统计信用管理办法

（二）依法限制取得财政资金和社会保障资金支持。

（三）依法限制参加政府投资项目招投标。

（四）将失信信息作为在股票、可转换债券发行审核及在全国中小企业股份转让系统挂牌公开转让审核的参考。对失信主体注册非金融企业债务融资工具加强管理，并按照注册发行有关工作要求，强化信息披露，加强投资人保护机制，防范有关风险。对申请发行企业债券不予受理。

（五）暂停审批科技项目；对已经取得高新技术企业资格的，经认定机构核实，取消资格；禁止参与科技型中小企业评价。

（六）依法限制申请外国人来华工作许可、申报引进外国专家项目、引才引智示范基地、出国培训项目等引智项目。

（七）依法限制参与政府采购活动。

（八）依法限制取得政府供应土地及出让探矿权、采矿权。

（九）严格、审慎审批新改扩建项目的环评事项。

（十）依法限制新增建设项目审批；限制建筑业企业资质；从严审核包括新增许可范围在内的铁路运输企业准入许可。

（十一）依法限制参与基础设施和公用事业特许经营。

（十二）依法限制享受财政资金补贴等各类政府优惠政策。

（十三）依法限制受让收费公路权益。

（十四）将失信信息作为境内上市公司实行股权激励计划或相关人员成为股权激励对象事中事后监管的参考。

江苏省市、县主要经济指标

（2021 年）

市（县）名　称	土地面积（平方公里）	年　末户籍人口（万人）	当　年出生人口（人）	当　年死亡人口（人）	年　末总户数（万户）	年　末常住人口（万人）	人口密度（人/平方公里）
南京市	**6587**	**733.73**	**52786**	**43831**	**266.81**	**942.34**	**1431**
无锡市	**4627**	**515.25**	**29882**	**37470**	**179.15**	**747.95**	**1616**
江阴市	987	126.96	6294	9933	39.74	178.20	1806
宜兴市	1997	107.08	5015	9232	37.28	128.70	645
徐州市	**11765**	**1035.29**	**78341**	**65348**	**284.78**	**902.85**	**767**
丰 县	1450	119.60	9258	8011	32.80	92.66	639
沛 县	1806	127.68	9585	7289	37.78	102.87	570
睢宁县	1769	139.98	11376	10103	32.85	107.85	610
新沂市	1592	110.30	7636	14091	30.51	96.09	603
邳州市	2085	191.78	13827	5974	48.00	144.20	692
常州市	**4372**	**388.16**	**22008**	**28551**	**139.49**	**534.96**	**1224**
溧阳市	1535	78.54	4247	5835	27.02	80.43	524
苏州市	**8657**	**762.11**	**53296**	**51191**	**253.75**	**1284.78**	**1484**
常熟市	1276	106.10	4470	9533	31.98	168.61	1321
张家港市	987	92.93	4455	7212	31.72	144.04	1460
昆山市	932	114.33	11417	5116	40.21	211.18	2267
太仓市	810	52.59	2896	4270	17.48	83.90	1036
南通市	**10507**	**751.66**	**33690**	**72433**	**289.40**	**773.30**	**736**
如东县	2781	99.26	3700	10814	36.26	87.95	316
启东市	1681	108.74	4124	10694	46.72	96.15	572
如皋市	1574	139.45	7071	13446	44.29	122.67	779
海安市	1184	90.77	3719	9081	34.32	87.00	735
连云港市	**7626**	**533.21**	**39920**	**28635**	**155.97**	**460.20**	**603**
东海县	2037	124.28	10330	7539	30.78	104.32	512
灌云县	1529	101.96	6899	4400	28.30	71.94	471
灌南县	1028	81.06	5164	3278	23.53	61.11	594

续表 1

（2021 年）

市（县）名称	土地面积（平方公里）	年末户籍人口（万人）	当年出生人口（人）	当年死亡人口（人）	年末总户数（万户）	年末常住人口（万人）	人口密度（人/平方公里）
淮安市	**10030**	**555.25**	**24500**	**36800**	**170.94**	**456.22**	**455**
涟水县	1679	109.85	4500	7700	31.64	82.47	491
盱眙县	2497	78.59	3300	4900	21.70	60.78	243
金湖县	1378	33.92	1200	2400	12.29	28.86	209
盐城市	**17718**	**803.84**	**37985**	**92020**	**268.27**	**671.30**	**379**
响水县	1470	61.16	648	919	16.86	45.94	312
滨海县	1921	119.15	6557	17553	35.27	82.05	427
阜宁县	1439	108.49	4946	12662	34.53	79.44	552
射阳县	2573	92.46	3986	9198	30.36	75.98	295
建湖县	1157	75.02	2906	9643	27.67	60.96	527
东台市	3558	105.46	4141	14257	38.08	88.88	250
扬州市	**6591**	**451.56**	**19888**	**37769**	**147.64**	**457.70**	**694**
宝应县	1462	85.90	3462	8440	26.40	68.24	467
仪征市	902	54.82	2647	4664	18.12	53.42	592
高邮市	1922	78.86	3457	7257	24.94	70.99	369
镇江市	**3840**	**268.10**	**12248**	**21758**	**103.16**	**321.72**	**838**
丹阳市	1047	79.42	3377	6946	28.27	99.08	946
扬中市	327	27.96	1378	2420	10.78	31.59	965
句容市	1378	58.19	3026	6168	23.10	64.08	465
泰州市	**5788**	**492.70**	**23406**	**46154**	**165.26**	**452.18**	**781**
兴化市	2395	150.84	7355	13125	49.37	112.66	470
靖江市	656	64.33	2697	6216	20.85	66.47	1014
泰兴市	1170	114.69	5591	12465	39.57	99.36	849
宿迁市	**8524**	**590.86**	**44496**	**32881**	**155.89**	**499.90**	**586**
沭阳县	2299	198.36	16213	11229	50.55	167.92	730
泗阳县	1378	105.38	6625	6405	27.36	83.11	603
泗洪县	2694	108.71	7181	5372	29.25	86.09	320

续表 2　　（2021 年）

市（县）名　称	在岗职工人　数（万人）	# 国有单位	# 城镇集体单　位	# 港澳台商投资单位	# 外商投资单　位
南京市	**198.15**	**50.20**	**2.85**	**10.94**	**20.03**
无锡市	**93.12**	**22.10**	**3.52**	**16.23**	**29.35**
江阴市	19.37	4.11	1.17	4.41	4.30
宜兴市	9.16	4.05	0.35	1.47	0.85
徐州市	**74.20**	**53.82**	**3.54**	**2.68**	**1.65**
丰 县	5.17	2.97	1.63	0.13	0.01
沛 县	8.53	6.40	0.54	0.03	0.01
睢宁县	8.01	5.73	0.23	1.07	0.03
新沂市	4.15	2.82	0.04	0.06	0.07
邳州市	9.62	7.84	0.16	0.16	0.31
常州市	**64.56**	**15.88**	**2.69**	**12.27**	**9.83**
溧阳市	5.80				
苏州市	**289.80**	**37.43**	**6.47**	**54.68**	**104.72**
常熟市	22.70	4.20	0.65	3.77	6.61
张家港市	22.17	4.07	0.79	1.88	4.03
昆山市	71.03	5.18	0.99	20.30	31.60
太仓市	16.71	1.77	0.60	2.30	6.80
南通市	**158.72**	**20.31**	**2.86**	**9.59**	**10.35**
如东县	15.19	1.59	0.13	1.29	0.73
启东市	20.91	2.35	0.25	1.03	0.61
如皋市	8.77	1.86	0.16	0.79	1.85
海安市	26.70	1.95	0.46	1.07	1.02
连云港市	**40.61**	**15.05**	**1.48**	**2.87**	**1.87**
东海县	5.07	1.89	0.25	0.22	0.23
灌云县	3.65	1.79	0.15	0.08	0.04
灌南县	4.87	2.41	0.28	0.06	0.28

续表 3　　（2021 年）

市（县）名　称	在岗职工人数（万人）	# 国有单位	# 城镇集体单位	# 港澳台商投资单位	# 外商投资单位
淮安市	**39.83**				
涟水县	5.49				
盱眙县	4.52				
金湖县	2.00				
盐城市	**59.71**	**21.18**	**2.62**	**1.77**	**6.31**
响水县	1.96	0.87	0.05	0.01	0.01
滨海县	6.71	1.84	0.39	0.10	0.02
阜宁县	5.56	1.21	0.47	0.14	0.53
射阳县	4.29	1.47	0.07	0.18	0.30
建湖县	4.69	2.26	0.24	0.05	0.04
东台市	5.78	1.87	0.40	0.41	0.52
扬州市	**83.00**	**17.38**	**1.97**	**3.51**	**4.18**
宝应县	8.12	4.50	0.13	0.42	0.37
仪征市	6.93	1.42	0.18	0.40	0.87
高邮市	9.75	3.22	0.35	0.30	0.23
镇江市	**36.25**				
丹阳市	7.26				
扬中市	3.29				
句容市	6.15				
泰州市	**46.29**	**12.78**	**1.56**	**5.96**	**5.09**
兴化市	4.13	1.74	0.37	0.12	0.65
靖江市	4.93	1.93	0.14	0.32	0.42
泰兴市	10.23	2.29	0.36	0.37	1.10
宿迁市	**26.26**	**9.11**	**1.02**	**3.01**	**1.25**
沭阳县	5.70	1.13	0.56	0.94	0.34
泗阳县	3.25	1.72	0.10	0.21	0.04
泗洪县	3.21	1.06	0.21	0.02	0.31

续表 4 （2021 年）

市（县）名称	地区生产总值（亿元）	第一产业	第二产业	# 工业	第三产业	人均地区生产总值（按常住人口计算，元）	地区生产总值指数（上年=100）	三次产业结构（%）第一产业	第二产业	第三产业
南京市	**16355.33**	**303.94**	**5902.65**	**4991.39**	**10148.74**	**174520**	**107.5**	**1.9**	**36.1**	**62.1**
无锡市	**14003.24**	**130.33**	**6710.50**	**6038.47**	**7162.41**	**187415**	**108.8**	**0.9**	**47.9**	**51.1**
江阴市	4580.33	38.30	2383.33	2184.55	2158.70	257177	108.1	0.8	52.0	47.1
宜兴市	2082.17	54.52	1086.11	917.32	941.54	161835	108.8	2.6	52.2	45.2
徐州市	**8117.44**	**743.34**	**3376.02**	**2783.94**	**3998.08**	**89634**	**108.7**	**9.2**	**41.6**	**49.3**
丰 县	538.05	99.55	194.09	162.62	244.40	57800	109.5	18.5	36.1	45.4
沛 县	926.36	123.36	390.61	289.93	412.39	89634	108.9	13.3	42.2	44.5
睢宁县	675.81	113.28	271.28	208.62	291.26	62369	108.7	16.8	40.1	43.1
新沂市	781.43	93.17	297.87	247.88	390.39	80942	110.1	11.9	38.1	50.0
邳州市	1108.22	165.03	444.84	385.75	498.35	76307	109.5	14.9	40.1	45.0
常州市	**8807.58**	**166.87**	**4198.93**	**3791.47**	**4441.78**	**165724**	**109.1**	**1.9**	**47.7**	**50.4**
溧阳市	1261.30	56.80	648.81	536.17	555.69	158674	110.1	4.5	51.4	44.1
苏州市	**22718.34**	**189.73**	**10872.81**	**9962.52**	**11655.80**	**177505**	**108.7**	**0.8**	**47.9**	**51.3**
常熟市	2672.04	39.68	1341.71	1242.74	1290.65	158894	109.2	1.5	50.2	48.3
张家港市	3030.21	29.75	1550.88	1442.57	1449.58	210966	108.0	1.0	51.2	47.8
昆山市	4748.06	31.18	2462.74	2289.06	2254.14	225856	107.8	0.7	51.9	47.5
太仓市	1574.05	23.98	782.38	728.69	767.69	188486	109.7	1.5	49.7	48.8
南通市	**11026.94**	**485.02**	**5357.93**	**4538.90**	**5184.00**	**142721**	**108.9**	**4.4**	**48.6**	**47.0**
如东县	1272.24	96.04	632.78	554.55	543.42	142500	108.9	7.5	49.7	42.7
启东市	1345.94	88.66	656.96	529.16	600.32	138678	108.4	6.6	48.8	44.6
如皋市	1432.41	82.22	707.60	602.81	642.59	115076	108.5	5.7	49.4	44.9
海安市	1343.09	76.10	725.94	625.67	541.05	153120	109.1	5.7	54.0	40.3
连云港市	**3727.92**	**398.13**	**1625.76**	**1314.54**	**1704.03**	**81015**	**108.8**	**10.7**	**43.6**	**45.7**
东海县	632.85	92.19	263.30	211.71	277.36	60531	109.1	14.6	41.6	43.8
灌云县	424.02	82.10	152.50	111.77	189.42	58696	110.3	19.4	36.0	44.7
灌南县	452.57	70.09	210.82	157.89	171.66	73961	108.4	15.5	46.6	37.9

续表 5 （2021 年）

市(县)名称	地区生产总值（亿元）	第一产业	第二产业	#工业	第三产业	人均地区生产总值（按常住人口计算，元）	地区生产总值指数（上年=100）	三次产业结构（%）第一产业	第二产业	第三产业
淮安市	**4550.13**	**423.32**	**1889.21**	**1540.18**	**2237.60**	**99768**	**110.0**	**9.3**	**41.5**	**49.2**
涟水县	650.48	74.37	278.66	213.89	297.45	78636	113.2	11.4	42.8	45.7
盱眙县	501.94	77.29	188.41	170.42	236.24	82624	111.2	15.4	37.5	47.1
金湖县	386.51	49.45	157.23	137.77	179.83	133694	110.1	12.8	40.7	46.5
盐城市	**6617.39**	**735.76**	**2686.13**	**2246.58**	**3195.50**	**98593**	**107.7**	**11.1**	**40.6**	**48.3**
响水县	446.33	57.92	203.95	189.88	184.46	97176	106.0	13.0	45.7	41.3
滨海县	565.14	79.02	224.83	182.64	261.28	68890	108.4	14.0	39.8	46.2
阜宁县	645.45	75.45	266.31	185.59	303.69	81265	107.2	11.7	41.3	47.1
射阳县	663.31	111.75	240.05	215.06	311.51	87318	108.1	16.8	36.2	47.0
建湖县	665.52	56.90	278.96	221.31	329.66	109191	108.5	8.5	41.9	49.5
东台市	986.07	142.89	353.61	321.01	489.58	110963	108.9	14.5	35.9	49.6
扬州市	**6696.43**	**317.18**	**3207.37**	**2662.89**	**3171.87**	**146562**	**107.4**	**4.7**	**47.9**	**47.4**
宝应县	841.41	89.96	403.91	321.72	347.54	123320	107.5	10.7	48.0	41.3
仪征市	910.71	23.84	483.77	420.86	403.10	170737	107.6	2.6	53.1	44.3
高邮市	929.31	93.35	468.26	378.17	367.70	130935	107.8	10.0	50.4	39.6
镇江市	**4763.42**	**157.02**	**2319.73**	**2105.95**	**2286.67**	**148204**	**109.4**	**3.3**	**48.7**	**48.0**
丹阳市	1324.01	52.52	690.04	658.87	581.45	133759	111.0	4.0	52.1	43.9
扬中市	550.77	17.51	289.07	269.87	244.19	174434	111.1	3.2	52.5	44.3
句容市	736.75	55.54	313.00	262.00	368.21	115108	109.3	7.5	42.5	50.0
泰州市	**6025.26**	**318.13**	**2918.59**	**2306.43**	**2788.54**	**133323**	**110.1**	**5.3**	**48.4**	**46.3**
兴化市	1020.94	141.27	397.50	280.23	482.17	90517	109.5	13.8	38.9	47.2
靖江市	1142.38	25.98	621.78	446.82	494.62	172019	110.6	2.3	54.4	43.3
泰兴市	1273.44	71.48	639.77	544.39	562.19	128048	109.9	5.6	50.2	44.1
宿迁市	**3719.01**	**353.03**	**1613.47**	**1354.74**	**1752.51**	**74476**	**109.1**	**9.5**	**43.4**	**47.1**
沭阳县	1162.10	110.33	492.04	431.69	559.73	69280	108.6	9.5	42.3	48.2
泗阳县	596.31	74.36	252.98	204.80	268.97	71801	109.0	12.5	42.4	45.1
泗洪县	584.42	88.70	226.12	175.96	269.60	67956	108.7	15.2	38.7	46.1

续表 6　　（2021 年）

市（县）名　称	粮　食总产量（万吨）	油料产量（万吨）	棉花产量（吨）
南京市	**98.48**	**4.88**	**358**
无锡市	**55.06**	**0.76**	
江阴市	13.05	0.20	
宜兴市	35.51	0.48	
徐州市	**501.79**	**11.68**	**5870**
丰 县	60.82	0.62	5700
沛 县	66.28	0.33	170
睢宁县	94.18	2.96	
新沂市	71.99	6.03	
邳州市	85.04	1.00	
常州市	**69.48**	**3.15**	**54**
溧阳市	40.92	1.96	54
苏州市	**90.36**	**0.70**	**56**
常熟市	23.47	0.20	45
张家港市	21.47	0.30	
昆山市	9.10		
太仓市	15.26	0.20	11
南通市	**340.09**	**22.68**	**1293**
如东县	98.04	2.54	74
启东市	32.80	5.22	316
如皋市	67.46	2.74	16
海安市	62.35	1.57	
连云港市	**368.80**	**10.22**	
东海县	116.88	5.07	
灌云县	87.88	0.16	
灌南县	64.27	0.24	

续表 7　　　　（2021 年）

市（县）名　称	粮　食 总产量（万吨）	油料产量（万吨）	棉花产量（吨）
淮安市	**491.73**	**6.15**	**4**
涟水县	96.82	2.89	
盱眙县	104.71	0.95	4
金湖县	57.17	0.49	
盐城市	**714.78**	**13.66**	**152**
响水县	60.51	1.13	
滨海县	98.73	1.46	
阜宁县	95.88	1.09	
射阳县	113.77	1.56	7
建湖县	71.31	1.29	
东台市	102.32	3.15	105
扬州市	**286.97**	**5.21**	**3**
宝应县	87.18	1.32	
仪征市	26.27	0.74	3
高邮市	84.40	1.49	
镇江市	**96.02**	**4.33**	**10**
丹阳市	42.68	0.69	
扬中市	7.28	0.21	
句容市	25.83	2.38	10
泰州市	**281.00**	**9.77**	
兴化市	124.35	2.87	
靖江市	26.94	0.58	
泰兴市	63.23	3.40	
宿迁市	**409.61**	**4.59**	**81**
沭阳县	128.48	1.83	
泗阳县	64.40	0.71	
泗洪县	117.67	1.55	81

续表 8　　（2021 年）

市（县）名　称	规模以上工业企业个数（个）	资产总计（亿元）	负债合计（亿元）	房地产开发投资（亿元）	商品房销售面积（万平方米）	#住宅
南京市	**3975**	**16601.04**	**8994.81**	**2719.80**	**1510.95**	**1371.39**
无锡市	**7723**	**21380.25**	**10968.29**	**1568.06**	**1550.86**	**1344.94**
江阴市	2340	6660.83	3560.39	328.29	334.44	300.97
宜兴市	1415	3182.03	1766.42	191.46	208.36	192.23
徐州市	**2557**	**6478.04**	**3805.73**	**853.88**	**1658.59**	**1534.39**
丰县	251	289.45	165.79	48.17	122.27	114.19
沛县	362	577.91	344.32	59.47	147.76	136.81
睢宁县	279	283.84	176.67	60.93	182.66	176.58
新沂市	327	587.38	316.44	58.06	140.14	134.11
邳州市	416	536.58	312.84	57.39	291.66	284.45
常州市	**5663**	**14172.02**	**7591.85**	**959.12**	**1011.43**	**764.91**
溧阳市	604	1927.89	1198.94	78.72	115.31	96.41
苏州市	**12502**	**41881.84**	**21851.41**	**2869.78**	**2275.42**	**2088.27**
常熟市	1711	5179.38	2704.92	292.89	260.17	247.60
张家港市	1472	6385.02	3338.75	277.62	226.34	188.59
昆山市	2497	8855.78	4739.79	340.84	384.67	355.62
太仓市	1173	2669.63	1406.48	220.77	222.86	199.62
南通市	**6178**	**12076.84**	**6391.27**	**1171.94**	**2186.78**	**1793.52**
如东县	884	2083.35	976.13	51.47	126.03	105.05
启东市	670	1410.46	920.34	146.32	341.06	330.79
如皋市	907	1339.84	796.04	109.85	274.12	212.11
海安市	1135	1523.23	857.90	64.59	271.23	234.19
连云港市	**1116**	**4786.89**	**2721.20**	**341.43**	**708.40**	**661.81**
东海县	295	278.54	130.58	33.13	110.86	107.68
灌云县	116	217.53	143.76	32.43	86.58	80.55
灌南县	122	258.09	160.43	28.39	81.38	78.97

注：工业企业相关指标为规模以上口径。

续表 9　　（2021 年）

市（县）名　称	规模以上工业企业个数（个）	资产总计（亿元）	负债合计（亿元）	房地产开发投资（亿元）	商品房销售面积（万平方米）	# 住宅
淮安市	**1756**	**3042.63**	**1564.92**	**405.17**	**1200.00**	**1049.00**
涟水县	214	366.40	176.31	26.16	165.00	158.00
盱眙县	232	214.13	143.28	24.52	152.00	145.00
金湖县	331	336.91	218.99	8.39	55.00	48.00
盐城市	**3494**	**7158.33**	**4588.51**	**607.87**	**1120.37**	**963.31**
响水县	205	1036.97	649.72	14.61	33.63	32.10
滨海县	229	535.98	335.43	33.17	63.03	57.33
阜宁县	298	367.07	228.29	22.62	46.71	43.33
射阳县	430	589.89	394.20	43.37	114.06	107.13
建湖县	442	427.89	250.83	13.12	56.72	52.43
东台市	593	917.55	567.68	47.58	161.08	135.05
扬州市	**3484**	**5856.99**	**3195.82**	**841.68**	**829.03**	**629.57**
宝应县	566	683.91	433.14	40.23	67.65	58.83
仪征市	538	961.12	498.15	108.47	107.29	89.01
高邮市	671	795.48	413.78	86.84	67.49	59.28
镇江市	**2291**	**6066.01**	**3324.72**	**413.97**	**695.05**	**661.36**
丹阳市	824	1710.11	933.27	77.88	140.18	135.61
扬中市	416	928.19	547.08	29.76	50.62	40.56
句容市	258	922.98	569.34	120.09	222.66	220.23
泰州市	**3252**	**6846.76**	**3635.33**	**354.00**	**981.93**	**753.50**
兴化市	649	652.46	344.28	55.35	122.45	98.43
靖江市	645	1713.54	840.55	44.02	144.41	126.43
泰兴市	700	1586.87	806.60	33.45	221.68	139.61
宿迁市	**2310**	**3664.15**	**1876.67**	**378.59**	**831.75**	**754.04**
沭阳县	826	587.99	326.65	76.64	225.98	210.62
泗阳县	378	402.41	250.39	61.16	161.19	148.87
泗洪县	452	506.28	287.05	54.50	123.82	104.06

续表 10 （2021 年）

市（县）名　称	社会消费品零售总额（亿元）	进出口总额（亿元）	#出口总额	实际使用外资（亿美元）
南京市	**7899.41**	**6366.8**	**3989.9**	**50.14**
无锡市	**3306.09**	**6829.37**	**4221.75**	**38.07**
江阴市	704.84	1507.00	960.49	7.96
宜兴市	588.62	438.42	298.44	4.90
徐州市	**4038.02**	**1254.23**	**1050.29**	**24.23**
丰 县	318.95	74.20	69.08	1.50
沛 县	563.40	80.82	70.58	2.26
睢宁县	517.52	78.90	68.65	1.48
新沂市	368.33	135.14	100.54	2.31
邳州市	408.70	149.41	135.00	3.24
常州市	**2911.36**	**3017.8**	**2196.4**	**30.71**
溧阳市	388.98	113.2	91.2	3.62
苏州市	**9031.32**	**25332.00**	**14875.76**	**69.92**
常熟市	1214.22	1537.26	1013.27	7.59
张家港市	800.06	2808.55	1176.69	5.68
昆山市	1625.68	6885.73	4579.30	12.25
太仓市	510.47	1104.11	599.02	5.65
南通市	**3935.48**	**3405.80**	**2263.39**	**31.21**
如东县	477.80	506.84	174.87	3.80
启东市	482.57	404.18	259.84	4.04
如皋市	532.55	323.99	248.39	2.15
海安市	414.38	209.51	161.07	3.30
连云港市	**1203.31**	**927.64**	**385.15**	**8.24**
东海县	268.39	44.67	40.01	1.09
灌云县	81.14	16.47	15.81	0.78
灌南县	99.00	14.54	11.78	0.67

续表 11

（2021 年）

市（县）名 称	社会消费品零售总额（亿元）	进出口总 额（亿元）	#出口总额	实际使用外 资（亿美元）
淮安市	**1828.25**	**386.78**	**281.31**	**12.01**
涟水县	224.73	24.68	20.93	1.75
盱眙县	181.34	13.43	12.28	0.72
金湖县	131.74	40.39	39.92	1.43
盐城市	**2684.34**	**1123.59**	**700.05**	**12.60**
响水县	124.20	96.06	88.39	0.48
滨海县	276.29	62.64	40.06	0.67
阜宁县	278.53	43.93	38.32	0.59
射阳县	274.27	56.13	45.68	1.10
建湖县	231.35	36.52	32.32	0.24
东台市	300.90	91.74	83.68	1.23
扬州市	**1480.92**	**968.86**	**712.11**	**17.30**
宝应县	170.46	61.99	50.15	1.50
仪征市	123.51	126.71	66.71	2.30
高邮市	185.20	43.53	40.78	1.65
镇江市	**1346.83**	**834.36**	**596.10**	**8.09**
丹阳市	358.07	242.40	218.40	2.02
扬中市	156.49	41.50	38.10	0.99
句容市	177.85	53.00	40.30	1.42
泰州市	**1576.94**	**1222.81**	**863.14**	**18.28**
兴化市	295.27	72.16	67.85	2.23
靖江市	243.16	227.76	184.81	3.52
泰兴市	323.85	390.38	238.70	4.27
宿迁市	**1460.36**	**449.39**	**391.97**	**8.52**
沭阳县	356.41	87.91	84.41	1.19
泗阳县	177.81	66.32	60.29	0.81
泗洪县	183.59	34.64	29.24	0.21

续表 12　　（2021 年）

市（县）名　称	一般公共预算收入（亿元）	#税收收入	一般公共预算支出（亿元）	年末金融机构各项存款余额（亿元）	#住户存款	年末金融机构各项贷款余额（亿元）	公路里程（公里）	#等级公路	公　路客运量（万人）
南京市	**1729.52**	**1473.31**	**1817.73**	**43524.28**	**10636.78**	**42718.95**	**9746**	**9746**	**5608**
无锡市	**1200.50**	**983.87**	**1357.79**	**20705.29**	**8134.69**	**17189.42**	**7477**	**7477**	**6393**
江阴市	273.94	226.70	268.80	4548.04	1755.66	3785.81	2337	2337	304
宜兴市	142.39	119.05	188.30	2813.03	1522.40	2180.42	2836	2836	111
徐州市	**537.31**	**429.20**	**1004.40**	**9914.81**	**4988.57**	**8128.51**	**15859**	**15859**	**3519**
丰　县	33.02	29.12	82.08	616.81	426.72	459.66	2028	2028	43
沛　县	50.74	42.76	127.85	718.72	497.41	560.72	2538	2538	76
睢宁县	42.69	35.48	103.54	718.43	477.75	581.79	2258	2258	122
新沂市	43.71	36.88	103.07	608.21	379.08	597.67	2172	2172	65
邳州市	47.34	37.96	127.06	849.58	582.84	788.61	3348	3348	540
常州市	**688.11**	**569.67**	**771.89**	**13482.08**	**5609.72**	**11717.36**	**8499**	**8499**	**1862**
溧阳市	87.33	76.03	109.91	1712.24	876.69	1324.49	2318	2318	324
苏州市	**2510.00**	**2166.66**	**2583.70**	**38627.01**	**13555.75**	**39502.81**	**11558**	**11558**	**14304**
常熟市	230.75	198.17	273.39	3890.19	1966.19	3541.95	2404	2404	601
张家港市	264.13	223.02	244.40	4061.29	1727.89	3435.53	1600	1600	444
昆山市	466.88	411.48	399.11	5368.85	2021.67	5021.74	1486	1486	2016
太仓市	190.03	164.04	167.56	2030.69	856.85	2167.86	1349	1349	319
南通市	**710.18**	**572.90**	**1122.22**	**16092.91**	**8899.48**	**14085.81**	**17520**	**17520**	**2044**
如东县	68.50	56.40	146.38	1744.22	995.29	1254.23	3175	3175	190
启东市	77.81	63.79	118.22	1886.39	1227.77	1482.29	2989	2989	184
如皋市	77.81	64.90	139.24	1767.16	1159.11	1537.03	3305	3305	215
海安市	69.50	57.06	139.42	1798.97	1100.58	1603.67	2581	2581	172
连云港市	**274.81**	**218.02**	**534.18**	**4732.60**	**2064.21**	**5140.66**	**12205**	**12205**	**1646**
东海县	30.01	24.08	84.23	591.12	391.94	573.02	2828	2828	94
灌云县	25.33	20.40	71.70	389.12	257.23	394.49	2589	2589	138
灌南县	27.19	22.26	60.87	309.65	191.79	363.35	1911	1911	250

续表 13　　（2021 年）

市（县）名称	一般公共预算收入（亿元）	# 税收收入	一般公共预算支出（亿元）	年末金融机构各项存款余额（亿元）	# 住户存款	年末金融机构各项贷款余额（亿元）	公路里程（公里）	# 等级公路	公路客运量（万人）
淮安市	**297.02**	**238.38**	**612.91**	**5372.85**	**2361.16**	**5517.41**	**13616**	**13216**	**1761**
涟水县	26.49	21.98	74.22	543.18	322.12	451.30	2454	2415	
盱眙县	20.60	16.60	66.21	492.63	309.05	521.11	2830	2714	
金湖县	25.30	20.87	53.67	351.45	242.12	331.34	1504	1496	
盐城市	**451.01**	**339.21**	**1053.17**	**9092.42**	**4743.19**	**8038.58**	**26153**	**26153**	**2847**
响水县	25.30	20.75	72.81	336.53	205.28	299.36	1984	1984	111
滨海县	26.56	21.25	100.05	578.47	363.83	542.20	2636	2636	245
阜宁县	30.43	24.26	97.39	662.36	475.15	404.39	2782	2782	233
射阳县	33.87	27.12	103.09	694.23	510.38	564.30	3416	3416	204
建湖县	34.53	26.93	104.73	705.09	479.57	494.43	2026	2026	282
东台市	60.26	47.01	127.80	1189.77	856.72	828.18	5041	5041	260
扬州市	**344.07**	**274.57**	**684.83**	**8198.32**	**4150.69**	**7124.63**	**9688**	**9688**	**667**
宝应县	25.14	19.48	86.29	699.32	459.07	550.95	1771	1771	81
仪征市	48.21	39.00	71.35	868.08	469.50	714.56	1702	1702	56
高邮市	39.00	31.87	88.15	891.32	582.42	732.19	2161	2161	178
镇江市	**327.59**	**256.05**	**542.95**	**6692.67**	**3093.96**	**6958.27**	**6874**	**6874**	**1661**
丹阳市	71.11	60.98	107.52	1611.36	927.46	1476.44	2264	2264	353
扬中市	38.01	30.40	65.86	803.23	427.93	734.29	698	698	167
句容市	57.64	48.38	85.80	1054.88	517.70	1450.36	2377	2377	296
泰州市	**420.29**	**316.96**	**667.90**	**8602.87**	**4141.63**	**7402.57**	**10094**	**10094**	**1070**
兴化市	46.16	36.22	124.94	1228.77	858.95	912.62	2996	2996	177
靖江市	67.51	52.91	113.96	1483.56	769.88	1313.88	1309	1309	254
泰兴市	93.12	75.11	118.39	1512.36	738.37	1279.12	2360	2360	231
宿迁市	**267.82**	**232.36**	**584.70**	**4395.01**	**1982.12**	**4445.13**	**12494**	**12494**	**303**
沭阳县	62.01	51.67	138.00	865.19	584.94	875.69	3806	3806	97
泗阳县	31.98	26.41	82.08	553.97	355.54	696.69	2291	2291	48
泗洪县	31.78	25.47	96.40	517.86	359.03	617.68	2586	2586	73

续表 14　　（2021 年）

市（县）名称	公路货运量（万吨）	民用汽车拥有量（万辆）	全社会用电量（亿千瓦时）	#工业用电	邮电业务总量（亿元）	固定电话用户（万户）	移动电话年末用户（万户）	互联网宽带接入用户（万户）
南京市	**24419**	**293.62**	**683.57**	**350.33**	**306.87**	**163.99**	**1325.90**	**589.54**
无锡市	**19925**	**231.37**	**838.64**	**620.25**	**238.09**	**109.86**	**978.48**	**451.10**
江阴市	5154	57.54	292.91	248.73	31.57	22.55	220.65	84.85
宜兴市	2225	36.16	118.96	87.18	25.82	19.83	153.59	63.55
徐州市	**31424**	**183.14**	**393.55**	**229.40**	**162.54**	**76.15**	**1003.78**	**398.31**
丰县	2646	17.30	28.81	15.90	11.55	5.61	90.00	37.81
沛县	3830	18.69	57.73	42.44	14.93	6.29	106.66	42.07
睢宁县	3358	19.44	30.10	13.11	16.80	7.32	106.18	41.40
新沂市	5333	14.20	40.78	26.36	21.55	6.73	98.12	40.52
邳州市	5220	21.93	40.76	21.27	16.14	8.03	139.06	51.57
常州市	**11558**	**162.62**	**588.38**	**449.65**	**139.33**	**78.03**	**577.72**	**295.38**
溧阳市	2011	22.77	110.71	91.89	15.07	13.92	75.78	40.34
苏州市	**27426**	**471.48**	**1685.28**	**1271.45**	**244.73**	**197.91**	**1831.04**	**2360.42**
常熟市	1887	54.57	210.16	169.01	63.50	24.28	208.92	271.04
张家港市	5178	48.19	321.74	286.79	11.13	18.15	180.23	238.90
昆山市	3043	81.23	280.03	203.64	62.70	31.55	320.70	415.49
太仓市	2232	29.42	115.07	90.17	10.90	12.42	108.22	142.81
南通市	**12296**	**204.17**	**541.70**	**362.50**	**208.66**	**135.59**	**912.34**	**391.79**
如东县	1036	23.63	75.10	54.98	14.83	14.14	100.34	46.71
启东市	575	23.96	49.02	29.09	15.69	16.93	108.38	49.14
如皋市	2106	32.87	73.10	47.77	18.24	14.11	125.93	52.67
海安市	1635	19.89	67.83	50.91	12.80	15.13	93.31	49.22
连云港市	**13089**	**102.04**	**218.19**	**131.68**	**96.37**	**47.35**	**528.80**	**206.40**
东海县	2363	23.99	30.01	14.85	18.71	6.08	105.24	40.04
灌云县	1677	15.88	17.56	6.58	11.58	5.66	71.94	26.80
灌南县	688	8.90	33.06	33.06	8.76	4.58	58.93	21.95

续表 15　　　　(2021年)

市(县)名称	公路货运量(万吨)	民用汽车拥有量(万辆)	全社会用电量(亿千瓦时)	#工业用电	邮电业务总量(亿元)	固定电话用户(万户)	移动电话年末用户(万户)	互联网宽带接入用户(万户)
淮安市	**5893**	**75.92**	**228.72**	**142.02**	**39.42**	**36.39**	**484.62**	**206.95**
涟水县		12.73	24.17	12.71	4.61	7.13	96.51	41.24
盱眙县		8.07	26.07	14.71	2.13	5.07	68.68	29.35
金湖县		4.41	16.83	10.89	1.36	2.18	29.56	12.63
盐城市	**12601**	**110.31**	**410.12**	**274.61**	**100.38**	**54.17**	**717.02**	**291.33**
响水县	513	6.69	59.49	51.11	5.76	2.35	45.52	19.36
滨海县	2342	11.44	28.62	15.69	9.39	4.57	72.17	28.26
阜宁县	612	10.51	31.43	18.74	10.13	4.54	74.25	28.92
射阳县	1877	12.65	32.22	17.89	9.81	4.97	79.76	29.39
建湖县	549	9.03	31.20	20.62	8.86	4.15	65.53	26.36
东台市	2418	13.60	55.63	37.63	12.28	7.62	91.64	38.07
扬州市	**5717**	**94.96**	**289.77**	**189.62**	**59.60**	**90.74**	**522.92**	**219.29**
宝应县	431	9.68	28.08	16.32	4.81	10.02	65.49	27.82
仪征市	877	11.09	53.82	42.64	6.64	10.02	59.69	25.89
高邮市	685	11.84	45.13	30.64	7.67	12.18	73.57	31.58
镇江市	**6283**	**72.31**	**295.06**	**211.64**	**73.28**	**48.07**	**378.59**	**160.97**
丹阳市	1431	23.60	102.22	80.71	18.83	10.99	107.11	43.36
扬中市	382	7.53	18.27	11.10	5.55	5.83	36.18	16.95
句容市	942	8.70	34.93	18.06	13.00	7.39	62.35	30.17
泰州市	**5533**	**89.60**	**337.80**	**240.15**	**33.67**	**70.60**	**507.28**	**216.84**
兴化市	740	17.08	77.26	57.14	8.65	11.99	107.14	45.35
靖江市	826	16.89	49.91	34.52	3.43	12.43	77.55	33.86
泰兴市	1144	18.43	88.14	68.02	3.88	16.35	106.72	49.08
宿迁市	**10547**	**83.53**	**258.17**	**174.50**	**108.00**	**25.51**	**500.79**	**180.41**
沭阳县	3378	25.11	71.66	48.32	43.76	7.73	156.65	56.60
泗阳县	1686	13.46	43.12	28.45	12.05	5.36	85.47	32.58
泗洪县	2536	11.94	33.26	18.68	12.60	3.44	85.46	30.21

续表 16　　（2021 年）

市(县)名称	普通中学在校学生(万人)	小学在校学生(万人)	普通中学专任教师(人)	小学专任教师(人)	专利申请授权量(件)	公共图书馆(个)	公共图书馆图书总藏量(千册、千件)	卫生机构床位数(张)	卫生技术人员(人)	#执业(助理)医师
南京市	**28.85**	**50.01**	**28375**	**34809**	**91964**	**15**	**21825**	**66087**	**104726**	**39326**
无锡市	**26.94**	**45.76**	**23815**	**27340**	**79738**	**8**	**9980**	**51605**	**65493**	**25595**
江阴市	6.61	10.74	5935	6355	11494	1	3033	9683	12433	5251
宜兴市	4.44	7.27	4379	4173	10630	1	838	7388	10569	4199
徐州市	**65.29**	**87.81**	**48809**	**51872**	**41895**	**12**	**5363**	**61191**	**74867**	**29122**
丰　县	6.38	8.71	4613	5008	4671	1	240	4294	5674	2753
沛　县	7.54	10.51	5621	6228	3140	1	845	6194	6374	2675
睢宁县	7.42	11.03	4915	6271	3971	1	447	5356	6778	2704
新沂市	8.62	10.07	6447	6050	4403	1	545	4367	6280	2557
邳州市	13.97	15.36	11473	10065	5232	1	687	8070	9999	3822
常州市	**20.56**	**33.46**	**17125**	**19808**	**55463**	**8**	**5921**	**31891**	**40481**	**15936**
溧阳市	3.00	4.28	2877	2660	3508	1	539	4236	5557	2257
苏州市	**44.00**	**89.34**	**39020**	**52351**	**185133**	**11**	**25489**	**77622**	**100974**	**39441**
常熟市	5.11	9.07	4612	5441	11552	1	2733	10557	12142	4903
张家港市	5.47	9.88	4492	5760	12659	1	2670	10278	11417	4571
昆山市	7.63	17.29	5831	9197	40517	1	3288	8336	14211	5739
太仓市	2.70	5.42	2244	3124	12752	1	1384	4721	5439	2258
南通市	**25.58**	**38.09**	**25576**	**23703**	**40867**	**11**	**8132**	**50630**	**56192**	**22786**
如东县	2.55	3.02	2846	2455	2715	2	466	4133	5233	2373
启东市	2.89	4.06	3113	2821	3508	1	775	4737	5835	2368
如皋市	5.04	6.94	4829	4148	4573	2	1046	6790	7649	3488
海安市	2.68	3.71	3288	2628	7174	1	496	6425	6010	2461
连云港市	**32.41**	**43.10**	**27683**	**27208**	**9607**	**8**	**3793**	**28275**	**33200**	**13229**
东海县	8.77	11.39	7665	7163	1830	1	785	4367	5679	2375
灌云县	5.04	6.37	4410	4174	822	1	300	4390	4780	1987
灌南县	4.47	5.74	3905	3989	493	1	361	3776	4549	1747

续表 17 （2021 年）

市（县）名称	普通中学在校学生（万人）	小学在校学生（万人）	普通中学专任教师（人）	小学专任教师（人）	专利申请授权量（件）	公共图书馆（个）	公共图书馆图书总藏量（千册、千件）	卫生机构床位数（张）	卫生技术人员（人）	#执业（助理）医师
淮安市	**27.18**	**35.11**	**24383**	**24247**	**14831**	**9**	**4087**	**30110**	**36882**	**14433**
涟水县	5.71	6.86	5288	4638	1870	1	212	4868	5082	2105
盱眙县	4.25	4.81	3789	3725	1199	1	409	3844	4550	1964
金湖县	0.95	1.39	976	1107	1949	1	365	1621	2051	835
盐城市	**35.42**	**43.34**	**31966**	**28078**	**27365**	**11**	**6517**	**27059**	**30417**	**13190**
响水县	3.53	4.18	3112	2667	1112	1	184	2875	3373	1182
滨海县	6.29	6.58	4502	3960	1486	1	273	4932	5390	2381
阜宁县	4.89	6.35	4192	4184	2296	2	531	5155	6393	2697
射阳县	3.79	4.43	3420	2967	1700	1	335	4610	4917	2315
建湖县	3.05	3.46	2852	2369	2533	1	323	3740	4245	1973
东台市	2.97	3.80	3474	2657	3337	1	1217	5747	6099	2642
扬州市	**17.61**	**22.78**	**16867**	**14933**	**28942**	**8**	**5767**	**26998**	**31897**	**13097**
宝应县	3.00	3.29	3144	2366	2368	1	470	3717	4106	1764
仪征市	1.93	2.49	1910	1656	2769	1	664	3101	3639	1533
高邮市	2.34	2.91	2474	2052	6696	1	473	3807	4148	1872
镇江市	**11.44**	**16.85**	**10727**	**10872**	**22692**	**9**	**4279**	**17707**	**22934**	**9082**
丹阳市	3.87	5.57	3522	3640	6561	2	805	3972	5464	2237
扬中市	1.11	1.68	1066	1065	3965	1	508	1674	2157	875
句容市	1.99	3.02	2108	2089	2561	1	521	2389	3522	1504
泰州市	**18.21**	**23.69**	**18737**	**14723**	**25302**	**7**	**3686**	**29366**	**41956**	**13936**
兴化市	4.98	6.23	4526	4091	4358	1	296	5988	9489	3083
靖江市	2.31	3.11	2701	1946	4464	1	1021	5154	6583	2226
泰兴市	4.03	4.93	4753	3225	5019	1	362	5469	8254	2938
宿迁市	**35.60**	**56.33**	**22585**	**29066**	**17078**	**6**	**2832**	**33470**	**39054**	**15203**
沭阳县	12.58	18.90	7080	8384	4247	1	203	9780	11929	4846
泗阳县	7.11	9.13	4408	5425	3159	1	405	5755	6674	2672
泗洪县	6.87	10.81	4889	5813	2549	1	372	6436	7328	2790

续表 18 （2021 年）

市（县）名称	城镇居民人均可支配收入（元）	城镇居民人均消费支出（元）	#食品烟酒	城镇居民恩格尔系数（%）	城镇居民人均现住房建筑面积（平方米）	农村居民人均可支配收入（元）	农村居民人均消费支出（元）	#食品烟酒	农村居民恩格尔系数（%）	在岗职工平均工资（元）
南京市	**73593**	**42487**	**10864**	**25.6**	**41**	**32701**	**24006**	**7150**	**29.8**	**149087**
无锡市	**70483**	**43873**	**11539**	**26.3**	**52**	**39623**	**27127**	**8383**	**30.9**	**122795**
江阴市	78415	40543	10984	27.1	65	42519	27443	8091	29.5	115859
宜兴市	66527	40313	11444	28.4	57	36017	24644	7523	30.5	115629
徐州市	**40842**	**24146**	**7018**	**29.1**	**51**	**23694**	**16723**	**5035**	**30.1**	**96581**
丰县	33459	22884	6755	29.5	48	21735	14203	4296	30.2	73394
沛县	39558	23776	6831	28.7	55	24461	16165	4808	29.7	83563
睢宁县	33788	18405	5488	29.8	63	21449	14062	4199	29.9	75778
新沂市	36255	22800	6615	29.0	56	22560	15619	4675	29.9	75808
邳州市	41055	21855	6419	29.4	69	23809	14898	4463	30.0	71642
常州市	**65822**	**38021**	**10028**	**26.4**	**51**	**35822**	**24768**	**7783**	**31.4**	**123485**
溧阳市	60560	30792	8643	28.1	42	33371	24530	7325	29.9	113819
苏州市	**76888**	**46566**	**11934**	**25.6**	**47**	**41487**	**27240**	**7284**	**26.7**	**126749**
常熟市	77325	44995	11937	26.5	61	41986	30342	8346	27.5	127793
张家港市	77939	44216	11956	27.0	44	41859	27234	7364	27.0	120431
昆山市	77699	45336	12441	27.4	40	42420	27623	8159	29.5	104142
太仓市	76733	45993	12162	26.4	52	41446	28285	7637	27.0	133680
南通市	**57289**	**35281**	**10037**	**28.4**	**53**	**29134**	**20197**	**6097**	**30.2**	**99598**
如东县	54090	30046	8469	28.2	59	26435	20094	5948	29.6	90536
启东市	54910	40167	11741	29.2	55	30710	21419	6383	29.8	97662
如皋市	53735	29784	8425	28.3	65	26280	19412	5525	28.5	94135
海安市	54799	32105	9024	28.1	61	28104	22903	6735	29.4	93428
连云港市	**39862**	**25278**	**7914**	**31.3**	**52**	**21373**	**14917**	**5467**	**36.6**	**100211**
东海县	39504	24855	8404	33.8	54	22269	14757	5403	36.6	79319
灌云县	33098	19770	6930	35.1	52	19977	13777	4756	34.5	75634
灌南县	35217	22509	6822	30.3	55	19131	19072	5951	32.1	76866

续表 19 （2021 年）

市（县）名称	城镇居民人均可支配收入（元）	城镇居民人均消费支出（元）	#食品烟酒	城镇居民恩格尔系数（%）	城镇居民人均现住房建筑面积（平方米）	农村居民人均可支配收入（元）	农村居民人均消费支出（元）	#食品烟酒	农村居民恩格尔系数（%）	在岗职工平均工资（元）
淮安市	**43954**	**23920**	**7103**	**29.7**	**52**	**21884**	**14197**	**4358**	**30.7**	**90603**
涟水县	36520	21877	6491	29.7	63	20419	12558	3769	30.0	
盱眙县	44126	23476	7052	30.0	52	22026	11827	3558	30.1	
金湖县	44552	27303	8192	30.0	45	24035	19708	6109	31.0	
盐城市	**43787**	**24303**	**6866**	**28.3**	**49**	**26049**	**18443**	**5517**	**29.9**	**101594**
响水县	36285	16105	4769	29.6	47	22033	14066	4128	29.3	90329
滨海县	38141	20175	5666	28.1	48	22704	15457	4627	29.9	79509
阜宁县	36589	27036	7785	28.7	42	23409	13220	3828	28.9	74842
射阳县	38522	28667	8333	29.1	51	25072	12927	3877	30.0	87854
建湖县	42316	22144	6285	28.4	49	25815	16329	5014	30.7	100047
东台市	46731	24501	6975	28.5	60	29741	19271	5631	29.2	98546
扬州市	**50947**	**29586**	**8550**	**28.9**	**49**	**27354**	**20042**	**5833**	**29.1**	**96754**
宝应县	38698	22866	6830	29.9		25788	17720	5295	29.9	85937
仪征市	52037	28875	8454	29.3	51	26376	19199	5632	29.3	99694
高邮市	45066	29160	8407	28.8	53	25732	19111	5524	28.9	89415
镇江市	**59204**	**33992**	**9785**	**28.8**	**51**	**31354**	**23876**	**7018**	**29.4**	**104735**
丹阳市	59056	32082	9529	29.7	47	32539	28510	8276	29.0	100230
扬中市	65232	33487	9940	29.7	56	35819	25053	7490	29.9	94115
句容市	57253	32034	9994	31.2	49	28387	22253	7063	31.7	93107
泰州市	**53818**	**32295**	**9132**	**28.3**	**53**	**27401**	**20239**	**6650**	**32.9**	**111568**
兴化市	48644	26831	7649	28.5	44	25835	18447	5883	31.9	96679
靖江市	57787	39063	11133	28.5	62	29964	25360	7811	30.8	123640
泰兴市	53615	32747	9511	29.0	57	27658	18563	5102	27.5	101786
宿迁市	**35056**	**21328**	**6433**	**30.2**	**46**	**21577**	**13862**	**4345**	**31.3**	**85099**
沭阳县	34604	21622	6538	30.2	47	21828	14648	4585	31.3	76230
泗阳县	34351	20786	6325	30.4	53	21591	15775	4928	31.2	83022
泗洪县	33489	20767	6310	30.4	46	21175	11549	3621	31.4	82200

江苏省市辖区主要经济指标（2021年） 附录二

MAJOR ECONOMIC INDICATORS OF MUNICIPAL DISTRICTS OF JIANGSU（2021）

版面负责人：马　萍
编　　　辑：蒋　磊

统计知识

企业统计信用管理办法

（十五）加大进出口货物监管力度，加强布控查验、后续稽查或统计监督核查。

（十六）对申请适用海关认证企业管理的，不予通过认证；已经成为认证企业的，按照规定下调企业信用等级。

（十七）将失信状况作为纳税信用评价的重要外部参考。

（十八）依法限制申请认证机构资质（含资质延续）、认证领域扩大；依法限制申请认证（含认证证书延续）；认证机构加大对失信企业的证后监督力度，依法撤销或者暂停相关认证证书。

（十九）取消申报国家知识产权示范和优势企业资格，取消申报国家专利运营试点企业资格。

（二十）作为重点监管对象，加大日常监管力度。

（二十一）依法限制申请设立保安服务公司。

（二十二）禁止申请信息安全产品和系统测评服务，不颁发证书，不提供技术支撑；不颁发各类信息安全服务资质，禁止其参与国家关键信息基础安全保障建设服务；禁止申请信息安全从业人员资格认定，不颁发 CISP 资格。

（二十三）申请或享受住房保障时，作为重点核查或监督检查对象。

（二十四）依法限制从事食品等行业。

（二十五）作为审批参股、收购商业银行的参考依据。

（二十六）作为保险机构的设立及股权或实际控制人变更审批或备案的参考依据。

（二十七）在上市公司或非上市公众公司收购的事中事后监管中，对失信责任主体予以重点关注。

（二十八）依法将失信责任主体的违法失信记录作为公司债券核准或备案的参考。

（二十九）将失信信息作为非上市公众公司重大资产重组审核的参考。

江苏省市辖区主要经济指标

（2021 年）

市辖区	年末户籍人口（万人）	出生人口（人）	死亡人口（人）	年末总户数（万户）	年末常住人口（万人）	土地面积（平方公里）	人口密度（人/平方公里）	在岗职工人数（万人）
南京市	**733.73**	**52786**	**43831**	**266.81**	**942.34**	**6587**	**1431**	**198.15**
玄武区	46.45	2376	2714	15.71	53.73	75	7120	18.41
秦淮区	68.04	3227	5533	26.36	74.17	49	15103	21.39
建邺区	45.24	2680	1875	13.96	54.75	82	6697	16.54
鼓楼区	92.04	4450	6181	32.90	94.18	54	17383	31.77
浦口区	34.53	2867	2136	11.95	40.55	698	581	4.55
栖霞区	56.67	4438	3139	20.51	99.74	395	2522	24.96
雨花台区	32.69	2782	1687	12.60	61.63	132	4655	12.32
江宁区	124.75	12219	5845	48.08	195.43	1563	1250	33.17
六合区	68.13	4475	4809	24.07	63.54	1295	491	5.28
溧水区	45.30	3356	2947	16.64	50.14	1064	471	6.25
高淳区	45.13	2752	3450	16.66	43.47	790	550	5.60
无锡市	**515.25**	**29882**	**37470**	**179.15**	**747.95**	**4627**	**1616**	**93.12**
锡山区	50.02	3331	3503	16.01	88.41	399	2215	8.45
惠山区	53.24	3643	3170	17.48	89.55	325	2754	7.44
滨湖区	37.73	1971	2767	14.93	59.46	572	1040	6.74
梁溪区	80.84	4590	5711	31.72	98.68	72	13801	9.99
新吴区	39.65	3166	2366	14.55	72.41	220	3291	28.63
徐州市	**1035.29**	**78341**	**65348**	**284.78**	**902.85**	**11765**	**767**	**74.20**
鼓楼区	33.76	2182	2111	12.09	44.14	80	5491	1.78
云龙区	39.62	3776	1319	13.53	47.40	120	3959	7.42
贾汪区	51.37	3704	3124	13.36	45.14	612	738	3.00
泉山区	53.74	3568	3340	18.93	60.87	80	7641	9.10
铜山区	122.82	9538	7859	32.62	112.22	1764	636	6.68
常州市	**388.16**	**22008**	**28551**	**139.49**	**534.96**	**4372**	**1224**	**64.56**
天宁区	48.49	2620	3614	18.59	67.48	155	4358	8.81
钟楼区	44.39	2405	3220	17.13	66.59	133	5009	6.70
新北区	62.98	4434	4035	21.08	89.45	509	1758	15.78
武进区	99.51	5898	7240	35.72	171.72	1065	1612	18.85
金坛区	54.24	2404	4607	19.95	59.29	976	608	7.74
苏州市	**762.11**	**53296**	**51191**	**253.75**	**1284.78**	**8657**	**1484**	**289.80**
虎丘区	46.77	3906	2268	15.07	84.00	332	2527	30.53
吴中区	75.21	6663	4518	23.51	140.08	2232	628	19.76
相城区	48.51	4115	3017	15.18	89.85	490	1834	12.76

续表 1　　　　（2021 年）

市辖区	年末户籍人口（万人）	出生人口（人）	死亡人口（人）	年末总户数（万户）	年末常住人口（万人）	土地面积（平方公里）	人口密度（人/平方公里）	在岗职工人数（万人）
姑苏区	75.07	3593	6349	29.25	92.84	83	11129	15.57
吴江区	89.50	6945	6712	28.99	155.91	1237	1260	30.93
南通市	**751.66**	**33690**	**72433**	**289.40**	**773.30**	**10507**	**736**	**158.72**
崇川区	74.31	3960	5475	29.11	120.97	312	3881	20.23
通州区	124.52	6041	12423	52.27	125.98	1565	805	29.27
海门区	98.27	3973	9279	39.80	99.30	1144	868	30.48
连云港市	**533.21**	**39920**	**28635**	**155.97**	**460.20**	**7626**	**603**	**40.61**
连云区	13.44	926	411	4.84	16.14	815	198	3.87
海州区	81.90	6678	2612	26.69	92.81	701	1325	10.95
赣榆区	119.31	9204	9737	37.99	100.41	1517	662	5.31
淮安市	**555.25**	**24500**	**36800**	**170.94**	**456.22**	**10030**	**455**	**39.83**
淮安区	113.42	3900	5900	32.65	79.56	1452	548	
淮阴区	88.21	3700	7600	28.73	74.43	1307	569	
清江浦区	58.81	3500	3700	21.31	58.23	310	1878	
洪泽区	35.79	1100	1900	11.07	28.43	1273	223	
盐城市	**803.84**	**37985**	**92021**	**268.27**	**671.30**	**17718**	**379**	**59.71**
亭湖区	67.82	3671	7742	23.97	68.46	790	867	9.85
盐都区	70.04	3664	6885	23.74	61.44	1016	605	6.36
大丰区	69.38	2813	6576	26.27	64.59	3488	185	5.90
扬州市	**451.56**	**19888**	**37769**	**147.64**	**457.70**	**6591**	**694**	**83.00**
广陵区	48.81	2383	4273	17.14	61.18	335	1827	17.43
邗江区	64.33	3832	4315	20.99	86.46	553	1564	15.43
江都区	101.61	3172	7558	33.94	93.27	1329	702	19.11
镇江市	**268.10**	**12248**	**21758**	**103.16**	**321.72**	**3840**	**838**	**36.25**
京口区	31.27	1233	1247	12.90	35.59	96	3708	5.48
润州区	21.01	832	1009	9.05	24.04	113	2121	4.08
丹徒区	28.77	1313	2328	10.41	34.80	617	564	3.60
泰州市	**492.7**	**23406**	**46154**	**165.26**	**452.18**	**5788**	**781**	**46.29**
海陵区	46.51	2259	3523	17.01	58.1	307	1892	7.33
高港区	43.82	2505	3617	13.52	48.45	403	1203	14.39
姜堰区	72.51	2999	7208	24.93	67.14	858	783	5.29
宿迁市	**590.86**	**44496**	**32881**	**155.89**	**499.90**	**8524**	**586**	**26.26**
宿城区	96.67	7896	3378	26.23	84.87	917	926	4.88
宿豫区	65.12	5109	5851	17.70	58.90	1237	476	3.76

续表 2　　（2021 年）

市辖区	地　区生产总值（亿元）	第一产业	第二产业	#工业	第三产业	地区生产总值指数（上年 =100）	人均地区生产总值（元）
南京市	**16355.33**	**303.94**	**5902.65**	**4991.39**	**10148.74**	**107.5**	**174520**
玄武区	1205.94		21.21	8.66	1184.73	108.8	224277
秦淮区	1324.42		93.37	81.95	1231.05	108.3	178590
建邺区	1214.95		377.24	282.19	837.71	108.3	224554
鼓楼区	1921.08		153.15	28.13	1767.93	108.3	204099
浦口区	490.48	46.68	161.52	113.63	282.28	107.0	121541
栖霞区	1708.88	7.78	977.75	802.45	723.35	108.0	172119
雨花台区	1015.55	0.11	183.39	159.36	832.05	107.1	165750
江宁区	2810.47	71.69	1519.00	1285.37	1219.78	107.5	144836
六合区	567.56	70.14	208.40	168.44	289.02	108.6	89479
溧水区	1000.95	51.88	513.52	437.71	435.55	108.4	201601
高淳区	560.24	48.79	245.16	113.19	266.29	107.6	129595
无锡市	**14003.24**	**130.33**	**6710.50**	**6038.47**	**7162.41**	**108.8**	**187415**
锡山区	1128.73	16.68	579.53	530.62	532.52	110.0	127771
惠山区	1145.13	16.67	631.26	565.35	497.20	110.3	127990
滨湖区	982.56	3.55	372.43	290.48	606.58	109.0	165442
梁溪区	1468.52		200.60	129.53	1267.92	107.7	148892
新吴区	2271.06	0.61	1389.68	1360.76	880.77	111.0	314464
徐州市	**8117.44**	**743.34**	**3376.02**	**2783.94**	**3998.08**	**108.7**	**89634**
鼓楼区	339.83	0.06	53.85	15.09	285.92	106.1	77137
云龙区	423.49	1.14	48.41	10.90	373.95	106.3	89576
贾汪区	400.49	31.65	179.84	165.60	189.00	108.0	88505
泉山区	663.68	0.27	90.19	24.14	573.22	106.3	109299
铜山区	1281.10	106.19	637.83	556.78	537.09	109.7	113887
常州市	**8807.58**	**166.87**	**4198.93**	**3791.47**	**4441.78**	**109.1**	**165724**
天宁区	888.39	7.38	228.21	204.39	652.80	107.3	132221
钟楼区	836.70	2.50	255.31	220.03	578.89	108.0	126332
新北区	1820.37	20.18	908.21	868.19	891.98	109.0	204789
武进区	2951.58	39.38	1614.73	1510.72	1297.47	109.6	172860
金坛区	1101.09	40.63	571.57	479.15	488.89	109.5	186911
苏州市	**22718.34**	**189.73**	**10872.81**	**9962.52**	**11655.80**	**108.7**	**177505**
虎丘区	1675.80	1.27	809.86	757.60	864.67	110.1	200383
吴中区	1519.17	17.57	700.64	625.99	800.96	109.5	108905
相城区	1057.52	8.40	524.16	465.62	524.96	108.9	118185

续表 3

（2021 年）

市辖区	地　区生产总值（亿元）	第一产业	第二产业	#工业	第三产业	地区生产总值指数（上年=100）	人均地区生产总值（元）
姑苏区	886.70		60.20	26.67	826.50	106.0	95725
吴江区	2224.53	37.34	1160.01	1072.71	1027.18	108.0	143319
南通市	**11026.94**	**485.02**	**5357.93**	**4538.90**	**5184.00**	**108.9**	**142721**
崇川区	1631.54	1.23	530.61	415.78	1099.70	108.9	139412
通州区	1594.17	67.11	815.29	677.09	711.77	109.2	127269
海门区	1569.33	72.64	769.69	643.17	727.00	109.4	158863
连云港市	**3727.92**	**398.13**	**1625.76**	**1314.54**	**1704.03**	**108.8**	**81015**
连云区	255.29	7.39	121.38	110.22	126.52	110.2	158565
海州区	727.83	22.90	158.86	109.98	546.07	108.3	81440
赣榆区	707.50	108.03	308.63	212.44	290.84	108.3	70454
淮安市	**4550.13**	**423.32**	**1889.21**	**1540.18**	**2237.60**	**110.0**	**99768**
淮安区	708.25	80.11	301.40	222.07	326.75	112.0	88943
淮阴区	623.57	78.76	250.72	203.15	294.10	110.0	83532
清江浦区	673.57	13.93	154.34	98.35	505.29	112.0	138444
洪泽区	394.15	45.59	158.08	136.00	190.48	110.0	115893
盐城市	**6617.39**	**735.76**	**2686.13**	**2246.58**	**3195.50**	**107.7**	**98593**
亭湖区	623.66	37.26	225.25	163.47	361.15	109.2	91118
盐都区	682.59	58.64	304.92	224.73	319.02	107.7	111117
大丰区	759.21	111.06	253.21	231.18	394.94	106.6	117561
扬州市	**6696.43**	**317.18**	**3207.37**	**2662.89**	**3171.87**	**107.4**	**146562**
广陵区	927.06	10.46	371.81	296.69	544.79	107.2	151915
邗江区	1208.94	23.37	467.28	381.59	718.29	105.4	140086
江都区	1220.54	74.83	619.21	491.69	526.50	108.0	131213
镇江市	**4763.42**	**157.02**	**2319.73**	**2105.95**	**2286.67**	**109.4**	**148204**
京口区	509.30	0.83	131.83	114.83	376.64	110.8	143123
润州区	273.69	0.43	45.05	19.94	228.22	109.5	113967
丹徒区	461.07	23.04	229.59	197.46	208.44	109.5	132605
泰州市	**6025.26**	**318.13**	**2918.59**	**2306.43**	**2788.54**	**110.1**	**133323**
海陵区	700.13	13.97	290.72	212.98	395.44	108.6	120837
高港区	1106.86	15.50	609.50	543.48	481.87	111.0	228974
姜堰区	781.51	49.94	359.33	278.53	372.24	110.6	116608
宿迁市	**3719.01**	**353.03**	**1613.47**	**1354.74**	**1752.51**	**109.1**	**74476**
宿城区	463.91	31.36	124.87	93.87	307.68	109.4	69719
宿豫区	383.13	34.14	170.13	127.67	178.86	109.3	86019

续表 4　　（2021 年）

市辖区	房地产开发投资（亿元）	# 住宅	一般公共预算收入（亿元）	# 税收收入	一般公共预算支出（亿元）
南京市	**2719.80**	**1932.13**	**1729.52**	**1473.31**	**1817.73**
玄武区	76.15	46.60	105.08	97.55	60.87
秦淮区	149.78	96.23	110.52	99.67	89.90
建邺区	374.95	237.12	161.66	146.04	65.94
鼓楼区	200.17	80.88	176.59	161.89	114.39
浦口区	296.21	227.10	78.17	61.64	80.28
栖霞区	361.03	272.32	151.76	138.78	102.54
雨花台区	237.41	200.63	91.58	80.23	89.47
江宁区	380.90	273.62	265.30	225.11	269.99
六合区	102.49	74.00	52.72	41.61	88.90
溧水区	130.72	99.21	81.88	63.54	129.27
高淳区	69.52	64.48	43.04	35.37	87.36
无锡市	**1568.06**	**1327.41**	**1200.50**	**983.87**	**1357.79**
锡山区	174.17	134.06	110.27	89.50	115.49
惠山区	165.08	120.96	114.71	93.70	100.52
滨湖区	204.07	185.69	101.14	86.27	94.42
梁溪区	167.67	153.55	64.29	56.81	87.88
新吴区	227.08	195.67	243.31	209.70	175.39
徐州市	**853.88**	**714.02**	**537.31**	**429.20**	**1004.40**
鼓楼区	79.28	65.32	23.90	22.01	16.40
云龙区	140.03	102.51	35.04	32.14	26.96
贾汪区	84.26	78.00	25.24	21.11	45.87
泉山区	88.05	73.79	41.86	37.87	27.62
铜山区	94.83	84.21	56.07	47.50	120.36
常州市	**959.12**	**805.30**	**688.11**	**569.67**	**771.89**
天宁区	169.91	137.43	65.48	54.11	45.43
钟楼区	152.94	122.50	59.01	52.17	45.83
新北区	175.75	150.03	141.59	118.31	95.45
武进区	258.41	222.87	216.55	188.16	209.40
金坛区	123.03	104.15	60.03	49.67	90.21
苏州市	**2869.78**	**2379.89**	**2510.00**	**2166.66**	**2583.70**
虎丘区	355.50	317.13	192.10	166.92	151.59
吴中区	415.13	356.06	208.29	187.74	203.24
相城区	330.64	250.14	148.33	131.69	111.85

续表 5　　（2021 年）

市辖区	房地产开发投资（亿元）	# 住宅	一般公共预算收入（亿元）	# 税收收入	一般公共预算支出（亿元）
姑苏区	142.72	111.67	67.45	59.26	78.04
吴江区	334.59	257.59	258.06	220.87	351.12
南通市	**1171.94**	**953.27**	**710.18**	**572.90**	**1122.22**
崇川区	335.69	271.84	126.00	107.50	76.97
通州区	144.31	107.17	90.44	70.81	143.72
海门区	129.00	106.11	79.01	65.00	134.32
连云港市	**341.43**	**294.95**	**274.81**	**218.02**	**534.18**
连云区	17.66	15.50	21.03	17.47	19.63
海州区	129.91	105.64	57.00	49.68	50.39
赣榆区	48.91	46.33	34.81	29.68	89.85
淮安市	**405.17**	**338.21**	**297.02**	**238.38**	**612.91**
淮安区	52.75	47.10	33.20	27.73	103.30
淮阴区	46.24	37.83	30.11	26.58	77.17
清江浦区	124.98	98.20	36.62	29.50	48.17
洪泽区	11.50	8.08	22.14	18.68	50.59
盐城市	**607.87**	**469.30**	**451.01**	**339.21**	**1053.17**
亭湖区	125.80	92.83	45.00	37.09	55.58
盐都区	64.14	57.61	42.52	35.00	78.58
大丰区	45.22	37.09	58.05	46.44	115.06
扬州市	**841.68**	**624.38**	**344.07**	**274.57**	**684.83**
广陵区	155.81	123.43	46.34	41.86	58.50
邗江区	276.10	190.69	61.87	49.70	102.64
江都区	111.24	77.29	56.90	46.77	111.00
镇江市	**413.97**	**342.58**	**327.59**	**256.05**	**542.95**
京口区	47.89	39.27	22.34	18.44	29.61
润州区	46.17	39.67	14.66	12.76	22.72
丹徒区	29.17	25.07	24.38	17.77	39.15
泰州市	**354.00**	**289.23**	**420.29**	**316.96**	**667.90**
海陵区	49.64	44.29	40.01	32.01	44.45
高港区	110.30	88.91	100.54	76.89	85.44
姜堰区	61.24	50.84	41.21	33.37	80.83
宿迁市	**378.59**	**323.36**	**267.82**	**232.36**	**584.70**
宿城区	84.37	74.40	30.00	28.68	53.81
宿豫区	39.55	34.31	34.87	31.04	59.04

续表 6　　（2021 年）

市辖区	规模以上工业企业个数（个）	资产合计（亿元）	负债合计（亿元）	社会消费品零售总额（亿元）
南京市	**3975**	**16601.04**	**8994.81**	**7899.41**
玄武区	32	84.07	47.36	1129.77
秦淮区	65	462.63	242.10	1031.04
建邺区	47	389.74	70.38	451.24
鼓楼区	62	219.72	137.38	1145.73
浦口区	258	713.52	391.42	150.10
栖霞区	389	2772.34	1521.39	512.01
雨花台区	117	600.78	277.41	731.18
江宁区	1124	4878.48	2730.24	1032.02
六合区	366	459.34	241.67	294.05
溧水区	622	1077.18	678.31	398.12
高淳区	264	255.70	147.10	264.14
无锡市	**7723**	**21380.25**	**10968.29**	**3306.09**
锡山区	1045	2095.72	1079.32	245.31
惠山区	1208	1762.24	1035.63	285.14
滨湖区	521	1087.26	401.85	263.54
梁溪区	109	366.77	179.41	738.74
新吴区	981	5980.49	2837.42	414.66
徐州市	**2557**	**6478.04**	**3805.73**	**4038.02**
鼓楼区	13	15.13	10.21	328.66
云龙区	13	22.09	14.48	309.04
贾汪区	186	379.63	257.66	168.36
泉山区	31	74.98	54.95	400.68
铜山区	377	796.48	532.08	465.40
常州市	**5663**	**14172.02**	**7591.85**	**2911.36**
天宁区	494	672.88	339.61	460.15
钟楼区	332	693.25	340.97	495.71
新北区	1382	3349.91	1628.88	413.43
武进区	2263	4823.93	2545.95	876.61
金坛区	588	2704.16	1537.51	276.48
苏州市	**12502**	**41881.84**	**21851.41**	**9031.32**
虎丘区	795	3205.91	1616.08	629.34
吴中区	1110	2497.28	1348.92	894.39
相城区	938	1754.27	938.68	555.46

续表 7

（2021 年）

市辖区	规模以上工业企业个数（个）	资产合计（亿元）	负债合计（亿元）	社会消费品零售总额（亿元）
姑苏区	15	96.52	42.42	978.88
吴江区	1787	5027.57	2770.02	720.12
南通市	**6178**	**12076.84**	**6391.27**	**3935.48**
崇川区	357	1277.86	557.59	684.45
通州区	944	1419.09	772.67	453.68
海门区	806	1109.43	603.59	506.43
连云港市	**1116**	**4786.89**	**2721.20**	**1203.31**
连云区	62	1013.35	691.83	80.51
海州区	135	593.39	287.38	440.88
赣榆区	236	421.69	287.01	181.63
淮安市	**1756**	**3042.63**	**1564.92**	**1828.25**
淮安区	254	322.31	169.85	253.98
淮阴区	216	342.42	222.76	197.07
清江浦区	92	198.01	76.69	561.31
洪泽区	212	215.69	127.12	127.91
盐城市	**3494**	**7158.33**	**4588.51**	**2684.34**
亭湖区	248	528.54	310.48	283.11
盐都区	316	439.72	277.05	275.27
大丰区	513	1421.69	903.25	245.79
扬州市	**3484**	**5856.99**	**3195.82**	**1480.92**
广陵区	340	650.58	283.01	321.42
邗江区	465	934.87	504.77	316.65
江都区	741	997.00	584.59	277.14
镇江市	**2291**	**6066.01**	**3324.72**	**1346.83**
京口区	70	390.83	195.23	285.69
润州区	10	35.19	15.70	134.60
丹徒区	260	472.88	269.13	72.97
泰州市	**3252**	**6846.76**	**3635.33**	**1576.94**
海陵区	274	540.82	344.49	238.27
高港区	472	1717.49	954.44	284.98
姜堰区	512	635.59	344.97	191.41
宿迁市	**2310**	**3664.15**	**1876.67**	**1460.36**
宿城区	220	279.47	159.59	308.56
宿豫区	218	470.05	273.29	317.35

续表 8 （2021 年）

市辖区	进出口总额（亿元）	#出口总额	协议注册外资（亿美元）	实际使用外资（亿美元）
南京市	**6366.8**	**3989.9**	**93.65**	**50.14**
玄武区	803.4	221.4	6.28	3.94
秦淮区	767.3	409.7	3.46	3.00
建邺区	221.9	162.9	5.69	3.82
鼓楼区	597.1	431.5	1.84	2.90
浦口区	216.6	128.7	6.15	3.59
栖霞区	1079.6	582.2	16.12	9.19
雨花台区	361.0	223.1	10.14	3.66
江宁区	1533.7	1199.3	17.02	10.45
六合区	84.3	64.9	4.02	3.42
溧水区	143.8	120.4	11.64	2.84
高淳区	101.5	90.3	1.54	2.12
无锡市	**6829.37**	**4221.75**	**114.56**	**38.07**
锡山区	429.21	338.79	10.67	4.27
惠山区	287.26	257.26	10.32	3.68
滨湖区	224.52	154.42	20.12	4.27
梁溪区	216.42	193.33	14.23	3.36
新吴区	3674.19	1975.27	19.00	8.55
徐州市	**1254.23**	**1050.29**	**88.49**	**24.23**
鼓楼区	19.35	17.15	1.98	1.51
云龙区	34.45	33.66	3.86	1.69
贾汪区	48.04	43.37	5.15	0.74
泉山区	57.05	41.56	3.25	1.80
铜山区	140.11	126.83	10.61	3.16
常州市	**3017.8**	**2196.4**	**63.63**	**30.71**
天宁区	211.5	185.6	4.53	2.37
钟楼区	230.5	209.8	5.98	2.21
新北区	1090.4	756.5	17.73	8.13
武进区	1099.2	740.3	17.97	9.63
金坛区	272.9	212.9	8.82	2.44
苏州市	**25332.00**	**14875.76**		**69.92**
虎丘区	2820.04	1801.51		6.87
吴中区	611.48	432.50		5.00
相城区	465.72	363.14		4.69

续表 9　　　　　　　　　　　　　（2021 年）

市辖区	进出口总额（亿元）	# 出口总额	协议注册外资（亿美元）	实际使用外资（亿美元）
姑苏区	158.45	142.32		0.73
吴江区	1710.90	1275.82		5.50
南通市	**3405.80**	**2263.39**	**61.89**	**31.21**
崇川区	700.77	483.96	5.71	3.44
通州区	324.64	277.55	6.00	2.35
海门区	322.47	276.29	10.87	3.27
连云港市	**927.64**	**385.15**	**34.25**	**8.24**
连云区	191.18	52.60	1.08	0.67
海州区	98.18	75.96	3.30	0.49
赣榆区	136.12	40.00	1.69	0.91
淮安市	**386.78**	**281.31**	**41.19**	**12.01**
淮安区	36.34	31.59	11.58	1.70
淮阴区	18.67	15.31	2.99	1.31
清江浦区	36.71	30.04	2.10	1.68
洪泽区	25.88	21.94	5.25	0.72
盐城市	**1123.59**	**700.05**	**40.49**	**12.60**
亭湖区	110.45	37.23	5.12	1.19
盐都区	87.35	36.52	0.28	1.20
大丰区	271.09	114.51	4.17	1.24
扬州市	**968.86**	**712.11**	**57.46**	**17.30**
广陵区	110.41	100.85	7.63	2.91
邗江区	183.88	160.11	8.22	4.64
江都区	226.78	137.15	5.32	3.01
镇江市	**834.36**	**596.10**	**21.37**	**8.09**
京口区	94.50	70.30	1.84	0.27
润州区	18.40	16.80	0.28	0.20
丹徒区	67.90	63.00	0.21	0.18
泰州市	**1222.81**	**863.14**	**38.13**	**18.28**
海陵区	153.27	137.02	2.87	2.01
高港区	256.33	127.96	8.54	3.86
姜堰区	122.91	106.80	7.48	2.39
宿迁市	**449.39**	**391.97**	**33.77**	**8.52**
宿城区	52.41	48.53	7.79	1.02
宿豫区	62.93	52.79	17.77	3.01

续表 10　　（2021 年）

市辖区	普通中学在校学生（万人）	小学在校学生（万人）	专利申请授权量（件）	医院个数（个）	医院床位数（张）	执业（助理）医师（人）	城镇居民人均可支配收入（元）	城镇居民人均生活消费支出（元）
南京市	**28.85**	**50.01**	**91964**	**277**	**59748**	**39326**	**73593**	**42487**
玄武区	2.49	2.77	10432	23	3574	2912	81472	59102
秦淮区	2.68	3.57	6195	50	9100	6541	74597	56820
建邺区	1.61	2.81	3162	13	2288	2202	71718	42907
鼓楼区	4.15	6.15	8849	46	21002	10815	80735	47278
浦口区	2.62	6.33	2525	9	1954	1257	67911	43342
栖霞区	2.00	4.63	9503	22	2901	2135	72059	49748
雨花台区	1.64	2.90	4260	18	1697	1228	71663	42183
江宁区	4.89	10.36	23245	41	8615	5385	70989	43505
六合区	3.30	5.09	2991	10	1453	1626	66353	40571
溧水区	1.82	2.95	5747	9	2005	1550	64860	36724
高淳区	1.65	2.46	3622	16	2248	1413	65444	39623
无锡市	**26.94**	**45.76**	**79738**	**208**	**40632**	**25595**	**70483**	**43873**
锡山区	3.01	5.48	10782	11	2261	1730	67218	32342
惠山区	3.53	6.02	12844	6	1247	1851	68610	36229
滨湖区	1.48	2.47	9982	45	11415	4493	70308	46349
梁溪区	1.63	5.43	4369	66	11341	6207	68174	44792
新吴区	1.50	4.64	16081	15	2292	1864	69074	37211
徐州市	**65.29**	**87.81**	**41895**	**182**	**42962**	**29122**	**40842**	**24146**
鼓楼区	0.66	2.98	1356	22	4282	2571	41946	27129
云龙区	0.50	4.45	2172	30	4522	2157	43672	29986
贾汪区	2.90	4.29	2455	6	1570	1213	40266	24774
泉山区	0.17	3.97	3776	25	12858	5298	49916	34986
铜山区	7.91	11.16	6316	18	3686	3372	45959	30401
常州市	**20.56**	**33.46**	**55463**	**89**	**25818**	**15936**	**65822**	**38021**
天宁区	0.88	4.35	5350	21	9851	4269	65748	38972
钟楼区	0.76	4.42	5208	10	1230	1382	65182	38894
新北区	3.21	6.13	14740	9	2089	1957	68710	40242
武进区	6.17	11.28	21455	23	7379	4512	68775	38697
金坛区	2.14	3.01	5202	10	2161	1559	62316	32628
苏州市	**44.00**	**89.34**	**185133**	**243**	**66571**	**39441**	**76888**	**46566**
虎丘区	3.22	6.33	15765	16	4305	2157	73415	46108
吴中区	3.80	9.47	23727	28	6033	3136	78778	47060
相城区	2.52	5.69	18552	17	4431	1943	70693	43138

续表 11　（2021 年）

市辖区	普通中学在校学生（万人）	小学在校学生（万人）	专利申请授权量（件）	医院个数（个）	医院床位数（张）	执业（助理）医师（人）	城镇居民人均可支配收入（元）	城镇居民人均生活消费支出（元）
姑苏区		5.29	3829	36	14094	7594	71327	48966
吴江区	5.33	10.77	21004	18	6611	3721	76781	49337
南通市	**25.58**	**38.09**	**40867**	**236**	**39277**	**22786**	**57289**	**35281**
崇川区		6.93	8964	60	15148	6828	61137	40249
通州区	3.65	5.78	6496	13	4580	2945	59299	33635
海门区	3.73	5.11	3633	17	3117	2323	59183	36585
连云港市	**32.41**	**43.10**	**9607**	**92**	**19146**	**13229**	**39862**	**25278**
连云区	0.61	1.24	582	10	1148	963	49004	31463
海州区	2.05	5.26	3501	27	6684	3935	44047	29980
赣榆区	8.02	10.08	1108	13	3669	2222	38828	22672
淮安市	**27.18**	**35.11**	**14831**	**64**	**18815**	**14433**	**43954**	**23920**
淮安区	4.74	5.66	1630	6	2369	2319	38148	22638
淮阴区	4.36	5.82	2148	7	4351	2873	40896	23009
清江浦区	3.92	5.30	1438	25	5134	3550	53106	27308
洪泽区	1.38	1.60	906	3	814	787	43911	19902
盐城市	**35.42**	**43.34**	**27365**	**167**	**31254**	**21480**	**43787**	**24303**
亭湖区	1.98	4.38	3024	33	6654	3617	51906	31706
盐都区	2.09	3.48	5310	9	3646	2686	47369	32061
大丰区	2.12	2.77	2861	24	3078	1987	44392	23663
扬州市	**17.61**	**22.78**	**28942**	**96**	**19624**	**13097**	**50947**	**29586**
广陵区	0.62	3.78	2875	20	4608	2628	54443	41685
邗江区	2.28	5.26	5726	28	4650	3016	57037	39732
江都区	3.44	4.03	5226	15	3437	2284	52366	32187
镇江市	**11.44**	**16.85**	**22692**	**57**	**13033**	**9082**	**59204**	**33992**
京口区	0.24	2.05	1346	9	3208	1735	59510	36256
润州区	0.43	1.40	458	14	3399	1706	58145	36597
丹徒区	1.10	1.54	2306	3	530	545	57971	35918
泰州市	**18.21**	**23.69**	**25302**	**87**	**21313**	**13936**	**53818**	**32295**
海陵区	1.12	2.87	2510	21	6141	2827	55980	33116
高港区	0.67	2.22	4735	7	1124	926	54990	34529
姜堰区	3.14	3.47	4216	12	3027	1936	54143	30778
宿迁市	**35.60**	**56.33**	**17078**	**234**	**32406**	**15203**	**35056**	**21328**
宿城区	2.04	6.87	2978	42	7032	3091	38701	22315
宿豫区	1.66	4.54	2315	32	4202	1804	34449	20819

淮海经济区主要经济指标（2021 年） 附录三

MAJOR ECONOMIC INDICATORS OF HUAIHAI ECONOMIC ZONE (2021)

版面负责人：马　萍
编　　　辑：李依睿

企业统计信用管理办法

（四十一）依法限制设立或入股融资担保公司；将失信信息作为证券公司、保险公司、基金管理公司、期货公司等金融机构的董事、监事和高级管理人员及分支机构负责人任职审批或备案的参考。

（四十二）在投资等优惠性政策认定，金融机构评级授信、信贷融资、管理和退出，将失信信息作为证券公司、基金管理公司及期货公司的设立及股权或实际控制人变更审批或备案，私募投资基金管理人登记、重大事项变更以及基金备案，相关责任人考核、干部选任时，将失信信息作为重要参考。

第十八条 企业可以向采集、认定本单位统计信用的政府统计机构提出书面查询申请，查询本单位的统计信用信息和统计信用状况。政府统计机构应于 15 个工作日内回复。

第十九条 县级以上人民政府统计机构发现采集、认定和公示的企业统计信用信息不准确的，应当及时更正。

上级统计机构发现下级统计机构采集、认定和公示的企业统计信用信息不准确的，应当要求下级及时更正。

公民、法人或者其他组织有证据证明统计机构采集和公示的企业统计信用信息不准确的，有权要求统计机构予以更正。经核查确有错误的，履行公示职责的统计机构应当及时予以更正或删除。

第二十条 企业对统计机构在公示企业统计信用信息工作中的具体行政行为或作出的认定决定不服的，可以依法申请行政复议或者提起行政诉讼。

淮海经济区主要经济指标

（2021 年）

地区	土地面积	年末户籍人口数	年末常住人口数	地区生产总值		第一产业增加值	
	绝对量（平方公里）	（万人）	（万人）	绝对量（亿元）	增长（%）	绝对量（亿元）	增长（%）
江苏省							
徐州市	11765	1035.29	902.85	8117.44	8.7	743.34	3.8
连云港市	7626	533.21	460.20	3727.92	8.8	398.13	3.4
淮安市	10030	555.25	456.22	4550.13	10.0	423.32	3.4
盐城市	17718	803.84	671.30	6617.39	7.7	735.76	3.5
宿迁市	8524	590.86	499.90	3719.01	9.1	353.03	3.1
山东省							
菏泽市	12239	339.99	873.24	3976.67	8.8	390.92	7.7
聊城市	8628		592.79	2642.52	8.4	374.21	7.5
枣庄市	15451	583.61	440.50	1923.47	11.0	255.85	8.9
济宁市	11187	894.50	833.65	5069.96	8.5	583.79	7.6
泰安市	7762		543.5	2996.66	6.1	327.35	7.1
日照市	5375	309.55	297.17	2211.96	6.8	194.68	7.4
临沂市	17191	1201.46	1102.57	5465.50	8.7	484.14	7.1
德州市	10358	596.08	560.00	3488.72	8.3	366.92	7.7
安徽省							
亳州市	8521	669.38	498.60	1972.68	8.6	271.34	9.1
淮南市	5532	389.78	304.00	1457.05	5.7	150.65	6.9
蚌埠市	5951		331.7	1988.97	-2.1	272.41	6.8
淮北市	2741	218.55	197.40	1223.02	3.4	86.31	9.6
阜阳市	10118		817.10	3071.50	9.0	417.30	8.4
宿州市	9939	660.17	532.50	2167.67	8.5	332.13	8.0
滁州市	13516	454.00	399.00	3362.11	9.9	287.87	6.7
六安市	15451	583.61	440.50	1923.47	11.0	255.85	8.9
河南省							
周口市			885.30	3496.23	6.3	610.57	6.6
商丘市	10704		772.30	3083.32	4.0	577.20	6.8
信阳市	18916		618.60	3064.96	6.5	601.29	6.8
开封市	6266	524.54	478.30	2557.03	7.2	380.98	6.4

续表 1　　　　（2021 年）

地　　区	第二产业增加值		#工业增加值		第三产业增加值		人均地区生产总值（元）	地区生产总值中三次产业比重（%）
	绝对量（亿元）	增长（%）	绝对量（亿元）	增长（%）	绝对量（亿元）	增长（%）		
江苏省								
徐州市	3376.02	8.7	2783.94	11.4	3998.08	9.6	89634	9.2:41.6:49.3
连云港市	1625.76	9.5	1314.54	10.8	1704.03	9.5	81015	10.7:43.9:45.7
淮安市	1889.21	9.8	1540.18	11.9	2237.60	11.6	99768	9.3:41.5:49.2
盐城市	2686.13	8.1	2246.58	11.9	3195.50	8.2	98593	11.1:40.6:48.3
宿迁市	1613.47	9.9	1354.74	13.4	1752.51	9.5	74476	9.5:43.4:47.1
山东省								
菏泽市	1653.26	8.9	1415.93	9.5	1932.49	9.0	45366	9.8:41.6:48.6
聊城市	968.47	9.9	835.41	10.3	1299.84	7.6	44485	14.2:36.6:49.2
枣庄市	745.53	12.2	525.54	13.1	922.09	10.6	43690	13.3:38.8:47.9
济宁市	2034.56	8.2	1743.36	8.8	2451.61	8.8	60728	11.5:40.1:48.4
泰安市	1166.47	2.0	784.91	7.0	1502.84	9.0	54917	10.9:38.9:50.2
日照市	903.55	0.8	734.22	1.2	1113.73	11.7	74434	8.8:40.8:50.4
临沂市	2116.75	9.1	1764.66	10.6	2864.61	8.7	49585	8.9:38.7:52.4
德州市	1435.00	7.9	1292.49	9.4	1686.80	8.8	62223	10.5:41.1:48.4
安徽省								
亳州市	681.42	8.1	489.96	9.6	1019.92	8.8	39509	13.8:34.5:51.7
淮南市	594.88	4.2	519.28	3.9	711.52	6.6	48008	10.3:40.8:48.8
蚌埠市	673.56	-13.5	537.81	-13.4	1043.00	4.5	60117	13.7:33.9:52.4
淮北市	514.30	-2.5	464.07	-3.4	622.41	7.3	62019	7.1:42.0:50.9
阜阳市	1151.20	8.1	917.73	8.5	1503.00	9.9	37524	13.6:37.5:48.9
宿州市	768.56	9.2	536.03	9.5	1066.98	8.3	40688	15.3:35.5:49.2
滁州市	1644.81	9.5	1316.58	9.7	1429.42	11.0	84263	8.6:48.9:42.5
六安市	745.53	12.2	525.54	13.1	922.09	10.6	43690	13.3:38.8:47.9
河南省								
周口市	1416.79	4.7	1167.40	5.5	1468.88	7.6	39126	17.5:40.5:42.0
商丘市	1152.20	1.5	936.85	30.4	1353.93	4.9	39678	18.7:37.4:43.9
信阳市	1064.75	4.7	801.57	6.4	1398.92	7.8	49345	19.6:34.7:45.7
开封市	969.57	6.6	785.81	5.8	1206.48	8.0	53173	14.9:37.9:47.2

续表 2

（2021 年）

地　　区	粮食总产量		油料总产量		棉花总产量		肉类总产量		水产品产量	
	绝对量（万吨）	增长（%）	绝对量（万吨）	增长（%）	绝对量（万吨）	增长（%）	绝对量（万吨）	增长（%）	绝对量（万吨）	增长（%）
江苏省										
徐州市	501.79	-0.03	11.68	1.1	0.59	-0.1	64.14	12.0	16.17	2.3
连云港市	368.80	0.1	10.22	0.3			30.54	37.6	74.35	2.0
淮安市	491.73	0.3	6.15	1.0			32.66	21.0	30.25	2.8
盐城市	714.78	0.1	13.66	0.5	0.02	-52.6	60.50	20.0	118.61	-1.3
宿迁市	409.61	持平	4.59	3.6	0.01		34.03	10.5	28.81	0.0
山东省										
菏泽市	787.70	-0.8	22.76	-2.8	4.18	-52.3	71.27	7.8	8.54	2.0
聊城市	567.97	0.7	3.44	-6.0	0.44	-18.9			6.16	4.6
枣庄市	355.10	2.7	12.24	0.5	0.18	-41.5	35.67	14.5	23.80	2.0
济宁市	486.80	0.8	14.83	3.6	2.56	-30.8	46.40	15.7	27.57	3.4
泰安市	257.24	0.1	18.98	-3.5	0.38	-19.6	31.20	-4.0	8.40	1.2
日照市	87.11	3.6	21.91	2.9	0.02	1.7	26.82	-2.5	45.61	-1.0
临沂市	418.02	0.4	72.31	-1.1	0.25	-16.0	108.31	0.6	12.36	0.8
德州市	761.60	0.4	1.24	-10.5	2.34	-16.0	67.59	10.1	6.04	2.7
安徽省										
亳州市	514.60	1.9	4.50	2.6	0.06	-21.5	41.00	22.7	5.40	1.9
淮南市	317.06	3.1	3.52	4.1	0.01		18.94	12.5	18.07	2.1
蚌埠市	283.39	1.0	31.84	-5.0	0.003	-53.0	41.35	12.9	12.81	2.9
淮北市	151.00	1.1	0.74	44.3			10.65	30.9	2.62	2.3
阜阳市	529.90	1.6	67.81	8.9	0.06	-44.8	643.50	16.2	108.72	1.1
宿州市	453.54	0.9	13.68	3.7	0.03	-22.6	59.35	17.0	4.60	1.7
滁州市	470.40	1.0	12.20	3.8	0.02	-88.9	39.10	14.0	37.20	2.0
六安市	355.10	2.7	12.24	0.5	0.18	-41.5	35.67	14.5	23.80	2.0
河南省										
周口市	923.72		47.39		0.19				4.69	
商丘市	705.72	-4.9	38.43	-5.2	0.11	-50.0	0.11	-53.9	4.36	-1.9
信阳市	577.30	0.5	56.42	-5.5			49.84	11.6	26.96	2.2
开封市	305.99	-2.3	47.65	-6.1	0.39	-52.6	38.16	16.7		

续表 3　　（2021 年）

地　　区	规模以上工业企业个数（个）	规模以上工业增加值	规模以上工业营业收入	规模以上工业利润总额	固定资产投资	#房地产开发投资
		增长（%）	增长（%）	增长（%）	增长（%）	增长（%）
江苏省						
徐州市	2557	13.0	22.6	13.6	8.1	-1.5
连云港市	1116	13.4	28.9	39.6	8.4	-7.3
淮安市	1756	14.6	23.4	24.5	5.2	10.1
盐城市	3494	11.9	25.8	65.3	3.7	17.6
宿迁市	2310	16.7	22.5	6.3	6.5	3.0
山东省						
菏泽市	1985	14.2	31.4	24.5	15.8	9.1
聊城市	1474	11.7	24.6	40.7	12.9	6.0
枣庄市	1088	15.5	27.7	43.5	19.7	15.2
济宁市	2195	13.1	22.0	6.0	12.4	15.7
泰安市	1225	8.3	21.0	51.0	-29.4	6.5
日照市	842	0.2	3.3	-4.8	3.0	-2.7
临沂市	3479	13.1	20.4	-30.4	11.4	10.9
德州市	1574	12.6	22.6	29.8	-19.6	-19.8
安徽省						
亳州市	665	7.5	11.9	-17.9	1.0	0.9
淮南市	775	3.1	20.9	-40.7	12.6	-6.0
蚌埠市	858	-25.1	-40.1	-32.6	-20.4	-31.6
淮北市	699	-4.4	13.3	7.9	9.7	11.2
阜阳市	1575	8.1	14.1	10.7	13.6	11.1
宿州市	1060	9.5	8.9	-2.8	15.8	21.0
滁州市	2054	10.7	24.1	14.0	16.4	15.8
六安市	1088	15.5	27.7	43.5	19.7	15.2
河南省						
周口市	1608	7.8	8.1	-4.8	6.3	26.2
商丘市	1823	3.7	4.2	8.7	8.3	14.9
信阳市	1306	9.1	14.3	-2.1	11.6	5.8
开封市	1080	8.7	10.8	-1.3	13.1	8.1

续表 4　　（2021 年）

地　　区	社会消费品零售总额		居民消费价格总指数（以上年为 100）	进出口总额		# 进口总额		# 出口总额	
	绝对量（亿元）	增长（%）		绝对量（亿元）	增长（%）	绝对量（亿元）	增长（%）	绝对量（亿元）	增长（%）
江苏省									
徐州市	4038.02	22.9	101.1	1254.23	18.3	203.94	4.1	1050.29	21.5
连云港市	1203.31	9.0	101.3	936.72	45.0	547.76	42.9	388.97	48.1
淮安市	1828.25	9.1	101.2	386.78	12.7	105.47	-0.1	281.31	18.4
盐城市	2684.34	21.1	101.6	1124.97	36.4	423.80	56.6	701.17	26.5
宿迁市	1460.36	16.1	101.3	449.78	35.2	57.81	34.4	391.97	35.3
山东省									
菏泽市	1916.39	17.0	100.7	568.20	30.1	285.90	28.5	282.30	31.8
聊城市	917.55	14.5	100.9	530.40	29.4	164.00	-10.1	366.40	61.1
枣庄市	1155.70	23.6	100.4	98.29	36.0	8.39	24.4	89.89	37.2
济宁市	2459.59	15.6	102.9	678.73	24.6	193.27	21.6	485.46	25.8
泰安市	1161.80	13.6	100.9	291.10	37.2	97.90	47.6	193.20	32.4
日照市	654.89	12.0	100.8	1165.70	11.0	762.70	8.0	403.00	17.4
临沂市	2931.10	15.9	101.1	1766.80	51.4	182.00	3.8	1584.80	59.8
德州市	1279.56	14.8	101.5	513.58	30.8	179.96	23.8	333.62	35.0
安徽省									
亳州市	1190.08	20.0	100.5	6.47	-39.0	1.64	17.6	4.81	-47.6
淮南市	866.23	11.9	100.8	65.34	23.2	4.43	39.2	60.91	22.2
蚌埠市	1287.47	7.1	101.1	176.09	34.9	91.71	32.0	84.38	38.3
淮北市	521.28	13.1	100.7	115.70	65.8	11.20	35.3	104.50	69.9
阜阳市	2229.62	21.4	100.7	138.25	19.6	26.99	27.2	111.27	17.9
宿州市	1239.54	14.5	100.9	107.62	16.2	9.62	120.1	98.00	11.0
滁州市	1495.50	36.5	101.1	388.78	45.3	67.23	2.8	321.55	59.1
六安市	1155.70	23.6	100.4	98.29	36.0	8.39	24.4	89.89	37.2
河南省									
周口市	1804.75	9.3	101.3	102.30	-4.3	15.00	-22.7	87.30	-0.3
商丘市	1489.50	5.60	100.7	54.30	27.5	12.50	26.2	41.80	27.9
信阳市	1252.85	8.0	100.5	63.10	8.5	28.70	23.3	34.40	-1.3
开封市	1112.52	11.4	101.5	93.30	39.7	13.00	6.9	80.30	47.0

注：亳州市进出口总额、进口总额和出口总额为美元口径。

续表 5　　（2021 年）

地区	实际使用外资		邮电业务总量（亿元）	年末固定电话用户（万户）	年末移动电话用户（万户）	一般公共预算收入		一般公共预算支出	
	绝对量（亿美元）	增长（%）				绝对量（亿元）	增长（%）	绝对量（亿元）	增长（%）
江苏省									
徐州市	24.23	10.1	162.54	76.15	1003.78	537.31	11.5	1004.40	4.8
连云港市	8.24	21.9	96.37	47.35	528.80	274.81	12.1	534.05	6.5
淮安市	12.64	17.0	39.42	36.39	484.62	297.02	12.4	613.01	7.9
盐城市	12.60	24.5	100.38	54.17	717.02	451.01	12.7	1053.48	8.2
宿迁市	8.52	53.4	108.00	25.51	500.79	267.82	21.1	584.70	-0.8
山东省									
菏泽市	4.98	71.6	102.21	42.54	834.16	283.90	19.3	632.80	10.1
聊城市	4.56	118.7	32.32			230.32	14.0	487.77	13.7
枣庄市	6.79	11.2	21.22		451.66	147.50	11.0	484.90	-4.0
济宁市	11.28	38.9			829.30	440.52	7.0	727.18	12.9
泰安市	4.10	-40.4	44.10	73.10	596.20	230.50	0.6	428.20	4.7
日照市	5.19	11.3	81.97	25.37	307.18	187.49	6.3	270.58	4.3
临沂市	13.75	47.7				409.50	17.0	806.60	5.7
德州市	4.53	70.2			547.20	234.09	12.3	492.44	10.4
安徽省									
亳州市	5.15	18.5	71.80	20.90	512.00	140.30	11.0	377.40	-3.4
淮南市	4.02	9.8	11.89	26.00	309.00	109.61	5.4	277.63	-3.6
蚌埠市	12.40	2.9	20.75	34.22	341.14	167.33	5.6	328.80	0.9
淮北市	3.48	10.0	19.77	16.50	211.66	88.75	10.8	195.83	6.6
阜阳市	4.63	-6.4	79.79	25.97	734.36	189.61	-4.8	635.35	-5.4
宿州市	10.77	0.6	63.69	26.39	513.34	147.90	11.0	474.10	-2.5
滁州市	17.09	7.0	56.30	38.40	391.70	250.86	11.0	461.71	-0.3
六安市	6.79	11.2	21.22		451.66	147.50	11.0	484.90	-4.0
河南省									
周口市	6.64	5.3	93.19			158.24	8.6	676.61	-1.9
商丘市	4.67	3.1	53.02	47.24	779.49	190.13	8.6	556.12	-1.0
信阳市	6.60	6.5		36.20	546.70	135.39	13.3	625.46	2.4
开封市	8.17	4.9	46.20		458.20	179.27	14.1	456.56	6.0

续表 6　　（2021 年）

地　区	金融机构年末存款余额（亿元）	# 住户存款（亿元）	金融机构年末贷款余额（亿元）	各级各类学校数（所）	各级各类学校在校学生数（万人）	卫生机构数（个）	卫生技术人员数（人）	卫生机构床位数（张）
江苏省								
徐州市	9914.81	4988.57	8128.51	1291	185.56	4580	74867	61191
连云港市	4732.60	2064.21	5140.66	627	85.82	2729	33200	28275
淮安市	5372.85	2361.16	5517.41	976	92.60	2316	36882	30110
盐城市	9092.42	4743.19	8038.58	589	91.36	3343	51434	27059
宿迁市	4395.01	1982.12	4445.13	930	120.76	2600	39054	33470
山东省								
菏泽市	5619.66	4450.98	3457.27	5099	215.93	5856	60864	55966
聊城市	4898.85	3484.29	3135.39					
枣庄市	3444.87	2236.09	2971.88	1634	25.29	2766	31083	27822
济宁市	7257.65	4838.00	5600.89	3786	178.90	7283	71663	56964
泰安市	4903.30	3468.20	3578.30	2131	110.60	4665	42799	35309
日照市	3306.06	2010.82	3365.49	1085	61.76	2490	22866	17771
临沂市	8918.80	5866.10	8156.40	5234	256.10	8210	80039	73907
德州市	4747.64	3453.77	2900.49	2870	106.45	5469		
安徽省								
亳州市	2847.54	1944.78	2742.92	3342	122.80	2513	10189	26124
淮南市	2616.18	1731.29	1924.30	1109	69.49	1657	21936	19540
蚌埠市	2680.72	1589.03	2578.67	1565		1645	26484	25934
淮北市	1794.93	1097.49	1419.59	788	43.48	897	14484	13696
阜阳市	4935.19	3538.24	4201.13	3518	189.77	1339	52282	55098
宿州市	2931.30	2050.46	2636.30	3587	4.41	2114	32630	31882
滁州市	3569.90	2072.22	3416.45	1123	59.70	1911	28977	26027
六安市	3444.87	2236.09	2971.88	1634	25.29	2766	31083	27822
河南省								
周口市	4368.51	3661.09	2008.36	4825	216.72	7300	53219	55363
商丘市	4009.56	3196.96	2433.92	4058	199.83	6316	47934	53671
信阳市	4362.44	3535.20	2227.04	3095	164.50	4356	38555	41382
开封市	2626.77	2025.43	2170.21	2454	132.29	3450	37752	33445

注：滁州市教育类数据中不含高等教育。

续表 7　　（2021 年）

地　　区	城镇化率（%）	全体居民人均可支配收入		城镇居民人均可支配收入		农村居民人均可支配收入	
		绝对量（元）	增长（%）	绝对量（元）	增长（%）	绝对量（元）	增长（%）
江苏省							
徐州市	66.19	34217	9.8	40842	8.8	23694	11.6
连云港市	62.38	32295	9.5	39862	8.5	21373	11.1
淮安市	66.21	34731	9.8	43954	9.0	21884	10.9
盐城市	64.75	36764	9.1	43787	8.4	26049	10.0
宿迁市	63.24	43777	10.3	53818	9.6	27401	11.3
山东省							
菏泽市	51.90	23854	9.7	31872	8.5	16872	11.7
聊城市	53.97	24512	9.0	32262	7.4	17512	11.4
枣庄市	49.46	24788	10.4	36793	9.4	16003	10.8
济宁市	61.19	29261	4.3	41256	7.5	20747	11.2
泰安市	64.80	33505	8.3	41741	7.3	21769	10.6
日照市	61.93	31059	8.2	39380	7.2	20154	10.3
临沂市	55.97	31528	9.1	42606	8.0	17783	11.7
德州市	54.40	25826	9.3	31927	7.9	19020	11.9
安徽省							
亳州市	43.20	24481	9.9	37319	9.3	16769	9.7
淮南市	61.91	31632	9.9	41375	9.8	16706	8.4
蚌埠市	56.90	31972	9.3	42656	9.1	19538	8.5
淮北市	64.78	30738	9.3	39688	9.0	16504	8.5
阜阳市	42.74	24443	9.9	37379	8.2	15874	11.4
宿州市	45.03	24290	9.9	37278	8.5	15913	10.8
滁州市	62.92	28142	9.5	39025	8.3	17400	10.6
六安市	49.46	24788	10.4	36793	9.4	16003	10.8
河南省							
周口市	43.62	20773	8.5	30826	6.8	14141	9.2
商丘市	47.21	22699	7.5	34758	5.8	14780	8.7
信阳市	51.14	23948	9.5	33480	8.2	16595	10.5
开封市	52.85	24573	8.5	34195	7.3	16769	9.1

附录四 企业选介（2021年）

INTRODUCTION OF ENTERPRISES（2021）

版面负责人：吕延婷　张　虹
　　　　　　高　皓　王　楠

编　　　辑：王海龙　孙　伟
　　　　　　刘云祥　王玉成
　　　　　　刘　溪

统计知识

企业统计信用管理办法

第二十一条 县级以上人民政府统计机构应当与同级有关部门建立合作机制，推进信用信息互认互通、信息共享。

第二十二条 县级以上人民政府统计机构未按本办法履行职责的，由上一级政府统计机构责令改正；情节严重的，对负有责任的主管领导和其他直接责任人员依法依纪依规予以处分。

第二十三条 本办法中的各级统计机构是指县级以上人民政府统计局和国家调查队。

第二十四条 政府有关部门组织实施的统计调查活动参照本办法执行。

第二十五条 承担法定的政府统计资料报送义务的其他单位，其统计信用管理参照本办法执行。

第二十六条 民间统计调查单位统计信用管理参照本办法执行。

第二十七条 本办法由国家统计局负责解释。

第二十八条 本办法自印发之日起施行。2017 年 6 月 26 日公布的《企业统计信用管理办法（试行）》（国统字〔2017〕97 号）和 2014 年 11 月 27 日公布的《统计上严重失信企业信息公示暂行办法》（2014 年第 3 号公告）同时废止。

2021年徐州市贸易批发零售企业前五十强

（按销售额排序）

序 号	企业名称	序 号	企业名称
1	徐州徐工物资供应有限公司	26	江苏马龙国华工贸股份有限公司
2	徐州东方物流集团有限公司	27	徐州盛美卓越电器销售有限公司
3	徐州工程机械集团进出口有限公司	28	徐州天泽国际贸易有限公司
4	徐州中晟昌贸易有限公司	29	徐州闽强物资贸易有限公司
5	徐州工程机械保税有限公司	30	徐州陆润商贸有限公司
6	江苏省烟草公司徐州市公司	31	中国石油天然气股份有限公司江苏徐州销售分公司
7	江苏金驹物流投资有限公司	32	江苏中汇贸易发展有限公司
8	江苏大屯煤炭贸易有限公司	33	徐州花厅商贸有限公司
9	徐州金虹特钢有限公司	34	美鸿鞋业有限公司
10	徐州嘉裕能源贸易有限公司	35	徐州之星汽车有限公司
11	徐州神工工程机械有限公司	36	徐工营销有限公司
12	江苏万邦医药营销有限公司	37	徐州华东煤炭交易市场有限公司
13	江苏恩华和信医药营销有限公司	38	徐州陆港裕泉物产有限公司
14	国药控股徐州有限公司	39	江苏拓普能源有限公司
15	徐州海西物资贸易有限公司	40	江苏旭泰农牧科技有限公司
16	徐州耀盈物资贸易有限公司	41	江苏瀚石能源有限公司
17	江苏中闵物资贸易有限公司	42	江苏晋煤宏圣煤炭物流贸易有限公司
18	上药控股徐州股份有限公司	43	徐州淮海药业有限公司
19	维维乳业有限公司	44	徐州恒利供应链管理有限公司
20	徐州金鹰国际实业有限公司	45	沛县长胜物资贸易有限公司
21	江苏复星医药销售有限公司	46	江苏钢鹏商贸有限公司
22	徐州谐润冶金炉料有限公司	47	徐州朗驰汽车销售服务有限公司
23	徐州闽榕物资贸易有限公司	48	江苏信利德进出口贸易有限公司
24	江苏鹭翔炉料有限公司	49	徐州苏宠宠物用品有限公司
25	徐州闽力物资贸易有限公司	50	徐州迪特汽车销售服务有限公司

2021年徐州市建筑企业前三十强

（按总产值排序）

序 号	企业名称	序 号	企业名称
1	江苏大汉建设实业集团有限责任公司	16	江苏路泰建设集团有限公司
2	江苏集慧建设集团有限公司	17	双信建设集团有限公司
3	江苏融运建设工程有限公司	18	江苏汉瑞铁路建筑工程有限公司
4	江苏万融工程科技有限公司	19	徐州万基工程建设有限公司
5	江苏中阳建设集团有限公司	20	江苏润企恒力建设工程有限公司
6	徐州汉源建设集团有限公司	21	江苏兴梁建设工程有限公司
7	徐州汉韵环球建筑安装工程公司	22	徐州送变电有限公司
8	中煤第五建设有限公司	23	江苏中望建设有限公司
9	江苏新成建设工程有限公司	24	江苏尚艺城建筑工程有限公司
10	邳州市建筑安装工程公司	25	徐州天利达建筑安装工程有限公司
11	江苏帝邦建设工程有限公司	26	江苏国信建设有限公司
12	江苏华天建设集团有限公司	27	江苏博大建筑安装有限公司
13	睢宁县建筑工程公司	28	江苏德信建设工程有限公司
14	徐州市公路工程总公司	29	新沂市远大建筑安装工程有限公司
15	江苏汉皇安装集团有限公司	30	江苏鑫世航建设工程有限公司

2021年徐州市房地产企业销售前三十强

（按销售面积排序）

序　号	企业名称	序　号	企业名称
1	江苏润企万国实业有限公司	16	沛县城市投资开发有限公司
2	徐州美彰房地产开发有限公司	17	徐州嘉誉置业有限公司
3	新沂市城投置业有限公司	18	大华（集团）徐州湖畔置业有限公司
4	徐州新盛彭寓置业有限公司	19	睢宁楚岳置业有限公司
5	邳州市恒润城市投资有限公司	20	徐州海创置业有限公司
6	邳州市润财资产管理有限公司	21	徐州御泰置业有限公司
7	徐州淮海金融招商发展有限公司	22	徐州宁盛置业有限公司
8	徐州御嘉置业有限公司	23	新沂市鸿瑞房地产开发有限公司
9	金林置业徐州有限公司	24	徐州骏兴房地产开发有限公司
10	江苏博邦房地产开发有限公司	25	邳州市碧胜房地产开发有限公司
11	邳州市鼎城建设有限公司	26	徐州润美置业有限公司
12	徐州威盛房地产开发有限公司	27	徐州市贾汪区亿睿房地产开发有限公司
13	徐州万和紫荆置业有限公司	28	徐州誉创置业有限公司
14	徐州朗润置业有限公司	29	沛县恒盛房地产开发有限公司
15	新沂市安嘉房地产开发有限公司	30	丰县新城鸿悦房地产开发有限公司

2021年徐州市重点耗能工业企业前百家

（按综合耗能量排序）

序　号	企业名称	序　号	企业名称
1	江苏徐钢钢铁集团有限公司	26	国能邳州生物发电有限公司
2	中新钢铁集团有限公司	27	徐州宏阳新材料科技股份有限公司
3	铜山华润电力有限公司	28	徐州协鑫环保能源有限公司
4	国能徐州发电有限公司	29	光大环保能源（邳州）有限公司
5	徐州华润电力有限公司	30	徐州徐轮橡胶有限公司
6	大屯煤电（集团）有限责任公司	31	江苏惠众碳素制品有限公司
7	江苏中能硅业科技发展有限公司	32	新沂高能环保能源有限公司
8	江苏阚山发电有限公司	33	江苏协鑫硅材料科技发展有限公司
9	江苏徐塘发电有限责任公司	34	江苏新春兴再生资源有限责任公司
10	沂州科技有限公司	35	徐州金山桥热电有限公司
11	徐州华鑫发电有限公司	36	中机清洁能源沛县有限公司
12	徐州中联水泥有限公司	37	徐州中兴纸业有限公司
13	江苏华美热电有限公司	38	徐州大屯洗煤厂
14	江苏徐矿综合利用发电有限公司	39	江苏徐矿能源股份有限公司
15	徐州丰成盐化工有限公司	40	光大绿色环保城乡再生能源（丰县）有限公司
16	徐州市龙山水泥有限公司	41	江苏金路化工有限公司
17	江苏晋煤恒盛化工股份有限公司	42	徐州钛白化工有限责任公司
18	徐州天安化工有限公司	43	徐州德龙金属科技有限公司
19	徐州金虹钢铁集团有限公司	44	睢宁宝源新能源发电有限公司
20	徐州建滔能源有限公司	45	徐州富山医疗制品有限公司
21	江苏方大炭素化工有限公司	46	光大环保能源(沛县)有限公司
22	江苏花厅生物科技有限公司	47	利民化学有限责任公司
23	徐州天裕燃气发电有限公司	48	丰县鑫源生物质环保热电有限公司
24	江苏鑫华半导体材料科技有限公司	49	江苏尚品大成纸业科技有限公司
25	徐州鑫盛润环保能源有限公司	50	徐州天然润滑油有限公司

（按综合耗能量排序）

序　号	企业名称	序　号	企业名称
51	徐州陕鼓工业气体有限公司	76	江苏诚意桩业科技发展有限公司
52	江苏江龙新材料科技有限公司	77	江苏新盟建设有限公司
53	徐州工程机械集团有限公司	78	徐州华隆热电有限公司
54	江苏江龙新能源科技有限公司	79	布兰肯（徐州）金属设备制造有限公司
55	江苏久久水泥有限公司	80	徐州常青生物科技有限公司
56	徐州维维金澜食品有限公司	81	新沂市永诚化工有限公司
57	徐州天虹智能纺织有限公司	82	徐州众鑫钙业有限公司
58	江苏华昌铝厂有限公司	83	丰县鑫成环保热电有限公司
59	江苏伟业铝材有限公司	84	博途新能源（徐州）有限公司
60	蒂森克虏伯罗特艾德（徐州）环锻有限公司	85	徐州中辉光伏科技有限公司
61	徐州重型机械有限公司	86	新沂鲁花浓香花生油有限公司
62	徐州大恒纸业有限公司	87	徐州徐工液压件有限公司
63	徐州徐工挖掘机械有限公司	88	江苏恩华药业股份有限公司
64	徐州经济技术开发区诚意商品混凝土有限公司	89	徐州宏华玻璃科技有限公司
65	徐州天虹时代纺织有限公司	90	江苏中烟工业有限责任公司徐州卷烟厂
66	江苏金荣泰新材料科技有限公司	91	徐州徐工精密工业科技有限公司
67	卡特彼勒（徐州）有限公司	92	徐州徐工履带底盘有限公司
68	徐州海天石化有限公司	93	徐州胜海机械制造科技有限公司
69	徐州斯尔克纤维科技股份有限公司	94	徐州首创水务有限责任公司
70	维维食品饮料股份有限公司	95	江苏拓正茂源新能源有限公司
71	江苏极易新材料有限公司	96	江苏鼎旭节能建材科技有限公司
72	徐州科建环保科技股份有限公司	97	江苏新奥得玻璃制品股份有限公司
73	江苏诺恩作物科学股份有限公司	98	江苏新河农用化工有限公司
74	江苏通达热电有限公司	99	江苏中盈玻璃科技有限公司
75	江苏众友兴和菌业科技有限公司	100	江苏君乐宝乳业有限公司

2021 年徐州市其他服务业企业前五十强

（按营业收入排序）

序　号	企 业 名 称	序　号	企 业 名 称
1	国家管网集团东部原油储运有限公司	26	徐州百大劳务服务有限公司
2	中国移动通信集团江苏有限公司徐州分公司	27	江苏轰隆隆机械科技有限公司
3	徐州徐工智联物流服务有限公司	28	江苏中润物流有限公司
4	中国电信股份有限公司徐州分公司	29	中移铁通有限公司徐州分公司
5	江苏连徐高速公路有限公司	30	江苏垚鑫信息科技有限公司
6	中国邮政集团有限公司徐州市分公司	31	邳州市东大医院有限公司
7	徐州矿务集团总医院	32	华东管道设计研究院有限公司
8	江苏徐工广联机械租赁有限公司	33	新沂顺图网络科技有限公司
9	中国联合网络通信有限公司徐州市分公司	34	邳州市力源劳动保障事务代理有限公司
10	徐州大鑫企业管理咨询有限公司	35	江苏网博计算机科技有限公司
11	徐州仁慈医院	36	江苏潮运物流有限公司
12	徐州象屿供应链管理有限公司	37	江苏东科智慧服务外包有限公司
13	徐州顺丰速运有限公司	38	徐州市矿山医院
14	徐州华厦商务管理有限公司	39	徐州市九州生态园林股份有限公司
15	江苏徐工工程机械租赁有限公司	40	江苏文旭信息技术股份有限公司
16	徐州泽汇人力资源有限公司	41	徐州精诚特卫保安服务有限公司
17	徐州徐工施维英机械租赁有限公司	42	惠才人力资源服务有限公司
18	徐州中天科尔物流有限公司	43	邳州平祥粮食储备有限公司
19	徐州淮海国际陆港运营有限公司	44	徐州市外事服务有限责任公司
20	徐州顺泰天运网络科技有限公司	45	徐州上达人力资源有限公司
21	徐州众俭信息技术有限公司	46	江苏易锦天企业管理有限公司
22	徐工汉云技术股份有限公司	47	徐州万科企业有限公司
23	徐州中矿岩土技术股份有限公司	48	江苏九琨技术有限公司
24	江苏徐工工程机械研究院有限公司	49	徐州华电电力勘察设计有限公司
25	中国铁塔股份有限公司徐州市分公司	50	新沂市正和人力资源有限公司

中国统计出版社有限公司最新图书简目

(仅供参考,以实际出版为准)

统计资料

中国统计年鉴　中国统计摘要　中国第三产业统计年鉴
中国第三次全国农业普查综合资料　国际统计年鉴　金砖国家联合统计手册
中国-东盟国家统计手册　中国农村统计年鉴　中国县域统计年鉴
中国农产品价格调查年鉴　中国城市统计年鉴　中国价格统计年鉴
中国贸易外经统计年鉴　中国零售和餐饮连锁企业统计年鉴　中国商品交易市场统计年鉴
大中型批发零售和住宿餐饮企业统计年鉴　中国住户调查年鉴　中国工业统计年鉴
中国环境统计年鉴　中国能源统计年鉴　中国建筑业统计年鉴
中国房地产统计年鉴　投资领域统计年鉴　中国对外直接投资统计公报
中国人口和就业统计年鉴　中国劳动统计年鉴　中国社会统计年鉴
中国科技统计年鉴　中国高技术产业统计年鉴　全国企业创新调查年鉴
中国文化及相关产业统计年鉴　2018年时间利用调查资料　中国妇女儿童状况统计资料
中国基本单位统计年鉴　中国教育统计年鉴　中国教育经费统计年鉴
中国民族统计年鉴　中国残疾人事业统计年鉴　长江经济带发展统计年鉴

省级综合统计年鉴系列

北京 天津 河北 山西 内蒙古 辽宁 吉林 黑龙江 上海 江苏 浙江 安徽 福建 江西 山东 河南 湖北 湖南 广东 广西 海南 重庆 四川 贵州 云南 西藏 陕西 甘肃 青海 宁夏 新疆 新疆生产建设兵团

市(县)级综合统计年鉴系列

滨海新区 石家庄 唐山 邯郸 保定 沧州 邢台 廊坊 承德 衡水 秦皇岛 张家口 太原 大同 阳泉 长治 晋城 朔州 晋中 运城 忻州 临汾 吕梁 呼和浩特 鄂尔多斯 包头 沈阳 大连 长春 延吉 四平 白山 通化 哈尔滨 齐齐哈尔 黑龙江垦区 上海浦东新区 南京 无锡 徐州 常州 苏州 南通 连云港 淮安 盐城 扬州 镇江 泰州 宿迁 江阴 丹阳 海门 张家港 杭州 宁波 温州 嘉兴 湖州 绍兴 金华 衢州 舟山 台州 丽水 合肥 安庆 福州 厦门 宁德 漳州 龙岩 莆田 泉州 三明 南平 南昌 九江 上饶 新余 抚州 赣州 景德镇 济南 青岛 枣庄 潍坊 聊城 郑州 洛阳 平顶山 三门峡 南阳 商丘 信阳 济源 汝州 武汉 十堰 荆州 宜昌 荆门 咸宁 黄冈 长沙 鹰潭 广州 深圳 惠州 东莞 汕尾 湛江 肇庆 南宁 柳州 桂林 贵港 梧州 来宾 河池 防城港 海口 三亚 儋州 成都 内江 贵阳 黔南 毕节 昆明 文山 德宏 西安 延安 安康 铜川 汉中 商洛 银川 兰州 庆阳 乌鲁木齐 昌吉 阿勒泰 兵团一师、二师、三师、四师、六师、七师、八师、十师、十三师、十四师

调查年鉴系列

天津 内蒙古 上海 河南 湖北 湖南 广东 广西 重庆 四川 云南 甘肃 宁夏 南宁 贵港 昆明

统计方法应用/实用手册

Python数据分析基础（第二版）　非参数统计（第五版）　现代金融投资统计分析（第四版）
国民经济核算初级教程（第二版）　国民经济核算教程（第五版）　概率统计基础
全国统计专业技术资格考试系列考试用书: 统计业务知识（第四版修订版）　统计业务知识学习指导与习题
全国统计专业技术资格考试系列考试用书: 统计相关知识（第四版）　统计相关知识学习指导与习题

统计通俗读物/统计科普图书

领导干部统计知识问答　统计公文写作及会议办理实用手册　大数据在统计工作中的应用案例汇编
中国国民经济核算知识问答（修订版）　地区生产总值核算国际比较研究　新中国统计制度方法的发展与改革

重点图书

中国农业统计资料1949-2019　第四次全国经济普查地图集　中国经济普查年鉴2018
新编英汉汉英统计大词典　中国国民经济核算体系2016　国民经济行业分类注释
挑大学选专业2020—考研择校指南　挑大学选专业2020—高考志愿填报指南　中华医学统计百科全书